能源革命背景下的中国能源产业高级化

胡健　焦兵　张文彬　等◎著

NENGYUAN GEMING BEIJINGXIADE
ZHONGGUO NENGYUAN CHANYE GAOJIHUA

中国经济出版社
CHINA ECONOMIC PUBLISHING HOUSE
·北京·

图书在版编目（CIP）数据

能源革命背景下的中国能源产业高级化／胡健，焦兵，张文彬著．--北京：中国经济出版社，2022. 5
ISBN 978-7-5136-6886-6

Ⅰ．①能… Ⅱ．①胡… ②焦… ③张… Ⅲ．①能源工业-产业发展-研究-中国 Ⅳ．①F426. 2

中国版本图书馆 CIP 数据核字（2022）第 061438 号

责任编辑　郭国玺
责任印制　巢新强
封面设计　任燕飞工作室

出版发行　中国经济出版社
印 刷 者　北京柏力行彩印有限公司
经 销 者　各地新华书店
开　　本　710mm×1000mm　1/16
印　　张　24. 25
字　　数　358 千字
版　　次　2022 年 5 月第 1 版
印　　次　2022 年 5 月第 1 次
定　　价　98. 00 元
广告经营许可证　京西工商广字第 8179 号

中国经济出版社 网址 www. economyph. com 社址 北京市东城区安定门外大街 58 号 邮编 100011
本版图书如存在印装质量问题，请与本社销售中心联系调换（联系电话：010-57512564）

本书为

中国（西安）丝绸之路研究院2021年科学研究项目研究中心专项课题

“能源革命背景下的我国西部能源产业高级化研究”（2021ZD01）

直接研究成果

前　言

气候变化危及地球生态安全和人类社会的生存与发展，是当前人类面临的最大威胁，合作应对气候变化已成为世界各国的普遍共识和强烈的政治意愿。传统化石能源消费产生的二氧化碳排放约占全部温室气体排放的2/3，因此全球低碳化发展的核心在于推动能源体系的革命性变革。从世界经验看，各国在发展过程中都经历了能源转型和能源利用范式转变，迄今为止，能源利用范式主要经历了薪柴时代、煤炭时代和油气时代三个阶段，每一次能源利用范式的变迁都对人类经济社会发展产生了重大影响。

21世纪以来，世界进入新一轮能源利用范式变革即可再生能源时代，加快推进以新能源和可再生能源替代化石能源，在保障能源供给的同时减少二氧化碳排放成为此次能源转型的关键和核心路线。2019年4月，国际可再生能源机构（IRENA）发布的《全球能源转型：2050路线图》（2019年版）指出，电力已成为主要的能源载体，可再生能源发电已经占新安装发电量的一半以上，从可再生能源向电力的大规模转变可以带来60%的二氧化碳减排量，如果考虑加热和运输可再生能源，则为75%。以欧洲和美国为代表的发达国家和地区更是将大力发展可再生能源作为改善生态环境状况和走出经济疲软状况的重要措施，其可再生能源的开发也取得了显著成绩，欧洲可再生能源产业的年增长率在20%以上，美国预计到2025年可再生能源将提供超过25%的电力供应。

中国的能源短缺问题更加严重，改革开放40多年来，经济增长实现了“中国奇迹”，但伴随着经济的高速发展，煤炭、石油和天然气等化石能源的消耗也成倍增长，2002年超过日本成为仅次于美国的第二大石油消费国，与此同时，化石能源消费也带来了严重的生态破坏和环境污染问题，中国的二氧化碳和二氧化硫排放量居世界首位。2014年6月，国家主席习近平在中央财经领导小组第六次会议上提出“推动能源消费革命、能源供给革命、能源技术革命、能源体制革命和全方位加强国际合作”的重大战略思想（简称“四个革命、一个合作”），为中长期内我国能源发展战略指明了方向。积极实施能源革命战略，努力构建高效、安全、清洁、低碳的能源供应体系和消费体系，以能源变革促进经济发展方式的低碳转型，是实现“碳达峰、碳中和”目标的基础。

中国能源革命除具有以可再生能源替代化石能源的世界能源转型特征外，“多煤、少油、贫气”的能源禀赋还决定了中国能源革命具有自身显著的阶段性特征，根据国家能源革命和生态环境保护远景战略规划，中国能源革命阶段性特征为：在2030年“碳达峰”之前，重点任务为煤炭的清洁高效利用，我国煤炭消费占比仍在60%以上，中国的基础能源还是煤炭，要用好煤炭，重点要做好煤炭的规划、煤炭的发展和煤炭的清洁利用。在2030—2060年“碳中和”期间，重点任务是在化石能源增储稳产基础上，大力发展新能源和可再生能源，争取新能源发电占比在50%以上。

在全球能源转型和中国能源革命背景下，实现经济发展方式的低碳转型，涉及能源、经济、社会、环境、技术创新、政策制定等多个领域和产业部门，需要跨学科的综合研究和相互交流。本书试图从产业、环境、技术、政策等角度，对能源革命背景下能源产业高级化问题进行系统性研究，具体包括七篇二十三章内容。第一篇主要研究能源革命背景下的化石能源产业高级化问题，包括化石能源产业高级化、化石能源产业供应能力以及化石能源产业技术创新能力评价等内容。第二篇主要研究能源革命背景下的化石能源清洁化开发与利用问题，包括煤炭能源的清洁化开发与利用、油气资源的清洁化开发与利用、核能的清洁化开发与利用。第三篇主要研究能源革命背景下的可再生能源开发与利用问题，包括可再生能源开发利用整体情况、可再生能源发展现状、可再生能源市场化发展以及可再生能源国际合作。第四篇主要研究能源革命背景下的能源化工产业环境承载力问题，包括能源化工产业环境压力、能源化工产业环境承载力以及榆林国家级能源化工基地生态安全预警案例研究等。第五篇主要研究能源革命背景下的能源技术支撑体系及其产业化进展问题，包括能源技术支撑体系和能源新技术的产业化进展及政策建议。第六篇主要研究能源革命背景下的中国能源政策演进与评估问题，包括油气行业、煤炭行业以及新能源行业的政策演进与评估。第七篇主要研究能源革命背景下的能源产业升级综合评价问题，包括能源产业供给升级评价、消费升级评价、技术创新评价以及政策效力评价等。

目　录

第五篇　能源革命背景下的能源技术支撑体系及其产业化进展

第六篇　能源革命背景下的中国能源政策演进与评估

第七篇 能源革命背景下的能源产业升级综合评价

第一篇

能源革命背景下的化石能源产业高级化

第一章　化石能源产业高级化评价研究

第一节　化石能源产业高级化测度

化石能源产业高级化是指产业由初级走向高级的过程，即能源产业的产业链由上游开采业向下游加工业不断延伸的过程。化石能源产业上游开采是对自然资源的直接利用过程，是将自然资源本身的价值进行转移的过程。而化石能源产业下游加工业是对自然资源的再利用过程，是能源产业实现产业附加值增加的过程，这一过程需要足够的技术支撑才能实现。能源产业链越是向下游延伸，同样单位的自然资源的开发利用程度就越高，获得的产业附加值就越高，产业高级化水平也就越高。本章选取了五个代表性化石能源产业行业，分别是煤炭开采和洗选业，石油和天然气开采业，石油加工、炼焦和核燃料加工业，化学原料及化学制品制造业以及化学纤维制造业。这五个化石能源产业行业可以划分为上游资源开采和下游加工两个部门，其中，上游资源开采部门包括煤炭开采和洗选业、石油和天然气开采业，下游加工部门包括石油加工、炼焦和核燃料加工业，化学原料及化学制品制造业以及化学纤维制造业。

为了说明化石能源产业链的结构状况，本章从化石能源产业上下游间要素配置结构这一视角展开分析。从生产要素配置视角来看，能源产业链与能源产业要素配置的关系表现为，随着能源产业链不断由上游向下游延伸，生产要素在能源产业上下游间的配置结构需做出相应调整以满足产业链延伸的需要。换言之，能源产业链延伸意味着能源产业结构的转型升级，而产业结构转型升级的一个重要因素在于要素结构的动态变化。因此，能源产业要素结构的动态变化可以用来反映能源产业链的延伸状况，从而间接反映能源产业高级化水平。能源产业高级化过程中要素结构的动态变化表现为生产要素在能源产业上下游之间配置结构的变化，可以用能源产业上下游之间要素配置效率的高低加以衡量。

一、测算模型构建

本章借鉴胡健和董春诗（2010）、胡健等（2011）的思想构建能源产业上下游间要素配置效率测算模型，用 YE_{it} 表示省份 i 在 t 年的上游资源开采部门产值，YM_{it} 表示省份 i 在 t 年的下游加工部门产值；省份 i 在 t 年的资源开采部门和加工部门劳动力总和为 L_{it}、资本总和为 K_{it}。

下游加工部门的生产函数采用 Cobb-Douglas 生产函数的形式表示为：

$$YM_{it} = A_{it} \cdot [(1-\lambda) L_{it}]^{\alpha_1} \cdot [(1-\rho) K_{it}]^{\alpha_2} \cdot [(1-\tau) YE_{it}]^{\alpha_3} \quad (1-1)$$

其中，A_{it} 代表加工部门的技术水平，即生产效率，这里假设技术源于加工部门的“干中学”效应，并且加工部门的技术可以外溢到资源开采部门。$1-\lambda$ 代表加工部门的劳动力占劳动力总和 L_{it} 的比重，同理，$1-\rho$ 代表加工部门的资本占资本总和 K_{it} 的比重。τ 代表资源税率。可见，加工部门的产值由其使用的资本和劳动力、生产效率、资源开采部门开采出的税后资源量共同决定。

上游资源开采部门的生产函数也采用 Cobb-Douglas 生产函数的形式表示为：

$$YE_{it} = A_{it} \cdot \mu_{it} \cdot R_{it} \cdot (\lambda L_{it})^{\beta_1} \cdot (\rho K_{it})^{\beta_2} \quad (1-2)$$

其中，A_{it} 代表从加工部门外溢的技术，μ_{it} 代表资源开采部门的资源开发效率，R_{it} 代表资源禀赋水平，λ 代表资源开采部门的劳动力占劳动力总和 L_{it} 的比重，ρ 代表资源开采部门的资本占资本总和 K_{it} 的比重。因此，资源开采部门的产值由加工部门外溢的技术、资源开发效率、资源禀赋水平及其使用的资本和劳动力共同决定。

分别对代表性加工部门企业和资源开采部门企业求其利润最大化的一阶条件，并利用完全均衡条件，即在完全竞争的情况下，当上下游部门间不存在资本和劳动力的错配时，两部门的劳动力和资本应分别具有相同的价格，整理可得不存在错配时，下游加工部门和上游资源开采部门之间劳动力和资本的最优配置比例 λ 和 ρ ：

$$\lambda = \frac{\beta_1 \alpha_3}{\alpha_1 + \beta_1 \alpha_3} \tag{1-3}$$

$$\rho = \frac{\beta_2 \alpha_3}{\alpha_2 + \beta_2 \alpha_3} \tag{1-4}$$

分别用 λ' 和 ρ' 表示实际的加工部门和资源开采部门之间劳动力和资本的配置比例，那么，劳动力和资本的错配程度可以用式（1-5）、式（1-6）衡量：

$$\tau_L = \frac{\lambda'}{\lambda} \tag{1-5}$$

$$\tau_K = \frac{\rho'}{\rho} \tag{1-6}$$

若 τ_L 、$\tau_K > 1$，表明上游资源开采部门的劳动力和资本投入过多，下游加工部门投入不足；相反，若 τ_L 、$\tau_K < 1$，则表明上游资源开采部门的劳动力和资本投入不足，下游加工部门投入过多。

二、参数估计

为了得到加工部门和资源开采部门之间劳动力的最优配置比例 λ 和资本的最优配置比例 ρ ，需要对上述理论模型中的参数 α_1、α_2、α_3、β_1、β_2 进行估计。本章采用对数回归法进行参数估计，具体估计方法采用广义矩估计。考虑到不同地区能源产业发展结构差异较大，故用上述方法估计参数时，将我国 30 个省份（除西藏及港澳台，下同）按能源产业结构现状分为五组，分别进行参数估计（见表 1-1）。需要说明的一点是，对于组一至组四所包含的省份，可以采用上述方法进行参数估计和错配的测算，而对于组五，因其具有异质性能源产业结构，因此采用 Aoki（2012）、王卫和田红娜（2019）使用的异质性行业空间模型直接测算其要素错配程度。

表 1-1　按能源产业结构分组情况

组别	能源产业结构特征	包含省份
组一	上游部门产值超过下游部门产值	山西、内蒙古、贵州、陕西
组二	下游部门产值超过上游部门产值，比例在 2 倍以内（上下游发展较均衡）	黑龙江、甘肃、青海、宁夏、新疆
组三	下游部门产值超过上游部门产值，比例在 2~5 倍	天津、河北、吉林、安徽、河南、重庆、四川、云南
组四	下游部门产值超过上游部门产值，比例在 10 倍以上	北京、辽宁、福建、江西、山东、湖北、湖南、广东、广西
组五	下游部门产值超过上游部门产值，比例在百倍以上（几乎无上游部门）	上海、江苏、浙江、海南

采用上述方法得到的组一至组四的参数估计结果如表 1-2 所示，根据参数估计结果可以进一步计算出资源开采部门和加工部门之间劳动力和资本的最优配置比例，即 λ 和 ρ 的值。

表 1-2　参数估计结果

被解释变量	$\ln YM_{it}$	对应参数	组一	组二	组三	组四
解释变量	$\ln L_{Mit}$	α_1	0.371	0.530	0.199	0.436
	$\ln K_{Mit}$	α_2	0.318	0.529	0.626	0.691
	$\ln[(1-\tau)\ YE_{it}]$	α_3	0.436	0.203	0.301	0.177
被解释变量	$\ln YE_{it}$	对应参数	组一	组二	组三	组四
解释变量	$\ln L_{Eit}$	β_1	1.124	1.140	0.871	0.812
	$\ln K_{Eit}$	β_2	0.773	0.651	0.775	0.537
最优配置比例			组一	组二	组三	组四
λ			0.569	0.304	0.568	0.248
ρ			0.515	0.200	0.271	0.121

第二节　分地区化石能源产业高级化现状

根据上文得到的上下游部门间资本、劳动力最优配置比例以及实际配置比例，通过计算实际配置比例与最优配置比例之间的比值，即可得到组一至组四各省份能源产业上下游部门间的劳动力、资本错配程度 τ_L、τ_K。对于几乎不存在能源上游部门的组五，测算其能源产业上下游部门间的要素错配不具有统计意义和现实意义。因此，对于组五各省份，我们采用异质性行业空间模型仅测算其能源下游行业的要素错配情况。将各地区的测算结果分组展示在图 1-1 至图 1-10 中（其中，组一至组四展示的是能源上下游部门间的要素错配程度，组五仅展示能源下游加工部门的要素错配程度）。

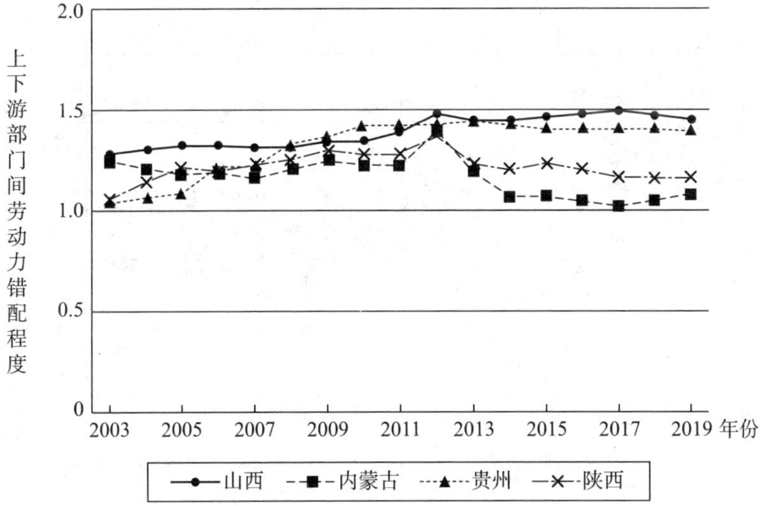

图 1-1　组一劳动力错配情况

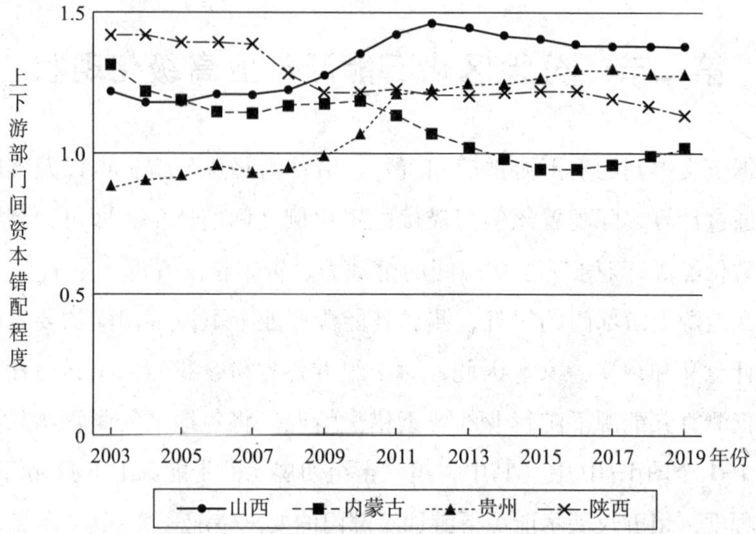

图 1-2　组一资本错配情况

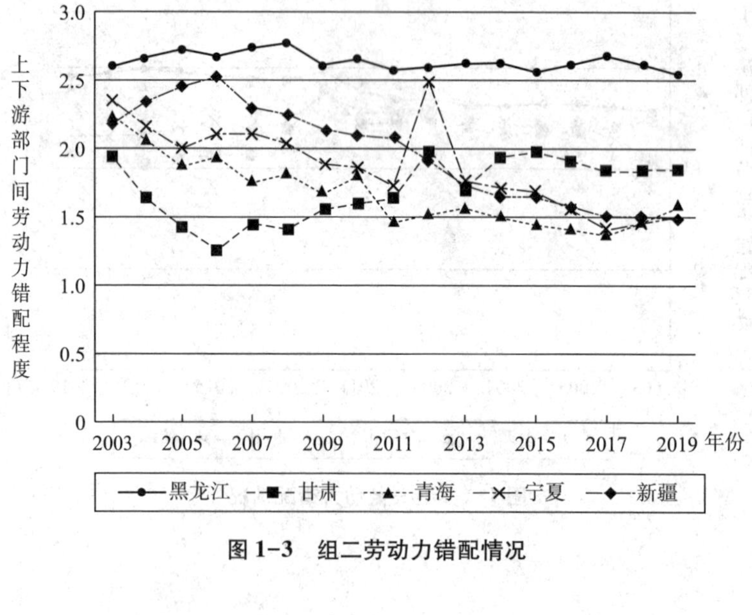

图 1-3　组二劳动力错配情况

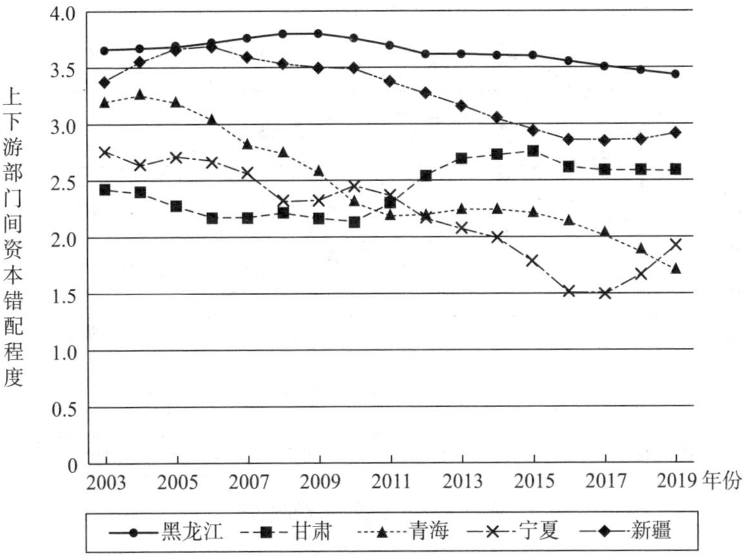

图 1-4　组二资本错配情况

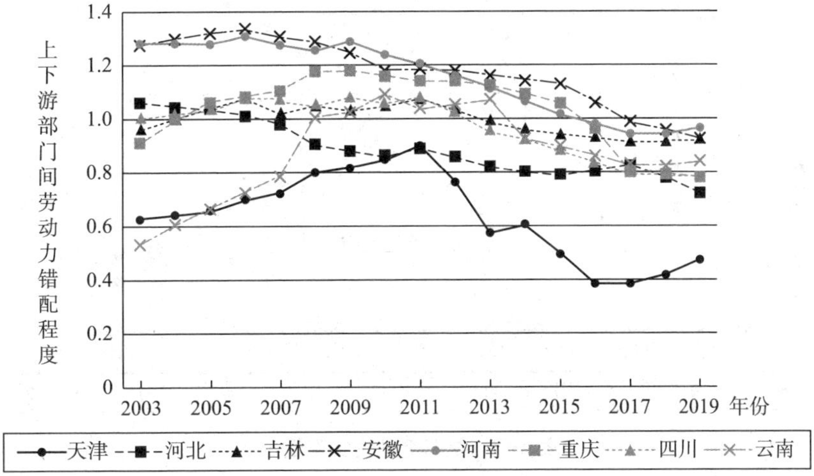

图 1-5　组三劳动力错配情况

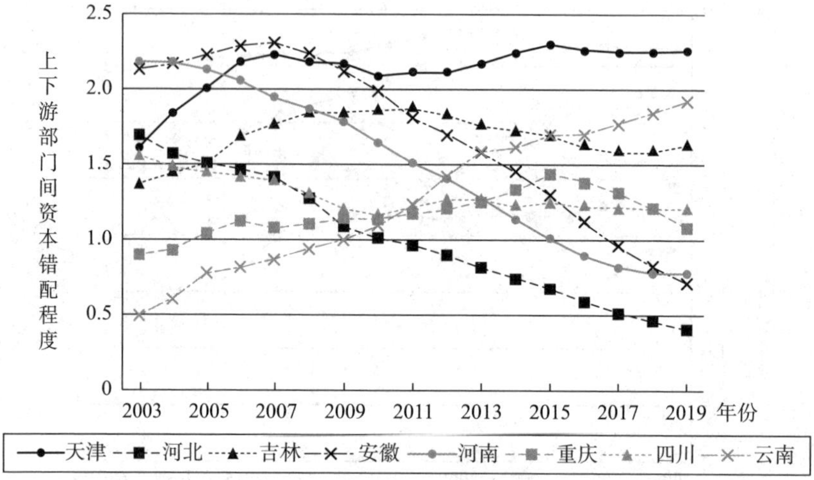

图 1–6　组三资本错配情况

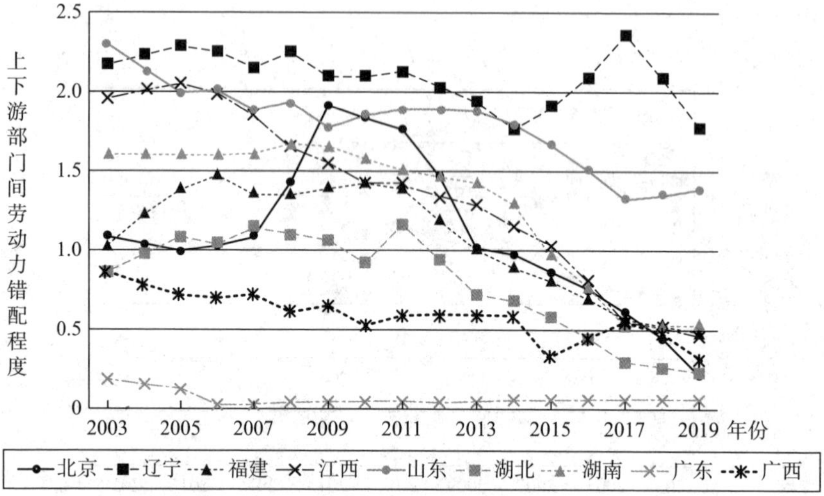

图 1–7　组四劳动力错配情况

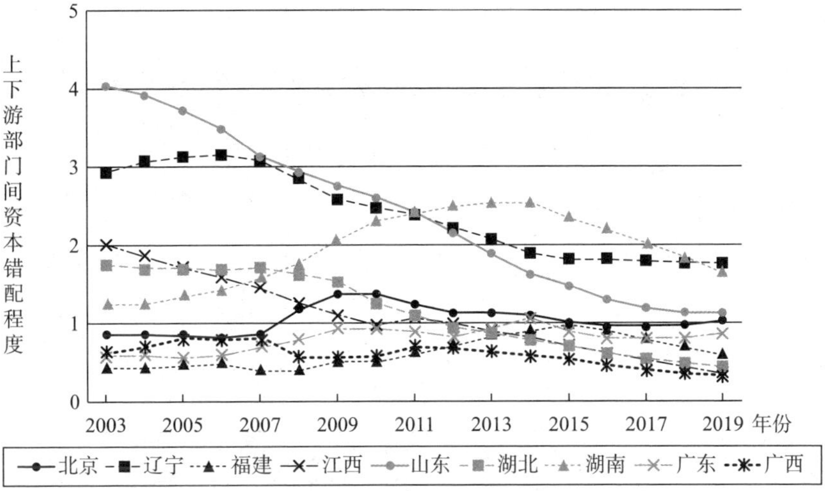

图 1-8　组四资本错配情况

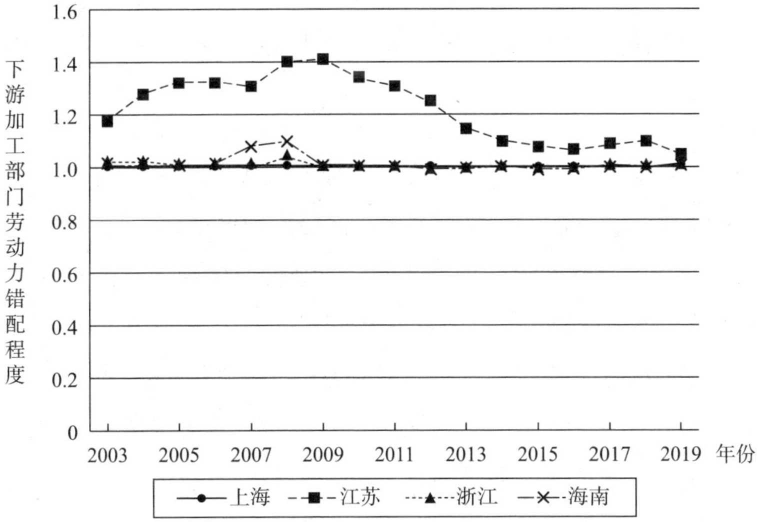

图 1-9　组五劳动力错配情况

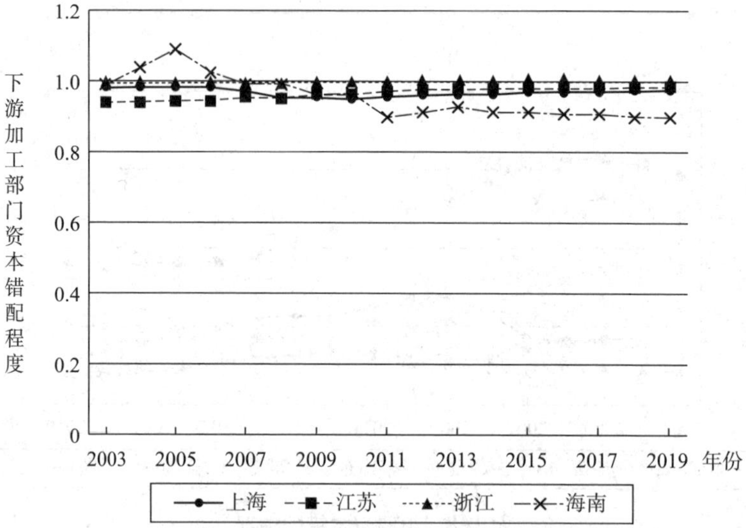

图 1-10　组五资本错配情况

一、上游部门产值超过下游部门产值的省份——山西、内蒙古、贵州、陕西

这四个省份能源产业上下游部门间的要素错配整体表现为上游部门劳动力和资本投入略多，下游部门投入略少，但错配程度整体较轻。各省份相比，山西、贵州的劳动力错配较严重，陕西、内蒙古的劳动力错配程度较轻。贵州的资本错配刚开始较轻，但 2009 年后有所恶化，表现为上游部门投入较多。山西、陕西的资本错配程度一直较轻且趋势良好，内蒙古的资本配置在 2013 年以后几乎呈无错配趋势。可见，山西能源产业上下游部门之间的劳动力错配比资本错配略严重，表现为上游劳动力和资本投入过多。内蒙古能源产业上下游部门之间的劳动力错配和资本错配整体均呈下降趋势，错配程度最低。贵州能源产业上下游部门之间的劳动力错配和资本错配均有恶化趋势。陕西能源产业上下游部门之间的要素错配程度相对稳定且趋势良好。

二、下游部门产值超过上游部门产值2倍以内（上下游发展较均衡）的省份——黑龙江、甘肃、青海、宁夏、新疆

这五个省份能源产业上下游部门间的要素错配整体表现为上游部门劳动力和资本投入过多，且错配程度普遍较严重。各省份比较来看，黑龙江的劳动力错配最严重且无明显改善趋势，青海、新疆、宁夏的劳动力错配除个别年份存在波动外，整体改善趋势较明显，而甘肃的劳动力错配表现出恶化趋势。再来看资本错配，黑龙江的资本错配同样最严重且无明显改善趋势。新疆、青海、宁夏的资本错配表现出改善趋势，其中宁夏和青海的改善趋势非常明显。甘肃的资本错配程度开始时最轻，但有恶化趋势。可见，黑龙江能源产业上下游部门之间的劳动力和资本错配程度最严重且无改善趋势，表现为上游部门劳动力和资本投入过多且资本错配程度更严重。甘肃能源产业上下游部门之间的劳动力和资本错配程度开始时都较轻，但2010年之后均表现出较明显的恶化趋势，表现为上游部门要素投入过多且资本错配更严重。青海能源产业上下游部门之间的劳动力和资本错配都有明显的改善趋势，特别是资本错配，目前虽仍然表现为上游部门要素投入较多，但错配程度较轻。宁夏能源产业上下游部门之间的劳动力和资本错配除了在个别年份出现较明显的恶化之外，整体呈改善趋势，特别是资本错配改善效果明显，目前主要表现为上游部门要素投入过多。新疆能源产业上下游部门之间的劳动力和资本错配表现出缓慢改善的趋势，但目前错配程度仍较重，资本错配程度略重于劳动力错配，表现为上游部门要素投入偏多。

三、下游部门产值超过上游部门产值2～5倍的省份——天津、河北、吉林、安徽、河南、重庆、四川、云南

这些省份能源产业上下游部门间的要素错配整体表现为上游部门劳动力投入过少而资本投入偏多，下游部门则相反，劳动力投入过多而资本投入不足。先来看劳动力错配的情况，天津的劳动力错配程度最重且在2011年后出现明显恶化；吉林与四川两省开始时几乎不存在劳动力错配，但情况逐年恶

化；重庆的劳动力错配在经历一定波动后基本保持不变；河北的劳动力错配情况不断恶化，目前劳动力错配程度仅次于天津；云南的劳动力错配情况开始时改善趋势明显，2013 年后出现轻微反弹。安徽、河南两省的劳动力错配程度相近且变化趋势一致，目前劳动力错配程度最轻。再看资本错配，天津的资本错配同样最严重且无改善趋势，安徽与河南两省的资本错配改善趋势非常明显。河北与云南的资本错配变化趋势正好相反，前者是从上游资本过多转变为资本过少，后者则是从上游资本不足转变为资本过多。四川、重庆、吉林三省的资本错配程度较轻，但表现出不同的变化趋势，四川的资本错配有一定的改善，重庆和吉林则表现出轻微恶化趋势。可见，天津能源产业上下游部门间的要素错配程度较重，表现为上游部门劳动力投入不足而下游部门资本投入不足。河北能源产业上游部门劳动力投入不足而资本投入由过多转变为不足。安徽能源产业上游部门劳动力和资本投入由多转为略不足，要素配置趋于合理，错配程度整体较轻。吉林能源产业上游部门劳动力投入不足而资本投入过多，无明显变化趋势，错配程度整体居中。河南与安徽情况类似，只不过河南能源产业上下游之间的资本错配程度较轻。重庆和四川表现为上游部门劳动力投入由多转为不足而资本投入偏多，二者的错配程度整体较轻。云南能源产业上游部门劳动力投入不足而资本投入由不足转变为过多，资本错配比劳动力错配更严重。

四、下游部门产值超过上游部门产值 10 倍以上的省份——北京、辽宁、福建、江西、山东、湖北、湖南、广东、广西

这些省份能源产业上下游部门间的要素错配情况差异较大，尤其是劳动力错配。辽宁和山东两省的劳动力错配一直表现为上游部门投入过多。江西、湖南、湖北、福建四省的劳动力错配一开始表现为上游部门投入过多，最近几年则表现为上游部门劳动力投入不足。北京的劳动力错配变化最为剧烈，一开始几乎不存在劳动力错配，2007—2013 年则表现为上游部门劳动力投入过多，最近几年又变为上游部门劳动力投入不足的状态。广西、广东的劳动力错配一直表现为上游部门劳动力投入不足，其中，广东的错配程度最高。

总的来说，江西、湖南、北京、福建、山东、湖北的劳动力错配程度较轻，而辽宁、广东、广西的劳动力错配程度相对较重。再看资本错配，湖南、辽宁和山东的资本错配始终表现为上游部门资本投入过多，其中，辽宁和山东的资本错配改善趋势非常明显，而湖南的资本错配情况有所恶化。广东、福建和广西三省则一直表现为上游部门资本投入不足，其中广东和福建的资本错配改善趋势明显，广西则表现出恶化的趋势。北京的资本错配程度始终较轻；湖北的资本错配一开始表现为上游部门投入过多，2011 年之后转变为上游部门投入不足；江西的资本错配也表现为上游部门投入过多向投入不足转变，转变始于 2012 年左右。由此可以看出，北京能源产业上下游间的错配程度整体较轻，劳动力错配相对而言比资本错配严重，目前主要表现为上游部门劳动力投入不足。辽宁能源产业上游部门劳动力和资本投入均偏多，其中，资本错配的改善趋势明显。福建一开始在能源产业上游部门劳动力投入偏多而资本投入不足，最近几年表现为上游部门劳动力投入不足，而资本错配改善明显。江西能源产业上游部门的劳动力和资本投入均由投入过多向投入不足转变，总体错配程度较轻。山东能源产业上游部门的劳动力和资本投入一直偏多，但要素错配的改善趋势非常明显，目前错配程度较低。湖北能源产业上游部门劳动力投入不足，资本投入则由过多向不足转变，错配程度居中。湖南能源产业上游部门的劳动力投入由过多向不足转变，资本投入始终偏多，资本错配比劳动力错配略严重。广东能源产业上游部门的劳动力和资本投入始终不足，且劳动力错配严重，资本错配有所改善。广西能源产业上游部门的劳动力和资本投入均不足，错配程度较高。

五、下游部门产值超过上游部门产值百倍以上（几乎无上游部门）的省份——上海、江苏、浙江、海南

这些省份因几乎不存在能源上游资源开采部门，因此这里仅测算其能源下游加工部门的要素错配情况。测算结果表明，这些省份能源下游部门的要素配置普遍较为合理，只有江苏的劳动力配置曾出现过轻微扭曲，但很快得到了改善。

将以上各组进行组间对比可以发现：首先，我国个别资源型省份（陕西、内蒙古、山西）能源产业形成的上游比重高于下游的产业结构是符合其自身资源禀赋条件的，是为了最大限度发挥地区禀赋优势而形成的较为合理的产业结构，因而其能源产业上下游部门间的要素配置整体较合理，错配程度较低。其次，我国绝大部分省份能源产业形成的是下游比重高于上游的产业结构，这也是符合我国国情的。我国大部分省份能源资源并不丰裕，因而主要发展的是能源加工业而非开采业。对于这类省份进行分析可以发现，其能源下游行业的发展规模越大，能源产业上下游部门间的要素错配程度通常越低。这是因为，能源下游行业的发展规模越大，通常意味着下游产业链延伸度越高，产品附加值越大，能源产业高级化程度越高，要素配置也就越趋于合理。最后，对于个别只有能源产业下游部门、几乎没有上游部门的省份（即上文第五组）来说，单纯测算其能源产业上下游部门间的要素错配并无意义。这些省份如上海、海南、浙江，并不具备发展能源上游行业的条件，因此，这些地区依托自身禀赋优势大力发展能源下游加工业。这种符合禀赋条件的产业结构选择同样为这些省份带来了较合理的要素配置。对于这些能源加工型省份来说，通过与其他资源型省份的跨区域合作，各自发挥其在能源开采业和加工业的优势，可以实现合作共赢。可见，我国各地区发展能源产业最重要的是要因地制宜，找准自身禀赋优势所在，沿着自身优势路径合理布局能源产业结构。

第三节　分地区化石能源产业高级化实现路径

由前文分析可知，我国各地区化石能源产业结构即产业链布局存在明显差异，这与各地区自身禀赋条件息息相关，因此，推进化石能源产业链升级需要因地制宜，充分发挥各地区比较优势。

一、能源资源富集区化石能源产业高级化路径

西部地区是我国能源资源富集区，因而是我国能源产业发展的重心。西

部能源产业的发展绩效可以分类进行评价：第一类是能源产业上游行业占比高于下游行业的地区，如山西、内蒙古、陕西。这类地区的特点是，能源产业上下游部门间的要素错配程度较低，主要表现为上游部门劳动力和资本投入略多，下游部门投入略少。这种类型的地区普遍拥有非常丰富的能源资源，丰富的能源资源储量决定了在这些地区上游资源开采业必然拥有较大规模，这是与地区资源禀赋条件相适应的，因而所形成的能源产业结构是较为合理的。第二类是能源产业下游行业占比超过上游行业但上下游发展整体较均衡的地区，如甘肃、青海、宁夏、新疆。这类地区的特点是，能源产业上下游部门间的要素错配整体较严重，主要表现为上游部门劳动力和资本均投入过多。这类地区整体所拥有的资源储量不及第一类地区那么丰裕，同时，其能源下游加工业目前的发展水平仍不足，与东部下游行业发展较好的地区相比，产业链的延伸度不够，行业附加值仍较低，经济效益十分有限。针对西部地区能源产业的差异化发展绩效，需采取差异化的能源产业政策以实现产业高级化。具体来说，对于能源资源储量丰富的山西、内蒙古、陕西，虽然其目前形成的能源产业结构较合理，但长远来看，不能只依靠能源资源开采获得长久的经济增长动力。已有研究表明，存在资源越丰裕、经济发展水平反而越缓慢的“资源诅咒”现象（Auty，1993；Sachs & Warner，1994），也就是说，资源富集区如果单一依靠资源开发获得经济增长，最终恐将反受其害（苏小雪，2016）。同时，这些地区能源资源开采业的劳动力和资本投入较多的现实也是存在的，这就需要加快上游部门技术创新和技术引进速度，使用更先进的开采设备，提升上游部门能源资源综合利用效率，在节约资源的同时，将效率提高后上游部门释放出的劳动力和资本转移至附加值更高的下游加工部门，淘汰落后产能，适当发展能源下游行业，提高能源深加工水平，实现能源产业整体效益提升。对于甘肃、青海、宁夏、新疆四省，既然由于能源资源有限而无法过多依赖资源开采业，那就必须尽快发展壮大下游加工业。依托国家能源基地化政策，加快将能源上游部门的劳动力和资本向下游部门转移的速度，加快下游产业链不断由初级加工业向深加工业、精细化工业延伸的速度。

二、非能源资源富集区化石能源产业高级化路径

其他的非能源资源富集区，应在积极推动区域能源合作、保障地区化石能源供应的基础上，发挥自身优势，使有限的能源资源实现最大价值。东北三省是我国重要的能源基地，能源生产和消费以高碳化石能源为主，应以能源高值化、多元化、低碳化推进经济转型，激发老工业基地振兴新动能。系统谋划“山西—蒙东—东北”能源经济走廊建设，立足资源和原料双重属性，形成煤炭资源和化工基础优势合力，实现化石能源高值化利用。京津冀、中部地区和西南地区自身能源资源有限，但对化石能源的消费需求较大，应加强区域能源合作和化石能源储备能力建设。这些区域应重点推进能源与经济、环境的协同发展，力争在生态环保方面率先实现突破。对于这些地区而言，实现化石能源产业链升级的资源约束条件较多且能源化工基础较弱，可将发展重点放在能源清洁化利用上。如西南地区天然气、页岩气等清洁资源丰富，应重点推进清洁能源开发与消纳。长三角地区和珠三角地区的化石能源消费主要依赖省内外调入和进口，凭借其长期进行能源合作的经验以及良好的制造业基础和技术创新能力，应充分发挥一体化发展优势，进一步加大对调入化石能源的深加工转化，大力发展能源化工产业，实现能源资源价值最大化。

第二章　化石能源产业供应能力评价研究

第一节　化石能源产业供应能力评价指标体系构建

化石能源供给安全不仅涉及能源生产安全，还包括能源储存和运输的方方面面。因此，我们从能源生产能力、市场获取能力、资源保障能力、能源供应效率、能源储存能力和能源运输能力六个维度设计区域能源供给安全综合评价体系，其中，能源生产能力、市场获取能力、资源保障能力、能源供应效率四个指标用来反映区域能源生产整体水平，后两个指标则用来反映区域能源储存和运输能力。区域能源供给安全的科学内涵通过细化上述六个指标得到直接或间接反映。区域能源获取的主要方式为自身生产和市场获取，用人均能源生产量、区域能源产量占全国总产量的比重以及能源自给率（能源产量比消费量）作为反映区域自身能源生产能力的正向指标，用区域能源省间输入量占全国总输入量的比重和区域能源省间输出量占全国总输出量的比重作为反映市场获取能力的正向指标。能源生产多元化对于保障长期的区域能源供给安全十分重要，将生产多元化指数作为反映区域资源保障能力的正向指标，计算公式为：

$$生产多元化指数 = 1/\sqrt{\sum_{i=1}^{n} p_i^2} \tag{2-1}$$

其中，p_i 指第 i 种能源的产量占比。在节能减排和可持续发展的背景下，提高能效对于保障能源供给安全越发重要，选取能源消耗效率（单位能源消耗产生的生产总值量）作为反映区域能源供应效率的正向指标。用液化石油气、天然气储气能力占全国比重作为反映区域能源储存能力的正向指标，用液化石油气、天然气供气管道长度占全国比重和新增高压输电线路占全国比重作为反映区域能源运输能力的正向指标（见表 2-1）。

表 2-1　化石能源供应能力评价指标体系

一级指标	二级指标	指标性质
能源生产能力	人均能源生产量	正向指标
	区域能源产量占全国总产量的比重	正向指标
	能源自给率	正向指标
市场获取能力	区域能源省间输入量占全国总输入量的比重	正向指标
	区域能源省间输出量占全国总输出量的比重	正向指标
资源保障能力	生产多元化指数	正向指标
能源供应效率	能源消耗效率	正向指标
能源储存能力	液化石油气、天然气储气能力占全国比重	正向指标
能源运输能力	液化石油气、天然气供气管道长度占全国比重	正向指标
	新增高压输电线路占全国比重	正向指标

需要说明的一点是，指标中涉及的能源生产、消费、输入及输出量只选择了具有代表性的四种化石能源——原煤、原油、天然气以及电力，根据各种能源产品折算标准煤的计算公式，将原煤、原油、天然气以及电力的生产、消费、输入以及输出量统一折算为标准煤。各能源产品折算标准煤的系数如表 2-2 所示。指标体系中所需数据主要来自《中国能源统计年鉴》《中国城市建设统计年鉴》《中国电力统计年鉴》《中国统计年鉴》，或由年鉴中的基础数据计算得出。

表 2-2　能源产品折算标准煤系数

能源产品	折算万吨标准煤系数
原煤/万吨	0. 7143
原油/万吨	1. 4286
天然气/亿立方米	12. 7502
电力/亿千瓦・时	1. 229

对所有数据进行归一化处理后采用变异系数法对指标赋权，加总后得到

最终的区域能源供应能力评价指数，结果如表 2-3 所示；2012—2019 年各地区化石能源供应能力排名如表 2-4 所示。

表 2-3　2012—2019 年各地区化石能源供应能力评价总指数

地区	2012 年	2013 年	2014 年	2015 年	2016 年	2017 年	2018 年	2019 年
北京	14. 870	17. 561	18. 146	19. 101	20. 620	20. 683	19. 988	20. 356
天津	11. 279	12. 264	12. 365	12. 934	13. 321	13. 175	13. 651	13. 508
河北	16. 144	15. 721	15. 337	15. 769	15. 984	17. 141	16. 922	20. 157
山西	25. 858	21. 971	22. 876	24. 025	19. 397	21. 089	22. 889	22. 131
内蒙古	37. 631	35. 466	34. 613	31. 523	32. 076	32. 500	34. 478	34. 047
辽宁	17. 366	17. 942	18. 016	18. 356	18. 373	21. 264	20. 265	18. 941
吉林	12. 763	13. 571	13. 857	14. 969	16. 504	16. 454	17. 755	15. 149
黑龙江	15. 513	15. 790	16. 089	16. 107	16. 812	17. 457	18. 408	16. 353
上海	23. 144	23. 309	24. 003	23. 845	25. 019	29. 158	30. 757	30. 170
江苏	24. 738	25. 430	25. 550	26. 255	24. 045	28. 145	26. 023	27. 150
浙江	26. 332	26. 906	27. 360	27. 922	29. 746	30. 477	30. 004	28. 466
安徽	13. 246	14. 241	14. 418	14. 365	17. 067	15. 968	17. 103	19. 876
福建	11. 153	11. 566	11. 440	11. 984	12. 428	12. 753	11. 874	13. 428
江西	10. 394	11. 150	11. 449	12. 217	12. 766	12. 375	10. 752	11. 635
山东	25. 168	27. 867	28. 227	27. 633	25. 523	29. 721	25. 631	30. 054
河南	12. 587	13. 223	13. 126	13. 302	14. 293	15. 517	14. 946	16. 960
湖北	12. 843	14. 077	13. 727	13. 508	14. 156	13. 977	14. 096	13. 851
湖南	12. 291	12. 783	13. 297	14. 158	14. 470	16. 696	15. 311	16. 780
广东	46. 124	47. 810	47. 688	48. 225	47. 261	34. 500	35. 453	35. 644
广西	12. 502	12. 156	11. 854	11. 955	11. 705	11. 827	11. 102	11. 086
海南	4. 822	5. 447	5. 044	5. 219	4. 555	4. 664	4. 625	4. 765
重庆	9. 589	10. 381	11. 319	13. 015	15. 929	18. 022	17. 433	19. 175
四川	18. 716	20. 620	21. 062	22. 502	22. 410	25. 012	24. 005	24. 563
贵州	9. 250	9. 262	9. 316	9. 912	9. 935	11. 137	11. 288	11. 838
云南	10. 373	10. 827	11. 513	12. 835	14. 360	13. 837	13. 881	15. 402
陕西	25. 267	25. 948	26. 691	26. 539	26. 205	27. 634	31. 001	30. 635
甘肃	13. 752	13. 958	13. 704	13. 975	9. 206	11. 250	9. 491	13. 875

续表

地区	2012 年	2013 年	2014 年	2015 年	2016 年	2017 年	2018 年	2019 年
青海	14. 155	14. 039	13. 870	14. 455	14. 683	16. 179	14. 900	17. 256
宁夏	9. 756	9. 685	9. 360	9. 087	8. 912	9. 411	10. 116	10. 372
新疆	18. 018	20. 472	20. 553	20. 325	20. 917	20. 735	21. 957	21. 387

表 2-4　2012—2019 年各地区化石能源供应能力排名

地区	2012 年	2013 年	2014 年	2015 年	2016 年	2017 年	2018 年	2019 年
北京	14	12	11	11	10	12	12	11
天津	23	22	22	23	23	23	23	24
河北	12	14	14	14	16	15	17	12
山西	4	8	8	7	11	10	9	9
内蒙古	2	2	2	2	2	2	2	2
辽宁	11	11	12	12	12	9	11	15
吉林	19	19	17	15	15	17	14	21
黑龙江	13	13	13	13	14	14	13	19
上海	8	7	7	8	6	5	4	4
江苏	7	6	6	6	7	6	6	7
浙江	3	4	4	3	3	3	5	6
安徽	17	15	15	17	13	19	16	13
福建	24	24	26	26	25	24	24	25
江西	25	25	25	25	24	25	27	27
山东	6	3	3	4	5	4	7	5
河南	20	20	21	21	21	20	19	17
湖北	18	16	18	20	22	21	21	23
湖南	22	21	20	18	19	16	18	18
广东	1	1	1	1	1	1	1	1
广西	21	23	23	27	26	26	26	28
海南	30	30	30	30	30	30	30	30
重庆	28	27	27	22	17	13	15	14
四川	9	9	9	9	8	8	8	8
贵州	29	29	29	28	27	28	25	26

续表

地区	2012年	2013年	2014年	2015年	2016年	2017年	2018年	2019年
云南	26	26	24	24	20	22	22	20
陕西	5	5	5	5	4	7	3	3
甘肃	16	18	19	19	28	27	29	22
青海	15	17	16	16	18	18	20	16
宁夏	27	28	28	29	29	29	28	29
新疆	10	10	10	10	9	11	10	10

可以看出，化石能源供应能力较强的地区有广东、内蒙古、陕西、上海、山东、浙江、江苏、四川、山西、新疆。其中，广东、内蒙古一直排在前两位，能源供应能力强且保持稳定，陕西虽在2017年出现轻微下滑，但很快又恢复了优势。上海的能源供应能力稳中有升，发展趋势较好。浙江的能源供应能力有轻微下滑，山东、江苏、四川和新疆的能源供应能力基本保持不变。山西的能源供应能力在2013年和2016年出现了两次较明显的下滑，2017年之后开始缓慢回升。能源供应能力偏弱的地区有福建、贵州、江西、广西、宁夏、海南。其中，福建、宁夏、海南的能源供应能力始终较弱，变化不大。贵州的能源供应能力在2018年之后有小幅上升，江西则在2018年之后有小幅下降；广西的能源供应能力降幅较明显，发展趋势堪忧。其他地区的能源供应能力处于中等水平，其中，辽宁、黑龙江、湖北、甘肃的能源供应能力有所下滑，而北京、安徽、河南、湖南、重庆、云南的能源供应能力呈上升趋势，其中，重庆的能源供应能力上升最快。

表2-5以2019年为例，列出了各地区化石能源供应能力评价的六个一级指标值，从中可以找到化石能源供应能力偏弱地区的主要制约因素。例如，福建的能源生产能力、市场获取能力、资源保障能力以及能源储存能力是制约其能源供应能力的主要因素。贵州的能源供应能力主要受制于市场获取能力、资源保障能力和能源运输能力。江西主要受制于能源生产能力、市场获取能力、资源保障能力和能源储存能力。广西的短板表现在能源生产能力、市场获取能力、资源保障能力上。宁夏的能源供应效率低、能源储存能力和能源运输能力很弱。海南的能源生产能力、市场获取能力、能源储存能力和

能源运输能力欠缺，并且其资源保障能力也很弱。综合来看，能源供应能力偏弱地区的共同点在于能源生产能力和市场获取能力均较弱。对于能源资源非富集地区，受资源禀赋条件所限，自身能源生产能力十分有限，但通过有效的市场交换活动可以弥补自身生产能力的不足，如广东、浙江、江苏等地就是通过较强的市场获取能力弥补了自身生产能力的不足。但我们发现，市场获取能力较弱的地区能源运输能力也明显不足，运输渠道的不完善是制约能源市场交换的关键因素之一。另外，宁夏虽是能源资源富集地区，但由于能源供应效率太低，能源储存和运输能力严重不足，导致其能源生产能力居中，但整体能源供应能力薄弱。

表 2-5　2019 年各地区化石能源供应能力评价一级指标值

地区	能源生产能力	市场获取能力	资源保障能力	能源供应效率	能源储存能力	能源运输能力
北京	0.006	0.039	0.329	1.000	0.055	0.204
天津	0.115	0.090	0.294	0.240	0.022	0.237
河北	0.053	0.155	0.603	0.131	0.102	0.494
山西	0.652	0.186	0.078	0.017	0.015	0.222
内蒙古	0.859	0.668	0.094	0.017	0.014	0.143
辽宁	0.044	0.194	0.778	0.076	0.099	0.257
吉林	0.036	0.051	0.879	0.155	0.044	0.091
黑龙江	0.116	0.177	0.751	0.103	0.024	0.076
上海	0.007	0.064	0.213	0.557	0.676	0.197
江苏	0.041	0.294	0.171	0.399	0.233	0.745
浙江	0.027	0.135	0.000	0.390	0.612	0.428
安徽	0.107	0.070	0.355	0.307	0.072	0.594
福建	0.034	0.093	0.185	0.446	0.036	0.234
江西	0.018	0.044	0.203	0.382	0.038	0.230
山东	0.102	0.370	0.691	0.135	0.108	0.854
河南	0.089	0.122	0.402	0.353	0.035	0.292
湖北	0.029	0.088	0.035	0.456	0.093	0.287
湖南	0.023	0.058	0.389	0.489	0.078	0.268
广东	0.058	0.257	0.496	0.500	0.586	0.297

续表

地区	能源生产能力	市场获取能力	资源保障能力	能源供应效率	能源储存能力	能源运输能力
广西	0.023	0.057	0.164	0.262	0.123	0.127
海南	0.006	0.023	0.138	0.193	0.008	0.017
重庆	0.044	0.024	0.792	0.539	0.013	0.205
四川	0.128	0.090	0.718	0.498	0.040	0.460
贵州	0.162	0.021	0.263	0.190	0.042	0.131
云南	0.110	0.071	0.450	0.342	0.045	0.132
陕西	0.595	0.431	0.284	0.137	0.059	0.309
甘肃	0.090	0.055	0.734	0.104	0.027	0.093
青海	0.152	0.007	0.959	0.114	0.014	0.142
宁夏	0.193	0.065	0.330	0.000	0.008	0.098
新疆	0.334	0.214	0.655	0.035	0.009	0.220

此外，不同地区化石能源供应结构呈现不同特征。以 2019 年为例，从表 2-6中可以看到，北京、上海、江苏、浙江、福建、江西、湖北、广西、海南的煤油气产量普遍偏低，而发电量占比很高。相反，山西、内蒙古、陕西的发电量占比较低，能源产品以煤为主。天津、黑龙江的能源产品以油为主，重庆、四川则以天然气为主。尽管各地区的能源生产结构与其地域特征、资源禀赋条件等密切相关，但在条件允许的情况下，各地区能源生产结构越多元化，越有利于我国整体能源供给安全。

表 2-6　2019 年各地区化石能源产品产量占比

地区	原煤产量占比/%	原油产量占比/%	天然气产量占比/%	发电量占比/%
北京	3.290	0.000	23.739	72.971
天津	0.000	76.762	7.683	15.555
河北	42.456	9.202	0.872	47.470
山西	93.156	0.000	1.389	5.454
内蒙古	91.695	0.025	0.331	7.949
辽宁	36.273	23.212	1.215	39.300
吉林	31.080	19.890	8.754	40.276

续表

地区	原煤产量占比/%	原油产量占比/%	天然气产量占比/%	发电量占比/%
黑龙江	37.701	43.219	5.700	13.380
上海	0.000	4.560	12.978	82.462
江苏	10.635	2.960	0.704	85.701
浙江	0.000	0.000	0.000	100.000
安徽	68.707	0.000	0.237	31.057
福建	16.018	0.000	0.000	83.982
江西	17.549	0.000	0.019	82.433
山东	44.796	16.734	0.334	38.136
河南	66.444	3.051	0.321	30.185
湖北	0.780	2.039	0.363	96.817
湖南	35.448	0.000	0.000	64.552
广东	0.000	21.997	14.596	63.406
广西	11.012	2.729	0.111	86.148
海南	0.000	9.041	2.725	88.234
重庆	30.286	0.000	33.581	36.133
四川	19.294	0.095	42.264	38.346
贵州	77.361	0.000	0.330	22.309
云南	48.083	0.000	0.000	51.917
陕西	78.170	6.634	10.560	4.635
甘肃	44.257	21.702	0.339	33.703
青海	29.169	10.343	25.912	34.577
宁夏	71.104	0.000	0.000	28.896
新疆	57.336	13.237	14.445	14.982

从上述对区域化石能源供应能力的分析可以看出，各区域化石能源供应能力存在显著差异，尤其表现在能源生产能力、市场获取能力和能源供应效率上。总体来看，我国能源供应存在的主要问题表现在能源生产、市场获取和能源储备方面。具体来讲，除少数资源富集地区之外，我国大多数区域自身的能源生产能力十分有限，需要依靠从其他资源富集区输入能源以满足本地的能源需求。能源流动渠道完善、广泛开展能源市场交易的地区，可以通

过能源输入保障本地区能源供应稳定。然而，仍有部分地区未能形成有效的市场获取渠道，如青海和贵州，严重限制了地区能源供应水平。此外，能源供应离不开有效的能源储备体系，只有拥有良好的能源储备能力才能保证能源供应的稳定，不易受外部环境或突发事件的影响而产生大幅波动。综观我国各地区的能源储备能力，只有上海、浙江、广东表现出较高水平，其余各地普遍未能形成有效的能源储备体系。能源储备不仅对能源资源非富集地区十分重要，对能源资源富集地区同样十分关键。我国能源资源富集区普遍面临生态环境承载力严重下降的局势，良好的能源储备能力将有助于减少不必要的能源开采和生产，有助于灵活调整能源使用情况，保护生态环境的同时提高能源利用效率。

第二节　化石能源产业供应能力存在的问题

一、石油对外依存度高，储备能力有限

我国能源安全环境较为严峻。一是石油对外依存度超越警戒线。从各国经验看，50%的石油对外依存度是一条“安全警戒线”，意味着一国能源环境已从“比较安全”向“比较不安全”转变，会对该国能源安全乃至国家安全产生较大影响。中国在 1993 年石油进口量首次超过出口量，成为石油净进口国，从此石油对外依存度“节节高升”，2007 年石油对外依存度就突破了 50%的“安全警戒线”。而现在，石油对外依存度更是达到了 65. 4%，几乎追平美国石油对外依存度最高时期的 66%。二是我国现有石油储备规模太小。战略石油储备诞生于石油危机，第一次石油危机后，成立了国际能源署，并要求成员国必须储备 60 天石油净进口量；第二次石油危机后，这一标准提高到了 90 天石油净进口量。西方发达国家非常重视，一般都储备了更多的石油，像美国目前的战略储备为 6. 93 亿桶，足以支持 142 天的进口保护，日本的战略储备接近 150 天，德国的战略储备为 100 天。相比较而言，我国石油储备起步较晚，目前建成的规模也较小。截至 2016 年中，我国共建成 9 个国

家石油储备基地，利用储备基地及部分社会企业库容，储备原油 3325 万吨，仅为 40 天石油净进口量，与西方发达国家战略石油储备规模相比，还有较大的差距。正是因为石油对外依存度“节节高升”，突破了警戒线，而国内石油储备规模又小，与西方发达国家差距较大，一旦出现突发事件，没有太多的应急措施，势必影响到我国能源安全乃至国家安全。我国石油储备规模较小有两方面的原因：一方面，储备工作起步晚，国家石油储备 2004 年才开始启动，一期工程已建完，二期工程尚未全部完工，三期工程尚未开展前期工作。另一方面，企业义务储备法规体系不完善，石油储备主要还是依靠国家储备。企业储备工程建设投入较大，且经济效益不好，因此企业义务储备的积极性不高。

二、天然气调峰能力不足

我国天然气资源勘探开发已逐步进入高潮期，把天然气培育成主体能源正在成为共识。天然气是最清洁的化石能源，在非化石能源成熟之前，天然气是替代煤炭和石油、降低用能污染排放和温室气体排放的最佳选择。在非化石能源成熟之后，天然气作为灵活能源仍将具有广泛的应用空间。因此，随着各种非常规天然气资源探明程度的不断增加，把天然气培育为继煤炭、石油之后的新的主体能源具有重要意义和可行性，是推进能源供给革命的重要内容之一。但是，目前我国天然气调峰应急方面仍存在如下问题：一是天然气调峰能力不足，天然气管道和地下储气项目建设周期较长，经济效益不如预期，建设进度远远滞后。二是天然气价格未完全市场化，峰谷气价难以落实，且民用气与非民用气的价格倒挂严重，影响了储气设施建设。三是天然气调峰应急机制不健全。

三、能源运输通道等基础设施建设不足

此外，能源运输通道和调峰储备等基础设施建设压力大。管网大规模高效建设难度增大，管道等基础设施统筹调度管理难题待解。管道输配环节多、成本高，输配企业投资回收难，管道建设过程中与城乡规划、生态环境保护

等敏感领域的矛盾时有发生，管道及储备设施建设难度加大。

第三节　提升化石能源产业供应能力的路径

一、调整能源生产结构

（一）推动煤炭安全经济绿色高效开发

长期以来，煤炭一直是我国能源的主体，煤炭产量占我国一次能源生产总量的70%以上，煤炭发电量占我国电力生产总量的70%以上。但是，长时间高强度的煤炭资源粗放式开发已产生严重的生态破坏和环境污染问题，主要煤炭产区可持续发展面临严峻的挑战。但长期来看，煤炭仍将是我国主要的基础能源，因此，如果没有煤炭生产革命，能源革命就将成为一句空话。从煤炭供应角度来看，推动能源供应革命，主要方向是推动煤炭安全经济绿色高效开发。一是要在生态环境承载力范围内开采煤炭资源，按合理的科学产能开发；二是实现生态和环境保护型生产；三是实现煤炭开发的资源综合利用；四是实现煤炭安全生产。

世界能源发展大的趋势是低碳化、无碳化，减少煤炭利用是历史的必然，煤炭减量开发也成为历史的必然，我国煤炭生产革命的最根本思路是尽可能减少煤炭产量。要解决煤炭开发利用产生的生态环境问题，需要根据我国各煤炭赋存区的不同条件，在生态环境承载力范围内开采煤炭，源头上实现煤炭科学生产。应根据我国各煤炭赋存区的地质条件、资源赋存状况、水资源条件、生态环境条件，保持现有1/3达到科学产能标准的矿井，改造1/3未达标矿井，逐步淘汰1/3落后和不可改造产能，实现科学产能标准的矿井所占比重逐年上升。

为了实现转型发展，煤炭行业需实现跨领域融合，煤炭与电力企业的兼并重组将成为新趋势，通过重组实现优势互补，推动产业转型升级。传统煤炭企业需提升机械化、智能化水平，迅速减少煤炭工人数量，尤其是井下作业的煤炭职工。煤炭资源城市的转型，需要不断改革创新举措，实现主导产业协调发展、基础设施配套完善、社会事业整体推进，努力打造成为现代化、可持续发展、环境优美、宜居宜业的综合性区域中心城市。

（二）石油和天然气由以常规资源为主转向常规与非常规资源并重，由以陆上资源为主转向陆上与海上资源并举，由以中浅层资源为主转向中浅层与深层超深层资源并行

加强国内油气资源勘探开发、努力增强国内油气资源的保障能力是维护国家能源安全的战略选择。经过长期高强度开发，国内陆上常规原油和天然气产量增长潜力有限。我国非常规油气资源十分丰富，其中非常规石油可采资源 190 亿~220 亿吨，非常规天然气资源可采储量近 40 万亿立方米。我国深海油气资源动用程度依然较低。近几年，我国深层超深层油气勘探不断取得突破。为此，我国油气勘探开发战略必须做出重大调整，由以常规资源为主转向常规与非常规资源并重，由以陆上资源为主转向陆上与海上资源并举，由以中浅层资源为主转向中浅层与深层超深层资源并行，确保国内原油产量保持稳定，天然气产量翻番。

致密油气成为常规油气的有效补充，其中，以鄂尔多斯、四川和塔里木盆地为重点，应尽早实现致密气中低品位、难动用储量规模开发。煤层气储层工程和动态评价技术、欠平衡钻井技术、压裂增产及排采技术、低浓度煤矿瓦斯安全集输与利用技术等实现突破，煤层气开采由储层优质区转向深部煤层气及复杂地层。随着一系列勘探开发技术和设备的不断突破，储层埋深大于 3500 米的深层油气资源以及 500 米水深以上的深海油气资源开发难题得以有效解决，深层与深海油气资源实现大规模开发。针对陆上深层油气资源，深层地质目标识别难、地温高、压力大、岩性复杂等问题得以解决，深层碳酸盐岩、碎屑岩和火山岩等类型储层的油气资源开发技术实现突破，塔里木、四川、鄂尔多斯、渤海湾、松辽、准噶尔盆地的深层油气资源实现大规模开发。对于海洋油气，海底钻井、海底采油、海底工艺处理、海底管道输送等深海作业技术实现全面突破，半潜式钻井和生产平台、水下生产系统等装备研制取得成功，东海、南海、黄海油气资源勘探开发进程加速。油气田开发前，做到总体规划、优化布局、整体开发，实现油气和废物的集中收集、处

理处置，油田占地面积减少和油气损失下降。开发技术方面，多分支井、水平井、小孔钻井、空气钻井等钻井技术得到广泛应用，油气田建设过程中产生的废物量得到有效控制。环境标准和管理方面，无毒、微毒油气田化学剂使用比例大幅提升，落地原油及时回收，钻井过程中产生的废水全部回用，酸化残液、压裂残液和返排液全部回收利用或进行无害化处置。油气田退役后，钻井平台实现完全生态恢复。页岩气开发过程中的潜在环境风险问题得到高度重视，全过程监管制度不断完善，做到环境友好型开发。

二、加强能源应急储备体系建设，提升能源供应安全保障能力

能源储备是一个系统工程，不仅包括石油、天然气，也包括其他能源品种。从长远来看，除了石油、天然气，我们还要大力拓展能源储备的品种，扩大能源储备的规模，尤其是涉及能源长远发展的战略稀缺能源资源和新材料，一定要未雨绸缪。基于稀土产业的前车之鉴，中国能源储备必须提早着手，在油气之外，提早储备一批战略能源资源和新材料，深度拓展能源储备品种。不仅要加强勘查提升国内资源保障能力，改善能源基地状况，提升国内资源供应能力，增加能源战略储备以提升国家应急能力，而且还需实行能源供应多元化，发展新型替代能源，强化节能和提升能效的措施，同时，也要通过卓越的能源外交提升国际市场获取能力。

日本的石油储备措施可以为我国能源储备提供一定的借鉴。日本石油储备的管理体制可分为三个层次：第一层是经济产业省资源能源厅，它是主管石油产业的最高领导部门，负责制定有关石油储备的政策法规，监督JOGMEC的运作。第二层是日本石油天然气和金属矿物国家机构（JOGMEC），其具体职责为全权管理经济产业省拥有的原油储备以及储备基地及其设施。第三层是国家储备公司，它是进行实际运作的基层组织（每个基地都成立一个独立的储备公司），它的具体职责包括储备基地的工程建设、储备基地的运营管理。

随着石油储备规模的不断扩大，储备与运营所需资金不断增长，为保障石油储备事业的顺利发展，日本政府通过各种途径筹措石油储备资金，包括：

①设立石油专门账户。从1978年起，日本开始征收石油税，对原油、各种石油产品、石油气以及液化天然气征税，此项收入几乎全部作为石油储备基金，用于国家石油储备建设、援助企业的石油储备。②国家财政政策支持。除了设立石油专门账户外，政府还通过国家信托署名债券、财政信托资金和邮政保险基金组成的公共基金，对石油储备给予财政投资和贷款支持，以保证石油储备计划的落实。③对各类从事石油储备的公司，实行提供低息或贴息贷款、允许石油储备设施加快折旧、支付储备设施使用费等优惠措施。此外，日本政府还编制了国家石油储备特别预算，作为战略石油储备和液化石油气储备的专项资金使用。

日本已建立起比较完善的能源储备与应急法律制度，具有法律规范和规则全面、管理体制完善、储备模式符合国情、资金筹措渠道多元化、应急机制综合化和国际合作全方位等特点。这些特点值得我国在建立和完善能源储备与应急法律制度时予以参考和借鉴。

三、推进综合能源网络基础设施建设

建设以智能电网为基础，与热力管网、天然气管网、交通网络等多种类型网络互联互通，多种能源形态协同转化，集中式与分布式能源协调运行的综合能源网络。加强统筹规划，在重点区域率先布局，确保综合能源网络结构合理、运行高效。建设高灵活性的柔性能源网络，保证能源传输的灵活可控和安全稳定。能源网与互联网融合发展，将能源系统中分散化的用户、差异化的能源、多元化的商业主体紧密联系起来，扩大市场成员的交互范围与频度，降低交易成本。改变原有能源系统“条块分割”的局面，从系统集成、优势互补、结构优化的角度，利用各种能源转换技术，推动多能互补集成优化，打破多种能量形式相互分割的藩篱，使能源系统中的电、热、冷、气、油、交通等各子系统在生产、传输、转化与利用等各个环节实现互补与优化，实现整个能源系统的互联、互通与互补。通过多能源系统协同规划建设，减少重复建设导致的浪费，提高整个能源系统的经济效益。把能源供给侧与负荷侧和储能统一连接起来，形成有机开放和协调互动的平台系统，将能源开发、能源输送、能源需求与使用等环节协调统一为一个有机整体，实现电力流、信息流及多种能源流的深度融合、双向互动。“源—网—荷—储”协调互动不局限于某一种能源，是整个能源系统的协调优化。其中，“源”包括石油、天然气、电力等多种能源资源；“网”包括石油管网、供热网、电网等多种资源网络；“荷”不仅包括电力负荷，还有用户的多种能源需求；“储”则主要指能源资源的多种仓储设施及储备方法。

加快推动天然气管网体制改革，分步实施、有序推进管道独立。各类管道运输企业加快推进“管网分离”“网销分离”和“储运分离”，保障向第三方公平开放，提高管网利用率。逐步放开社会资本进入管网建设领域的限制，让更多的社会资金有动力进入管道建设和运营领域。加强输配价格监审，降低输配成本。按照“管住中间，放开两头”的总体思路，建立健全以“准许成本+合理收益”为核心、约束与激励相结合的定价制度，准确核定独立的输气成本和配气价格。结合原油、天然气、成品油等油气管道特性，对相应管道的投资、建设、运营、收费等标准进行统筹设计，编制并动态完善管网布局和建设的控制性规划。

第三章　化石能源产业技术创新能力评价研究

化石能源产业技术创新能力可以从两方面加以衡量：一是化石能源产业智能化程度；二是为化石能源产业提供技术要素载体的能源装备制造业的发展情况。前者可以通过测度化石能源产业与信息通信产业的融合度加以衡量。

第一节　化石能源产业技术创新能力测度

近年来，我国能源产业积极实施“互联网+”战略，在利用现代通信和控制技术提升行业信息化、智能化水平方面取得了一定成绩。“新基建”——5G 网络、人工智能、工业互联网、特高压电网等领域成为未来发展重点，能源行业既能为“新基建”提供基础性保障，也是其重要的应用领域，能源与新技术结合的智能化趋势将成未来发展方向。在一系列政策推动下，能源产业智能化将进入发展的黄金时期。

智能化将激活能源产业供需两端。从需求侧来看，能源产业是智能化的物质支撑。5G 建设和商用的快速发展将带来大量光纤光缆、基站耗材、电子化学品和功能性材料需求，拉动石油石化工业发展。从供给侧来看，能源产业是智能化的重要应用端。数据中心是能源行业智能化的基础，未来我国有望陆续建立煤炭、石油、新能源等大数据平台，为推动能源行业高质量发展提供支撑；人工智能在能源行业的应用也在持续升温。智能化将全面降低能源产业成本并促进能源产业的融合与创新。

一、分地区化石能源产业智能化水平测算

化石能源产业的智能化程度可以通过化石能源产业与信息通信产业的融合度加以反映。目前测算产业融合度的方法有很多，本书采用耦合协调度函

数进行产业融合度测算。“耦合”原本是一个物理学概念，在通信、软件工程、机械工程等领域有其特定的含义。随着学科之间的融合发展以及科研水平的不断提高，“耦合”这一概念被广泛运用到社会科学等领域的科学研究中。在人文社科领域，耦合度多被用来评价两种及以上系统之间相互影响、相互作用、相互依存的程度。但系统之间既有良性互动，也会存在负向影响，只有两系统均发展良好，才能够起到彼此促进、共同发展的作用。

将信息通信产业和化石能源产业看作两个复杂的子系统，分别构建两个子系统的评价指标体系并得到信息通信产业和化石能源产业各自的综合指数，通过构建耦合协调度函数进行系统间融合度的测算。

（一）耦合度函数

$$C = 2 \cdot \left(\frac{S_1 S_2}{S_1 + S_2}\right)^{\frac{1}{2}} \tag{3-1}$$

其中，C 代表两系统的耦合度，S_1、S_2 分别代表两系统各自的综合指数（通过构建两系统的评价指标体系得到）。耦合度 C 的数值越接近于 1，说明两系统之间的关联性越强，当耦合度 C 的数值等于 1 时，表明两系统之间的关联性最强并达到了一种良性共振的耦合阶段，而当耦合度 C 的数值等于 0 时，则表明两系统之间并无关联，彼此之间不存在相互影响与干扰，处于一种无序、各自发展状态。

但是，系统的耦合度只能表明各系统之间随时间推进的动态发展进程的关联性，却很难反映各系统的整体发展水平。为了避免类似假性耦合现象的发生，在耦合度模型的基础上引入耦合协调度模型，以便衡量系统之间的耦合协调发展关系。

（二）耦合协调度函数

$$D = \sqrt{C \cdot T} \tag{3-2}$$

$$T = \alpha S_1 + \beta S_2 \tag{3-3}$$

其中，D 代表两系统的耦合协调度，D 的取值范围为［0，1］，数值越大，说明两系统之间的耦合协调关系越强，两系统相互作用、相互影响的效果越显著，当耦合协调度等于1时，两子系统达到良性互动的最优协调发展阶段，耦合协调度等于0则表明两系统之间没有必然联系，对彼此的现状和未来发展没有影响。T为两系统整体的综合评价指数，是两系统各自评价指数的加权和，α、β为各子系统的权重，且满足$\alpha+\beta=1$，本书将α、β均设为0.5。

（三）两系统评价指标体系构建

分别构建信息通信产业和化石能源产业的评价指标体系如表3-1所示。信息通信产业的评价指标体系从以下四个方面构建：发展规模、通信基础设施、用户普及程度和人力资本。其中，发展规模方面包括电子信息制造业主营业务收入、软件业务收入、信息技术服务收入以及电信业务总量四个指标；通信基础设施方面包括互联网宽带接入端口数、光缆线路总长度、移动电话基站数三个指标；用户普及程度方面包括移动互联网用户数、企业每百人使用计算机数、移动电话用户数以及移动电话普及率四个指标，人力资本方面包括软件、信息技术服务业从业人数以及软件研发人数两个指标。

化石能源产业的评价指标体系从以下三个方面构建：产业规模、物质资本投入和人力资本投入。其中，产业规模方面包括发电量，能源消费量，采矿业销售产值，石油加工、炼焦和核燃料加工业销售产值，能源深加工业销售产值，能源装备制造业销售产值，电力、热力、燃气及水生产供应业销售产值七个指标；物质资本投入方面包括能源工业投资，采矿业固定资产投资，石油加工、炼焦和核燃料加工业固定资产投资，能源深加工业固定资产投资，能源装备制造业固定资产投资，电力、热力、燃气及水生产供应业固定资产投资六个指标；人力资本投入方面包括采矿业用工人数，石油加工、炼焦和核燃料加工业用工人数，能源深加工业用工人数，能源装备制造业用工人数以及电力、热力、燃气及水生产供应业用工人数五个指标。

表 3-1　信息通信产业和化石能源产业的评价指标体系

信息通信产业评价指标体系 X		化石能源产业评价指标体系 Y	
一级指标	二级指标	一级指标	二级指标
发展规模 $X1$	电子信息制造业主营业务收入 $X11$	产业规模 $Y1$	发电量 $Y11$
	软件业务收入 $X12$		能源消费量 $Y12$
	信息技术服务收入 $X13$		采矿业销售产值 $Y13$
	电信业务总量 $X14$		石油加工、炼焦和核燃料加工业销售产值 $Y14$
通信基础设施 $X2$	互联网宽带接入端口数 $X21$		能源深加工业销售产值 $Y15$
	光缆线路总长度 $X22$		能源装备制造业销售产值 $Y16$
	移动电话基站数 $X23$		电力、热力、燃气及水生产供应业销售产值 $Y17$
用户普及程度 $X3$	移动互联网用户数 $X31$	物质资本投入 $Y2$	能源工业投资 $Y21$
	企业每百人使用计算机数 $X32$		采矿业固定资产投资 $Y22$
	移动电话用户数 $X33$		石油加工、炼焦和核燃料加工业固定资产投资 $Y23$
	移动电话普及率 $X34$		能源深加工业固定资产投资 $Y24$
人力资本 $X4$	软件、信息技术服务业从业人数 $X41$		能源装备制造业固定资产投资 $Y25$
	软件研发人数 $X42$		电力、热力、燃气及水生产供应业固定资产投资 $Y26$
		人力资本投入 $Y3$	采矿业用工人数 $Y31$
			石油加工、炼焦和核燃料加工业用工人数 $Y32$
			能源深加工业用工人数 $Y33$
			能源装备制造业用工人数 $Y34$
			电力、热力、燃气及水生产供应业用工人数 $Y35$

（四）测算结果

选取上述评价指标2011—2019年我国30个省级行政区（西藏及港澳台除外，下同）的数据，其中，信息通信产业各指标数据来自《中国信息产业年鉴》《中国统计年鉴》《中国通信年鉴》，化石能源产业各指标数据来自《中国工业统计年鉴》《中国固定资产投资年鉴》，部分缺失数据采用插值法进行补充。化石能源产业评价指标体系中的能源装备制造业指装备制造业中与能源产业密切相关的五个行业，分别为金属制品业、通用设备制造业、专用设备制造业、电气机械及器材制造业和仪器仪表机器制造业。能源深加工业指化学原料及化学制品制造业、化学纤维制造业。利用变异系数法赋权后得到两系统的评价指数，如表3-2所示。根据上述耦合协调度公式计算得到的各地区化石能源产业与信息通信产业的融合度如表3-3所示。

表3-2　2013—2019年我国30个省份化石能源产业与信息通信产业的评价指数

地区	信息通信产业评价指数				化石能源产业评价指数			
	2013年	2015年	2017年	2019年	2013年	2015年	2017年	2019年
北京	0.3646	0.4156	0.4504	0.4602	0.1048	0.1000	0.1003	0.1254
天津	0.1529	0.1992	0.2671	0.2784	0.1803	0.1625	0.1297	0.1289
河北	0.1190	0.1540	0.1867	0.1988	0.2581	0.2180	0.2258	0.3014
山西	0.0974	0.0840	0.0804	0.0826	0.2699	0.2624	0.3179	0.4206
内蒙古	0.0740	0.0586	0.0649	0.0697	0.3056	0.3137	0.3333	0.3726
辽宁	0.1031	0.1079	0.1069	0.1093	0.1091	0.1258	0.2010	0.2386
吉林	0.0789	0.0687	0.0745	0.0740	0.1858	0.1590	0.1375	0.1866
黑龙江	0.0833	0.0743	0.0918	0.0948	0.2201	0.2388	0.2219	0.2458
上海	0.4004	0.4367	0.4269	0.4734	0.1264	0.1098	0.1122	0.1229
江苏	0.5047	0.5787	0.5913	0.6761	0.6528	0.6094	0.6129	0.6395
浙江	0.3950	0.4111	0.4569	0.4982	0.3736	0.3923	0.3871	0.4349
安徽	0.1066	0.1162	0.1407	0.1643	0.2994	0.2856	0.2820	0.2931
福建	0.2685	0.2422	0.2599	0.2638	0.2091	0.2119	0.2197	0.2653
江西	0.0681	0.0658	0.0848	0.1090	0.1893	0.1767	0.1987	0.1768

续表

地区	信息通信产业评价指数				化石能源产业评价指数			
	2013 年	2015 年	2017 年	2019 年	2013 年	2015 年	2017 年	2019 年
山东	0. 3210	0. 3985	0. 3067	0. 3403	0. 3520	0. 3940	0. 4010	0. 4962
河南	0. 1725	0. 1820	0. 2047	0. 2138	0. 2055	0. 2424	0. 2171	0. 2986
湖北	0. 2124	0. 2065	0. 2387	0. 2833	0. 2662	0. 2522	0. 2646	0. 2671
湖南	0. 1385	0. 1243	0. 1478	0. 1683	0. 3101	0. 2674	0. 2892	0. 2762
广东	0. 5000	0. 5285	0. 5820	0. 6000	0. 3414	0. 3589	0. 4052	0. 4555
广西	0. 0813	0. 0808	0. 0909	0. 1308	0. 1166	0. 1581	0. 1588	0. 1595
海南	0. 0536	0. 0439	0. 0322	0. 0319	0. 0100	0. 0146	0. 0100	0. 0100
重庆	0. 2266	0. 2242	0. 2763	0. 2493	0. 1422	0. 1624	0. 1980	0. 2818
四川	0. 2077	0. 2229	0. 2282	0. 2581	0. 2096	0. 2377	0. 2513	0. 2792
贵州	0. 0613	0. 0627	0. 0738	0. 1020	0. 1626	0. 1530	0. 1563	0. 1198
云南	0. 0783	0. 0798	0. 0889	0. 1186	0. 2170	0. 1970	0. 1392	0. 1561
陕西	0. 1684	0. 1629	0. 2043	0. 2489	0. 2245	0. 2015	0. 2354	0. 2529
甘肃	0. 0391	0. 0324	0. 0365	0. 0488	0. 0918	0. 0915	0. 1100	0. 1107
青海	0. 0304	0. 0169	0. 0100	0. 0067	0. 0532	0. 0735	0. 0725	0. 0875
宁夏	0. 0233	0. 0167	0. 0083	0. 0030	0. 0905	0. 0929	0. 0880	0. 1208
新疆	0. 0793	0. 0639	0. 0515	0. 0615	0. 2039	0. 2720	0. 2389	0. 2573

表 3-3　2011—2019 年我国 30 个省份化石能源产业与信息通信产业的融合度

地区	2011 年	2012 年	2013 年	2014 年	2015 年	2016 年	2017 年	2018 年	2019 年
北京	0. 3530	0. 3595	0. 3659	0. 3785	0. 3826	0. 3970	0. 3972	0. 4058	0. 4288
天津	0. 3061	0. 3078	0. 3096	0. 3048	0. 3289	0. 3096	0. 3424	0. 3430	0. 3477
河北	0. 3546	0. 3414	0. 3281	0. 3317	0. 3343	0. 3522	0. 3632	0. 3891	0. 4161
山西	0. 2921	0. 3028	0. 3135	0. 3208	0. 2956	0. 3114	0. 3177	0. 3294	0. 3637
内蒙古	0. 3077	0. 3061	0. 3044	0. 3008	0. 2876	0. 2944	0. 3046	0. 2826	0. 3273
辽宁	0. 2184	0. 2197	0. 2210	0. 2458	0. 2373	0. 2275	0. 2851	0. 2925	0. 3086
吉林	0. 2530	0. 2513	0. 2496	0. 2365	0. 2234	0. 2270	0. 2158	0. 2234	0. 2449
黑龙江	0. 2833	0. 2782	0. 2731	0. 2812	0. 2730	0. 2749	0. 2827	0. 2787	0. 2985

续表

地区	2011 年	2012 年	2013 年	2014 年	2015 年	2016 年	2017 年	2018 年	2019 年
上海	0. 4746	0. 4393	0. 4040	0. 3803	0. 4023	0. 4080	0. 4008	0. 4051	0. 4316
江苏	0. 7764	0. 7811	0. 7858	0. 7983	0. 8045	0. 8071	0. 8128	0. 8506	0. 8684
浙江	0. 5778	0. 5791	0. 5804	0. 5938	0. 5999	0. 6043	0. 6216	0. 6394	0. 6705
安徽	0. 2492	0. 2933	0. 3374	0. 3235	0. 3398	0. 3473	0. 3599	0. 3671	0. 3853
福建	0. 3719	0. 3883	0. 4046	0. 4076	0. 3907	0. 4054	0. 4068	0. 4174	0. 4386
江西	0. 1979	0. 2190	0. 2400	0. 2255	0. 2304	0. 2452	0. 2629	0. 2703	0. 2724
山东	0. 5530	0. 5391	0. 5251	0. 5499	0. 5940	0. 5509	0. 5431	0. 5625	0. 6131
河南	0. 2925	0. 3164	0. 3403	0. 3460	0. 3699	0. 3927	0. 3701	0. 3769	0. 4253
湖北	0. 3325	0. 3691	0. 4056	0. 4048	0. 3932	0. 4019	0. 4223	0. 4334	0. 4517
湖南	0. 3688	0. 3707	0. 3726	0. 3588	0. 3377	0. 3481	0. 3697	0. 3673	0. 3791
广东	0. 5425	0. 5790	0. 6156	0. 6170	0. 6405	0. 6662	0. 6946	0. 6996	0. 7329
广西	0. 2018	0. 2050	0. 2081	0. 2177	0. 2351	0. 2366	0. 2451	0. 2583	0. 2789
海南	0. 0886	0. 0825	0. 0764	0. 1221	0. 0783	0. 0678	0. 0607	0. 0533	0. 0605
重庆	0. 3114	0. 3207	0. 3301	0. 3348	0. 3445	0. 3845	0. 4014	0. 4049	0. 4395
四川	0. 3746	0. 3709	0. 3671	0. 3862	0. 3953	0. 4029	0. 4072	0. 4191	0. 4436
贵州	0. 2192	0. 2183	0. 2174	0. 2063	0. 2132	0. 2260	0. 2270	0. 2244	0. 2282
云南	0. 2384	0. 2523	0. 2661	0. 2517	0. 2568	0. 2453	0. 2305	0. 2436	0. 2671
陕西	0. 3502	0. 3497	0. 3491	0. 3470	0. 3307	0. 3655	0. 3813	0. 3796	0. 4216
甘肃	0. 1407	0. 1440	0. 1472	0. 1364	0. 1385	0. 1460	0. 1557	0. 1538	0. 1713
青海	0. 1172	0. 1125	0. 1078	0. 1039	0. 1029	0. 0803	0. 0879	0. 0935	0. 0861
宁夏	0. 1579	0. 1412	0. 1245	0. 1178	0. 1141	0. 1060	0. 0916	0. 0757	0. 0822
新疆	0. 2406	0. 2802	0. 2602	0. 2528	0. 2764	0. 2467	0. 2444	0. 2581	0. 2666

2011—2019 年我国 30 个省级行政区化石能源产业与信息通信产业耦合协调度均值见图 3-1。

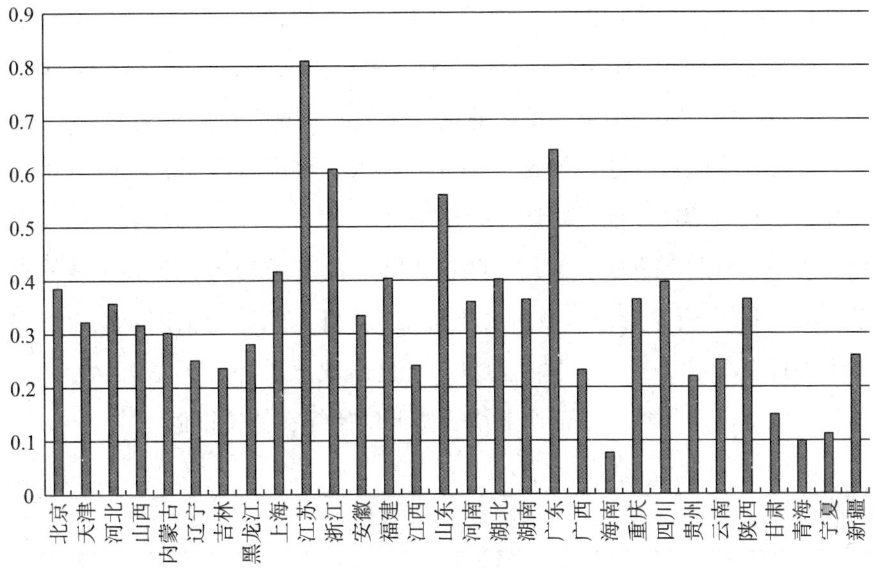

图 3-1　2011—2019 年我国 30 个省级行政区化石能源产业与信息通信产业耦合协调度均值

表 3-4　我国 30 个省级行政区耦合协调度等级划分

耦合协调度	发展阶段	评价	省份
0≤ D <0.3	失调阶段	失调阶段	辽宁、吉林、黑龙江、江西、广西、海南、贵州、云南、甘肃、青海、宁夏、新疆
0.3≤ D <0.5	初协调阶段	颉颃阶段	北京、天津、河北、山西、内蒙古、上海、安徽、福建、河南、湖北、湖南、重庆、四川、陕西
0.5≤ D <0.6	低度协调阶段	初步磨合阶段	山东
0.6≤ D <0.7	中度协调阶段	磨合阶段	浙江、广东
0.7≤ D <0.8	深度协调阶段	磨合阶段	—
0.8≤ D ≤1	极协调阶段	耦合阶段	江苏

由表 3-4 可知，江苏已实现化石能源产业与信息通信产业耦合，两系统处于极协调阶段。浙江、广东化石能源产业与信息通信产业已进入磨合阶段，实现中等程度的协调发展。山东化石能源产业与信息通信产业开始初步磨合，处于低度协调阶段。北京、天津、河北、山西、内蒙古、上海、安徽、福建、河南、湖北、湖南、重庆、四川、陕西各省份进入两系统初协调阶段，即将

步入磨合期。其余各省份的化石能源产业与信息通信产业未表现出融合发展迹象，两系统仍处于失调阶段。从图 3-2 中可以看出，广东、江苏、浙江、山东的化石能源产业与信息通信产业耦合协调度一直保持在较高水平。北京、河北、上海、安徽、福建、河南、湖北、湖南、重庆、四川、陕西的化石能源产业与信息通信产业耦合协调度处于中等水平，其中，北京、河北、安徽、福建、河南、湖北、重庆、四川、陕西近几年的增长趋势较明显，其他地区变动不大。我国 30 个省级行政区的化石能源产业与信息通信产业耦合协调度整体上保持上升趋势，但吉林、青海、宁夏出现下滑趋势。海南、青海、宁夏的化石能源产业与信息通信产业耦合协调度始终在低位徘徊。

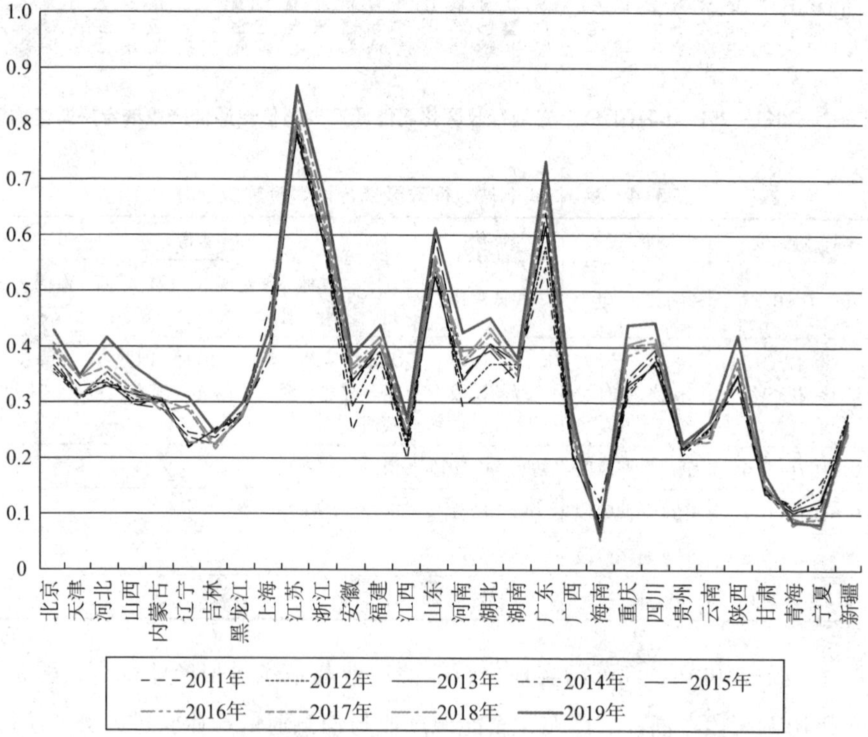

图 3-2　2011—2019 年我国 30 个省级行政区化石能源产业与信息通信产业的耦合协调度变化趋势

二、分行业化石能源产业智能化水平测算

同样采用上述耦合协调函数法测算化石能源产业各行业与信息通信产业的融合度，以此反映化石能源产业各行业的智能化水平。由于数据所限，只能考察全国化石能源产业各行业的情况。

信息通信产业与化石能源产业各行业的评价指标体系如表 3-5 所示。化石能源产业子行业选择了煤炭行业、石油行业和天然气行业，各行业的评价指标体系均从产业规模、物质资本投入和人力资本投入三个维度构建，其中，煤炭行业的评价指标包含了煤炭开采和洗选业以及煤炭开采和洗选辅助业；石油行业的评价指标包含了石油开采业、精炼石油产品制造业、石油钻采专用设备制造业以及炼油、化工生产专用设备制造业；天然气行业的评价指标包含了天然气开采业以及燃气生产和供应业。信息通信产业评价指标与前文一致。

表 3-5 信息通信产业与化石能源产业各行业的评价指标体系

信息通信产业评价指标体系 X		化石能源产业分行业评价指标体系 Y	
一级指标	二级指标	一级指标	二级指标
发展规模 X1	电子信息制造业主营业务收入 X11	煤炭行业	
		产业规模 Y1	煤炭消费量 Y11
	软件业务收入 X12		煤炭开采和洗选业销售产值 Y12
			煤炭开采和洗选辅助业销售产值 Y13
	信息技术服务收入 X13	物质资本投入 Y2	煤炭开采和洗选业资产 Y21
			煤炭开采和洗选辅助业资产 Y22
	电信业务总量 X14	人力资本投入 Y3	煤炭开采和洗选业用工人数 Y31
			煤炭开采和洗选辅助业用工人数 Y32

续表

信息通信产业评价指标体系 *X*		化石能源产业分行业评价指标体系 *Y*	
一级指标	二级指标	一级指标	二级指标
通信基础设施 *X*2	互联网宽带接入端口数 *X*21	石油行业	
		产业规模 *Y*1	石油消费量 *Y*11
			石油开采业销售产值 *Y*12
	光缆线路总长度 *X*22		精炼石油产品制造业销售产值 *Y*13
			石油钻采专用设备制造业销售产值 *Y*14
	移动电话基站数 *X*23		炼油、化工生产专用设备制造业销售产值 *Y*15
用户普及程度 *X*3	移动互联网用户数 *X*31	物质资本投入 *Y*2	石油开采业资产 *Y*21
	企业每百人使用计算机数 *X*32		精炼石油产品制造业资产 *Y*22
	移动电话用户数 *X*33		石油钻采专用设备制造业资产 *Y*23
	移动电话普及率 *X*34		炼油、化工生产专用设备制造业资产 *Y*24
人力资本 *X*4	软件、信息技术服务业从业人数 *X*41	人力资本投入 *Y*3	石油开采业用工人数 *Y*31
			精炼石油产品制造业用工人数 *Y*32
			石油钻采专用设备制造业用工人数 *Y*33
			炼油、化工生产专用设备制造业用工人数 *Y*34
	软件研发人数 *X*42	天然气行业	
		产业规模 *Y*1	天然气消费量 *Y*11
			天然气开采业销售产值 *Y*12
			燃气生产和供应业销售产值 *Y*13

续表

信息通信产业评价指标体系 X		化石能源产业分行业评价指标体系 Y	
一级指标	二级指标	一级指标	二级指标
		物质资本投入 Y2	天然气开采业资产 Y21
			燃气生产和供应业资产 Y22
		人力资本投入 Y3	天然气开采业用工人数 Y31
			燃气生产和供应业用工人数 Y32

同样采用变异系数法赋权得到各系统的评价指数，利用耦合协调度公式计算得到化石能源产业各行业与信息通信产业的融合度，即为化石能源产业各行业的智能化水平，结果如表 3-6 所示，变化趋势如图 3-3 所示。

表 3-6　2012—2019 年化石能源产业各行业智能化水平

年份	煤炭行业智能化水平	石油行业智能化水平	天然气行业智能化水平
2019	0. 9438	0. 7653	0. 9680
2018	0. 8424	0. 7555	0. 9533
2017	0. 6060	0. 6935	0. 8767
2016	0. 5259	0. 7195	0. 7957
2015	0. 5267	0. 7701	0. 7504
2014	0. 5305	0. 7494	0. 4815
2013	0. 4699	0. 6187	0. 2932
2012	0. 3953	0. 4518	0. 1587

总体来看，我国化石能源产业中智能化水平相对较高的是天然气行业，2015 年之前，石油行业的智能化水平最高；2015 年起，天然气行业的智能化水平提升飞快，同时，煤炭行业的智能化水平也有所突破，在 2018 年和 2019 年超过了石油行业的智能化水平。从变化趋势上看，天然气行业的智能化水平始终保持快速增长态势，石油行业的智能化水平则在 2015 年后出现波动，整体增长迟缓，煤炭行业的智能化水平在 2017 年后大幅增长。

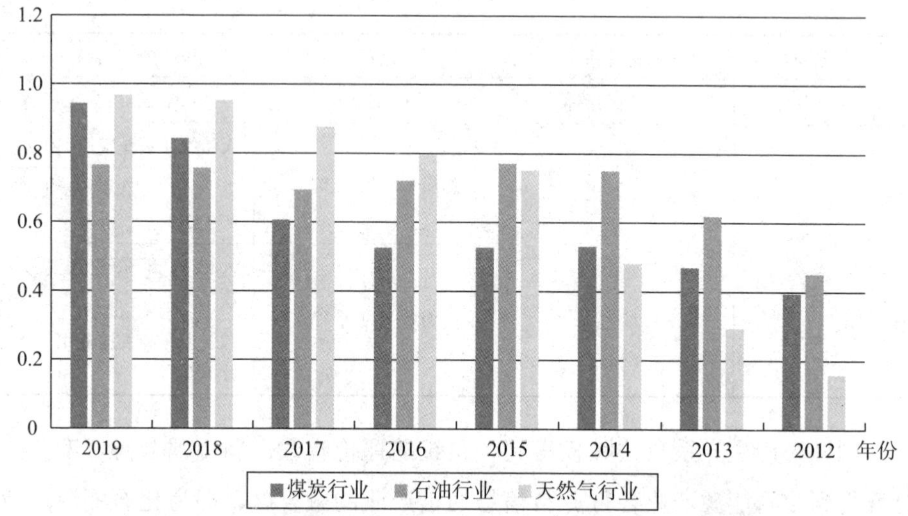

图 3-3　2012—2019 年煤炭、石油、天然气行业智能化水平变化趋势

第二节　分地区能源装备制造业发展评价

前文我们从能源产业内部分析了能源产业上下游部门间劳动力和资本要素的错配情况。对能源产业而言，实现产业高级化的另一个重要因素是技术水平。能源产业的技术水平主要是以能源装备制造业的发展水平表现出来的。具体来说，能源装备制造业为能源产业提供所需的生产工具，换句话说，能源产业发展的技术载体是由能源装备制造业生产的，能源产业生产活动的效率取决于能源装备制造业所提供的生产工具的先进程度。因此，能源装备制造业的发展水平能够反映出能源产业的技术创新度，而技术创新是能源产业高级化的重要动力，因而有必要对能源装备制造业的发展水平进行分析。

我们在装备制造业的七个子行业中选择了以下五个与能源产业最为密切的重点子行业——金属制品业、通用设备制造业、专用设备制造业、电气机械和器材制造业以及仪器仪表制造业，用来代表能源装备制造业。各地区能源装备制造业的发展规模可以近似反映能源产业技术创新的深度，各地区能源装备制造业的要素配置效率则可以体现能源装备制造业的产业结构合理化程度，进而近似反映能源产业技术创新的广度。因此，接下来将从能源装备制造业的发展规模和要素配置效率两方面考察各地区能源装备制造业的发展水平，进而确定各地区能源产业的技术创新水平。

一、能源装备制造业的发展规模

各地区能源装备制造业的工业销售产值情况统计在图 3-4 中（其中，2019 年因统计口径变化，采用营业收入数据代替）。从图 3-4 中可以看出，江苏、山东、广东、浙江四省的能源装备制造业发展规模优势明显，而海南、贵州、云南、甘肃、青海、宁夏、新疆的能源装备制造业发展规模较小，近似反映出前者的能源产业有较高的自主创新度，而后者的能源产业自主创新度较低。对于能源装备制造业发展规模较小的省份，如果能够依靠外购生产设备、材料等弥补自主创新能力的不足，则其能源产业的发展可能不会受到明显制约。但是，如果存在外购阻碍，导致能源产业发展的物质技术需求无法得到满足，则当地能源产业的发展就会受到较明显的制约，能源产业整体技术水平将无法获得提升，能源产业高级化的实现将十分困难。结果是，一方面，能源产业整体生产效率较低，生产要素无法得到最大化利用；另一方面，无法实现能源产业链和价值链由低端环节向高端环节的延伸，生产要素的配置也就无法达到最优水平。与上文测算的能源产业上下游部门间要素错配的结果对比后可以发现，能源装备制造业发展规模较小的省份，除海南和贵州以外，普遍存在较严重的能源产业要素错配现象，能源产业向下游延伸度不够。

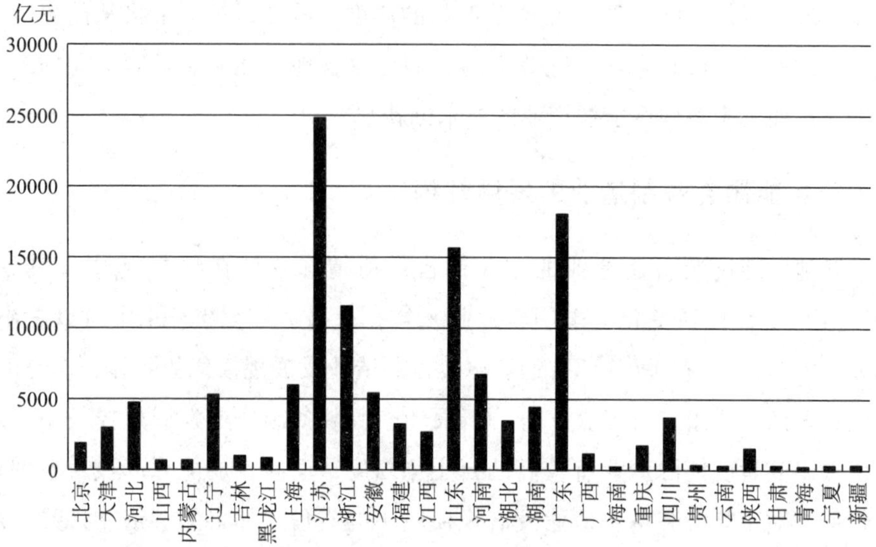

图 3-4　2003—2019 年各地区能源装备制造业工业销售产值均值

二、能源装备制造业要素错配的测算

借鉴 Aoki（2012）、王卫和田红娜（2019）的做法，采用异质性行业空间模型测算能源装备制造业行业间要素错配的程度。具体来说，假设行业 i 在地区 j 的企业生产函数为：

$$Y_{ij} = A_{ij} \cdot K_{ij}^{\alpha_{ij}} \cdot L_{ij}^{\beta_{ij}} \tag{3-4}$$

其中，Y_{ij} 代表行业 i 在地区 j 的产值，K_{ij}、L_{ij} 分别代表行业 i 在地区 j 的资本投入和劳动力投入，A_{ij} 代表技术水平。假设生产函数具有规模报酬不变的性质。

假设存在资本和劳动力两种错配，$\tau_{K_{ij}}$、$\tau_{L_{ij}}$ 是以扭曲税表示的资本和劳动力错配程度。

存在错配的情况下，企业追求利润最大化：

$$\max \pi_{ij} = P_i \cdot Y_{ij} - (1 + \tau_{K_{ij}})\ P_K \cdot K_{ij} - (1 + \tau_{L_{ij}})\ P_L \cdot L_{ij} \tag{3-5}$$

资本的绝对扭曲系数为：

$$\gamma_{K_{ij}} = \frac{1}{1 + \tau_{K_{ij}}} \tag{3-6}$$

劳动力的绝对扭曲系数为：

$$\gamma_{L_{ij}} = \frac{1}{1 + \tau_{L_{ij}}} \tag{3-7}$$

资本的相对扭曲系数为：

$$\hat{\gamma}_{K_{ij}} = \frac{\gamma_{K_{ij}}}{\sum_{i=1}^{n} \left(S_{ij} \cdot \frac{\alpha_{ij}}{\widetilde{\alpha_j}}\right) \gamma_{K_{ij}}} \tag{3-8}$$

劳动力的相对扭曲系数为：

$$\hat{\gamma}_{L_{ij}} = \frac{\gamma_{L_{ij}}}{\sum_{i=1}^{n} \left(S_{ij} \cdot \frac{\beta_{ij}}{\widetilde{\beta_j}}\right) \gamma_{L_{ij}}} \tag{3-9}$$

其中，$S_{ij} = \frac{Y_{ij}}{Y_j}$，表示行业 i 在地区 j 的产值占地区 j 全部装备制造业行业总产值的比重。$\widetilde{\alpha_j} = \sum_{i=1}^{n} S_{ij} \cdot \alpha_{ij}$，表示资本的产出加权贡献值。$\widetilde{\beta_j} = \sum_{i=1}^{n} S_{ij} \cdot \beta_{ij}$，表示劳动力的产出加权贡献值。$n$ 表示装备制造业行业个数。

整理可得，资本的相对扭曲系数为：

$$\hat{\gamma}_{K_{ij}} = \frac{K_{ij}/K_j}{S_{ij} \cdot \alpha_{ij}/\widetilde{\alpha_j}} \tag{3-10}$$

劳动力的相对扭曲系数为：

$$\hat{\gamma}_{L_{ij}} = \frac{L_{ij}/L_j}{S_{ij} \cdot \beta_{ij}/\widetilde{\beta_j}} \tag{3-11}$$

若 $\hat{\gamma}_{K_{ij}}$、$\hat{\gamma}_{L_{ij}} > 1$，表明行业 i 在地区 j 的资本、劳动力投入过多；若 $\hat{\gamma}_{K_{ij}}$、$\hat{\gamma}_{L_{ij}} < 1$，表明行业 i 在地区 j 的资本、劳动力投入不足。

（一）劳动力错配

各省份能源装备制造业行业间的劳动力错配测算结果如图 3-5 所示。可以看出，能源装备制造业行业间劳动力错配情况整体较严重的省份为海南、青海、宁夏、内蒙古、吉林。其中，海南在通用设备制造业和仪器仪表制造业上劳动力投入过多，其他能源装备制造业行业的劳动力配置效率较高。青海能源装备制造业普遍存在劳动力投入较多的现象，其中较严重的是仪器仪表制造业和电气机械及器材制造业。宁夏金属制品业和电气机械及器材制造业的劳动力投入较多，而专用设备制造业劳动力投入不足。内蒙古金属制品业和电气机械及器材制造业的劳动力投入也较多，而仪器仪表制造业劳动力投入相对不足。吉林仪器仪表制造业的劳动力投入过少，其他行业的劳动力要素配置表现较好。

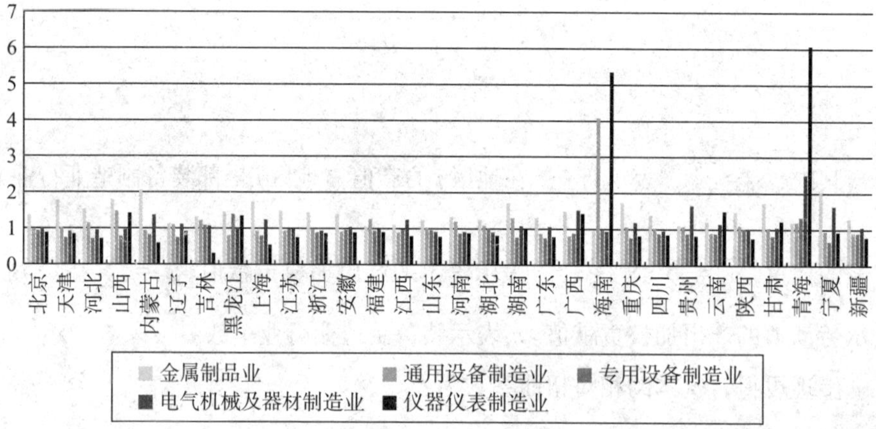

图 3-5　2003—2019 年各地区能源装备制造业行业间劳动力错配均值

能源装备制造业行业间劳动力配置较合理的省份有北京、辽宁、江苏、浙江、安徽、福建、江西、山东、河南、湖北、广东、四川、陕西、新疆。这些省份即使存在个别能源装备制造业行业劳动力投入较多或不足，但错配程度也都很低，整体劳动力配置较合理。其他省份则表现为部分行业劳动力配置不合理且错配程度居中。

（二）资本错配

各省份能源装备制造业行业间的资本错配测算结果如图 3-6 所示。可以看出，资本错配较严重的省份有内蒙古、吉林、海南、甘肃、青海、新疆、四川。整体来讲，各省份能源装备制造业行业间的资本错配比劳动力错配更严重。其中，内蒙古仪器仪表制造业的资本投入过多，吉林同样表现为仪器仪表制造业的资本投入过多。海南通用设备制造业、专用设备制造业以及仪器仪表制造业的资本投入均过多，且错配程度非常严重。甘肃电气机械及器材制造业的资本投入略少，而仪器仪表制造业的资本投入过多。青海专用设备制造业的资本投入较多。新疆通用设备制造业、专用设备制造业和仪器仪表制造业的资本投入均过多，而电气机械及器材制造业资本投入不足。四川仪器仪表制造业的资本投入略多。

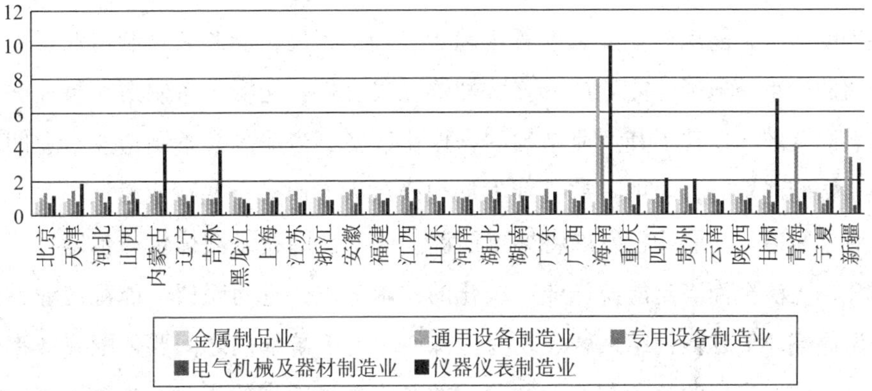

图 3-6 2003—2019 年各地区能源装备制造业行业间资本错配均值

能源装备制造业行业间资本配置较合理的省份有北京、河北、山西、辽宁、黑龙江、上海、江苏、浙江、安徽、福建、江西、山东、河南、湖北、湖南、广东、广西、云南、陕西。这些省份除个别能源装备制造业行业存在轻微不合理配置以外，整体资本错配程度都很低。

能源产业的发展离不开能源装备制造业，能源装备制造业提供了能源产业生产活动所需的仪器设备、生产工具等，是能源产业得以规模化发展、实现产业高级化的物质技术基础保障。对各地区能源装备制造业的要素配置情况进行分析后发现，能源装备制造业行业间要素错配较严重的地区主要有内蒙古、海南、吉林、甘肃、青海、宁夏、新疆、四川。从能源产业上下游部门间要素错配的分组分析结果可以看出，上述能源装备制造业行业间要素错配严重的地区可以按同样的分组分为：组一（内蒙古）、组二（甘肃、青海、宁夏、新疆)、组三（吉林、四川)、组四（无)、组五（海南)。之前的分析结果表明，能源上游行业占比较多的地区、能源下游行业占比超过上游行业且下游延伸度更高的地区以及只有能源下游行业的地区，普遍存在较低的要素错配。这里我们发现，能源产业要素错配程度越低的组（组一、组四、组五)，普遍能源装备制造业的要素配置表现也越好（错配较重的地区个数少)，而能源产业要素错配相对较严重的组（组二、组三)，能源装备制造业的要素配置表现也欠佳。因此，我们发现，各地区能源装备制造业要素配置情况基本上与其能源产业的要素配置情况保持一致，即能源装备制造业要素配置较合理的地区，能源产业要素配置也趋于合理；相反，能源装备制造业要素配置扭曲严重的地区，能源产业要素配置也欠合理。能源装备制造业行业间的要素配置效率反映了其产业结构的合理化程度。当能源装备制造业行业间的要素错配严重时，表明一些行业发展规模过大，而另一些行业发展不足。能源装备制造业的非均衡发展将导致能源产业所需的技术载体供给范围过于专门化，无法全面满足能源产业高级化的技术需求，进而阻碍了能源产业链向下游高端环节延伸，结果就表现为能源产业上下游部门之间要素配置效率低下。反之，当能源装备制造业行业间的要素配置效率较高时，均衡发展的能源装备制造业足以满足能源产业高级化的技术结构化需求，进而使能源产业高级化进程顺利展开，能源产业上下游部门之间要素配置也就趋于合理。

与能源产业相关联的能源装备制造业的发展绩效在东西部地区之间存在差异化表现。能源装备制造业为能源产业的发展提供必要的技术要素供给，是能源产业提高生产技术水平和生产效率的关键因素。在对能源装备制造业整体规模及其行业间要素错配的分析中可以发现，与东部地区相比，西部地区与能源产业密切相关的能源装备制造业的发展规模普遍较小，行业间要素错配的程度普遍较高，近似反映出西部地区能源产业技术创新的深度和广度普遍不足，在一定程度上阻碍了西部地区能源产业的高级化。从长远来看，一个地区为能源产业上下游行业提供设备器材、生产工具等技术要素载体的能源装备制造业发展越平衡，越有助于能源产业链和价值链不断向下游高端环节延伸，能源产业发展的独立性、创新性越强，发展空间越广阔，产生的经济效益也就越大。因此，各地区在发展能源产业的同时，也要关注能源产业关联产业，尤其是能源装备制造业的发展状况，通过能源装备制造业的发展带动能源产业实现高级化，为能源产业的发展提供长久动力。

第三节　提升化石能源产业技术水平的路径

近年来，中国能源科技创新能力和技术装备自主化水平显著提升，建设了一批具有国际先进水平的重大能源技术示范工程，初步掌握了页岩气、致密油等勘探开发关键装备技术，煤层气实现规模化勘探开发，3000 米深水半潜式钻井船等装备实现自主化，复杂地形和难采地区油气勘探开发部分技术达到国际先进水平，千万吨炼油技术达到国际先进水平，大型天然气液化、长输管道电驱压缩机组等成套设备实现自主化，煤矿绿色安全开采技术水平进一步提升，大型煤炭气化、液化、热解等煤炭深加工技术已实现产业化。虽然中国能源科技水平有了长足进步和显著提高，但与世界能源科技强国和引领能源革命的要求相比，还有较大的差距。

一是核心技术缺乏，关键装备及材料依赖进口问题比较突出。核心技术无法过多依靠进口，自主技术攻关难度大。受限于基础理论、材料生产、精密仪器、高端设备制造及科研体制等方面的不足，短期内依靠自主创新取得全面突破难度很大，而从国外引进先进技术进而消化吸收再创新的模式面临国际政治关系调整、知识产权保护加强、核心技术出口限制、商业合作不畅等诸多挑战，在较长时间内核心技术仍是影响我国能源产业高级化的重要因素之一。

二是产学研结合不够紧密，企业的创新主体地位不够突出，重大能源工程提供的宝贵创新实践机会与能源技术研发结合不够，创新活动与产业需求脱节的现象依然存在。中国能源科技整体水平与能源产业绿色转型升级要求尚有差距，能源产业链、价值链与技术体系融合和协同度不高，严重制约能源新技术的研发。传统国有企业能源科技研发投资很大，但只考核其研究成果却不考核推广应用效果，导致能源新技术投资的经济效益不明显。

三是创新体制机制有待完善，市场在科技创新资源配置中的作用有待加强，知识产权保护和管理水平有待提高，科技人才培养、管理和激励制度有待改进。

四是缺少长远谋划和战略布局，目前的能源政策体系尚未把科技创新放在核心位置，国家层面尚未制定并全面部署面向未来的能源领域科技创新战略和技术发展路线图。

一、推动化石能源技术和装备创新

推动化石能源技术和装备创新，带动化石能源产业升级。促进能源开发、储运及利用技术和装备创新。强化重大科技专项支撑，以重大科技专项等方式支撑能源领域核心技术突破。探讨关键共性技术研发项目在全球公开招标、成果对所有企业开放，激发科技研发市场活力，促进国有企业、民营企业和外资企业共同推动核心技术突破。加快推动核心技术和关键装备国产化、自主化。完善核心技术创新风险疏解机制，由国家财政、地方政府、金融机构、国有单位和社会资本等共同建立核心技术创新风险基金，加快推动科技成果应用转化。

二、推动化石能源生产与现代信息领域深度融合

推动化石能源生产与现代信息领域深度融合，推进智慧能源生产系统建设。能源产业与互联网技术、新一代信息技术（云计算、5G、物联网、大数据、AI、互联网）逐步融合，提升化石能源产业智能化水平。当前，以能源互联网为代表的新业态迅速发展，推动整个能源科技创新进入活跃期。能源互联网着眼能源产业全局和长远发展需求，以智能化为基础促进能源和信息的深度融合，推动能源互联网新技术、新模式和新业态发展，成为能源产业焕发活力的新动能，将有力支撑和推进能源生产消费革命战略的稳步实施。

三、加强创新人才队伍建设

充分利用全国高校和科研院所的教育资源，统筹规划，建立结构合理、

质量优异、竞争开放的能源专业教育体系，加强高级专业技术人才、经营管理人才和高级专门技能人才三支人才队伍建设。通过实施各类人才工程，创新人才工作机制，营造用好人才的环境，加强国际合作与交流，拓宽人才成长渠道，最大限度地发挥高层次人才的领军作用，加强科技创新团队建设，提高科研人员待遇，加大对各类人才的激励力度，充分调动人才的积极性，不断提升创新创造能力。

推动能源技术革命，需要制度、政策、市场相互作用、协同推进。国家层面要制定国家能源科技创新及能源装备发展战略，企业层面要以企业为主体、市场为导向、政产学研用相结合，人才层面要加强能源人才队伍建设，鼓励引进高端人才。一是要完善能源技术创新环境。尽快建立健全能源领域相关法律法规及科技成果转化、知识产权保护、标准化等配套政策法规。完善能源技术项目全生命周期闭环评价体系，加强事中事后监管和服务，突出创新绩效评价。二是要激发企业技术创新活力。建立健全企业主导的能源技术创新机制，激发企业创新内生动力，形成“大众创业、万众创新”的良好局面。三是要夯实能源技术创新基础。深化能源领域科研院所分类改革和高等学校科研体制机制改革，培育一批具有宏观战略思维和市场思维的复合型管理人才。四是要完善技术创新投融资机制。积极发挥政策性金融、开发性金融和商业金融的优势，加大对能源技术重点领域的支持力度。五是要创新税收价格保险支持机制。实施有利于能源技术创新的税收政策，完善能源企业研发费用计核方法，切实减轻能源企业税收负担，针对能源技术创新示范工程落实资源、能源、土地等要素和产品价格优惠政策。六是要深化能源科技国际合作交流。制定能源技术创新国际化战略，积极开展全方位、多层次、高水平的能源国际合作。结合“一带一路”倡议，依托重大能源项目，推动中国先进能源技术、装备和标准成为引领全球能源发展的中国标准。

第四节 本章小结

能源革命的实现与否与化石能源产业高级化紧密相关，尽管加快使用清洁、低碳的可再生能源替代传统化石能源势在必行，但加快提升化石能源产业生产的清洁化、智能化水平同样是能源革命的关键。我国对化石能源的消费依赖仍将在较长时间内存在。

化石能源产业高级化的实现需从以下三个方面着力：

一、加快化石能源产业链向高附加值环节延伸

我国的能源资源主要集中在西部地区，西部能源资源富集区是我国传统能源产业发展的核心所在。西部能源资源富集区根据能源产业发展结构可以分为以下两种类型：第一类是能源资源储量丰富的山西、内蒙古、陕西，丰富的能源资源储量决定了在这些地区上游开采业必然拥有较大规模，这是与地区资源禀赋条件相适应的，因而所形成的能源产业结构是较为合理的。然而，虽然其目前形成的能源产业结构较合理，但长远来看，不能只依靠能源资源开采获得长久的经济增长动力。已有研究表明，存在资源越丰裕、经济发展水平反而越缓慢的“资源诅咒”现象（Auty，1993；Sachs & Warner，1994），也就是说，资源富集区如果单一依靠资源开发获得经济增长，最终恐将反受其害（苏小雪，2016）。此外，这些地区能源资源开采业的劳动力和资本投入较多的现实也是存在的，这就需要加快上游部门技术创新和技术引进速度，使用更加先进的开采设备，提升上游部门能源资源综合利用效率，在节约资源的同时，将效率提高后上游部门释放出的劳动力和资本再转移至附加值更高的下游加工部门，淘汰落后产能，适当发展能源下游行业，提高能源深加工水平，实现能源产业整体效益提升。第二类是能源产业下游行业占比超过上游行业但上下游发展整体较均衡的地区，如甘肃、青海、宁夏、新疆。这类地区的特点是，能源产业上下游间的要素错配整体较严重，主要表现为上游劳动力和资本均投入过多。这类地区整体所拥有的资源储量不如第一类地区那么丰裕，同时，其能源下游加工业目前的发展水平仍不足，与东部下游行业发展较好的地区相比，产业链的延伸度不够，行业附加值仍较低，经济效益十分有限。对于甘肃、青海、宁夏、新疆四省，既然由于能源资源有限而无法过多依赖资源开采业，那就必须尽快发展壮大下游加工业。依托

国家能源基地化政策，加快将能源上游部门的劳动力和资本向下游部门转移的速度，加快下游产业链由初级加工业向深加工业、精细化工业延伸的速度。

二、调整化石能源供应结构，推进化石能源清洁化、低碳化发展

对于煤炭行业，要推进煤炭清洁高效生产利用，淘汰煤炭产业落后产能。推动煤炭安全经济绿色高效开发，一是要在生态环境承载力范围内开采煤炭资源，按合理的科学产能开发；二是实现生态和环境保护型生产；三是实现煤炭开发的资源综合利用；四是实现煤炭安全生产。对于石油、天然气行业，油气勘探开发战略必须做出重大调整，由以常规资源为主转向常规与非常规资源并重，由以陆上资源为主转向陆上与海上资源并举，由以中浅层资源为主转向中浅层与深层超深层资源并行，确保国内原油产量稳定、天然气产量翻番。此外，加强能源应急储备体系建设，提升能源供应安全保障能力至关重要。要加快完善能源基础设施建设，提高能源资源配置能力。能源基础设施是我国能源转型的中心环节，也是能源供给方式发生重大变革的关键领域。随着能源系统与网络信息系统深度融合，以互联网思维和能源互联网技术改造传统能源系统，逐渐呈现集中分布并举、“源—网—荷—储”协调互动、各类能源综合利用的可靠能源供应模式，打造成为新一代绿色低碳、安全高效的智慧能源系统。

三、提升化石能源产业技术创新能力和智能化水平

我国能源产业核心技术缺乏，关键装备及材料依赖进口问题比较突出。能源科技整体水平与能源产业绿色转型升级要求尚有差距，能源产业链、价值链与技术体系融合和协同度不高，严重制约能源新技术的研发。因此，要加快推动核心技术和关键装备国产化、自主化以及能源开发、储运及利用技术和装备创新。强化重大科技专项支撑，以重大科技专项等方式支撑能源领域核心技术突破。推动传统能源生产与现代信息领域深度融合，推进智慧能源生产系统建设。推动传统能源技术和装备创新，带动传统能源产业升级。当前，以能源互联网为代表的新业态迅速发展，推动整个能源科技创新进入

活跃期。能源互联网着眼能源产业全局和长远发展需求，以智能化为基础促进能源和信息的深度融合，推动能源互联网新技术、新模式和新业态发展，成为能源产业焕发活力的新动能，将有力支撑和推进能源生产消费革命战略的稳步实施。

此外，应充分利用全国高校和科研院所的教育资源，统筹规划，建立结构合理、质量优异、竞争开放的能源专业教育体系，加强高级专业技术人才、经营管理人才和高级专门技能人才三支人才队伍建设。最大限度地发挥高层次人才的领军作用，加强科技创新团队建设，提高科研人员待遇，加大对各类人才的激励力度，充分调动人才的积极性，不断提升创新创造能力。

第二篇

能源革命背景下的化石能源清洁化开发与利用

第四章　能源清洁化开发与利用的概念界定与背景分析

第一节　能源清洁化开发与利用的概念界定

能源清洁化主要是指化石能源的清洁化开发与高效利用，涉及煤炭、油气以及核能资源的生产、加工和消费全过程。在能源的开发过程中，要注意环境保护和生态恢复，煤炭等矿山的开发会造成地表、地下的破坏，绿色清洁地开发能源资源就要求从源头上减少能源造成的污染问题。能源加工的过程中会消耗大量的水、占用大量的空间、排放大量的废弃物，造成对土地、水和大气的污染。在消费环节，能源在居民生活、工业交通等环境的使用也会产生二氧化碳、二氧化硫等污染。所以，能源的清洁化开发与利用是能源产业链的共同要求。

我国能源消费中煤炭等化石能源占比较高，2020 年，我国煤炭、石油、天然气的使用比例达到 84.1%，其中煤炭占比 56.8%、石油占比 18.9%、天然气占比 8.4%。我国能源消耗总量大，碳减排的压力之下，能源的环境污染问题以及能源安全问题更加突出，结构比例的调整要结合资源禀赋和社会经济发展目标综合考量。目前，我国煤炭资源基本能够自给自足，但煤炭的低水平开发和利用造成的环境污染问题较为严重，尤其是在“碳达峰”和“碳中和”的压力下，煤炭开发和利用面临的问题尤其严峻。油气资源的进口依赖度较高，其中石油的进口比例达 70%，天然气的进口比例达 40%，新能源的发展虽然迅速，但在我国能源消耗中的比重不足 20%，成本和新能源并网问题依然突出。传统化石能源的污染主要是由于低水平的开发与利用，而非化石能源就等于污染，清洁化开发与利用化石能源和环保减排是可以统一的。

此外，大量的传统能源基建投资形成了巨大的沉没成本，在一定程度上阻碍着新能源的应用和推广。因此，构建以新能源为主的现代能源体系需要长时间的持续投入，面临着技术、资本等不确定性因素。综上所述，在短期内，我们很难放弃煤炭等化石能源，迅速地转变成以新能源为主的能源消耗结构。因此，能源的清洁开发与利用对我国的能源革命进程，乃至经济的稳定发展具有重要意义。

第二节　能源清洁化开发与利用的背景分析

一、政策背景

在“十四五”规划中，除安全保障的重要职能外，能源清洁化开发与利用也得到了充分的重视。“十四五”规划要求继续深入推进能源革命，建设清洁低碳、安全高效的能源体系，响应“双碳”目标，保障能源供给安全。加快非化石能源开发和利用进程，在集中式能源的基础上辅以分布式能源，将风电、光伏等纳入新的能源系统。结合区域社会资源的异质性推进能源的供求变革，针对中部地区能源不足、使用分散的特点大力发展分布式能源。针对东部地区丰富的海洋资源，有序发展海上风电。充分利用西南地区的水能资源进行水电基地建设。重视安全问题，稳妥推动沿海核电建设。结合区域资源、环境和经济的异质性，建设“多能互补”的综合能源系统，力争在“十四五”期间，将非化石能源的消费量提高到能源总消耗的20%左右。

调整煤炭生产的格局，推动煤炭生产向资源富集地区集中，实现煤炭的基地化开发与加工。在“双碳”目标下，合理控制煤电建设规模和发展节奏，推进下游能源消耗中的电气化改造，生产和消费并举促进能源的绿色低碳发展。促进能源要素市场化，有序放开油气勘探开发市场，推进资本市场在能源勘探和开发中的发展进程。加快非常规油气资源的开发和利用，推动油气资源的增储稳产。因地制宜开发具有区域资源禀赋的能源资源，如地热能、风能和潮汐能等。针对能源生产和消费的错配格局，需要建立以集中式能源为主、分布式能源为辅的综合性能源系统。能源输送的主干线需要发展特高压，提高输电通道利用率。在支流要加快微电网建设和智能电网建设，实现不同类型新能源的并网，提升清洁能源的消纳和存储。注重煤炭能源的运输体系建设，推进天然气管网的改革，实现能源资源的自由流通。大力发展储能技术，提高新能源电力的利用率。

与此同时，在“双循环”格局下，充分利用国内国外两个能源市场。坚持立足国内，补齐能源清洁化生产的短板，发展清洁能源实现多元保障，强化能源储备，推动能源要素和产品的市场化，增强能源持续稳定供应和风险管控能力。打造煤炭供应安全兜底、油气核心需求依靠自保、电力供应稳定可靠的能源体系。

扩大煤炭和油气储备量，建立国家储备和社会储备有机结合的油气储备体系。完善能源风险预警体系和应急管控体系，加强重要节点城市和用户电力保障，加强能源设施、能源网络的安全防护。实现油气进口来源的多元化，维护运输通道和关键节点的安全性。构建能源的现货和期货交易中心，设计能源定价机制，积极推进能源系统的本币结算，初步扩大我国在能源领域的定价权。

积极应对全球气候变化，落实“3060”计划，制订切实的2030年前“实现碳达峰”的具体方案。完善能源双控制度，实现能源消费总量增速的控制和能源使用效率的提高，重点控制化石能源消费，提高能源的使用率，降低二氧化碳的排放量。支持有条件的地方、行业、企业率先实现“碳达峰”。

“十四五”规划还强调要推进能源行业市场化改革。进一步引入市场机制，加强对垄断行业和业务的监管。推进能源要素市场和产品市场的市场竞争机制建设，通过构建政府引导、市场积极参与的形式建设起现代能源体系工程，推进能源革命的顺利开展。“十四五”规划构建的现代能源体系见表4-1。

表 4-1 “十四五”规划构建的现代能源体系

序号	领域	规划涉及相关内容
1	大型清洁能源基地	建设雅鲁藏布江下游水电基地。建设金沙江上下游、雅砻江流域、黄河上游和几字湾、河西走廊、新疆、冀北、松辽等清洁能源基地，建设广东、福建、浙江、江苏、山东等海上风电基地
2	沿海核电	建成华龙一号、国和一号、高温气冷堆示范工程，积极有序推进沿海三代核电建设。推动模块式小型堆、60 万千瓦级商用高温气冷堆、海上浮动式核动力平台等先进堆型示范——核电厂低中放废物处置场，建设乏燃料后处理厂。开展山东海阳等核能综合利用示范：核电运行装机容量达到 7000 万千瓦
3	电力外送通道	建设白鹤滩至华东、金沙江上游外送等特高压输电通道，实施闽粤联网、川渝特高压交流工程，研究论证陇东至山东、哈密至重庆等特高压输电通道
4	电力系统调节	建设桐城、磐安、泰安二期、浑源、庄河、安化、贵阳、南宁等抽水蓄能电站，实施电化学、压缩空气、飞轮等储能示范项目。开展黄河梯级电站大型储能项目研究
5	油气储运能力	新建中俄东线境内段、川气东送二线等油气管道，建设石油储备重大工程，加快辽河储气库群等地下储气库建设

《北方地区冬季清洁取暖规划（2017—2021 年）》针对北方 14 省份及河南省部分地区进行清洁化取暖规划。该规划详细分析了目前北方地区供暖存在的问题，如供暖体制机制区域割裂化，缺少部门区域间的协作，热价、天然气价、电价等由政府统一定价，市场化调节不足，清洁能源供应不足且成本较高，技术支撑能力较弱，标准不统一，商业创新不足，供暖机构运作依赖补贴，建筑节能水平较低，供热损耗大，不利于节约能源和降低供暖成本。结合能源革命的推进要求，该规划提出不同区域要结合区域禀赋选择供暖热源，提升供热效率，降低用户取暖消耗，为清洁化供暖的推进提供了参考。

《关于加快能源领域新型标准体系建设的指导意见》（国能发科技〔2020〕54 号）指出，要依据能源革命的战略部署，构建清洁低碳、安全高效的能源体系。结合煤炭、石油、天然气和可再生能源以及电力装备等行业的发展，制定供暖行业标准，推动供暖原材料的结构优化，促进供暖技术升级和设备升级，切实推进清洁取暖的实现。

（一）煤炭资源政策

2020 年 6 月 29 日，《中华人民共和国煤炭法》完成修改，在资源综合利用和生态环境保护两方面进行了强调，推动煤炭产业走绿色清洁低碳的发展道路。在综合利用上，鼓励煤层气（煤矿瓦斯）勘查开发，推动煤炭开发过程中的伴生资源开发，合理利用已关闭煤矿的残存资源和地下空间。鼓励煤炭开采中的保水开采、充填开采等环保开采方式，加强资源的开发和利用，节约和保护水资源。提高煤炭资源开发和利用中的环保标准，建立严格的矿区生态修复制度，及时展开采煤沉陷区综合治理，加强煤炭集中使用管理，严格控制污染物排放等。

2020 年 12 月 3 日，生态环境部发布了《关于进一步加强煤炭资源开发环境影响评价管理的通知》（以下简称《通知》）。《通知》提出，煤炭矿区开发时要坚持“生态优先，绿色发展”的理念，对矿区开发进行环境评估监测和总结，对煤炭采选企业的规划、建设、运营环境进行监察，对生态环境保护措施以及执行情况进行详细记录。对矿区生态保护与恢复状况、污染防治措施以及投资情况进行调查和验收。

2021 年 5 月 14 日，国家能源局在《关于加快煤矿智能化发展的指导意见》（发改能源〔2020〕283 号）文件中指出，要加快煤矿智能化技术装备研发与应用，提升煤矿智能化建设水平，为煤矿安全生产、绿色开发、规范运作提供智能化管理平台。

（二）油气资源政策

2016 年 9 月 14 日，为增加清洁能源供应，优化调整能源供给结构，响应“双碳”目标，国家能源局发布《页岩气发展规划（2016—2020 年）》，通过优化方案设计，采用清洁原料、先进技术以及综合性利用等方式，推动页岩气的清洁化开发和利用。

2020 年 1 月和 7 月初，财政部印发《清洁能源发展专项资金管理暂行办法》，使用清洁能源发展专项资金对煤层气、页岩气等非常规天然气开采利用给予奖补，按照“多增多补”的原则分配。超过上年开采利用量的，进行奖补；未达到上年开采利用量的，进行扣减。

2020年6月29日，为设计和制定天然气领域的技术标准，国家能源局拟批准能源行业页岩油标准化技术委员会成立。该委员会拟负责组织编制和修订页岩油的地质分析、钻井工艺、地面建设等技术标准，并进一步完善安全环保和经济评价等方面的标准。

（三）核能资源政策

由于核能的清洁高效特征，核能政策侧重于建设和运行的安全防护以及核废料的合理化处置。同时，对社会大众的安全顾虑进行适当的引导和宣传。2017年9月1日，我国制定《中华人民共和国核安全法》，在核安全保障、核事故预防与应对方面进行了详细的法制安排。国家能源局印发的《2020年能源工作指导意见》中提到，要稳步推进核电工程，保障能源的安全供应，提高清洁能源在能源中的占比。在建核电项目包括：高温气冷堆示范工程、红沿河（5号、6号）、福清（5号、6号）、田湾（5号、6号）、防城港红沙（3号、4号）、漳州（1号、2号）、惠州（1号、2号）等。2020年1月19日，国家核安全局发布《放射性废物地质处置设施》，针对放射性废物、乏燃料以及其他放射性废物的处置问题进行了详细规定，对核废料的安全有序研发提供具体指导，以保护人民群众的人身安全和环境安全。2020年6月22日，为加强核电工程建设质量管理，国家能源局发布《关于加强核电工程建设质量管理的通知》，对核电建设主体间明确和落实责任、保障工程质量具有重要意义，为后续的核电建设和运营安全提供了指导意见。

二、经济背景

从经济发展上来看，2010年以后我国经济增长速度放缓，与之相对应的是能源的消费增速也保持着相应趋势的降低，能源消费量得到一定程度的控制。在此期间，能源生产增长速度经历了较大的变化，尤其是2015年和2016年，能源的生产增速下降明显，说明我国在结构性改革过程中，对能源生产的控制力度较大。2019年消耗48.6亿吨标准煤，2015年消耗5.3亿吨标准煤，较“十二五”增速下降0.8%；2019年能源消费弹性为0.44，较“十二五”

下降 0.05。2019 年，我国非化石能源消费占比超过 15.0%，与世界平均水平基本一致。

从我国的能源强度上来看，近年来我国每万元的国内生产总值的能源消费量在逐年下降，单位能耗进一步降低意味着我们在经济发展的同时提高了能源的利用效率，在经济的绿色节能发展道路上不断前进。

从能源结构上可以看出，我国目前还是一个以化石能源为主的能源消费经济体。2019 年我国煤炭、石油、天然气的消费量达到 81.2%，其中煤炭占比接近 70%（见图 4-1）。这一结构在 2014—2019 年变化相对缓慢，其中煤炭的消费比例逐渐下降，天然气和清洁能源的消费比例逐渐提高。从能源消费结构上来看，我国能源消费的格局在短期内难以大幅改变，清洁能源受制于技术、成本和并网等压力，在短期内也很难形成对传统化石能源的完全替代，这一替换过程可能会是一个相对长期的过程。因此，发展化石能源的清洁化利用，尤其是形成以煤基革命为主的能源转型对我国能源走向清洁化、过渡到以清洁能源为主的现代能源体系阶段、完成“碳达峰和碳中和”、实现经济稳定发展与能源安全供应的协调发展具有重要意义。

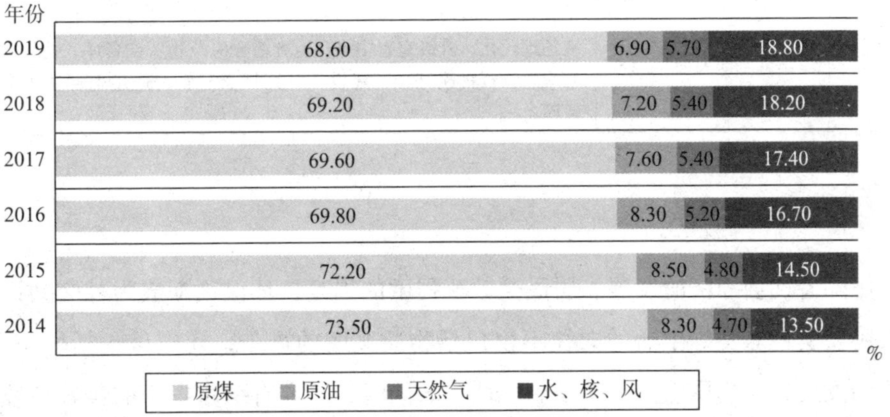

图 4-1　我国一次能源消费结构

资料来源：Wind。

能源是经济发展的动力支撑，推进能源革命要兼顾社会经济环境的综合效益，充分地重视能源作为经济安全保障的地位。“十四五”规划中，对能源保障工程进行了具体规划，其中在化石能源中，要加大油气资源的勘探开发，对区域性油气资源因地制宜地进行开发和利用，对非常规油气资源进行探索性开发，对煤制油基地进行系统性规划设计与技术储备（见表 4–2）。

表 4–2 “十四五”规划涉及的能源安全保障

序号	领域	规划内容
1	油气勘探开发	加强四川、鄂尔多斯、塔里木、准噶尔等重点盆地油气勘探开发，稳定渤海湾、松辽盆地老油区产量，建设川渝天然气生产基地。推进山西沁水盆地、鄂尔多斯东缘煤层气和川南、鄂西、云贵地区页岩气勘探开发，推进页岩油勘探开发。开展南海等地区天然气水合物试采
2	煤制油气基地	稳妥推进内蒙古鄂尔多斯、陕西榆林、山西晋北、新疆准东、新疆哈密等煤制油气战略基地建设，建立产能和技术储备
3	电力安全保障	布局一批坚强局部电网，建设本地支撑电源和重要用户应急保安电源。建设电力应急指挥系统、大型水电站安全和应急管理平台。构建电力行业网络安全仿真验证环境和网络安全态势感知平台
4	新一轮找矿突破战略行动	开展基础性地质调查，优选油气、铀、铜、铝等 100~200 个找矿远景区，提交可供商业勘查的靶区 200~300 处
5	应急处置能力提升	建设 6 个区域应急救援中心和综合应急实训演练基地。推动救援装备现代化，升级完善中央和地方综合应急物资储备库，建设一批应急物资物流基地。建设 3 座区域核与辐射应急监测物资储备库

三、社会背景

随着社会经济的发展、居民受教育程度的提高，环保逐渐成为社会共识。人民要实现对美好生活的向往不仅包括物质文明的进步，还应该包括生态文明的发展，在物质生活上建设小康社会的同时，还要有绿水青山的美好环境。发展能源的清洁化开发与利用，是人民对美好生活的需要，也是全体社会共同努力的方向。随着节能环保意识的提升，我国新能源汽车的销量迅速增长，不仅为居民生活提供了便利，还为污染减排做出了贡献。2019 年，新能源汽车保有量近 500 万辆，燃油车全面实施“国五”机动车排放标准，基本实现与欧美发达国家相同标准，为汽车产业的绿色节能发展带来了新机遇。

我国积极倡导生活方式简约适度，着力推进绿色消费。多部门联合发布《公民生态环境行为规范（试行）》；2017 年，我国发布实施《循环发展引领行动》，分别在长江经济带、京津冀地区、珠三角地区等进行涉水园区、社区园区和建材园区的循环化改造，打造循环利用的生态园区；探索“互联网+”的新型商业模式，建设具有全生命周期追溯机制的回收网络。能源清洁化开发与利用，是能源生产和消费的升级，会对产业格局、社会发展产生巨大的影响。能源的清洁化开发会应用新的技术和设备进行矿山、矿井的能源采掘，运用更加智慧化的平台进行能源的生产与加工，引导居民以更加节能和环保的方式进行消费。

在绿色理念的驱动下，消费理念和技术都会发生重大变化，对生产和消费两个方面产生重大影响。绿色技术的发展，对推动我国科技进步、带动产业升级、优化能源结构以及保障能源安全具有重要意义。能源清洁化开发与利用的同时，将不可避免地进行落后产能退出，妥善地安置落后产能，也是能源清洁化开发与利用工作顺利推进的重要保障。落后产能退出涉及大量的股份重组、资产处置和工人的再就业，是一个综合性的社会问题，如果处理不好，容易造成国有资产的流失和居民失业。因此，在产能转化的过程中，资产评估、财务审计以及工人培训等工作要及时跟进，合理消化落后产能，为能源的清洁化开发与利用提供更好的环境。

四、技术背景

在技术的持续推动下，我国单位 GDP 能耗较 2015 年下降 87.1%；全国 6000 千瓦以上火电机组平均供电标准煤耗年均下降 2.15 克/千瓦·时；全国电网线损率为 5.93%，下降 0.71 个百分点。

“十四五”规划针对未来五年的国家重大科技基础设施也进行了设计与安排，其中战略导向型技术涉及聚变堆主机关键系统综合研究设施，应用支撑型技术涉及高效低碳燃气轮机试验装置。在数字科技创新上，推进我国智慧能源的建设进度，将传统的煤矿、油气田、电厂等进行智能化升级，推广物联网技术进行用能信息收集和分析，推动能源网络多环节互动、各类互补；结合区域禀赋精准地进行能源调配，实现整体和区域能源供求平衡。

“十四五”规划对能源相关的重大技术和装备也提出了新的要求。实现技术和装备的自主化，建立健全完整的产业链，是未来五年的重要工作。针对核电机组关键部件开展技术攻关工作，实现第四代核电站的自主化与规模化，对于提高核能安全开发与推广应用具有重要意义。加大深海油气生产平台研发，有利于提高非常规油气资源的开采水平；攻克大型 LNG 船舶关键技术难题，有利于实现液化天然气的安全运输，提高能源的安全保障性。另外，“十四五”规划还将新能源汽车和智能汽车的多个环节纳入重大技术和装备攻关系列，着力突破新能源汽车高安全动力电池、高效驱动电机、高性能动力系统等关键技术，加快研发智能汽车基础技术平台及软硬件系统、线控底盘和智能终端等关键部件。

能源领域的技术进步，为能源的绿色开发、加工和消费提供了技术支撑，但相关标准还不够完善。能源领域的标准制定要在政府主导下，市场积极补充，形成协调配套的新型能源标准体系，推进能源治理体系和治理能力的现代化。

五、碳排放约束

随着世界经济的发展，以及我国经济的快速增长，全球的碳排放逐年走高，气候变暖带来的环境危机越发严重。而需要注意的是，我国的碳排放量增长速度大大超出了全球的增长水平，经济发展的能耗过高，二氧化碳排放量过大，受到的国际压力也格外突出。2021 年，我国首次将“碳达峰、碳中和”写入《政府工作报告》，并将碳减排工作纳入我国发展中长期规划之中。碳排放将在经济发展、能源消费以及环境保护等领域成为重要的衡量指标。“十三五”期间累计减排约 35 亿吨二氧化碳，在过去五年取得了较大的成果。“十四五”规划提出，要开展重大节能低碳性的示范工程，在低碳建筑、碳捕集利用等领域树立典型项目，推进资源节约利用。未来五年，直至 2030 年实现碳达峰、2060 年实现碳中和，“双碳”目标对能源生产、能源加工及能源消费的约束都将成为严厉的变革要求。

从图 4-2 中可以看出，我国碳排放量从 2001 年后开始猛增，2005 年超过美国成为第一大国，并且保持着较快的增长趋势。碳排放给我国带来了较大的舆论压力，并在“碳达峰、碳中和”提出后，形成了经济发展中严格的约束条件。

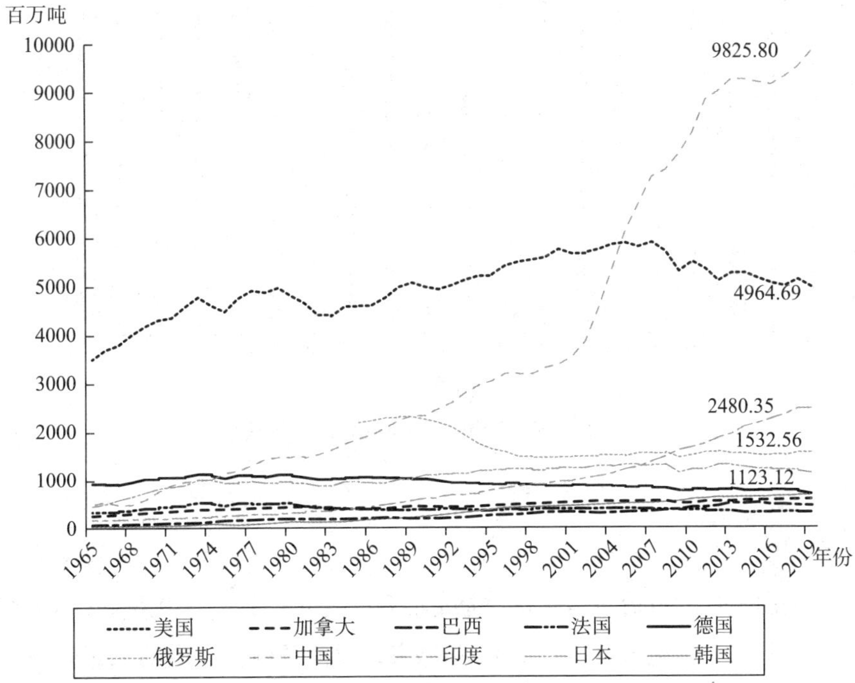

图 4-2　近年来主要国家的碳排放量

资料来源：Wind。

从图 4-3 中可以看出，全球碳排放量近些年也有所增长，但增长速度相对缓慢。2018 年，我国的碳排放占全球碳排放的比例达到 27. 82%，过高的碳排放比例给我国带来了较大的国际舆论压力。作为人口大国和全球第二大经济体，我国为保持稳定的经济发展和居民的正常生活已经要承担较大的二氧化碳排放基数。作为制造业大国，我国要将生产的大量产品供给全世界，维持全世界社会经济的持续发展，但生产制造所产生的碳排放责任却要由我国承担。面临着特殊的国内外环境，我国的碳减排任务更加艰巨。

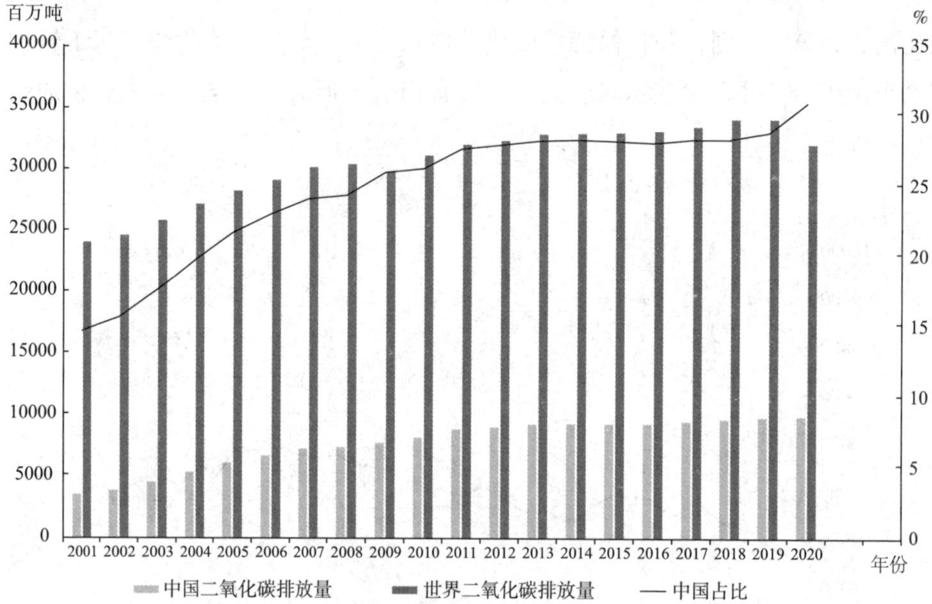

图 4-3　2001—2020 年我国与全球的碳排放量对比

资料来源：Wind。

我国的碳排放结构如图 4-4 所示，可以看出，2001 年以来，我国能源消耗所产生的碳排放量占全国碳排放总量的 80%以上，这一比例仅在 2007 年有所降低，随后又迅速上升。自 2013 年以来，由能源消耗产生的二氧化碳长期占二氧化碳排放总量的 95%以上，因而能源减排成为碳减排的重点。此外，能源消耗所产生的二氧化碳大多来源于煤炭及石油消耗，所以在未来的“双碳”目标约束下，在保障能源安全的前提下，实现由以化石能源为主的能源结构向以清洁能源为主的现代能源体系转变，更需要煤炭等化石能源实现清洁化开发与利用。

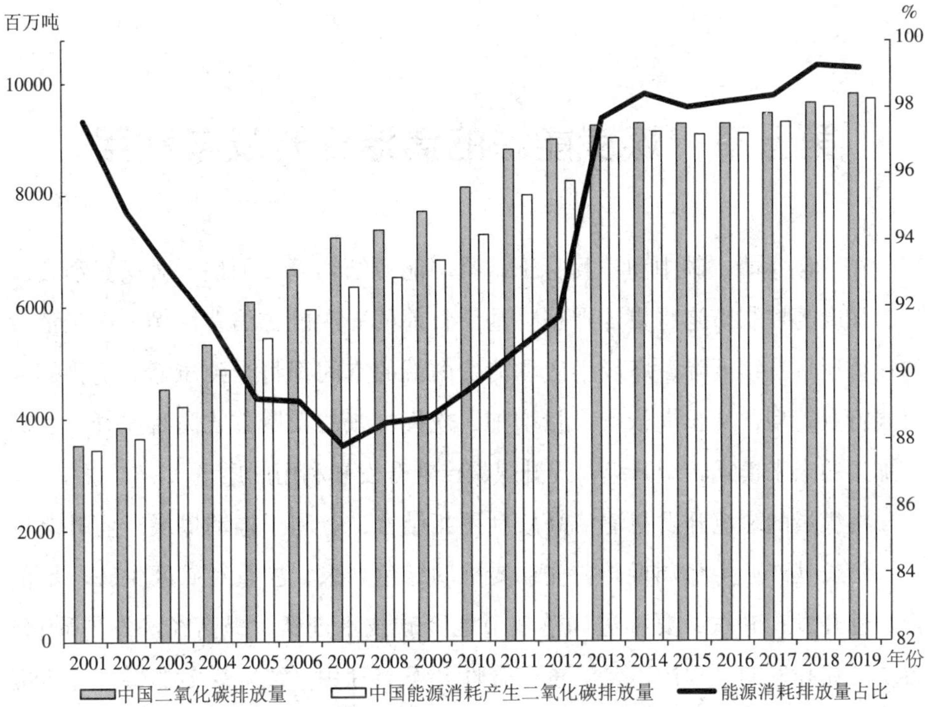

图 4-4　2001—2019 年我国能源消耗及碳排放量

资料来源：Wind。

第五章　煤炭能源的清洁化开发与利用

在“碳达峰、碳中和”目标下，我国能源结构调整加快，对煤炭消费总量、强度的控制措施将更加严格。基于目前的一次能源消费比例，煤炭消费的比重还将持续下降，煤炭生产和消费两端的空间都将受到压缩，这将倒逼煤炭行业转型，从长期依赖产量增加、规模扩张的发展方式向智慧开采、深度加工的未来模式转型升级，提升煤炭产业开发和利用的质量。

将煤炭的绿色开发与清洁高效利用相结合，有利于推动煤炭产业升级换代，延长其产业生命周期。首先，要推动绿色开采，注重对矿区生态环境的保护性开发；其次，要推进和落实节能降碳技术创新，提高经济发展质量；再次，在开发的过程中，要注重综合性开发与利用，统筹煤与非煤类伴生能源，促进煤炭资源的综合开发；最后，要推广煤炭能源的清洁利用，严格控制电力等用煤部门，提高传统能源消费部门的电气化改造。统筹煤炭生产、加工与消费全过程，推广煤炭资源的清洁化开发与利用。

第一节　煤炭能源清洁化开发与利用的现状

煤炭在开采、加工和利用的过程中会造成较为严重的环境污染，降低煤炭能源的使用比例成为一项重要工作。化解煤炭、煤电等领域过剩产能，推进煤炭清洁高效生产利用将成为煤炭领域的重点工作。2014—2019 年累计退出煤炭落后产能 9 亿吨，淘汰关停落后煤电机组 3000 万千瓦以上，建成 14 个大型煤炭现代化生产基地（产量之和占比达 90%）。“十三五”期间我国煤炭产量虽逐年上升，但占全国一次能源生产总量的比重却有所下降，至 2019 年占比 68.6%，较 2015 年下降 3.6 个百分点；煤电装机规模增长速度放缓，截至 2019 年，装机规模约为 10.4 亿千瓦，占全国电力总装机容量的比例为

51.79%，较2015年下降7.3个百分点。现役煤电机组全面实现脱硫、脱硝，有序关停30万千瓦以下煤电机组，高效超低排放煤电机组占比不断提高（达到85.6%）。

一、煤炭的生产新格局

随着煤炭生产格局的变化，清洁化开发与利用的任务在区域分布上有了新变化。从表5-1中可以看出，我国煤炭资源丰富，产量巨大，2019年产煤量374553万吨，2020年产煤量384374万吨，产量同比增长3%。需要注意的是，除宁夏、新疆、云南、山西、青海、陕西、甘肃、湖北以及安徽外，其他省份的煤炭产量都出现了不同程度的下降，煤炭的供给格局发生了较为明显的变化，生产的重心由全国分散布局转向以西北资源富集区为主的煤炭生产布局。

表5-1　我国煤炭产能、产量及产能利用率

省份	2019年产能/万吨	2019年产量/万吨	2019年产能利用率/%	2020年产量/万吨	产量同比增速/%
宁夏	7355	7168	97	8152	14
新疆	18688	23773	127	26587	12
云南	3678	4780	130	5266	10
山西	99475	97109	98	106307	9
青海	1130	1007	89	1092	8
陕西	49863	63412	127	67943	7
甘肃	4693	3663	78	3848	5
湖北	120	39	32	40	5
安徽	12696	10990	87	11084	1
黑龙江	8165	5195	64	5206	0
河北	6105	5075	83	4975	−2
内蒙古	89280	103524	116	100091	−3
河南	14162	10873	77	10491	−4

续表

省份	2019 年产能/万吨	2019 年产量/万吨	2019 年产能利用率/%	2020 年产量/万吨	产量同比增速/%
辽宁	3465	3292	95	3092	−7
江苏	1114	1103	99	1022	−8
贵州	13352	12970	97	11935	−8
山东	14003	11876	85	10922	−8
吉林	1841	1217	66	1002	−18
重庆	1748	1151	66	939	−18
福建	609	832	137	646	−22
湖南	1224	1375	112	1053	−23
广西	686	357	52	242	−32
四川	6283	3296	52	2158	−35
江西	829	441	53	281	−36
北京	100	36	36	—	—
合计	360664	374553	104	384374	3

注：由于产能统计口径为年底，部分去产能矿井在当年内仍旧贡献产量，因此造成部分省份产能利用率超过 100%。

资料来源：国家发展改革委，国家统计局，申万宏源研究公司。

煤炭行业的区域格局逐渐发生变化的同时，煤炭企业落后产能退出、技术升级、兼并重组将成为未来的主流趋势。2020 年底我国在运营煤矿约 4700 处，到“十四五”末期将缩减产能至 4000 处左右，结合数字化和物联网技术将建设智能化煤矿 1000 处以上；提高煤矿生产的规模化和集约化，建成千万吨级露天矿井 65 处，产能达到 10 亿吨/年。“十四五”期间，将要大力推动煤炭企业的兼并重组工作，组建超亿吨级的煤炭企业 10 家以上，增强煤炭企业的竞争力，培育 3~5 家具有全球竞争力的一流煤业。“十三五”期间，我国煤矿累计退出约 5500 处，落后产能退出达到 10 亿吨/年以上，煤炭落后产能的消解任务顺利推进。在去产能的同时，煤炭供给体系的质量显著提升。“十三五”期间，我国已建成 1200 处年产达到 120 万吨以上的现代化煤矿，大型煤矿的产量占全国产能的 80%左右，煤炭生产的企业规模化得到进一步的推进。与此同时，“十三五”期间，我国建成年产千万吨级煤矿 52 处，产能 8.2 亿吨/年。由此可见，煤炭去产能并没有影响新建煤矿项目，煤炭行业的区域格局变化、企业规模化及新旧产能交替都在顺利推进中。

二、煤炭的清洁化开发——智慧绿色矿山

我国煤矿数量众多，规格也参差不齐，通过整合提高矿山的规模性、效率性、安全性和生态性是必然的选择。从煤炭的源头生产做到清洁化开发，是确保煤炭低碳环保绿色开采的基础。绿色矿山（Green Mine）是运用科学合理的方案开发利用矿产资源，维持矿区良性的生态循环，实现资源利用高效、企业管理规范、生产工艺环保、矿山环境优美，实现人与自然和谐共生。自 2010 年起，我国陆续开展了绿色矿山的试点工作，先后建立了超过 674 个绿色矿山。智慧化是在传统的煤炭开采的基础上加入了数字化技术，综合运用物联网、云计算、人工智能等技术，形成煤炭矿山开发的感知、分析和决策系统。基于煤炭开采的数据使得煤炭开发可以进行历史的和横向的可视对比，使煤炭的采掘、运输、选洗、安全环保等过程更加智能化。预计 2025 年，智慧煤矿将从单体智能向多系统智能转变，初步形成数字化、集成化和网络化的智慧矿山，并在进一步的演进中实现人工智能对安全生产、系统保障的支持（王国法等，2018）。

以煤炭资源开采的绿色化和智慧化推动矿区生态文明建设。结合矿区的生态地质环境，在矿区推广充填开采和保水开采以及伴生资源的联合开发，结合绿色低碳开采技术，进行原煤选洗，实现煤炭开发过程中的绿色化。随着煤炭生产格局的变化，黄河流域成为煤炭资源开发的主要地区，作为生态环境脆弱区，要实现资源开发与生态保护的协同规划，完善煤炭资源开发、建设、生产中与生态环境保护的协同工程。矿区开发与保护同步进行，关注矿区生态功能维持和延续，建设绿色矿山。与此同时，绿色矿山还要注重与资源所在地区社会经济环境的协调发展，综合考虑矿区建设历史，进行区域经济社会发展的评估，对矿区开发、环境保护与社会经济发展进行协同设计、

科学评价，促进煤炭资源开发、生态环境、社会经济三者之间的协调发展。

三、煤炭的高效利用——煤化工

煤炭经过粗加工就直接利用容易造成严重的环境污染，而煤化工可以有效地扩展煤炭相关能源产品种类，将污染性元素在加工过程中予以排除，从而提高产品终端的清洁性。传统煤化工技术比较成熟，主要涉及煤焦炭、天然气制化肥和合成氨等产业。在传统煤化工方面，我国拥有完善的产业链，产量居世界前列，可以较好地满足国内的需求，但是近几年，我国煤化工产业的利用率较低，焦炭、电石、甲醇的利用率低于70%，存在突出的产能过剩问题（见图5-1）。随着环保限产、化工园区整顿等工作的推进，长江沿线化工厂的落后产能退出趋势较快，传统煤化工产品价格有所回升，企业营利性得到了明显改善。

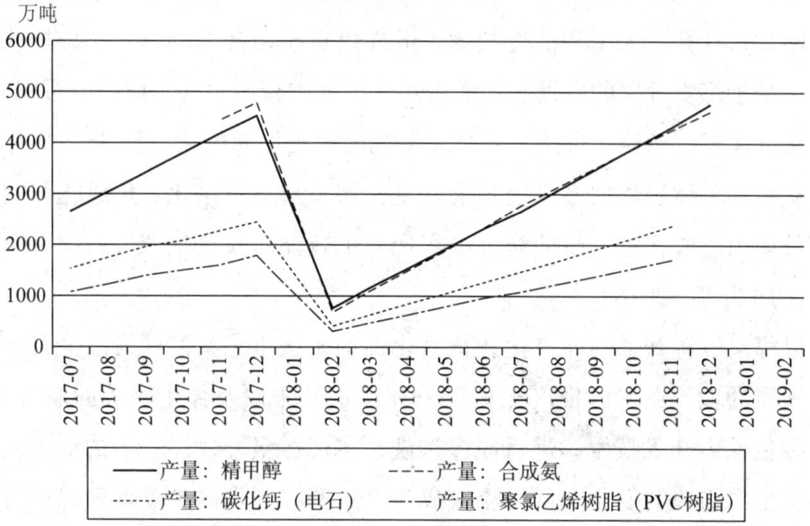

图5-1 传统煤化工产量

资料来源：Wind，平安证券研究所。

不同于传统煤化工，现代煤化工是指以煤为基础，生产清洁燃料和化工原料的化工业。现代煤化工产业链较长、产品丰富，主要包括煤制油、煤制气，以及煤制烯烃、芳烃、乙二醇等化学品。

煤化工产能规模持续扩大，在能源“金三角”基地和新疆地区集聚，形成了一定的规模优势。2017 年底，我国煤制油产能为 84 万吨，在建产能为 584 万吨；煤制烯烃产能为 886 万吨，在建产能为 515 万吨；煤制乙二醇产能为 383 万吨，在建产能为 639 万吨；煤制天然气产能为 65 亿立方米，在建产能为 178 亿立方米。煤化工项目向能源“金三角”产业基地和新疆产业基地集聚，形成了煤化工生产的新格局，对区域社会经济环境的发展都将产生深远影响。

煤化工的优势取决于其他能源品种的相对价格变化，当原油价格在 60~80 美元/桶时，现代煤化工才具有一定的盈利能力。煤液化项目一般低于其他的非常规石油开采成本，盈亏平衡点在 55~65 美元/桶（国际布伦特油价）。当国际原油价格超过 50 美元/桶时，煤制烯烃项目在成本上具有一定的优势；当国际原油价格超过 60 美元/桶时，煤制芳烃项目具有一定的竞争力；当国际原油价格超过 55 美元/桶时，煤制乙二醇项目具有一定的竞争优势。当煤价低于 200 元/吨（坑口）时，煤制天然气成本与进口中亚管道天然气相比具有一定竞争力；当煤价低于 370 元/吨（坑口）时，煤制天然气送至东南沿海地区与最新引进的 LNG 项目相比具有一定的竞争力。规模扩大和成本优势使得煤化工具有较好的综合效益。目前的煤化工产品更加丰富和清洁，使得传统煤炭产业链得到延伸，促进了产业升级，促进了技术进步和就业。煤炭相关企业的经营水平得到了提高，与清洁化的开发和利用逐渐形成了良性循环，促进了煤炭产业的健康发展。在目前“多煤少油”的资源禀赋下，煤炭产业的清洁化对实现“双碳”目标、降低能源的对外依存度、保障能源安全具有重要意义。煤制清洁燃料清洁化技术见表 5-2。

表 5-2　煤制清洁燃料清洁化技术

转化路线	煤耗（吨煤/吨，吨煤/千立方米）	能效/%	水耗（吨水/吨，吨水/千立方米）	代替油气的途径
煤制甲醇	1.5~2	43~48	>13	可作为车用燃料 可向下游延伸

续表

转化路线	煤耗（吨煤/吨，吨煤/千立方米）	能效/%	水耗（吨水/吨，吨水/千立方米）	代替油气的途径
煤制二甲醚	2.1~2.8	41~45	>20	可作为车用燃料和民用燃料
直接液化	3~4	50~58	8~10	直接替代油品
间接液化	4~6	38~43	13~15	直接替代油品
煤制天然气	3~4	>60	6~7	直接替代天然气
煤制烯烃	>7		>32	替代油品效果明显：1吨烯烃需要油品3吨
煤制乙二醇	4.6~5.5		>20	替代油品效果明显：1吨乙二醇需要油品2.5吨

资料来源：《煤炭深加工产业发展指导意见》，平安证券。

四、煤炭生产和利用的环境污染

从煤炭的开发和利用上来看，煤炭的生命周期伴随着大量的环境污染，面临生态环境的巨大压力，其清洁化开发和利用具有很重要的现实意义。煤炭开采和洗选环节产生大量的工业“三废”，造成了严重的环境污染，是清洁开发的重点关注领域。2018年，我国煤炭开采和洗选业的污水排放中，化学需氧量（COD）有15231吨，氨氮排放量有42吨。为进行污水处理，建立工业废水治理设施3034套，工业废水治理设施处理能力1316万吨/日，工业废水治理设施年度运行费用199832万元。煤炭的开采和洗选产生了大量的废气，其中工业二氧化硫排放量达到16579吨，工业氮氧化物排放量达到29346吨，工业颗粒物排放量达到1151750吨，为进行废气的处理，建立工业废气治理设施3145套，工业废气治理设施处理能力4312万立方米/小时，工业废气治理设施年运行费用81874万元。固体废弃物污染中一般工业固体废弃物为55226.2万吨，一般工业固体废弃物综合利用量为26182.9万吨，一般工业固体废弃物处理量为23366.1万吨。

煤化工是将原煤通过加工转化成液体、气体或者固体燃料，并提炼出煤炭资源中的相关化学物品的过程，煤炭的深加工可以生产出丰富的产品，通常包括炼焦、煤制油、煤制气等，用以生产甲醇、二甲醚以及烯烃等化工产品，是煤炭资源的综合利用过程，但同时也是一个高污染、高耗能的过程。煤化工在发展的过程中，开采、燃烧、选洗、焦化和液化会产生大量的空气污染物如粉尘、二氧化硫、二氧化碳等，水污染物如氨氮等有毒物质，固体废弃物如废渣等（王猛，2020）。煤炭加工的污染数据和石油化工等是合并统计的，无法观察到单独的煤化工污染数据，因此无法进一步展开研究。

此外，到了煤炭的终端消费环节会通过燃烧向空气中排放大量的二氧化硫、二氧化碳、氮氧化物（NO_X）以及烟尘等有害物质。工业用煤等可以通过提升技术和安装环保设备来管控污染排放，但是大量的民用散煤则使用较为原始，在不充分燃烧的情况下会排放出更多的二氧化碳、一氧化碳等有害气体。

第二节 煤炭能源清洁化开发与利用存在的问题

一、煤炭能源的开发格局失衡

煤炭产能总体宽松与区域结构性紧张并存，煤炭生产集中区成为清洁化开发利用的重点承压区。传统的煤炭主产区如东北、京津冀、华东、中南、西南等产量大幅下降，煤炭生产越来越向晋陕蒙地区集中。受季节性煤炭供需格局变化、水力发电不均衡、风电光伏不稳定等多重因素影响，全国煤炭产能总体宽松，区域性能源短缺，夏季煤炭资源供给充裕而冬季供应紧张，呈现出区域和时段上的供求格局失衡。受生产格局变迁的影响，晋陕蒙地区在保障煤炭能源供给的情况下，承受着巨大的清洁化开发利用压力。

二、煤炭生产基地生态脆弱

目前，我国煤炭生产基地向西北地区集中，该地区干旱缺水、生态脆弱，对于化工产业的发展不利。我国煤炭生产的重心正在向生态承载力更低的西部转移，在“双碳”目标的约束下，干旱脆弱的生态环境与绿色清洁的煤炭开采困境相结合，使煤炭开采与加工面临更加复杂的社会环境。当前，煤炭企业尚未充分理解气候转型的相关风险，在长期粗放的开采与加工模式下，未能进行清洁化生产和加工的技术储备和制度建设，更没有系统性的气候风险分析体系。煤炭生产基地在生态脆弱的地区进行生产和加工，将面临更为突出的环境压力。

三、碳减排、碳捕捉以及循环利用探索不足

我国在绿色矿山开发和煤炭清洁利用方面取得了长足进步，但与“双碳”目标仍然有较大的差距。存量的二氧化碳会持续形成温室效应，仅控制增量无法从根本上解决气候变暖的问题。以 CCUS 为例，目前全世界已采用二氧化碳驱油、二氧化碳驱煤层气等技术，通过燃烧前、燃烧后捕集和富氧燃烧等方式对二氧化碳进行捕获。2019 年我国已建立 21 个 CCUS 项目，累计封存二氧化碳约 200 万吨。通过 CCUS 项目，可以去除部分的碳排放，另外，将大量的碳排放永久性地储存在地下，控制二氧化碳的增量排放。但目前的 CCUS 项目还处于起步阶段，高效实现二氧化碳负排放的 CCUS 项目成本高达 300900 元/吨，难以大范围地推广和应用，仅控制增量也无法彻底破解“温室效应”困境。

四、激励机制不完善

煤炭资源的生产要素受行政管制较强，市场化不足。煤炭行业的清洁化生产需要大量的资金和技术投入，依靠市场化进行清洁低碳转型的驱动力不足。煤炭生产加工和消费过程中的碳排放也是一种污染，和其他环境污染的排污权益博弈是一样的。现阶段，对煤炭企业进行低碳排放的激励力度与覆盖范围仍显不足，企业缺乏足够的动力进行减排性的技术和设备升级；碳市场在我国多个地区进行了尝试，但当下对煤炭行业的减排作用仍有限。煤炭行业的生产与加工没有和碳足迹挂钩，碳足迹的市场化运营与煤炭生产经营的行政管控形成新的隔阂，双方机制设计与评价标准未能深度整合，难以调动煤炭企业生产和加工的低碳化。

五、清洁化取暖“城快乡慢”

北方14省市取暖面积大，用能结构以煤为主，尤其是广大农村地区供热管网分散，有着大量的节能减排空间。我国北方地区主要采用煤炭进行取暖，占总取暖面积的83%，天然气、电和地热能等供热取暖的面积合计约占17%。供暖用煤总量巨大，每年要消耗4亿吨标准煤，其中，广大农村地区仍然以散烧为主，每年要消耗约2亿吨标准煤。在供暖能耗效率方面，整体能耗水平不高，农村能耗效率较低。北方地区平均能耗为22千克标准煤/平方米，城镇供暖能耗约19千克标准煤/平方米，农村供暖能耗约27千克标准煤/平方米。在北方的供暖改造上，城镇地区多使用热电联产、大型锅炉等方式进行取暖，少部分用小锅炉、天然气和电力进行补充，清洁化改造相对迅速。而城乡接合部以及广大农村地区，多使用土灶、火坑和炉子等落后方式进行分散式供暖，能耗较高，供暖效率很低。使广大农村进行清洁化取暖面临着大面积管网的建设压力和成本压力，农村居民的接受程度较低，推进速度缓慢。

六、落后产能消化困难

落后产能的退出是一个经济、社会和环境的综合问题。首先，落后产能的退出涉及低效率煤矿企业的停产，生产的停滞会对依赖煤炭能源开发的地方经济造成巨大的压力，落后产能的升级改造或折旧盘损、相关产业的调整都是系统性问题。煤矿的停产会导致煤炭供应量的下降以及煤炭价格的上升，对用煤企业如电力、钢铁等生产企业形成较大的成本压力。其次，大量煤矿产能的停产涉及众多职工的就业问题。最后，落后煤矿产能退出形成的环境遗留问题较多，复垦复填工作的后续开展也成为新的问题。

第三节　煤炭能源清洁化开发与利用的建议

一、适应煤炭能源开发新格局

要针对煤炭格局的新变化及时调整区域经济发展目标以及生态环境要求。从煤炭能源的开发上来看，陕甘蒙晋宁煤炭数量多、质量好、条件优，是目前煤炭的主要生产区和调出区，目前占全国煤产量的70%以上。华东地区是我国的粮食生产基地和工业基地，浅层煤资源开发殆尽，是我国目前的限制开采区。经过长年的高强度开采，东北地区剩余的煤炭资源质量严重下降，开采深度大、开采难度高，容易发生多种灾害，综合治理困难，是主要的收缩清退区。华南地区虽然煤炭储量比较丰富，但是开采条件也普遍较差，多是小煤矿，无法达到安全规范的机械化生产要求。新疆和青海地区的煤炭资源储量丰富，质量较高，但受制于当地薄弱的工业化基础、落后的交通运输条件和较低的本地消化能力，煤炭资源的开发利用以及运输面临着重重困难，因而该地区适合作为我国的煤炭储备区（王金华等，2018）。

二、落实绿色矿山、低碳开采

绿色矿山对煤炭资源的开采提出了更高的要求，要在节能、降耗、减排等要求的基础上把握三个重点：一是要明晰碳排放核算的界定；二是加大技改升级，减少排放；三是实施生态修复，增加碳汇。碳排放约束已经成为煤炭开采和加工的重要行政约束，但是行业监管以及对煤炭企业碳排放监测及信息披露要求还不够完善。要全面推广煤炭产业中的碳排放信息收集与监测，为判断实现碳中和提供数据支撑，构建高精度、长时序、动态化的碳排放监测系统。结合资源开发区的生态环境，及时采集与评估碳足迹，厘清煤炭资源开发对气候风险和碳减排的贡献度。此外，还要及时进行碳排放信息披露，形成政府、行业和社会协同的监督体系。

三、基于生态承载开展煤化工

目前，我国的煤化工基地主要分布在陕甘宁晋蒙新地区，生态脆弱，水资源缺乏。煤化工虽然延长了煤炭产业的价值链，但对生态环境的污染比较严重，为保障经济环境的协调发展，有必要基于本地的生态承载力进行煤化工产业的开发。本地的生态承载力核算要根据地区面积、绿地和水域等生态环境条件进行核算，在人口、生活和生产的基础上考虑能源化工产业所需要的生态承载力。对于生态脆弱地区，如果煤化工产业需要高于生态承载的能力，则可以通过增加植被面积等方式提高生态环境的承载能力，为煤化工产业提供良好的环境基础。

四、推进煤炭体制改革

建立起政府管制主导、市场资源配置有效的煤炭行业管理体制，为推动能源革命进程、响应“双碳”目标提供制度保障。通过行政引导，推进煤炭开发的区域格局的西部集约化发展，逐步引导东北、西南等地区产能的消解和退出。推动煤化工的基地化发展，着力培育起规模大、产能高、技术强的具有国际竞争力的大型煤炭企业。与此同时，根据要素、产品的市场化机制，结合煤炭产品的特点，搭建煤炭及煤化工产品的现货和期货交易平台，促进煤炭资源要素市场、产品市场以及金融市场上的供需平衡，推动建设现代化煤炭市场体系。

五、全面推广清洁化取暖

做好城市供暖的支持和设备升级以及农村地区的示范和推广，全面推动清洁化取暖。城市以集中供暖为主，具备规模化、集约化的优势，要紧跟供暖技术前沿，协同供暖企业、科研机构和设备制造企业进行技术研发，实现高效热泵、低氮天然气和煤炭清洁高效利用等技术的攻关，以及设备设施的自主化，并且形成供暖行业的标准体系，为全面推进清洁化取暖提供储备。广大农村地区要充分认识到用户分散、承受能力有限的基本现状，将农业生产与生活取暖相结合，充分利用生物能、沼气和太阳能等分布式能源设施进行生活区供暖。打造农村地区和偏远山区的示范工程，结合当地情况进行广泛推广，推动广大农村地区的清洁化取暖进程，最终形成城市引领、农村协同跟进的供暖清洁化格局。

六、落后产能的合理吸收

煤炭落后产能的处置方面，要结合社会经济现状修订和完善企业职工安置政策，处理好改革与稳定之间的关系。统筹资金和技术，对落后产能进行二次开发和利用，实现产能的循环利用。及时了解产能消解的工作进程，对产能退出与改造、职工安置以及资产处置进行监督和记录，形成产能退出与消解的系统性跟踪报告，以供政府和社会监督管理以及整改之需。最终，实现落后产能的科学化处置、最大化利用、公开化监督。

第六章　油气资源的清洁化开发与利用

油气资源的清洁化开发与利用是指对石油、天然气等资源进行清洁化的开采、高效综合性的加工和利用，涉及常规油气资源的开发与利用和非常规油气资源的开发与利用。油气资源中，石油的综合利用价值较高，化工产业链较长，附加产品也更为丰富，所以，在油气资源的清洁化开发与利用以及常规油气资源的开发中，石油资源的主要目标是增储稳产、综合利用，天然气相对清洁化，主要是高效利用。而对非常规油气资源，主要是提高勘探能力，增强技术与装备实力，进行安全、清洁和高效的开采利用。

第一节　油气资源清洁化开发与利用的现状

一、油气资源的供求

从我国能源的储量和产量上来看，我国是一个多煤、少油、贫气的国家，油气资源的对外依赖性较高，能源安全问题突出。据国家统计局统计数据，2019 年我国原油产量达到 19101. 4 万吨，同此增长 0. 89%。2020 年我国原油产量为 1626. 8 万吨，同比增长 0. 9%；原油日产 52. 5 万吨，环比减少 0. 7 万吨。然而，我国的原油产量并不能够满足国内的石油需求，还需要大量进口来弥补缺口。2019 年，我国原油进口量为 50572 万吨，增长 9. 5%；2020 年我国原油进口量为 54239 万吨，同比增长 7. 3%。作为石油消费大国，我国石油消费量逐年递增，增速较高且基数巨大，石油安全问题突出（见图 6-1）。

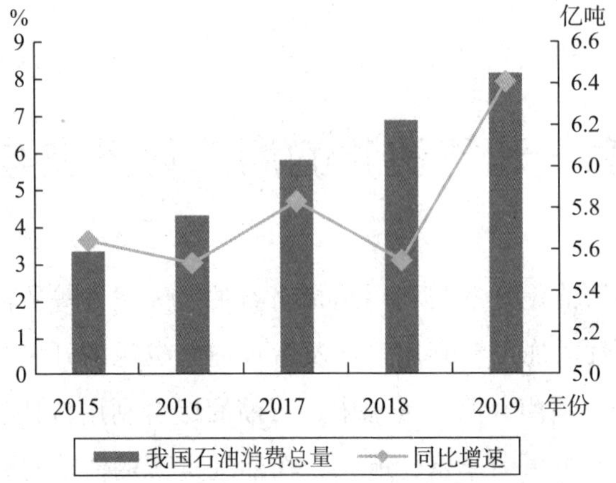

图 6-1　2015—2019 年我国石油消费量及同比增速

资料来源：中国石油和化学工业联合会，前瞻研究院。

石油方面的进口依赖消耗了我国大量的外汇储备。从进口金额来看，2019 年我国原油进口耗费 2413.19 亿美元，同比增长 0.4%。到 2020 年，我国原油进口金额为 1763.21 亿美元，同比下降 27.3%（见图 6-2）。原油进口金额大幅下降，主要原因在于国际油价在 2020 年的回调，石油进口量的依存方面仍然十分严重。

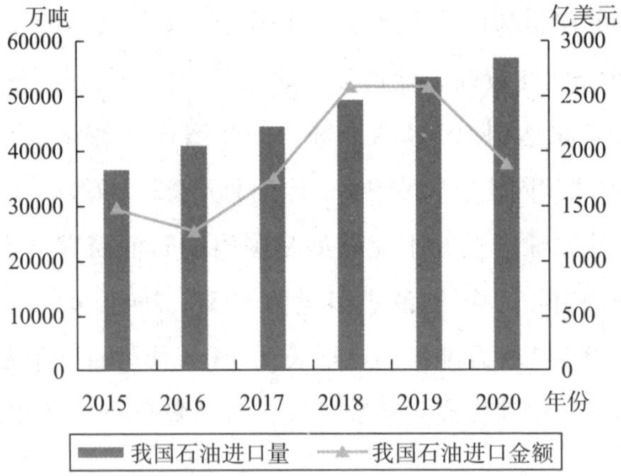

图 6-2　2015—2020 年我国石油进口量和进口金额

我国天然气方面也存在着高度的进口依赖。2020 年我国天然气产量达到 1925 亿立方米，消费量达到 3240 亿立方米，形成了 1315 亿立方米的天然气需求缺口，需要通过进口来弥补。截至 2020 年末，我国的天然气对外依存度已超过 40%，从能源安全上形成了巨大的隐患（见图 6-3）。目前，我国主要通过两种方式进行天然气的进口：第一种是通过天然气管道进行跨国进口，目前涉及的有中俄东线天然气管道、中亚天然气管道以及中缅油气管道。第二种是进口液化天然气（LNG），这种方式便于克服地形困难进行远洋运输。自 2012 年以来，随着我国与澳大利亚和非洲等远距离的能源合作，LNG 进口量不断攀升，占天然气进口量的比例也不断增加。2020 年，我国进口 LNG 的总量达 6670 万吨，占天然气进口总量的 65.61%。2020 年，我国从澳大利亚共进口了 2892.65 万吨 LNG，占年度进口总量的 43%（王彧嫣，2019）。因此，与重要能源进口来源国的国际关系，将成为我国能源安全的重要考量因素。

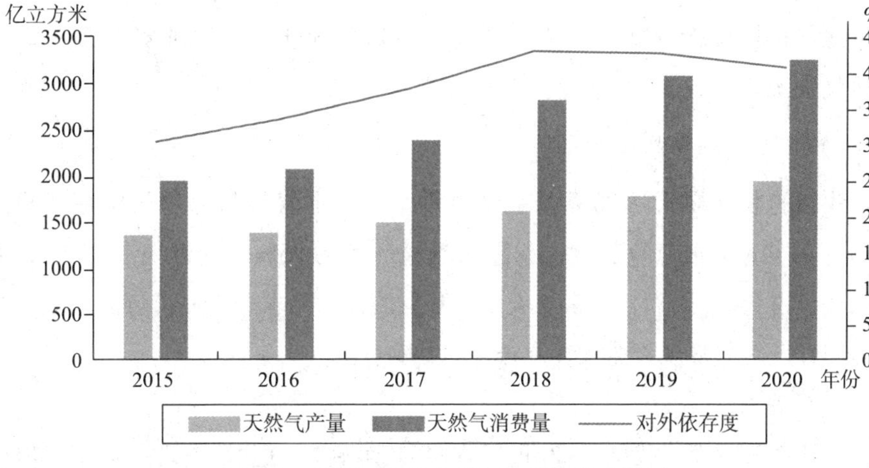

图 6-3　2015—2020 年我国天然气供求状况

结合以上论述可以看出，我国原油和天然气供求缺口逐年扩大，对外依存度逐年增高，能源的安全保障问题突出。在“双碳”目标的约束下，能源的绿色低碳发展要大幅降低煤炭能源的供给和需求，提高新能源的产能和消费，石油和天然气的稳定供应则对能源安全具有更加突出的重要性。

二、油气的开发与利用

随着油气资源的需求量增加和技术进步，世界范围内的油气资源开发从常规油气资源向非常规油气资源延伸，并且由于非常规油气资源的丰富性而得到越来越多的重视（邹才能等，2013）。

常规油气是指孔隙度介于10%~30%、渗透率多大于1mD①、已有相对成熟技术和比较经济适用的方式进行开发和利用的油气资源（邹才能等，2015），通常包括单体型的构造型油气藏和集群型的岩性地层油气藏。

非常规油气是指相对于常规的具有成熟开发技术的油气资源，需要使用特殊技术才能进行经济性开采的油气资源。我国地域辽阔，广泛地分布着非常规原油资源，储量超出常规油气资源。受益于勘探技术提升和我国能源结构改善等，2015—2019年，我国非常规油气市场的年产当量已经从829.2万吨增长到5737.1万吨，年复合增长率达到62.2%，增幅巨大，增长迅速。根据相态可以将非常规油气资源划分为非常规原油资源和非常规天然气资源。

（一）非常规天然气资源

我国的非常规天然气资源主要由致密气、页岩气与煤层气构成。根据2018年的储量数据，致密气占我国天然气产量的25%，页岩气占比9%，而煤层气仅占3%。因而，非常规天然气开发的技术要求非常高，煤炭伴生资源的协同开发对非常规天然气资源开发的影响有限。

1. 致密气

在致密气方面，我国于20世纪60年代就在四川盆地发现了矿藏，但受勘探技术的限制，长期未能进行大规模的开发和利用。近年来，随着我国对大型压裂改造技术的突破与推广，致密气的开发和利用取得了重大的突破性

① 渗透率是指在一定压差下，岩石允许流体通过的能力，是表征土或岩石本身传导液体能力的参数。渗透率单位是长度的平方，即与面积的单位相同。但我们称之为达西（D），常用的单位为毫达西（mD）。

进展。根据2018年的勘探数据，我国致密气可采资源量约为113万亿立方米，具有广阔的开发前景。

2. 煤层气

在煤层气方面，作为煤炭开发的伴生资源，我国拥有完整的勘探开发技术，并随着煤炭资源的清洁化开发与利用推进，进入快速发展时期。目前，我国煤层气可采资源约为125万亿立方米，在鄂尔多斯盆地东缘和准噶尔盆地等地区开发先导试验获得了成功的运行，对于在全国推广具有重要意义。

（二）非常规原油资源

我国的非常规原油资源主要为致密油和页岩油。2018年致密油产量占我国石油总产量的12.6%，而页岩油受开发技术限制，产量仅占石油总产量的0.3%，且成本高昂、利润微薄。

1. 页岩油

在页岩油方面，我国的页岩油分布广泛，目前探明具有可开发储量的包括松辽盆地白垩系、渤海湾盆地沙河街组、四川盆地侏罗系、准噶尔盆地叠系、鄂尔多斯盆地延长组等地区。近年来，我国对辽河西部凹陷沙三段页岩等页岩油储藏区进行的试验性开采成效显著。根据2018年的储量估算，我国页岩油可开采量约为225亿吨。

油气开采领域，三次采油和复杂区块油气开发等技术和装备达到世界先进水平，随着连续油管钻、高精度三维地震探等技术的较大进步，我国非常规油气资源的开发和利用正在快速发展。

我国的非常规油气资源广泛分布于湖北、云南和贵州造山带以及塔里木盆地和准噶尔盆地等地区。目前，我国已经在页岩气资源评价和技术创新等方面取得突破性进展，实现了单井工业化生产。我国已探明可开采的页岩气资源量约为21.9万立方米。作为清洁能源，页岩气的大规模开发和利用将替代煤炭和石油，优化我国的能源结构，促进能源的低碳化转型，改善生态环境。与此同时，页岩气开发也会对生态环境产生一定的破坏，如页岩气的井场建设会破坏地表的植被，开发和运输过程中产生的甲烷逸散和异常泄漏也会造成一定的环境污染。另外，页岩气增产改造耗水量大，还有可能会引发地表震动，对地区的水资源以及地质环境都可能会产生破坏性影响。页岩气资源的开发和利用，要严格遵守《环境保护法》等法律法规，及时针对新型能源进行环境标准的修订；大范围推广水平井工厂化作业，尽可能减少井场数量，降低井场的占地面积；及时对废弃井场进行植被修复，恢复地区的生态环境；严格回收生产过程中的甲烷气体，对不具备回收利用条件的及时进行污染防治处理；对增产改造过程中使用的压裂液进行回收再利用或无害化处理，使污染物在环境中的排放最小化。

2. 致密油

在致密油方面，我国致密油主要分布于鄂尔多斯三叠系盆地、四川盆地以及准噶尔盆地二叠系芦草沟组等区域。根据我国现阶段在致密油领域的勘探数据，致密油的规模储量丰富，我国致密油可采资源量约为 15 亿吨，具有广阔的发展前景。

我国的非常规原油资源占全球的 5%；在非常规天然气方面，我国在全球的占比约 14%，位居世界第二，仅次于美国。随着我国经济的快速发展，能源消耗日益增加，仅靠常规油气难以满足经济发展和居民生活对能源的需求，过度依赖煤炭资源又难以满足对生态环境的要求，在新能源尚未大规模地推广和应用之前，开发非常规油气资源是解决能源安全保障问题的有效手段。

2017 年以来我国页岩气产量快速增加，致密气和煤层气产量稳定增加，致密油的开发和利用还处于市场培育阶段。2019 年，我国在非常规油气勘探开发方面取得了丰硕的成果，其中致密油产量达到 330 万吨，致密气产量达到 500 亿立方米，页岩气产量达到 180 亿立方米，煤层气产量达到 60 亿立方米。非常规油气资源的产量逐年上升，增储稳产效果显著（见图 6-4）。

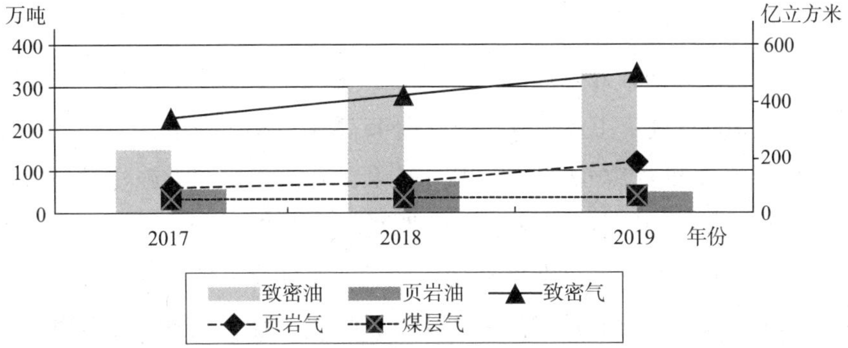

图 6-4　2017—2019 年我国各类非常规油气资源产量

三、油气资源开发利用的环境污染

油气资源相对于煤炭在利用上环境污染要小很多，但在开采和加工的过程中，对环境容易造成大量的污染，因而其清洁化开发与利用也是非常重要的。

（一）资源开发

从资源开发上看，常规油气开发一般会根据油气藏特点，选择合适的开发方式，按照产能目标进行规划建设。开发中首先依靠油层自身能量进行开采，当天然能量不足时，向油层进行注水、注气或注入其他液体，提升油层压力到开采水平。根据不同油气藏的具体特点，最大限度地提高油气开采率，是非常规油气资源开发中的重难点。非常规油气资源开发与常规油气资源开发不同，开采方式要从常规的直井开发转为水平井体积压裂，单井开采模型也开始向平台式多井“工厂化”转变（邹才能等，2014）。因此，非常规油气资源在开发的过程中，多采用“平台式钻进+同步压裂”或交叉压裂的工厂式作业，可以有效减少土地占用和设备移动，提高生产效率（吴奇等，2014）。因此，油气资源的开发将不可避免地对所在区域的土地或者海域产生污染。

2018 年，我国石油和天然气开采行业产生的污水排放中，产生化学需氧量 1527 吨，氨氮排放量 87 吨。为处理水污染，建设工业废水治理设施 1172 套，工业废水治理设施日处理能力达到 434 万吨，年度工业废水治理设施运行费用 709975 万元。

（二）废气排放

在废气排放方面，开采环节的工业二氧化硫排放量 21546 吨，工业氮氧化物排放量 16666 吨，工业颗粒物排放量 4577 吨。从工业废气的处理能力来看，2018 年石油和天然气开采业完成 196 套工业废气治理设施建设，处理能力达到 5163 万立方米/小时，年度运行费用达到 15891 万元。在工业固体废弃物方面，石油和天然气开采业共产生一般工业固体废弃物 273. 5 万吨，一般工业固体废弃物的综合利用量达到 114. 2 万吨，一般工业固体废弃物的处置量达到 111. 8 万吨。从资源的加工上看，石油化工的产业链相对较长，对水资源和能源的消耗也较多，产生的环境污染也较为严重。天然气加工的产业链相对较短，中间消耗相对较少，对环境的污染也相对较低。2018 年我国石油、煤炭及其他燃料加工业的工业二氧化硫排放量达 166016 吨，工业氮氧化物排放量达 394869 吨，工业颗粒物排放量达 371742 吨。在石油加工等过程中，建设 4758 套工业废气治理设施，处理能力达到 703524 万立方米/小时，年度运行费用达到 1370032 万元。加工中产生一般工业固体废弃物 9015 万吨，一般工业固体废弃物综合利用量为 3088. 1 万吨，处置量达到 4028. 6 万吨。

（三）油气资源利用

从利用上看，石油的燃烧主要产生的是二氧化硫、一氧化氮、二氧化氮以及二氧化碳等，因而在油气资源利用上的污染主要为二氧化硫等空气污染。而天然气的燃烧主要产生的是二氧化碳和水，比石油更加清洁。因而，相对于煤炭，石油和天然气是相对清洁的能源，但是鉴于温室气体的排放问题，石油和天然气也会产生一定的环境压力。

第二节　油气资源清洁化开发与利用存在的问题

一、投资规模大，进入门槛高

油气资源开发建设投资规模大，私人资本进入少，垄断竞争下难以靠市场竞争机制驱动企业进行环保性利用开发。在油气资源的开发方面，单井投资大，技术难度高，在非常规油气资源的开发中，这些特点更加突出。非常规天然气在开发中产量递减速度快，保持气田的稳产需要大量的钻井进行严密的交替衔接，对投资规模和实施周期提出了更高的要求，同时也增加了更多的不确定性因素。因此，油气资源开发会对企业形成较大的资金压力并造成诸多的投资风险，大量中小型企业都难以迈进门槛参与投资和开发。此外，油气开发尤其是非常规油气开发中的技术服务市场不发达，要素市场和产品市场都会受到较多的行政管制，难以通过市场竞争推动勘探开发技术升级和装备换代。

二、技术难度大，开发周期长

油气资源尤其是非常规油气资源开发利用的技术难度高，埋深超过 3500 米的页岩气资源对开发的技术水平有着较高的要求。我国尚未掌握在深层开发领域的技术，设备自主化水平也相对较低，安全开采以及清洁化开发和利用还面临着较大的挑战。目前，我国川南地区的页岩气在建投产项目中，埋深超过 3500 米的资源超过一半，该区域资源能否得到顺利有效开发并形成试点效应推广应用，将成为“十四五”期间页岩气开发规模提升的关键。不同于地表的资源开发，长期对深层次油气资源的开发和利用会对地下空间造成严重的污染和破坏，需要进行相应的环境评估以及生态恢复。而目前，我国非常规油气资源的开发与利用还处于起步阶段，协同环境保护进行资源的清洁化开发和利用还有很长的路要走。

三、市场化不足，竞争不充分

油气资源要素和产品的市场化不足，导致价格的反馈功能、竞争机制以及替代机制都有所缺失。随着我国经济增长降速，能源供给侧改革深入推进，煤炭能源价格深度下跌，清洁能源如天然气等竞争力明显下降，消费增速放缓。“双碳”目标下，煤炭资源的产能退出和限制生产以及新冠肺炎疫情下的电力管制，又反向促进了煤炭价格的上升，清洁能源又重新具有了竞争力。综上分析，在我国能源市场的格局中，政府对市场具有强力的管控作用，能源的市场化任重道远。非常规油气资源以及其他可再生能源市场化的补充和资源配置都要经过充分的政策研判分析，找准自己的市场定位，寻找有效的生存空间。

四、供求双高，定价不足

油气资源的对外依存度较高，但是从现货到期货市场，我国对定价权的掌握都较为被动。我国对石油和天然气的需求量巨大，虽然能生产大量的石油和天然气，但是无法充分满足本国的需求，仍然依赖于大量的进口。在现货市场上，石油和天然气从中东等地区进口，运用美元进行结算。国际原油现货价格中西半球出产的原油主要挂靠美国西得克萨斯中间基原油（WTI）计价，包括美国的阿拉斯加北坡原油（ANS）、墨西哥的玛雅原油（MAYA）、厄瓜多尔的奥瑞特原油（ORIENTE）、委内瑞拉的圣芭芭拉原油（SANTABARBARA）和阿根廷的埃斯克兰特原油（ESCALANTE）。挂靠布伦特原油（BRENT）的主要是西欧、地中海和西非地区出产的原油，比如，俄罗斯的乌拉尔原油（URALS）、利比亚的萨里尔原油（SARIR）和尼日利亚的博尼轻质原油（BONNY LT）。挂靠迪拜原油（DUBAI）的主要是中东地区出产的原油。而远东地区出产的原油交易主要挂靠印度尼西亚的米纳斯原油（MINAS）、辛塔原油（CINTA）、杜里原油（DURI）等地区性的基准油种。依托丰富而又成熟的现货合约，国际原油市场的期货产品也十分丰富，活跃的交易对国际原油价格具有举足轻重的影响。而我国目前上交所出的原油合约虽然发展速度较快，但还无法给予我国油气资源供求体量级的话语权。

第三节　油气资源清洁化开发与利用的建议

一、加强国内外资源调查评价

要立足国内、把握全局，将油气资源调查评价工作从国内拓展到“一带一路”沿线国家和地区，落实油气资源可采资源量。同时，建立油气资源勘查评价数据库，实现数据等基础资源共享，减少不必要的勘探评价成本。为油气资源的开发利用和安全保障提供信息基础支撑，也为我国的能源安全和对外能源合作提供信息。

二、强化关键技术攻关，实现装备自主化

油气资源开发和利用的技术难点攻克以及装备制造自主化，在非常规油气资源部分还有较多待实现之处。通过国家科技计划引导，协同科研院所进行非常规油气资源的技术攻关，结合我国在油气资源开发中面临的技术难点，从全产业链和整个生命周期的三维视角，梳理油气资源开发中的关键技术进行攻关，对核心装备进行定向研发，实现技术和装备的自主可控。在此过程中，加强油气勘探开发中前瞻性技术的研究和储备，结合实际作业，不断提高技术水平，推动油气资源规模化开发和成本下降，提高油气资源开发和利用的综合效益。

三、推动体制机制创新

构建油气资源开发中政府主导、市场积极参与的体制机制，推动资源勘探、开发、加工等环节的市场化，提高油气资源要素市场和产品的市场性。开展非常规油气资源的竞争性出让，鼓励市场资本在资源开发和利用方面的参与。与此同时，完善油气资源开发和利用的退出机制，实行资源开发的动态评估，放开市场，实现进出有序的良好开发局面。通过广泛地吸纳开发主体，完善资源开发中的制度建设，构建油气资源行业合理的市场结构和健全的市场体系，在政府的引导下，充分发挥市场在油气资源开发中的配置作用，推进油气资源开发的繁荣发展。

四、加大国际合作及其安全保障

积极开展与油气资源丰富的“一带一路”沿线国家在油气资源勘探、资源开发利用以及基础设施方面的合作。我国已与中亚、非洲等国家开展了卓有成效的合作，但面对复杂的国际局势，仅在经济和文化上往来并不能满足油气资源开发和利用的安全保障。能源作为经济发展的动力，具有十分重要的战略意义，也需要相应的战略支持才能符合油气资源合作开发的重要地位。加强油气资源合作过程中，政治对话、军事合作等将是经济领域进行基础设施建设以及资源可持续开发和利用的重要前提。

第七章　核能的清洁化开发与利用

发展核电是我国改善能源结构、培育多元并举的清洁能源体系、保障国家能源安全和响应“双碳”目标的重要举措。核电建设中安全是生命线，是核电发展的前提和基础，也是能否规模化推广并以此获得人民群众支持和理解的重要前提。30多年来，我国的核电建设和运营一直保持着良好态势，在运机组运行安全稳定，在建工程质量总体受控。核电技术和设备的水平不断提高，自主可控水平也得到明显提升，具备了进一步推广的基础。

第一节　核能开发与利用的现状

核电利用轻原子核的融合以及重原子核的分裂产生的聚变或者裂变能量转化成机械能，再由机械能转化为电能。自1951年12月美国实验增殖堆1号（EBR-1）首次利用核能发电以来，世界核电至今已有70多年的发展历史。我国自1991年12月建设第一座核电站——秦山核电站，到2020年12月31日我国运行核电机组达到49台，装机容量为51027.16MWe（额定装机容量），具有成熟的建设、运营管理经验。核能的清洁高效属性是我国实现“碳达峰和碳中和”的重要途径（商照荣，2021）。核电作为清洁高效的电力资源，优点十分明显，但缺点也十分突出。首先，核能资源具有持久性。低开采成本的铀资源可供目前全球的常规核电站使用50年左右，如果将乏燃料处理后的铀和钚在热中子堆中循环使用将使原料利用效率得到大幅提升，在快中子堆中循环使用可使铀资源利用率提高60倍，即具有经济开发性的铀资源可按目前的使用规模持续利用3000年。同样具有核裂变属性的钍是铀储量的3倍，因此，核资源十分丰富，在充分利用的情况下具有可持续性（顾忠茂等，2003）。其次，核电开发具有经济性。相比煤电和天然气电力，核电的燃料费用较低，运行费用和投资费用相对较高，随着技术的成熟和运营的时长，成本会逐渐降低，美国、法国、日本、俄罗斯等国的核电成本均低于煤电。我国 2013 年 1 月 1 日以后新建核电机组实行标杆上网电价政策（根据目前核电社会平均成本与电力市场供需状况，核定全国核电标杆上网电价为 0.43 元/千瓦·时）；全国核电标杆上网电价高于核电机组所在地燃煤机组标杆上网电价（含脱硫、脱硝加价，下同）的地区，新建核电机组投产后执行当地燃煤机组标杆上网电价；对承担核电技术引进、自主创新、重大专项设备国产化任务的首台或首批核电机组或示范工程，其上网电价可适当提高。最后，核电具有很高的清洁性。核电站在运行的过程中并不会产生二氧化碳、二氧化氮、一氧化氮、颗粒物（PM）以及其他空气污染物。

在核电的发展过程中，其安全性建设和运营以及居民风险接受能力调查和提高也是十分值得注意的事项。核电是我国能源供应体系的重要分支，也是新能源的重要组成部分。根据我国国民经济“八五”计划至“十四五”规划，国家对核电行业的支持政策经历了从“适当发展”到“积极推进发展”再到“安全稳妥发展”的变化。围绕“十四五”规划要做好核能的建设和开发，在废物燃料处置、铀资源利用率提升以及核能综合利用等方面进行深入的研究和实践（朱学蕊，2021）。

一、核电的生产状况

2020 年我国运行核电机组累计发电量为 3662.43 亿千瓦·时，占全国累计发电量的 4.94%（见图 7-1）。与燃煤发电相比，核能发电使我国在电力供应上减少了 10474.19 万吨标准煤，减少了 27442.38 万吨二氧化碳，减少了 89.03 万吨二氧化硫，减少了 77.51 万吨氮氧化物。核能在清洁高效的供能方面具有明显优势，可以在保障电力供应的同时，减少污染物的排放。

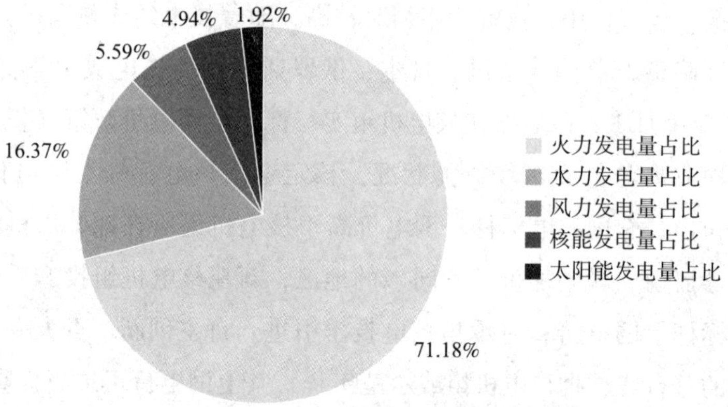

图 7-1　2020 年全国发电量统计分布

2020 年我国在运行的 49 台核电机组累计发电量为 3662.43 亿千瓦·时，比 2019 年同期上升了 5.02%，核能发电量稳步提升；累计上网电量为 3428.54 亿千瓦·时，比 2019 年同期上升了 4.89%，核电的并网消纳和集中利用也在稳步提升。2020 年我国核电设备利用小时数为 7426.98 小时，平均能力因子①为 92.95%，整体设备的利用率保持在较高水平。

二、核电的安全状况

2020 年我国核电厂运行平稳，未出现超出可控范围的不良事故。核电机组的三道安全屏障均保持完整状态，燃料元件包壳完整性、一回路压力边界完整性、安全壳完整性满足技术规范要求。发生 1 起国际核事件分级（INES）一级运行事件，② 未发生二级及二级以上的运行事件。各核电厂未发生一般及以上辐射事故，未发生较大及以上生产安全事故，未发生一般及以上环境事件，未发生职业病危害事故及职业性超剂量照射。③ 核电机组的安全运营为进

① 机组一定时间内实际发出的电能与它在这段时间内按铭牌功率满发能够发出的电能之比。能力因子反映了机组的运行管理水平。

② 2020 年 3 月 25 日，阳江核电厂 4 台机组（2 号、3 号、4 号、6 号机组）因海生物入侵导致反应堆自动停堆。

③ 职业性超剂量照射是指工作人员单一年份受到的职业性照射超过国家标准《电离辐射防护与放射源安全基本标准》（GB 18871-2002）规定的年剂量限值。

一步推广核能奠定了基础。

三、核能开发的环境污染

近年来，我国核电运行中的污染排放得到了严格的控制，对生态环境的污染和破坏均在合理范围内。按照国家环境保护法规和环境辐射监测标准以及国家核安全局批准的排放限值，我国在运核电厂对放射性流出物排放进行了严格管控，并且对核电厂附近的环境进行了辐射监测。2020 年的放射性排放统计表明，在运行的核电厂放射性排放量均低于国家核安全局要求的限值。环境监测数据表明，① 运行核电基地外围监督性监测自动站测出的环境空气吸收剂量率在当地本底辐射水平正常范围内，未监测到因核电基地运行引起的异常。核电站在运行过程中的污染物排放都被控制在合理范围内，对生态环境的不良影响较小。

第二节　核能开发与利用存在的问题

一、技术难度高

从核能技术运用上来看，国际上核能技术已经经历了四代的演进，我国也在这一过程中实现了多项技术突破，伴随着全球核能发展而进步。目前我国已经实现了“二代加”核电站的批量建设以及三代核电技术的自主化，第四代核电站也形成了示范项目，核电建设能力和自主化水平越来越高。但是仍面临着部分关键设备、零件和材料的依赖问题，尤其是以美国为主导的国家对华进行高科技产品限制，形成了我国核电发展道路上的重大障碍。

二、安全风险突出

核安全问题是世界范围内面临的挑战，核事故的爆发引发并加剧了世界

① 环境监测数据来源于生态环境部全国空气吸收剂量率发布系统（http：//data. rmtc. org. cn：8080/gis/）。

人民的核忧虑态度（Kim et al.，2014）。1979 年的美国三厘岛核事故、1986 年的乌克兰切尔诺贝利核事故、2011 年的日本福岛核事故等都不同程度地加剧了公众对核安全的担忧。目前，我国在运核电厂 90%以上的低放废物滞留积存于核电厂临时贮存场所，影响核电厂正常运行，增加了环境风险，更加剧了公众对核电安全的担心。

三、群众接受度低

2011 年日本发生福岛核事故，作为日本的隔海邻国，我国居民发生了抢盐事件、望江反核事件、江门反核游行等群众事件，迫使我国政府暂停核能项目。美国核反应堆奠基人阿尔文·温伯格（Alvin Weinberg）在其著作《第一核纪元》中曾经多次指出："费米（Fermi）在核能发展初期警告我们，公众对核能的认识和接受性，将成为未来核能发展的最严重的问题，而我们却忽视了它。"但是，公众的风险认知和风险决策与专家有很大的不同，除了在知识结构上的差异以外，个体偏好、风险特征、社会文化背景、可监督性和信任度等都会影响公众对待风险的态度。在核能的发展过程中，应充分考虑到这些因素的影响，通过多方面的努力提高核能的公众接受性。

第三节　核能开发与利用的建议

一、核电安全文化建设

核安全文化是文化在核行业的集中体现，伴随着核能的发展而生，深刻影响着核行业从业人员的信仰、态度和行为准则，对推动核能安全高效发展具有关键性影响，也是以工业文化增强国家软实力的重要组成部分。在核行业坚持文化强核是必然选择。核安全文化与国情、核安全文化实践相匹配，并与本国文化传统密切相关。持续推进核安全文化，离不开政府的支撑和统筹调控。核安全文化培育是一项长期性、系统性、全局性的工作，需要从目标、对象、方法等多方面发力持续推动。要深化核安全文化建设目标，既要通过不断强化法制建设，严格监督执法，遏制人因事件多发态势，形成“不敢”的行业环境，更要依靠核安全文化形成“不想”的自觉氛围，从思想意识和组织环境层面杜绝管理风险源头。

二、核电安全的群众普及

我国的核能事业是在中国特色社会主义体制下一步一步发展起来的，经过 30 多年的努力，取得了举世瞩目的成就，实现了由二代向三代核电的技术跨越，自主化三代核电技术及产业链的比较优势基本形成，具备了从“核电大国”向“核电强国”迈进的基础性条件。除技术的迭代升级外，核能的发展也离不开社会公众的理解、支持和参与，做好核能公众沟通工作已经成为我国核能事业安全高效可持续发展必不可少的重要条件。面对新的形势与任务，应充分发挥党委领导、政府主导的社会治理优势，把握媒体融合与传播方式的深刻变革，坚持走有中国特色的核能公众沟通之路，为核能的安全普及提供充分的舆论和文化环境（王炳华，2021）。

三、核技术升级与装备自主化

核能虽然在我国得到了成功的应用和推广，技术和设备的自主化都得到了有效的提升，但是作为一个不断发展着的高科技能源，核能技术的研发、设备的制造以及核能的综合利用都在快速更新迭代。从技术突破上看，我国已经完成了第三代核电站的自主化，但是具有更高效率和安全性的第四代核电才刚完成示范项目建设，在技术进步上还有很长的路要走。针对关键技术，要逐个攻关解决，进一步提高核电项目关键设备、零部件和材料自主化率，实现产业链供应安全。另外，在综合利用方面，核能除发电外还可用于区域供热、工业供汽、海水淡化等，还可为深海资源勘探与开采，远海岛屿、陆地偏远地区等的活动提供能源补给，具有很好的发展前景。反应堆的用途并不限于发电、供热等，拥有我国“堆谷”的核动力院还利用丰富的堆照资源推进医用同位素生产的国产化，甚至成为我国同位素制备与应用技术开发的主力军（万钢，2021）。

四、加强核安全消防能力建设

随着核电在我国的应用与推广，我国核电建设和运营日益成熟，在国际上也有了一席之地，但在核安全消防水平领域，我国还存在着较大的差距，难以适应当下在国内大规模建设推广以及走出国门的发展需求。构建核安全消防能力，需要在以下三个方面进行改进：首先，要形成统一的标准，加强核安全消防的制度建设。要广泛学习国际上先进、成熟、相容性较好及操作性较强的标准体系，比较主要核电发达国家核电标准体系优缺点，立足我国核电发展国情，消化吸收，不断创新。其次，要提高技术水平。核消防要在基础技术和基础材料方面形成系统化研究，同时加强对核电风险的情景分析、压力测试以及仿真模拟，结合不同的自然灾害、军事攻击等突发状况进行模拟演练和技术攻关。最后，要建立信息共享平台。核消防不同于一般的消防，其技术和经验获得相对困难。核安全的消防信息都是不同核电站乃至不同国家和地区的机密，因而，加强核电建设国在核安全方面的交流，推动信息的互通有无具有重要意义（史强等，2020）。

第三篇

能源革命背景下的可再生能源开发与利用

第八章　可再生能源开发利用整体情况

第一节　可再生能源的发展形势

一、国际发展态势

当前世界各国对气候变化和生态保护等问题日益重视，面对全球能源供需格局的变化，全球能源转型呈现出清洁低碳、电气化显著提升的重要特征。根据国际可再生能源署（IRENA）相关数据，截至2020年底，全球可再生能源发电总容量达到279900万千瓦，其中水电在全球范围内占最大份额，比例达到43%，总容量为1211吉瓦；风能和太阳能占比均为26%，容量分别为73300万千瓦和71400万千瓦（见图8-1）；其他可再生能源包括12700万千瓦的生物能和1400万千瓦地热，外加50万千瓦海洋能。相较于2019年，可再生能源发电容量增加了261吉瓦，增长率达10.3%。在可再生能源发电增长比例中，太阳能发电继续引领发电容量的扩张，发电容量增量占比22%；紧随其后的是风能，发电容量增量占比18%。2020年，可再生能源发电容量的扩张远远超过近年来的整体态势，而这种大规模的扩张主要发生在中国。由于技术进步的推动效应，中国在水电、太阳能发电、生物质能发电等方面均名列前茅。

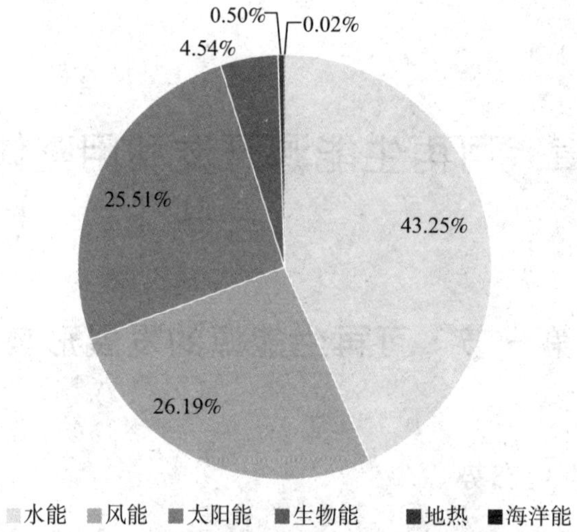

图 8-1　2020 年各类可再生能源发电容量结构

资料来源：IRENA。

二、国内发展形势

自国家主席习近平在 2020 年 9 月 22 日第 75 届联合国大会一般性辩论上宣布“中国将提高国家自主贡献力度，采取更加有力的政策和措施，二氧化碳排放力争于 2030 年前达到峰值，努力争取 2060 年前实现碳中和”以来，国家能源局加快了支持可再生能源和配套基础设施的政策工作。2021 年 3 月 30 日，在国务院新闻办公室主办的新闻发布会上，国家能源局局长章建华强调了国家能源局增加可再生能源消费的决心。“碳达峰、碳中和”是我国“十四五”乃至中长期社会经济转型的重要发展目标。中央财经委员会第九次会议明确提出，我国力争 2030 年前实现“碳达峰”，2060 年前实现“碳中和”，要以能源绿色低碳发展为关键，新阶段可再生能源发展将呈现出新的特征。

2021 年是“十四五”开局之年，能源低碳转型进入关键期、攻坚期。“十四五”期间，我国可再生能源发展面临新形势、新任务，行业发展的边界条件、发展逻辑及发展机制都将发生一系列重大变化，“十四五”可再生能源发展将进入新的阶段。“到‘十四五’末，可再生能源发电装机占我国电力总装机的比例将超过50%。可再生能源在全社会用电量增量中的比重将达到2/3左右，在一次能源消费增量中的比重将超过50%。”从能源电力消费的增量补充到增量主体，反映的是我国可再生能源大规模、高比例、市场化、高质量发展的未来。

（一）大幅提升可再生能源装机规模

围绕“30碳达峰、60碳中和”的目标，2030年中国非化石能源在一次能源中的占比要提升至25%，风电、光伏发电累计装机要达到12亿千瓦。“十四五”期间，可再生能源年均装机规模将持续大幅提升，装机规模将进一步扩大，到“十四五”末可再生能源的发电装机占中国电力总装机比例将超过50%。

（二）持续优化能源消费结构，提升可再生能源消费占比

可再生能源在能源消费中的占比将持续提升，到“十四五”末，预计可再生能源在全社会用电量增量中的比重将达到2/3左右，在一次能源消费增量中的比重将超过50%。“可再生能源将从原来能源电力消费的增量补充，变为能源电力消费增量主体。”

（三）推动可再生能源市场化发展，发挥市场资源配置效用

“十四五”期间，将进一步发挥市场在可再生能源资源配置中的决定性作用。从2020年起，风电光伏发展将进入平价阶段，摆脱对财政补贴的依赖，实现市场化发展、竞争化发展。

（四）大力推进能源体系高质量发展，实现系统性发展

“十四五”期间，将通过加快构建以新能源为主体的新型电力系统提升新能源消纳和存储能力，既实现可再生能源大规模开发，也实现高水平消纳利用，保障电力可靠稳定供应，实现高质量跃升发展。统筹优化新能源开发布局，结合各地区新能源资源条件，充分利用中东部地区相对较大的新能源并网消纳空间，积极推动新能源就地开发利用。在西部地区、北部地区的新能源资源富集地区，科学规划、布局一批以新能源为主的电源基地和电力输送通道，实现新能源电力全局优化配置。

第二节　可再生能源的发展基础

可再生能源既不排放污染物，也不排放温室气体，是天然的绿色能源。为深入落实“碳达峰、碳中和”目标任务，“十四五”及今后一段时期，中国可再生能源将步入高质量跃升发展新阶段。围绕“四个革命、一个合作”，国家大力推动可再生能源产业发展，优先发展可再生能源，加快构建“清洁低碳、安全高效”的高质量能源体系。

一、开发利用规模稳居世界第一

开发利用规模稳居世界第一，为能源绿色低碳转型提供强大支撑。发电装机实现快速增长，根据IRENA数据，截至2020年底，我国水电、风电、光伏发电、生物质发电分别连续16年、11年、6年和3年稳居全球首位。利用水平持续提升，2020年中国可再生能源发电量达2.2万亿千瓦·时，占全社会用电量的29.5%，较2012年增加9.5个百分点，可再生能源发电量的稳步增长有效推动了能源结构的优化，2020年中国非化石能源占一次能源消费比重达15.9%。

二、技术装备水平大幅提升

技术装备水平大幅提升，为可再生能源发展注入澎湃动能。中国已形成较为完备的可再生能源技术产业体系，水电领域具备全球最大的百万千瓦水轮机组自主设计制造能力，低风速风电技术位居世界前列，光伏发电技术快速迭代，多次刷新电池转换效率世界纪录等。

三、减污降碳成效显著

减污降碳成效显著，为生态文明建设夯实基础。2020年，中国可再生能源开发利用规模达到6.8亿吨标准煤，相当于替代煤炭近10亿吨，减少二氧化碳、二氧化硫和氮氧化物排放量分别约达17.9亿吨、86.4万吨和79.8万吨，为打好大气污染防治攻坚战提供了坚实保障。

四、国际合作不断拓展

国际合作不断拓展，为携手应对气候变化做出中国贡献。作为全球最大的可再生能源市场和设备制造国，中国持续深化可再生能源领域国际合作，水电业务遍及全球多个国家和地区，光伏产业为全球市场供应了超过 70%的组件。

五、“十三五”期间能源发展的主要目标基本完成

“十三五”期间的主要能源发展目标完成率达到 90%，其中可再生能源发电总装机容量超额完成目标，但核电、水电装机容量未完成。具体完成情况如表 8-1 所示。

表 8-1　能源发展第十三个五年规划的完成情况

指标	单位	“十三五”目标额	2020 年数据
一级能源生产	十亿吨标准煤	4	4. 1
总装机容量	吉瓦	2000	2200
能源消费量	十亿吨标准煤	<5	4. 8
用电量	亿千瓦・时	6800~7200	7511
非化石能源（可再生能源和核能）占总装机容量的份额	%	39	43
非化石燃料在发电中所占份额	%	31	32
非化石燃料消耗量的份额	%	>15	—
天然气消耗份额	%	10	—
煤炭消费份额	%	<58	57
能源强度降低	%	15	16
碳强度降低	%	18	18. 2
常规水力安装	吉瓦	340	370. 2
泵水安装	吉瓦	40	—
核电安装	吉瓦	58	49. 9
风电安装	吉瓦	>210	281. 5

续表

指标	单位	“十三五”目标额	2020 年数据
太阳能安装	吉瓦	>110	253.4
化石燃料安装的份额	%	61	57
煤炭发电安装的份额	%	55	49
煤电安装	吉瓦	<1100	1080.5
燃气安装	吉瓦	>110	—

资料来源：能源发展第十三个五年规划和国家统计局网站。

第三节　可再生能源发展综述

2020 年，我国可再生能源开发利用取得明显成效。水电、风电、太阳能发电等装机规模均居世界首位，这使得能源结构不断优化，推动可再生能源逐步由能源增量补充演变为增量主体。

一、可再生能源发电装机情况

截至 2020 年底，我国全口径电源装机容量为 220058 万千瓦，同比增长 9.5%。其中火电发电装机容量 124517 万千瓦，占总发电装机容量的 56%，核电发电装机容量 4989 万千瓦，占总发电装机容量的 2.2%，两者相较于 2019 年占比均有所下降，说明我国发电结构呈现进一步优化趋势。

近十年，我国可再生能源发电装机容量呈直线式增长态势。截至 2020 年，中国可再生能源发电装机容量 92519 万千瓦，占总装机量的 42%，相较于 2019 年装机容量增长 11.7%，增速较 2019 年（8.78%）有较大提升。其中，水电装机容量 37016 万千瓦，占比 40%；风电装机容量 28199 万千瓦，占比 30.5%；太阳能发电装机容量 25435 万千瓦，占比 27.5%；生物质发电装机容量 1868 万千瓦，占比 2%。从发展趋势来看，太阳能发电呈指数式增长，风能发电紧随其后，水电整体较为稳定，这与世界可再生能源发电发展趋势基本保持一致（见图 8-2）。

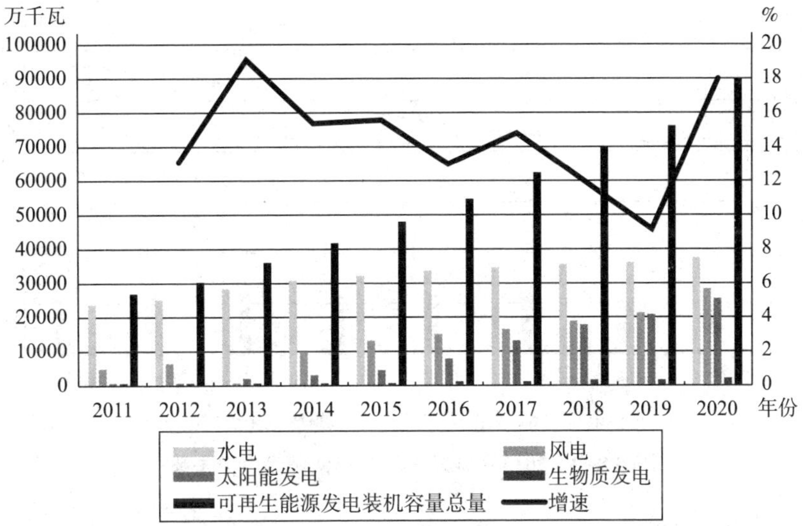

图 8-2　2011—2020 年中国可再生能源发电装机容量走势

资料来源：IRENA 官方网站。

二、可再生能源发电量

2020 年，中国各类电源全口径总发电量为 76236 亿千瓦·时，相较 2019 年增长 4%。其中火电发电量为 51743 亿千瓦·时，相较 2019 年增长 2.5%，核电发电量为 3662 亿千瓦·时，相较 2019 年增长 5%（见图 8-3）。从各类能源发电量结构来看，2020 年火电发电量占比 68%，核电发电量占比 5%，可再生能源发电量占比 29%。火电发电量占比呈下降趋势，可再生能源发电量整体呈平稳上升趋势。可再生能源发电量中，水电发电量为 1.36 万亿千瓦·时，同比增长 4.1%；风电、太阳能发电量呈快速增长态势，两者发电量分别为 4665 亿千瓦·时、2611 亿千瓦·时，同比分别增长 15.1%和 16.6%；生物质发电量为 1326 亿千瓦·时，同比增长 19.4%（见图8-4）。

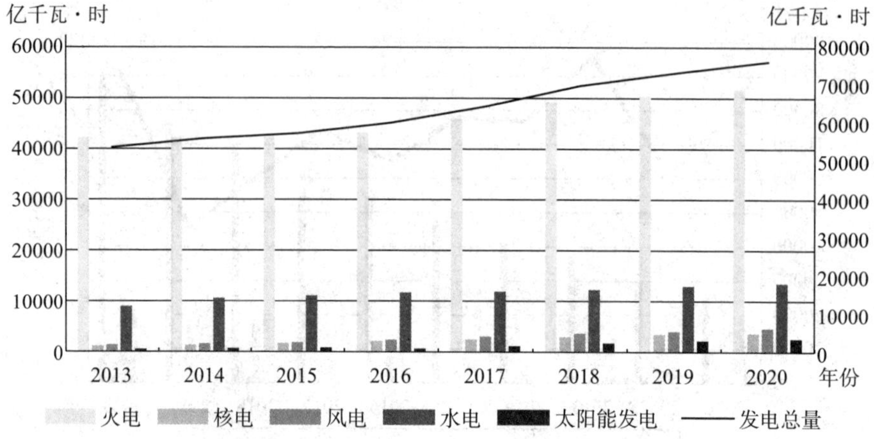

图 8-3　2013—2020 年各口径能源发电量走势

资料来源：中电联。

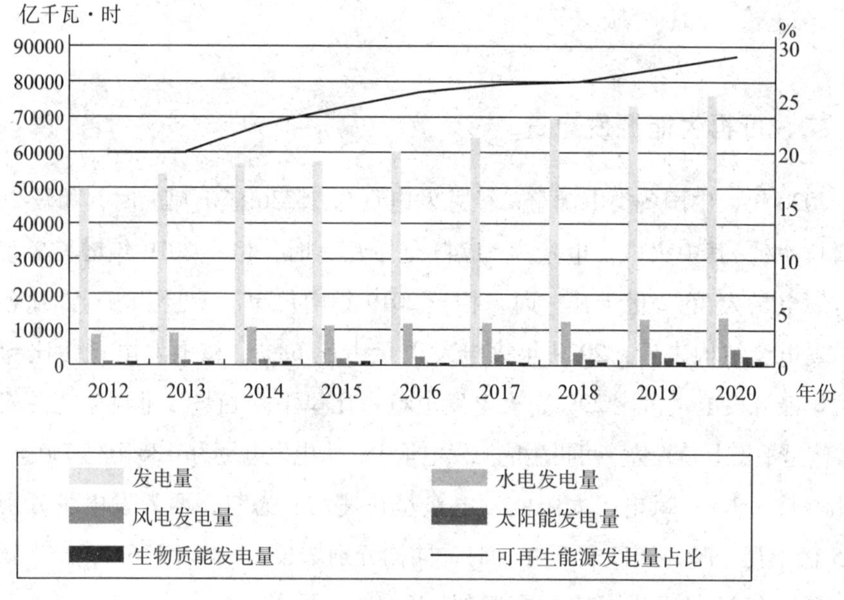

图 8-4　2012—2020 年可再生能源发电量走势

资料来源：中电联。

第四节　可再生能源发展面临的挑战

2020年是中国能源和气候政策的一个主要分水岭，第十三个五年规划结束，国家主席习近平在联合国大会上发表重要宣言，中国将在2060年前实现“碳中和”。随后，能源和气候领域的政策相继迅速出台，越来越清楚地表明，中国将优先考虑低碳发展。中国目前在可再生能源、电力市场改革、碳排放等方面已做出了一定的成绩。2020年风电安装量达到了创纪录的水平，平价上网的政策推动了风电、太阳能光伏电的持续增加。中国电力市场改革进展虽然缓慢但也在持续推进。电力交易向中长期双边合同过渡，更多的较为成熟的技术手段可以参与服务市场。在电力领域的现货市场改革中，试点省份已经进入现货交易期，并宣布了更多的现货市场试点省份。同时，虽然可再生能源发展势头良好，但仍然面临诸多挑战。

一、电力短缺问题仍然突出

2020年底，湖南省长沙市发展改革委发布《关于启动2020年全省迎峰度冬有序用电的紧急通知》，要求自12月8日起，全省启动分时段限电措施。“计划停电”并不是个例，浙江、内蒙古等地也相继发布电力紧缺的政策措施通知，如浙江要求所有加工厂全部停止生产，且政府机关要求气温在3℃以上不得开空调。限电的背后，其实是多地区电力负荷失衡的表现。电力需求上升，一方面是由于多地区冬季气温“断崖式”下跌，另一方面是由于由能源密集型产业主导的中国经济复苏，工业生产使电力消费继续迅速增长。2021年，包括浙江和广东在内的几个省份预计夏季用电高峰值会上升，可能导致新的电力短缺，而可再生能源、能源储存、传输和需求响应还不足以满足这种需求峰值，因此，煤电仍有其存在的必要性与合理性，这对于面临“双控”“减煤”以及环保目标的政府来说是一个重大挑战。

二、煤电厂复工，碳排放量继续上升

面对电力的严重短缺，一些煤电厂恢复生产，如神华罗源湾电厂新建工程迎来复工，对于煤电产业具有标志性意义。2020 年，省级新煤炭厂的批准数量呈上涨趋势，据 BHI 统计，截至 2020 年底已有 24 个省份将 279 个火电项目列入年度重点项目计划。在以保障电力需求为先的条件下，火电未来的发展之路是清洁高效利用和低碳化，部分省份在发展煤电厂的同时，也限制了可再生能源的开发利用，主要是由于可再生能源消纳空间不足。中国电力监管委员会和国家电网预计将在未来几年继续增加数百万千瓦的新燃煤电厂，以满足不断增长的电力需求。同时，火电厂的平均利用小时数稳步下降至 4216 小时，远低于 50%。

随着新建煤炭厂数量的上涨和煤电厂的复工，一方面需要推动清洁化高效化利用生产，另一方面也意味着碳排放量将不可避免地上涨。尽管中国实现了 GDP 碳强度的目标，但实际的碳排放量却连续三年上升。根据相关数据，2020 年排放量增长了 1.5%，而 2019 年为 1.9%。能源消耗，特别是煤炭消费是这一增长形成的主要原因。既然中国承诺到 2030 年达到碳排放峰值，并确保各省和国有企业有序达到峰值，那么，碳排放的一系列问题必然是能源革命关注的重点。

三、生态环境保护压力仍然较大

2020 年底，中央第六生态环境保护督察组（以下简称“督察组”）以探讨式督察为基本方式，对国家能源局开展了生态环境保护督察，并向国家能源管理局（NEA）通报了官方检查结果。通报明确指出，国家能源局对于生态环境保护的认识不够，忽视了环境保护。同时，国家能源局对可再生能源发展的政策支持不足，特别是能源法草案和相关措施在实施中存在相互不够协调、执行不到位等问题。通报中还指出，国家能源局未能限制在受空气污染防治的重点地区新建燃煤电厂。大气污染防治重点区域中 12 省煤电装机仍在增加，能源产业更密集地布局于大气污染防治重点区域。2020 年，10 个省份关闭了约 9.6 吉瓦的煤炭产能，但与此同时，国家能源局也批准安装 48 吉瓦的新煤炭产能，导致“该建的没建、不该建的建了”。

四、电力市场改革步伐需要加快

尽管电力市场改革正在稳步推进，许多地区的可再生能源电力已接近或处于电网平价水平，但市场改革尚未解决阻碍低碳转型的几个主要问题。首先，目前市场主要包括中长期的省内合同，而不是现货交易或区域交易。各省开展电力交易的意愿较低，主要是由于各省的电力供给以自给自足为主，产能水平并不能充分支持开展交易，同时也存在省级保护主义的问题。其次，面对电力需求旺盛和电力短缺的问题，部分省份正在寻求产能市场，这可能导致煤炭发电市场的加速发展。最后，中国的电力系统缺乏吸收可再生能源的灵活性，奖励灵活性的机制也很少。

五、可再生能源发展的政策激励机制仍存在空缺

中国在可再生能源发展方面尤其是风能、太阳能发展上遥遥领先于世界水平，以创纪录的速度推动风电及太阳能发电的发展。以“市场+政府调控”的方式推动风电、太阳能发电价格接近电网平价，但中国的可再生能源仍然缺乏稳定、长期的监管环境。中国碳排放交易市场的建立有助于借助市场的手段实现“3060”目标，但目前由于中国的碳市场仅限于碳现货交易，且碳排放配额的分配是以发电企业碳排放强度为基准的，排放配额的设置相对宽松，碳市场机制不健全，可能导致某些新建的燃煤电厂在经济上更具有吸引力，从而导致碳排放的市场交易在鼓励投资转向可再生能源方面作用显得十分有限。

综上所述，可以看出这些挑战所代表的发展目标之间既相辅相成，又相互矛盾。化石能源发展的趋势必然是清洁化、高效化，可再生能源的发展也是势不可当，这与当前的总体发展目标息息相关。在市场设计与政府宏观调控方面，要紧密结合中长期目标设定，发挥市场的资源配置功能，放开部分行业限制，但这也就表示需要更强大的政府管理监督，以市场的力量带动产业技术的进步，倒逼落后产能的淘汰，促进产业的升级转型。

第九章　可再生能源发展现状

第一节　可再生能源的资源概况

可再生能源是指从持续不断地补充的自然过程中得到的能量来源。可再生能源主要包括太阳能、水能、风能、生物质能、海洋能、地热能等。近年来，我国大力发展可再生能源，风能、太阳能发展规模均居世界首位。可再生能源发展的前提是我国丰富的资源量。

一、水力资源丰富，主要集中于我国西南地区，仍有巨大开发空间

水电是我国主要的能源资源，开发水电不仅可以节约化石类资源，还可以有效降低污染物排放，具有较高的生态效益。我国水力资源可开发量居世界首位，根据最新统计成果，我国水力资源可开发量为 6.87 亿千瓦，年发电量约 3 万亿千瓦·时。按照发电量计算，我国目前水电开发程度为 37%，到 2050 年我国剩余水能资源技术可开发量仍有 3.6 亿千瓦，年发电量 1.9 亿千瓦·时，分别占可开发总量的 55%和 63%，水电仍有巨大发展空间。

二、风能资源丰富，“三北”地区以及台湾海峡风能资源最为丰富

根据《2019 年中国可再生能源发展报告》，中国陆上 70 米高度年平均风功率密度不小于 150 瓦/平方米的风能资源开发量为 71.8 亿千瓦，80 米、100 米高度年平均风功率密度不小于 150 瓦/平方米的风能资源开发量分别为 102.8 亿千瓦和 109.9 亿千瓦。《2020 年中国风能太阳能资源年景公报》显示，2020 年为风能资源正常略偏小年度。2020 年全国陆地 70 米高度层年均

风速为5.4米/秒，年平均风功率密度约为184.5瓦/平方米，100米高度层年均风速约为5.7米/秒，年平均风功率密度约为221.2瓦/平方米。相较于2019年，青海、山东、浙江、江苏、甘肃、上海、宁夏、河南、新疆、河北、安徽、湖北、陕西、北京风能资源偏小，福建、吉林、黑龙江、云南、广西偏大，其他地区接近常年。水深在5~25米、25~50米的近海主要海区风电资源可开发量分别约为1.9亿千瓦和3.2亿千瓦，主要集中在东南沿海区域及其附近岛屿。

三、太阳能资源较为丰富，地域分布差异较大，整体呈现“西高东低”的阶梯式分布特点

根据《2020年中国风能太阳能资源年景公报》，2020年全国陆地表面平均年水平面总辐照量为1490.8瓦·小时/平方米，年最佳斜面总辐照量约为1743.7千瓦小时/平方米，较2019年分别偏高1.38%和1.47%，为正常年份。从省份分布来看，辽宁、黑龙江偏大，除河北、内蒙古、天津、西藏、北京、新疆、云南、山西、四川、福建、吉林、陕西、广东外，其他地区偏小。

第二节　可再生能源的发展现状

一、可再生能源发电装机规模保持稳定增长

水电产业链的不断完善，助推水电行业的发展，有助于提升我国资源利用效率及经济社会的综合效益。从全球能源发展趋势来看，各国纷纷开展水电业务。水电产业链上游为发电设备、绝缘材料等，中游为发电行业，下游为销售部门、消费者用电等。2020年，我国发电机组（发电设备）产量为14168.2万千瓦，累计增长30.3%（见图9-1）。水电装机容量呈平稳增长态势，但水电装机容量比重有所下降。2016—2019年装机增速有所回落，2020年，全国全口径水电装机容量达37016万千瓦，同比增长3.4%，占全部装机容量的16.82%（见图9-2）。分省份看，截至2020年底，全国十大水电装机省份分别是：四川7892万千瓦、云南7556万千瓦、湖北3757万千瓦、贵州

2281万千瓦、广西1756万千瓦、湖南1581万千瓦、广东1576万千瓦、福建1331万千瓦、青海1193万千瓦、浙江1171万千瓦。

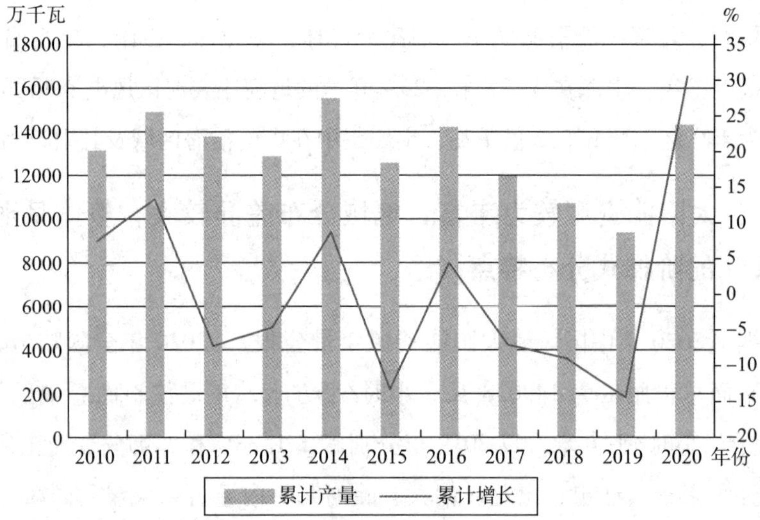

图9-1 2010—2020年我国发电机组产量走势

资料来源：中商产业研究院数据库。

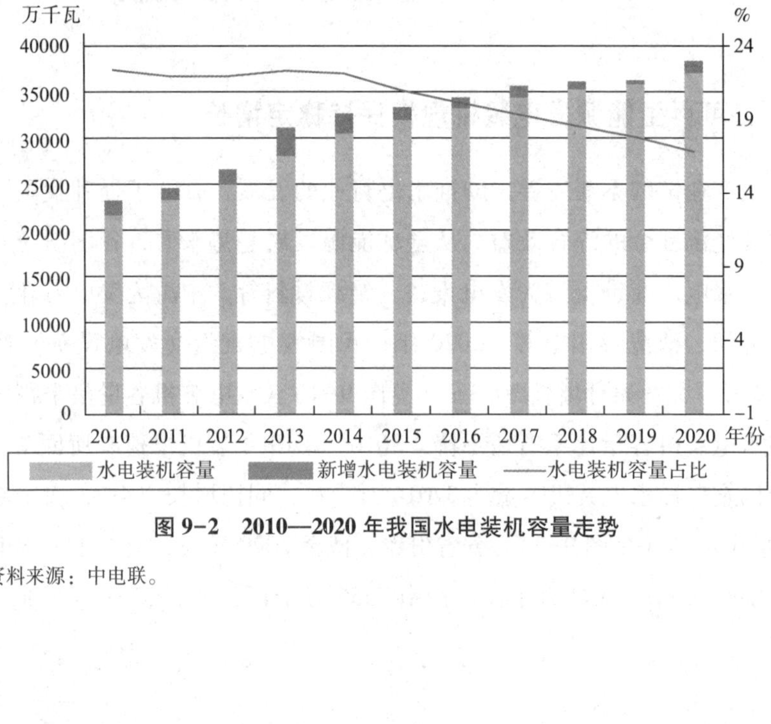

图9-2 2010—2020年我国水电装机容量走势

资料来源：中电联。

近年来，在国家重视并大力支持风电行业的背景下，风电产业快速发展，风电产业链上游为叶片，中游为风电整机、塔架，下游为风电运营。我国风电装机容量呈现出加速增长的态势，2020年全国风电装机容量为28153万千瓦，同比增长24.1%，占全球比例为38.46%，新增装机容量7167万千瓦，同比增长81.8%。2020年风电装机容量占总装机容量的12.79%，相较于2019年有所增长（见图9-3）。截至2020年底，全国十大风电装机省份分别是：内蒙古3786万千瓦、新疆2361万千瓦、河北2274万千瓦、山西1974万千瓦、山东1795万千瓦、江苏1547万千瓦、河南1518万千瓦、宁夏1377万千瓦、甘肃1373万千瓦、辽宁981万千瓦。

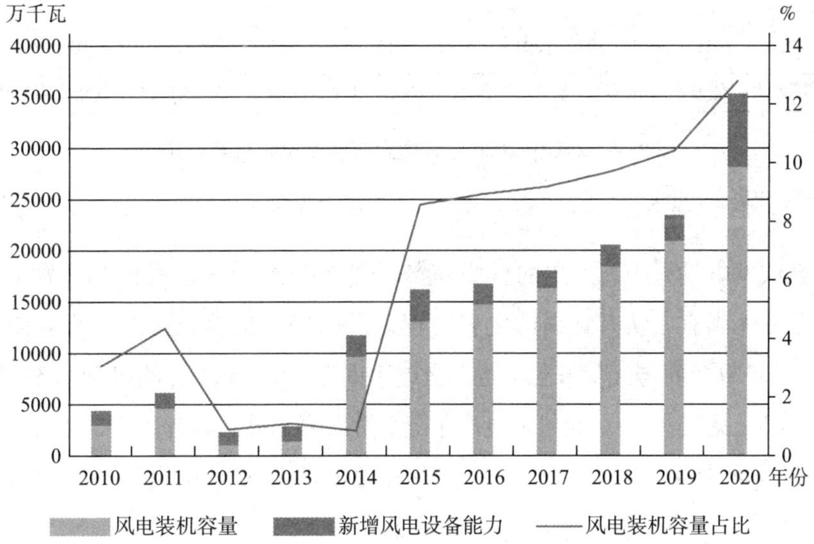

图9-3　2010—2020年我国风电装机容量走势

资料来源：中电联。

太阳能发电现已成为我国重要的可再生能源发电方式，根据公布的相关数据，2020年全国太阳能发电装机容量为25343万千瓦，同比增长24.1%，新增发电装机容量4820万千瓦，同比增长81.7%。2020年太阳能发电装机容量占总装机容量的11.51%，相较于2019年有所增长（见图9-4）。截至2020年底，全国十大太阳能发电装机省份分别是：山东2272万千瓦、河北2190万千瓦、江苏 1684 万千瓦、青海 1601 万千瓦、浙江 1517 万千瓦、安徽 1370 万千瓦、山西 1309 万千瓦、新疆 1266 万千瓦、内蒙古 1237 万千瓦、宁夏 1197 万千瓦。

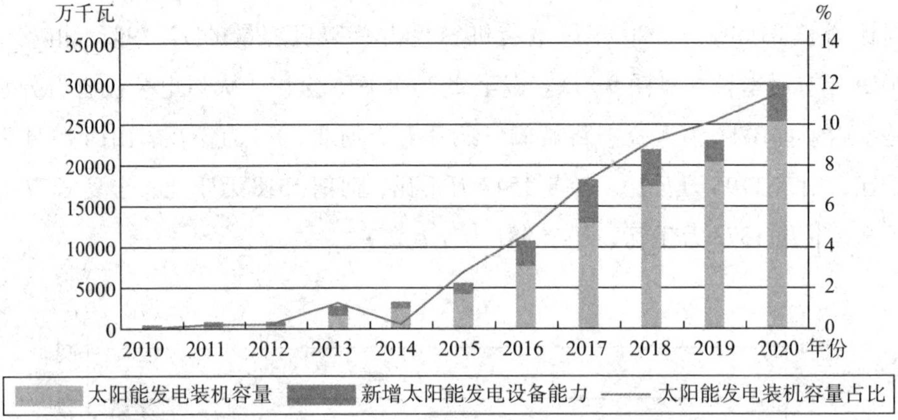

图 9-4　2010—2020 年我国太阳能发电装机容量走势

资料来源：中电联。

光伏发电是太阳能发电的重要分支，自 2005 年以来，我国光伏发电行业经历了从无到有、从有到强的发展历程，现已成为世界光伏发电行业的“领头羊”。2020 年我国光伏发电容量占全球比重为 35.88%，较 2019 年（35.23%）有所上涨（见图 9-5）。光伏发电产业链上游以多晶硅、硅片为主，硅片行业全球前 10 家企业中，我国占据 8 家，中游为电池片和光伏组件，下游即光伏应用。

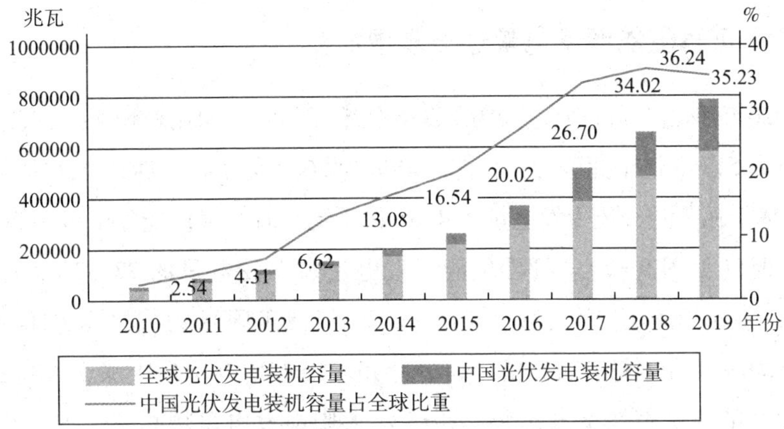

图 9-5　2010—2019 年全球、中国光伏发电装机容量及中国光伏发电装机容量占全球比重走势

资料来源：IRENA。

2010—2020 年我国光伏发电装机容量走势见图 9-6。

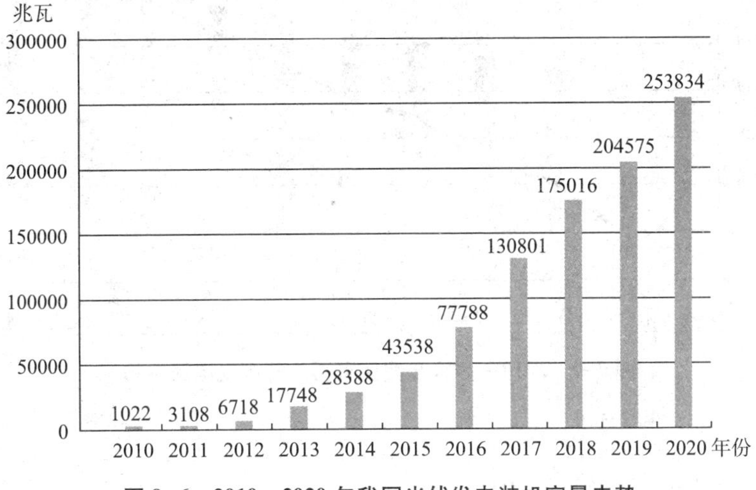

图 9-6　2010—2020 年我国光伏发电装机容量走势

资料来源：IRENA。

二、可再生能源发电量进一步增加

2020年我国全口径发电量为76236亿千瓦·时，同比增长4%。其中火力发电量为51743亿千瓦·时，核能发电量为3662亿千瓦·时，水力发电量为13552亿千瓦·时，风力发电量为4665亿千瓦·时，太阳能发电量为2611亿千瓦·时（见图9-7）。可再生能源发电量占总发电量的27.32%，相较于2019年的26.36%有所上涨。2010—2020年，我国水力发电量整体平稳，2015—2019年发电量有所回落，2020年相较于2019年有所上涨。风电量、太阳能发电量均呈直线上升态势。2015年太阳能发电呈爆炸式上升，相较于2014年增幅近50%。

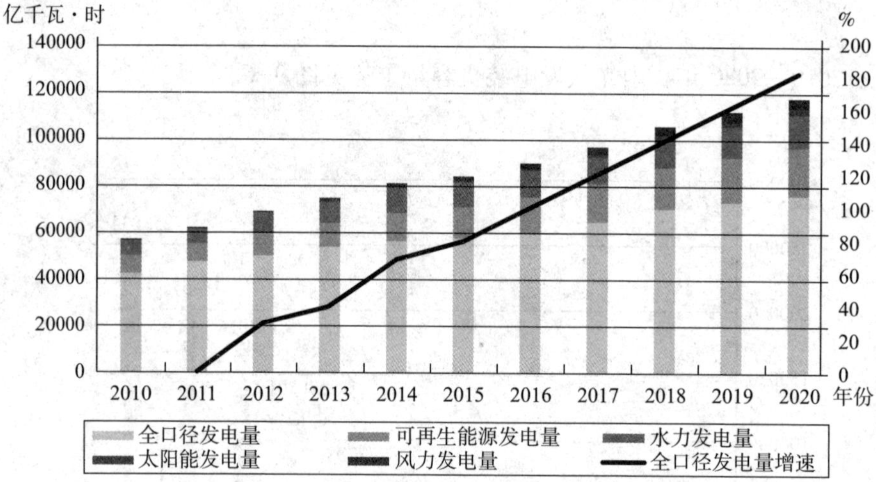

图9-7　2010—2020年我国可再生能源发电量趋势

资料来源：中电联。

三、可再生能源利用率水平稳定提升

（一）水电消纳情况

2020年我国主要流域弃水电量约301亿千瓦·时，较2019年同期减少46亿千瓦·时，水能利用率约96.61%，较2019年同期提高0.73个百分点。从全国区域分布来看，弃水问题主要发生在四川，主要集中在大渡河干流。四川主要流域弃水电量约202亿千瓦·时，较2019年同期减少77亿千瓦·时，大渡河干流弃水电量约占全省弃水电量的53%。青海弃水较2019年有所增加，弃水电量约40亿千瓦·时，比2019年同期增加18.5亿千瓦·时，其他省份弃水电量维持较低水平。从平均利用小时数看，水电设备利用小时数有所提升，水力发电设备利用小时数为3827小时，比2019年增加130小时。

（二）风电消纳情况

风电消纳情况保持良好，2020年，弃风率与弃风电量实现双降（见图9-8）。2020年风电新增消纳能力3665万千瓦，弃风电量约166亿千瓦·时，平均利用率97%，较上年同期提高1个百分点。平均弃风率为3%，较2019年同比下降1个百分点，尤其是新疆、甘肃、内蒙古，弃风率同比显著下降，新疆弃风率为10.3%、甘肃弃风率为6.4%、内蒙古弃风率为7%，同比分别下降3.7个、1.3个、1.9个百分点。2020年风力发电设备利用小时数为2017小时，较2019年同比下降10小时。

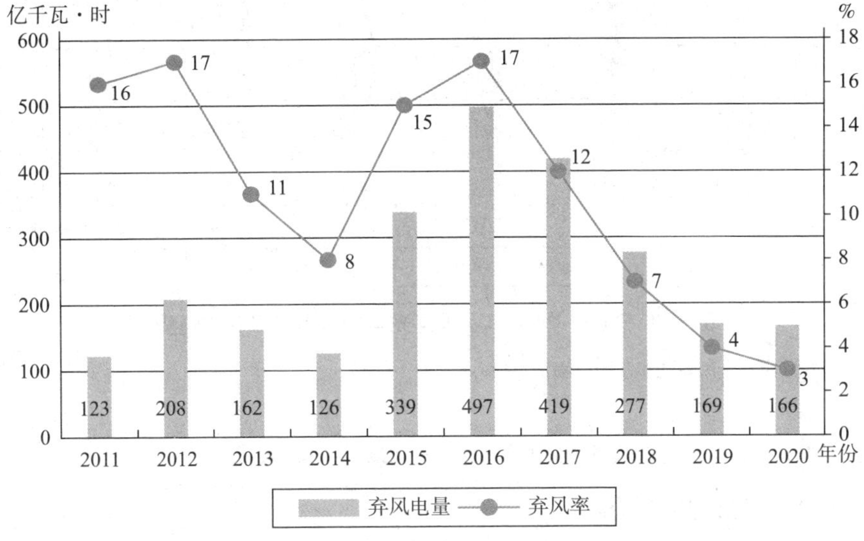

图9-8　2011—2020年我国弃风电量和弃风率变化趋势

资料来源：全国新能源消纳监测预警中心。

（三）光伏发电消纳情况

2020 年光伏发电新增消纳能力为 4845 万千瓦，全国弃光电量为 53 亿千瓦·时，平均利用率为 98%，与 2019 年平均利用率持平。2020 年全国平均弃光率为 2%，与 2019 年同期基本持平（见图 9-9）。光伏消纳问题较为突出的西北地区弃光率降至 4.8%，同比降低 1.1 个百分点，尤其是新疆、甘肃弃光率进一步下降，分别为 4.6%和 2.2%，同比分别降低 2.8 个和 2.0 个百分点。2020 年太阳能发电设备利用小时数 1281 小时，同比降低 10 小时，其中光伏平均利用小时数 1160 小时，平均利用小时数较高的地区分别为东北地区 1492 小时、西北地区 1264 小时、华北地区 1263 小时。

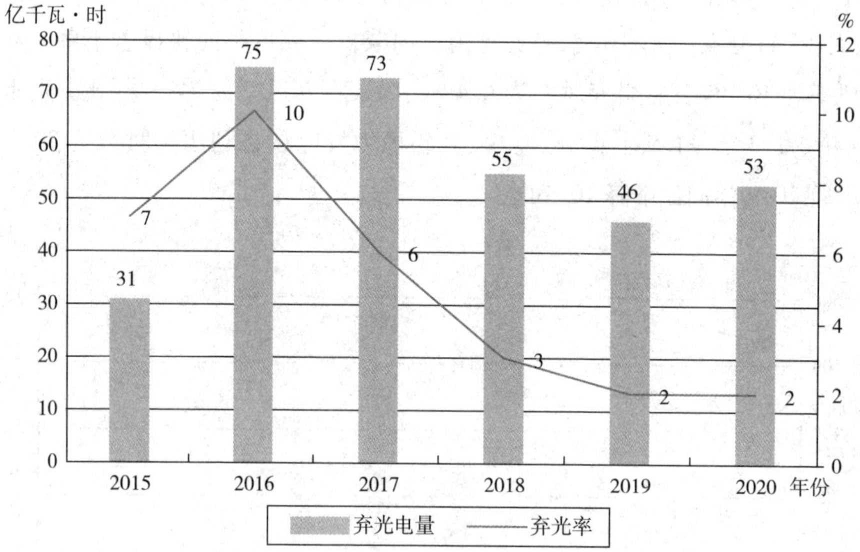

图 9-9　2015—2020 年我国弃光电量和弃光率变化趋势

资料来源：全国新能源消纳监测预警中心。

（四）风电、光伏发电的效率稳定提升改善的主要原因

1. 持续优化开发布局

坚持集中式和分布式并举，支持中东部地区分布式资源的开发。严格依照市场监测预警结果，合理控制限电较为严重地区的风电、光伏发电发展速

度，引导风电、光伏发电项目投资建设向电力消纳条件较好的地区转移。

2. 多渠道扩大可再生能源消纳空间

一方面，通过提前布局、调整火电运行方式、增强需求侧响应等措施扩大本地电力消纳空间。另一方面，加强跨省跨区域输电通道建设，提高送电能力。2020年，青海—河南、张北—雄安、昆柳龙直流等电力外送大通道的建成投运，陕西神木、新疆莎车—和田、阿勒泰—淮北等750千伏输变电工程的建成，进一步提升了新能源的电力优化配置能力。

3. 加大电力市场化交易力度，增强消纳能力

深化电力市场化改革，进一步提升风电、光伏发电市场化水平，扩大交易规模，完善省内、省际的交易制度。通过电力市场化交易不断降低输配电价负担。

四、工程勘测、技术装备、运行管理、智能化等水平均有较大提升

能源转型与技术进步之间密不可分，在技术进步的驱动下，能源系统正在从依赖化石燃料的系统过渡到基于转型显著减少二氧化碳的各种技术的系统。新的创新正在取代随着时间的推移而过时的现有创新。能源技术进步彼此之间的结合将产生经济发展新动能。2015年6月由国家电投集团建设的“水光互补”光伏项目竣工投产，装机总容量850兆瓦，占地面积20.40平方千米，成为世界上最大的光伏电站，一年可发电14.94亿千瓦·时。

2020年中国可再生能源行业在工程勘测、装备制造、施工技术等方面都取得了显著成绩和进步。如装机容量的进一步扩大，数字化、智能化水平的进一步提升，技术推动的原材料大尺寸化使得发电成本进一步下降等。2020年8月，世界首台百万千瓦水轮发电机组转子在白鹤滩成功吊装。水电机组作为电站核心，不单单是水电节能设备，更是凝聚了世界领先水电技术的“中国制造”“中国创造”。研发过程中取得大量世界级突破和进展，采用的100万千瓦立轴混流式水轮发电机组，突破了现有最大单机容量水平，采用了24~26千伏水轮发电机额定电压、800兆帕等级蜗壳钢板等创新技术和新材

料，与之配套的岩壁吊车梁规模和承载能力也成为“世界之最”。乌东德水电站探索建设的 iDam2.0 系统，借助大数据、物联网、云计算等技术，建立共享、协同、交互的智能大坝业务管理平台，可实时感知基础数据，并进行真实分析，最终实现智能温控、智能灌浆、智能喷雾等。太阳能光伏（PV）是世界上增长最快的可再生能源。预计这一增长在未来几十年将继续加速，光伏发电从 2019 年的 0.8 拍瓦时（PWh）扩大到 2050 年的 22 拍瓦时。晶体硅光伏模块技术——包括先进的硅掺杂和电池技术、电池互联、更大格式的电池和面板，以及双面模块正在迅速发展。2020 年，中国的多晶硅原材料产能占全球市场份额的 71.9%，总产 39.2 万吨，光伏电池产能达到 134.8 吉瓦，全球光伏产业前 20 强中，中国企业占据其中 15 个席位（见表 9-1）。在过去的几年里，通过升级现有的线路和建立新的制造能力，许多供应链已经过渡到更高效的钝化发射极和背面电池技术（PERC）。光伏业太阳能电池向 PERC 的过渡使得生物电池模块化技术快速提升，通过从电池面板两侧收集能量来增加发电，提升电池效率。生物模块在许多市场越来越流行，部分原因是能源产量的适度增长。许多制造商使用双玻璃结构，不仅具有美观、透光的优点，还提升了电池板的可靠性。一些制造商则采用透明聚合物的电池板背面，而非玻璃结构，这一材料不仅不增加模块重量，还使组件能双面集聚能量，提高效率。伴随着可再生能源大尺寸化的发展，2020 年光伏行业商家持续增加组件尺寸，逐步推出 600 瓦、700 瓦甚至更高瓦数的组件，组件的竞争水平基本保持在 600 瓦以上，组件产能达到了 124.6 吉瓦。

表 9-1　2020 年全球光伏企业 20 强排名

2020 年排名	2019 年排名	公司名称	所属国家	2020 年营业收入/百万美元	2019 年营业收入/百万美元
1	5	隆基绿能科技股份有限公司	中国	4716	3197
2	1	协鑫（集团）控股有限公司	中国	4494	4913
3	4	晶科能源有限公司	中国	4270	3640
4	3	天合光能股份有限公司	中国	3351	3644

续表

2020 年排名	2019 年排名	公司名称	所属国家	2020 年营业收入/百万美元	2019 年营业收入/百万美元
5	2	阿斯特阳光电力有限公司	中国	3200	3740
6	7	First Solar，Inc.	美国	3100	2244
7	8	Hanwha Q Cells Co.	韩国	3074	2120
8	6	晶澳太阳能科技股份有限公司	中国	3032	2846
9	14	通威股份有限公司	中国	2552	1483
10	9	天津中环半导体股份有限公司	中国	2213	1807
11	15	东方日升新能源股份有限公司	中国	2065	1443
12	10	SunPower Corp.	美国	1864	1726
13	13	浙江正泰新能源开发有限公司	中国	1709	1509
14	16	阳光电源股份有限公司	中国	1699	1403
15	—	Tesla，Inc.	美国	1530	—
16	11	信息产业电子第十一设计研究院科技工程股份有限公司	中国	1229	1556
17	—	尚德新能源投资控股有限公司	中国	1136	—
18	—	中电科电子装备集团有限公司	中国	1123	—
19	12	特变电工股份有限公司	中国	1087	1525
20	18	SMA Solar Technology AG	德国	1025	847

资料来源：365 光伏，前瞻产业研究院。

第十章　可再生能源市场化发展

第一节　可再生能源市场的基本形势

2020年，全社会用电量75110亿千瓦·时，同比增长3.1%，根据《2020—2021年度全国电力供需形势分析预测报告》，预计2021年我国全年全社会用电量将增长6%~7%。2020年全国全口径发电量76236亿千瓦·时，同比增长4%，2020年我国电力市场整体供需平衡（见图10-1）。

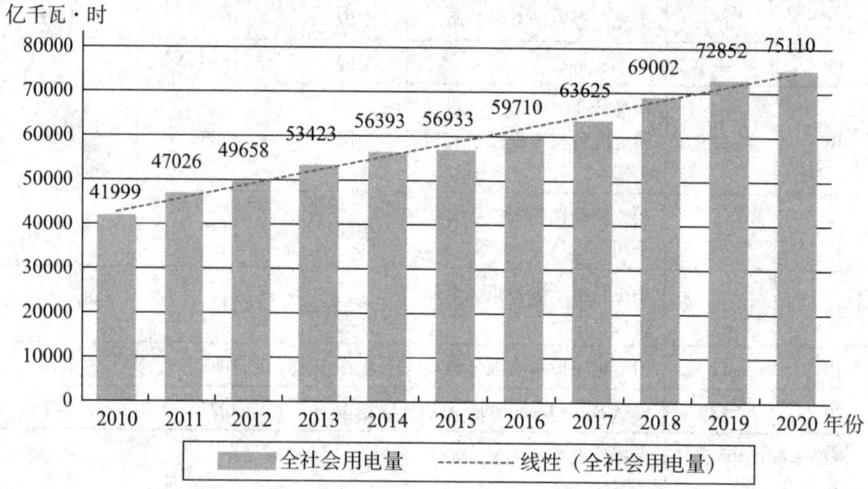

图10-1　2010—2020年全社会用电量趋势

资料来源：中电联。

从电力供应端来看，可再生能源发电量占比进一步提高，电力投资额呈上升趋势，电力交易市场化程度进一步加深。电力投资同比增长9.6%，其中风电、太阳能发电、水电的电源投资较上年分别增长70.6%、66.4%、19%。2020

年，全国各电力交易中心累计组织完成市场交易电量31663亿千瓦·时，同比增长11.7%。其中，全国电力市场中长期电力直接交易电量合计24760亿千瓦·时，同比增长13.7%，占全社会用电量比重为32.9%，同比提高2.8个百分点。

电力市场对于实现脱碳目标至关重要，提升可再生能源发电份额是实现脱碳的重要途径之一。2020年受新冠肺炎疫情的影响，全球发展被摁下暂停键，电力需求也受到严重影响。随着疫情影响的减弱，世界各地的电力需求正在反弹，甚至超出了疫情前的水平，特别是在新兴经济体和发展中经济体。

在2020年下降了约1%后，全球电力需求在2021年将增长近5%，在2022年将增长4%。电力需求的增长意味着传统发电及相关排放的增加，这些增长将主要发生在亚太地区。2022年全球经济增长的一半以上将发生在世界上最大的电力消费国中国，第三大消费国印度将占全球经济增长的9%。2020年全球可再生能源发电相较于2019年扩大了7%。根据IEA相关研究报告，2021年可再生能源发电预计将增长8%，2022年增长将超过6%。尽管可再生能源发电能力迅猛增长，但仍不能满足日益增长的绿色电力需求。在能源革命背景下，中国电力市场发展必然离不开市场化的改革，需要借助市场的力量加快完成碳零排放的目标。

第二节　可再生能源市场化发展演进
——以光伏发电行业为例

随着化石能源的使用所带来的环境问题日益凸显，无论是全球能源转型还是中国能源革命，都要大力调整能源结构，推动能源结构向清洁化、低碳化方向发展。在能源革命的不断推进下，我国可再生能源发展迅速。近十年来，可再生能源装机容量及发电量都呈上涨态势，尤其是风电、光伏发电的发展，不仅优化了我国能源结构，也提升了我国在全球能源市场的地位。

可再生能源的市场化发展，一方面是以可再生能源政策性补贴的逐步退坡为重要标志，实现平价上网甚至是低价上网；另一方面是探索可再生能源绿色电力证书制度、可再生能源配额制等其他市场化发展机制。2021 年 6 月，国家发展改革委公布了《关于 2021 年新能源上网电价政策有关事项的通知》，要求 2021 年起，新备案的集中式和工商业分布式光伏项目上网电价执行当地燃煤发电基准价，与绿色电力证书制度相互补充，体现其生态价值。

可再生能源发电的市场化改革是降低成本的重要途径，通过充分发挥市场的资源配置作用，以市场的作用结合政府调控提升可再生能源利用效率，倒逼行业技术进步。风电、光伏发电作为电力市场供给端的重要组成部分，其市场化程度的进一步加深是可再生能源发展的必然趋势，也是能源革命的必然要求，市场化交易将成为风电、光伏发电消纳的重要方式之一。

一、可再生能源政策补贴逐步退坡

可再生能源的起步发展主要依赖于我国的政策补贴，可再生能源政策补贴的重要组成部分是发电上网价格超过当地脱硫燃煤机组标杆上网电价的差额部分，补贴资金主要来源于可再生能源基金。国家政策补贴的支持使得风电、光伏发电产业快速发展，推动了可再生能源产业的发展，间接促进社会福利的增长。但与此同时，也使得补贴额大幅提升，造成可再生能源发电产业依赖性过强、自主生产能力不足以及可再生能源补贴缺口进一步扩大的问题。从整体补贴政策的演进过程来看，光伏电价及补贴金额均呈下降趋势，为加快可再生能源的主体地位建设，必将进一步降低可再生能源的政策性补贴，强化市场化交易。

（一）光伏发电行业的补贴政策演进过程

光伏发电行业的补贴政策演进过程也是光伏发电行业的市场化发展过程。光伏发电行业的补贴政策演进大致可分为四个阶段：20 世纪 70 年代至 2008 年为起步阶段；2009—2013 年为高速扩张阶段；2013—2018 年为进一步市场化发展阶段；2019 年至今为高质量发展阶段。

1. 起步阶段（20 世纪 70 年代至 2008 年）

我国光伏发电的研究最早可追溯至 20 世纪 70 年代，应用领域主要在航天卫星方面。1983 年，在甘肃省兰州市榆中县的园子岔乡建造了我国第一个民用光伏电站。由于光伏发电成本较高且相关技术并不成熟等，我国光伏发电产业并没有规模化发展，一直处于萌芽阶段。

2002—2006 年，中国采用初始投资补贴方式，先后实施了“西藏无电县建设”“中国光明工程”“西藏阿里光电计划”“送电到乡工程”以及“无电地区电力建设”等国家主导的示范项目计划。“中国光明工程”是我国政府为响应世界太阳能高峰会议提出的在全球无电地区推行“光明工程”倡议而制定的。“中国光明工程”通过开发利用风能、太阳能等新能源，以新的发电方式为远离电网地区解决无电问题，是一个兼有扶贫性质的可再生能源建设项目。国家主导示范性项目采用的均是初始投资补贴方式，也没有标杆电价。

2007—2008 年，国家发展改革委先后批准了 4 个光伏电站项目，批复的标杆电价为 4 元/千瓦·时，标志着我国进入核准电价时代。核准电价是依据光伏发电项目的建设成本与生产周期，在保证项目建设者合理盈利的前提下制定的统一上网电价。虽然核准电价制并不符合市场资源配置要求，但对于推动我国光伏发电产业的发展起到了至关重要的作用。2002—2008 年中国光伏发电行业补贴政策梳理见表 10-1。

表 10-1　2002—2008 年中国光伏发电行业补贴政策梳理

时间段	补贴方式
2002—2006 年	国家主导示范项目，以初始投资补贴为主，无标杆电价，未市场化 “中国光明工程”“西藏无电县建设”“西藏阿里光电计划”“送电到乡工程”等示范项目逐步实施
2007—2008 年	核准电价：4 元/千瓦·时 2007 年，宁夏银川开展 330 千瓦光伏实验电站项目；2008 年 7 月，国家发展改革委将上海崇明岛前卫村 1 兆瓦、内蒙古鄂尔多斯 205 千瓦聚光光伏电站上网电价核定为 4 元/千瓦·时

资料来源：笔者整理。

2. 高速扩张阶段（2009—2013 年）

2009 年，为探索光伏发电的合理上网电价，我国启动了光电建筑应用示范项目、金太阳示范工程，实施了光伏电站项目特许权招标，上网电价低者中标，以此推动国内光伏发电市场的发展，同时促进光伏发电技术进步和产业规模化发展，光伏发电行业也由此进入了高速扩张阶段。

2009 年，我国首个特许权项目——甘肃敦煌 10 兆瓦并网光伏项目启动招标，最终该项目由中广核拿下，执行 1.09 元/千瓦·时电价。2010 年，为进一步推动光伏发电产业健康发展，国家能源局启动了第二批光伏电站特许权项目招标工作，总规模 280 兆瓦，共包含 13 个项目，中标价格区间为 0.7288~0.9907 元/千瓦·时（见表 10-2）。

表 10-2　2010 年第二批光伏电站特许权招标项目结果

项目名称	规模/兆瓦	中标企业	中标电价/元/千瓦·时
新疆和田光伏电站	20	中电投新疆	0.9907
宁夏青铜峡光伏电站	30	华能新能源	0.9791
新疆吐鲁番光伏电站	20	中电投新疆	0.9317
内蒙古阿拉善光伏电站	20	内蒙古国电能源	0.8847
陕西榆林靖边光伏电站	20	国华能源投资	0.8687
内蒙古巴彦淖尔光伏电站	20	内蒙古国电能源	0.8444
青海河南光伏电站	20	黄河水电	0.8286
甘肃白银光伏电站	20	中电国际新能源	0.8265
甘肃武威光伏电站	20	中电国际新能源	0.8099
内蒙古包头光伏电站	20	包头鲁能白云鄂博风电	0.7978
甘肃金昌光伏电站	20	华能新能源	0.7803
新疆哈密光伏电站	20	中电投新疆	0.7388
青海共和光伏电站	30	黄河水电	0.7288

资料来源：http：//www.163.com/dy/article/GDLDI6I105509P99.html.

2011 年，为顺应光伏发电市场的发展需要，推进大型光伏电站建设，促进光伏发电产业的规模化发展，国家发展改革委下发《关于完善太阳能光伏发电上网电价政策的通知》，首次出台“上网标杆电价政策”。2011 年 7 月 1 日以前核准建设、2011 年 12 月 31 日建成投产的光伏发电项目，上网电价统一核定为 1.15 元/千瓦·时，之后核准的项目为 1 元/千瓦·时。对享受中央财政资金补贴的太阳能光伏发电项目，在 20 年补贴期限内执行全国统一的固定标杆上网电价，上网电价高于当地脱硫燃煤机组标杆上网电价的部分，仍按规定给予补贴。

2011 年 11 月起，我国光伏产品遭遇美国及欧洲的“双反”调查，出口量迅速下降。我国光伏产品在国外市场发展受阻，为此我国将光伏发电行业的发展重心转向国内，充分发挥国内市场需求的作用。2012 年底，国家能源局印发了《太阳能发电发展“十二五”规划》及其他配套措施，从产业结构调整、产业发展秩序、应用市场、支持政策、市场机制多方面稳定扶植光伏产业发展。2013 年 8 月《关于发挥价格杠杆作用促进光伏产业健康发展的通知》正式下发，实行三类资源区光伏上网电价及分布式光伏度电补贴，由此正式开始我国光伏发电市场的“黄金时代”。2009—2013 年中国光伏发电行业补贴政策梳理见表 10-3。

表 10-3　2009—2013 年中国光伏发电行业补贴政策梳理

<table>
<tr><th>时间段</th><th colspan="2">补贴方式</th></tr>
<tr><td rowspan="4">2009—2010 年</td><td colspan="2">特许权招标：甘肃敦煌 10 兆瓦并网光伏项目，执行 1.09 元/千瓦·时的电价</td></tr>
<tr><td>初始投资补贴</td><td>补贴标准</td></tr>
<tr><td>“光电建筑应用示范”</td><td>建材型、构件型项目不超过 20 元/瓦，与屋顶、墙面结合安装型项目不超过 15 元/瓦</td></tr>
<tr><td>“金太阳示范工程”</td><td>并网光伏发电项目：按系统及其配套总投资的 50%给予补助
偏远无电地区光伏项目：按总投资的 70%给予补助</td></tr>
<tr><td rowspan="4">2010—2011 年</td><td colspan="2">特许权招标：共 13 个项目、280 兆瓦，中标电价区间为 0.7288 ~ 0.9907 元/千瓦·时</td></tr>
<tr><td>初始投资补贴</td><td>补贴标准</td></tr>
<tr><td>“光电建筑应用示范”</td><td>建材型、构件型项目不超过 17 元/瓦，与屋顶、墙面结合安装型项目不超过 13 元/瓦</td></tr>
<tr><td>“金太阳示范工程”</td><td>设备补贴：用户侧并网光伏项目补贴投资的 50%，偏远无电地区光伏项目补贴总投资的 70%
其他费用补贴：用户侧光伏发电项目补贴 4 元/瓦，偏远无电地区独立光伏项目补贴 10 元/瓦</td></tr>
</table>

续表

时间段	补贴方式	
2011—2012 年	标杆电价：2011 年 7 月 1 日以前核准建设、2011 年 12 月 31 日建成投产的光伏发电项目，上网电价统一核定为 1.15 元/千瓦·时，之后核准的项目为 1 元/千瓦·时	
	初始投资补贴	补贴标准
	“光电建筑应用示范”	建材型、构件型项目不超过 9 元/瓦，与屋顶、墙面结合安装型项目不超过 7.5 元/瓦
	“金太阳示范工程”	采用晶硅组件的示范项目补贴 9 元/瓦；采用薄膜组件的示范项目补贴 8 元/瓦
2012—2013 年	标杆电价：1 元/千瓦·时	
	初始投资补贴	补贴标准
	“光电建筑应用示范”	延续项目执行建材型、构件型项目不超过 9 元/瓦，与屋顶、墙面结合安装型项目不超过 7.5 元/瓦
	“金太阳示范工程”	2012 年上半年第一批：用户侧光伏发电项目补贴 7 元/瓦，独立光伏项目补贴标准另行确定 2012 年下半年第二批：2013 年 6 月 30 日前完工补贴 5.5 元/瓦，偏远地区独立光伏工程补贴 25 元/瓦

资料来源：笔者整理。

3. 进一步市场化发展阶段（2013—2018 年）

自 2013 年 8 月国家发展改革委下发《关于发挥价格杠杆作用促进光伏产业健康发展的通知》后，光伏发电产业走上了进一步市场化发展的道路。2013—2018 年，我国三类地区上网电价整体呈下降趋势（见图 10-2）。2013 年该文件明确指出，实行资源区分类定价，意味着光伏发电产业定价更加贴合市场实际情况。2013 年发改价格〔2013〕1638 号文件提出，2013 年 9 月 1 日前备案项目为 1 元/千瓦，之后Ⅰ类、Ⅱ类、Ⅲ类资源区电价分别为 0.9 元/千瓦·时、0.95 元/千瓦·时、1 元/千瓦·时。根据发改价格〔2015〕3044 号文件，以“6·30”为时间点，Ⅰ类、Ⅱ类、Ⅲ类资源区标杆电价 2016 年 1 月 1 日至 6 月 30 日分别为 0.9 元/千瓦·时、0.95 元/千瓦·时、1 元/千瓦·时，2016 年 7 月 1 日至 12 月 31 日分别为 0.8 元/千瓦·时、0.88 元/千瓦·时、0.98 元/千瓦·时。根据发改价格〔2016〕2729 号文件，2017 年 1 月 1 日至

6 月 30 日三类资源区的备案项目标杆电价分别为 0.8 元/千瓦·时、0.88 元/千瓦·时、0.98 元/千瓦·时，2017 年 7 月 1 日至 12 月 31 日的上网电价分别为 0.65 元/千瓦·时、0.75 元/千瓦·时、0.85 元/千瓦·时。2017 年发改价格规〔2017〕2196 号文件提出，降低 2018 年 1 月 1 日之后投运的光伏电站标杆上网电价，Ⅰ类、Ⅱ类、Ⅲ类资源区标杆上网电价分别调整为 0.55 元/千瓦·时、0.65 元/千瓦·时、0.75 元/千瓦·时。

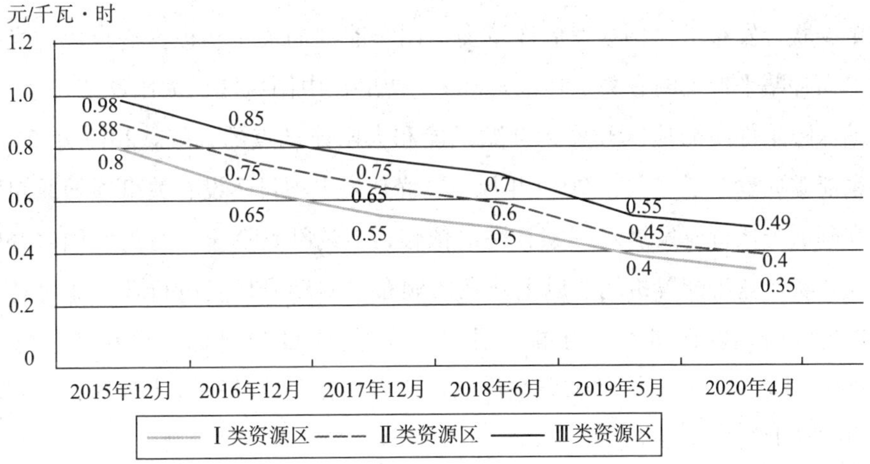

图 10-2 光伏发电上网标杆电价走势

2013—2017 年度电补贴一直维持在 0.42 元/千瓦·时，2018 年起度电补贴出现了首次下降，由 0.42 元/千瓦·时调整至 0.32 元/千瓦·时。2018 年 5 月，国家发展改革委、财政部、国家能源局联合下发了《关于 2018 年光伏发电有关事项的通知》。该文是对度电补贴的首次调整，明确提出加快光伏发电补贴退坡，降低补贴强度，完善光伏发电电价机制，加快光伏发电电价退坡。文件明确指出："自发文之日起，新投运的光伏电站标杆上网电价每千瓦·时统一降低 0.05 元，Ⅰ类、Ⅱ类、Ⅲ类资源区标杆上网电价分别调整为每千瓦·时0.5 元、0.6 元、0.7 元（含税）。"自发文之日起，新投运的、采用"自发自用、余电上网"模式的分布式光伏发电项目，全电量度电补贴标准降低 0.05 元，即补贴标准调整为每千瓦·时 0.32 元（含税）。采用"全额上网”模式的分布式光伏发电项目按所在资源区光伏电站价格执行。分布式光伏发电项目自用电量免收随电价征收的各类政府性基金及附加、系统备用容量费和其他相关并网服务费。符合国家政策的村级光伏扶贫电站（0.5 兆瓦及以下）标杆电价保持不变。

4. 高质量发展阶段（2019 年至今）

随着光伏产业技术的进步、国家宏观调控的推进，光伏行业市场化导向将更明确，补贴退坡信号将更加清晰。2019 年 1 月，国家能源局和国家发展改革委联合发布了《国家发展改革委 国家能源局关于积极推进风电、光伏发电无补贴平价上网有关工作的通知》，指出在中国风能、太阳能资源优越，消纳保障条件高的地区开展无补贴风能和太阳能试点的计划。2019 年 5 月，国家能源局发布了《关于 2019 年风电、光伏发电项目建设有关事项的通知》，旨在降低光伏行业发展对国家补贴的依赖，节约补贴资金，对需要国家补贴的项目实行竞争配置机制。以上政策的颁布以推动光伏发电行业健康可持续发展为导向，以促进可再生能源发电主体的建设为目标，旨在加快实现“3060”“双碳”目标，伴随着光伏电行业市场化程度的进一步加深，将有利于光伏产业高质量发展。

2019 年 4 月，《国家发展改革委关于完善光伏发电上网电价机制有关问题的通知》（发改价格〔2019〕761 号）提出，将集中式光伏电站标杆上网电价改为指导价，将纳入国家财政补贴范围的三类资源区新增集中式光伏电站指导价分别确定为 0.4 元/千瓦·时、0.45 元/千瓦·时、0.55 元/千瓦·时。至此，执行了 8 年的上网标杆电价成为历史。

随着产业技术进步、效率提升，近年来新建光伏发电、风电项目成本不断下降，当前已经具备平价上网条件，行业对平价上网也形成高度共识。自 2021 年起，对新备案集中式光伏电站、工商业分布式光伏项目和新核准陆上风电项目，中央财政不再补贴，实行平价上网。2021 年新建项目上网电价，按当地燃煤发电基准价执行，新建项目可自愿通过参与市场化交易形成上网电价。2013—2020 年中国光伏发电行业补贴政策梳理见表 10-4。

表 10-4　2013—2020 年中国光伏发电行业补贴政策梳理

单位：元/千瓦・时

发文时间	文号	标杆电价			度电补贴		备注
		Ⅰ类资源区	Ⅱ类资源区	Ⅲ类资源区	户用	工业	
2020 年 4 月	发改价格〔2020〕511 号	0.35	0.4	0.49	0.08	0.05	—
2019 年 5 月	发改价格〔2019〕761 号	0.4	0.45	0.55	0.18	0.1	上网电价改为指导价
2018 年 6 月	发改能源〔2018〕823 号	0.5	0.6	0.7		0.32	—
2017 年 12 月	发改价格规〔2017〕2196 号	0.55	0.65	0.75		0.37	—
2016 年 12 月	发改价格〔2016〕2729 号	0.65	0.75	0.85		0.42	—
2015 年 12 月	发改价格〔2015〕3044 号	0.8	0.88	0.98		0.42	—
2013 年 8 月	发改价格〔2013〕1638 号	0.9	0.95	1		0.42	根据资源分区制定上网标杆电价

资料来源：笔者整理。

光伏项目激励政策演变见图 10-3。

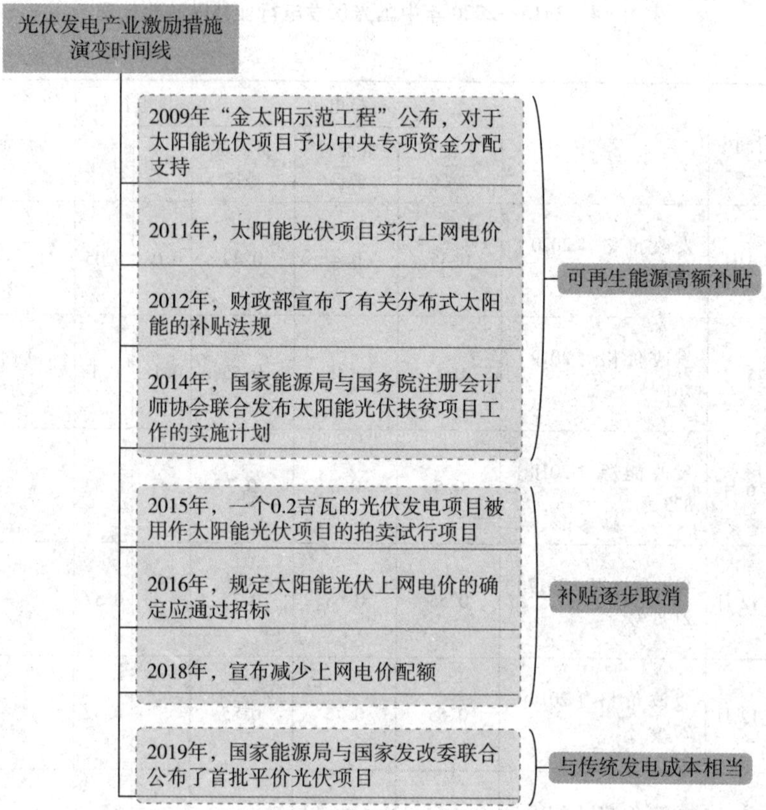

图 10-3　光伏项目激励政策演变

（二）可再生能源补贴的经济学分析

由于市场机制并不能随时有效地提供商品和劳务，会产生市场失灵现象，需要政府在其中进行调控，税收正是可以帮助实现政府职能的一种有效手段。税收的作用除了保障公共支出外，还能帮助政府控制外部性问题，部分解决市场失灵问题。外部性问题主要分为外部收益和外部成本，可以通过补贴的办法来鼓励有外部收益的商品生产，通过征税或罚款等限制产生外部成本的商品生产。

我国具有“多煤、少油、贫气”的资源禀赋，煤炭作为主要能源，虽然具有较大的成本优势，但产生的环境污染问题更为严重。围绕“能源革命”，大力发展可再生能源势在必行。可再生能源是天然环保的能源选择，所产生的环保效果属于外部收益。通过可再生能源补贴，可以有效降低可再生能源的生产成本，提升企业生产利润。可再生能源补贴来自税收，是一种政府的价格干预。

假设某可再生能源企业在生产商品 X 时会产生正的外部性，带来一定社会收益，所获得的经济福利如图 10-4 所示。图 10-4 中，D 表示可再生能源商品 X 的需求曲线，S_S代表生产 X 所需要的社会成本，S_P代表生产 X 所需要的私人成本。由于生产 X 具有外部性收益，所以 $S_S<S_P$。假设为完全竞争市场，X 的产量为 Q_1，此时生产 X 的私人成本等于其价格。由于存在社会收益，该产品的最优产量应为 Q_2，很明显，当前的资源配置并未达到最优化。通过对 X 进行政策补贴来保持市场机制的效益，以此反映生产给社会带来的外部收益。当对可再生能源企业予以补贴 t 时，X 的价格将由 P_1降至 P_2，P_2等于 P_1-t，企业的供给曲线就会变为 S_S，产量就会增加到 Q_2。这种政策补贴对经济福利产生了有利的影响，提升了市场效率，获得的福利收益为 ABC 面积，收益面积与该商品的供给弹性、需求弹性相关。

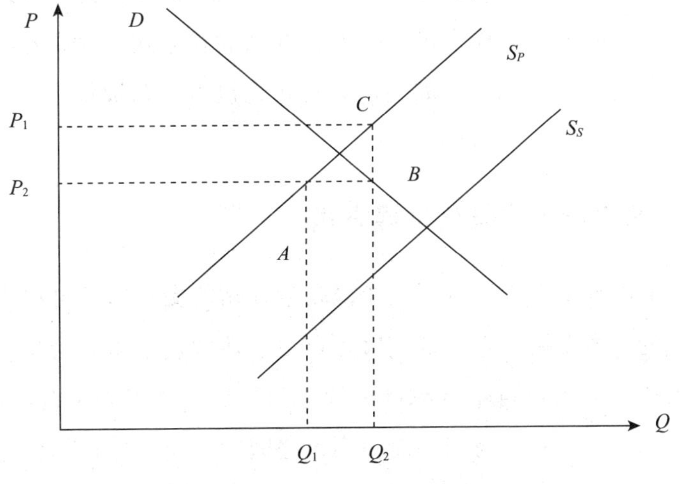

图 10-4　可再生能源补贴的经济学分析

以上分析表明可再生能源补贴对产业发展的推动作用，但产业发展的同时也产生了补贴缺口持续扩大的问题。可再生能源补贴资金来源于可再生能源发展基金，该发展基金源于2006年国家发展改革委印发的《可再生能源发电价格和费用分摊管理试行办法》（发改价格〔2006〕7号）。可再生能源补贴的重要内容是可再生能源上网电价高于当地脱硫燃煤机组标杆上网电价的差额。随着以风电、光伏发电为代表的可再生能源产业爆发式增长，可再生能源补贴量也急剧增长，国家财政压力越来越大。为补充可再生能源补贴资金，国家执行可再生能源电价附加的征缴。为满足可再生能源补贴需求，国家多次上调可再生能源电价附加征收标准，由2006年的0.1分/千瓦·时提高至2015年的1.9分/千瓦·时。尽管征收标准逐步提高，2019年可再生能源补贴缺口累计仍超过2600亿元。补贴的拖欠会造成部分企业现金流紧张，使得企业的抗风险能力下降，导致风险聚集，也导致部分企业评级下降，融资困难。

在“能源革命”持续推动的背景下，为了可再生能源产业的健康发展，实现“3060”目标，可再生能源补贴退坡已成定局。一方面，政府应探寻多种方式解决补贴缺口问题，如通过发债等金融工具补充补贴资金，加大市场化改革力度，完善可再生能源发电现货、期货交易制度。另一方面，政府应积极适应能源结构变化，探索可再生能源补贴的新方式，提高补贴的边际效用，增强企业发展内生动力。如当前分布式光伏占主要地位，在补贴方面也应有所倾斜等。

二、可再生能源市场化发展方式

可再生能源技术进步、可再生能源政策补贴的支持以及可再生能源市场化交易方式的大力发展，直接效应就是可再生能源发电量直线型上升。发电量的上涨虽然显示出可再生能源产业的蓬勃景象，却带来了两方面的问题：一方面，市场大规模开发与消纳能力不足之间的冲突，导致部分地区主要是“三北”地区的弃风、弃光现象严重。另一方面，除了弃风、弃光问题之外，可再生能源政策性补贴的资金缺口逐渐扩大。可再生能源配额制和可再生能源绿色证书交易是与我国可再生能源发电补贴制度相辅相成的重要市场化补充形式。实行可再生能源配额制和绿色证书市场交易是未来市场化消纳的有效手段。

（一）可再生能源配额制

可再生能源配额制（Renewable Portfolio Standard，RPS）是指政府通过法律、法规形式对可再生能源电力的市场份额做出强制性规定，未完成配额义务的责任主体需要缴纳相应的罚款，以达到提高可再生能源利用比例之目的，在市场机制和政府监管的共同作用下可以有效调节我国电源结构。2005 年《可再生能源法》首次提出了可再生能源配额，即“国家将可再生能源的开发利用列为能源发展的优先领域，通过制定可再生能源开发利用总量目标和采取相应措施，推动可再生能源市场的建立和发展”。2017 年 11 月，国家发展改革委和国家能源局联合印发《解决弃水弃风弃光问题实施方案》，提出将实行配额制作为一项解决“三弃”问题的重要制度性措施。承担主体完成可再生能源发电量的生产消费后可获得绿色证书。未完成责任目标发电量的主体需从市场上购买绿色证书。2020 年《关于印发各省级行政区 2020 年可再生能源电力消纳责任权重的通知》正式提出各省 2020 年可再生能源电力消纳责任权重。可再生能源配额制以市场为基础，相较于政策性补贴可以较为充分地发挥市场资源配置的基础作用，发电企业基于市场以相对最低的成本来寻求高效完成配额目标的途径。政府则负责以各种形式监督执行，对未完成配额要求的电力企业进行处罚。

2020 年全国可再生能源电力实际消纳量为 21613 亿千瓦·时，占全社会用电量的 28.8%，同比提高 1.3 个百分点。非水可再生能源电力消纳量为 8562 亿千瓦·时，占全社会用电量的 11.4%，同比提高 1.2 个百分点。根据《国家发展改革委　国家能源局关于印发各省级行政区域 2020 年可再生能源电力消纳责任权重的通知》（发改能源〔2020〕767 号），经核算，2020 年除西藏（免除考核）及港澳台外，全国 30 个省（区、市）都完成了总量消纳责任权重及非水电消纳责任权重（见表 10-5、表 10-6）。

表 10-5 2020 年各省份可再生能源电力消纳总量责任权重完成情况

省（区、市）	实际消纳量/亿千瓦·时	实际完成情况/%	同比增加百分点	下达的最低总量消纳责任权重/%	实际完成情况超出下达目标百分点
陕西	434	24.9	2.5	17	7.9
四川	2344	81.8	0.7	80	1.8
云南	1634	80.6	−2.3	80	0.6
贵州	646	40.7	5.1	30	10.7
广西	878	43.3	0.2	39.5	3.8
甘肃	722	52.5	−1.4	44.5	8
青海	629	84.7	2.9	63.5	21.2
宁夏	277	26.7	1	22	4.7
新疆	652	20.54	−0.1	20	0.5
内蒙古	821	21.1	2.8	18	3.1
重庆	610	51.4	5.9	40	11.4
山西	440	18.8	0.4	17	1.8
河南	731	21.6	1.1	17.5	4.1
安徽	427	17.6	1.9	15	2.6
湖北	927	43.2	10.7	32.5	10.7
江西	410	25.2	−0.3	22	3.2
湖南	909	47.1	2.7	40	7.1
河北	559	14.2	0.5	13	1.2
北京	187	16.4	3.7	15.5	0.9
天津	141	16.1	3.5	14.5	1.6
山东	860	12.4	0.8	11.5	0.9
江苏	1072	16.8	1.8	14	2.8
上海	561	35.6	1.1	32.5	3.1
浙江	946	19.6	−0.4	17.5	2.1
福建	473	19	−5	19	0
广东	2294	33.1	−1.3	28.5	4.6
海南	59	16.2	1.7	13.5	2.7
黑龙江	238	23.4	1.4	22	1.4
吉林	244	30.3	5.3	24	6.3

续表

省（区、市）	实际消纳量/亿千瓦·时	实际完成情况/%	同比增加百分点	下达的最低总量消纳责任权重/%	实际完成情况超出下达目标百分点
辽宁	418	17.2	1.8	15	2.2
全国	21613	28.8	1.3	—	—

资料来源：《2020年度全国可再生能源电力发展监测评价报告》。

表10-6　2020年各省份非水可再生能源电力消纳总量责任权重完成情况

省（区、市）	实际消纳量/亿千瓦·时	实际完成情况/%	同比增加百分点	下达的最低总量消纳责任权重/%	实际完成情况超出下达目标百分点
陕西	236	13.6	1.9	12	1.6
四川	174	6.1	0.5	6	0.1
云南	307	15.1	-1.2	15	0.1
贵州	116	7.3	2.1	6	1.3
广西	180	8.9	2.4	7	1.9
甘肃	245	17.8	0.9	16.5	1.3
青海	188	25.4	5.7	25	0.4
宁夏	222	21.4	0.1	20	1.4
新疆	345	10.9	0.4	10.5	0.4
内蒙古	760	19.5	2.8	16.5	3
重庆	49	4.2	0.2	3.5	0.7
山西	393	16.8	0.6	16	0.8
河南	465	13.7	0.6	12.5	1.2
安徽	330	13.6	1.3	12.5	1.1
湖北	194	9.1	1.3	8	1.1
江西	172	10.6	1.9	9	1.6
湖南	215	11.1	2.5	9	2.1
河北	530	13.5	0.5	12.5	1
北京	183	16.1	4.1	15	1.1
天津	132	15.1	3.1	14	1.1
山东	792	11.4	0.3	11	0.4
江苏	574	9	1.6	7.5	1.5
上海	76	4.8	0.6	4	0.8

续表

省（区、市）	实际消纳量/亿千瓦·时	实际完成情况/%	同比增加百分点	下达的最低总量消纳责任权重/%	实际完成情况超出下达目标百分点
浙江	362	7.5	0.8	7.5	0
福建	181	7.3	1.7	6	1.3
广东	375	5.4	1.2	4.5	0.9
海南	27	7.4	0.6	6.5	0.9
黑龙江	218	21.5	1.3	20	1.5
吉林	244	30.3	5.3	24	6.3
辽宁	331	13.6	1.1	12.5	1.1
全国	8562	11.4	1.2	—	—

资料来源：《2020年度全国可再生能源电力发展监测评价报告》。

相关数据显示，全国30个省（区、市）中，青海、四川、云南的可再生能源电力消纳占全社会用电量的比重超过80%，消纳能力占全社会用电量40%~80%的省份共6个，分别是甘肃、重庆、湖南、广西、湖北及贵州，消纳能力占全社会用电量20%~40%的省份共10个，分别是上海、广东、吉林、宁夏、江西、陕西、黑龙江、河南、内蒙古、新疆，消纳能力占全社会用电量10%~20%的省份共11个。非水电可再生能源电力消纳占全社会用电量的比重超过20%以上的省份共4个，分别是吉林、青海、黑龙江及宁夏，10%~20%的省份共15个，5%~10%的省份9个，5%以下的省份2个。

（二）绿色证书交易制度

绿色证书作为配额制的一个辅助工具，运用于核算配额消纳义务的完成情况，在提到配额制时通常默认包含绿色证书交易制度。绿色证书是指当生产或消纳一定量的可再生能源发电量时，政府予以颁发的凭证，作为核算认定的依据。绿证交易制度是对可再生能源发电量的环境价值赋予货币价值，对终端电价及终端售电量均具有一定影响力。绿色证书的认购主体包括各级政府、企事业单位、社会机构和个人，交易方式包括自愿交易和强制交易两种。绿色电力证书自2017年7月1日起正式开展认购工作，按照不高于证书对应电量的可再生能源电价附加资金补贴金额由买卖双方自行协商或者通过竞价确定认购价格。截至 2020 年 7 月，2200 名认购者共认购了 37916 个绿证。政府确定各承担主体配额目标后，就引发了可再生能源发电量供需的变化，不能完成政府配额目标时需要自行从市场购买绿证进行弥补，配额制是保证绿证交易运行的关键，配额制、绿色证书交易运行机制如图 10-5 所示。

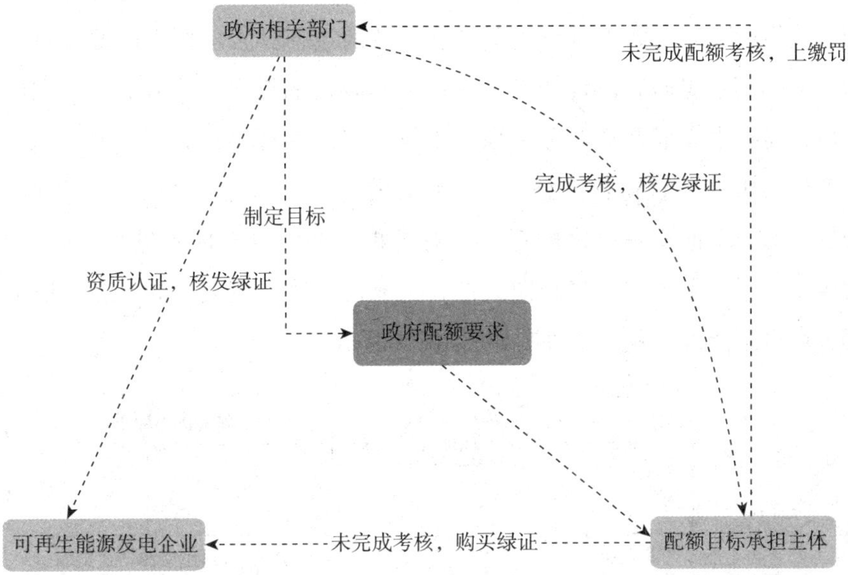

图 10-5 配额制、绿色证书交易运行机制

可再生能源配额制、绿色证书交易制度的经济效应主要体现为制度对资源配置优化、降低生产发电成本、推动技术进步及终端市场价格的影响。可再生能源配额制、绿色证书交易制度本质上是通过制度激励影响市场资源分配，充分发挥市场的调节作用。根据外部性理论，外部性的存在使社会生产不能直接达到帕累托最优，会有部分脱离最有效的生产状态。所以，需要政府采取相关政策措施使私人成本和私人利益与相应的社会成本和社会利益相等。可再生能源是具有正外部性的商品，为避免市场失灵，需要实现外部性内在化。绿色证书交易制度是一种对绿色能源外部性的量化，通过市场交易实现可再生能源正外部性，使可再生能源企业获得电价以外的收益。绿证交易使得可再生能源电力的环保价值得以体现，同时以利益作为驱动力，调动市场参与者的自发性与积极性。绿色证书交易市场与电力市场之间具有关联性，通过配额制、绿证交易一定程度会影响可再生能源电力供给，对电力市场的局部均衡产生影响。在绿证交易市场上，绿色证书的基准价格则是参照可再生能源发电的平均成本高出火力发电的平均成本的部分确定的。企业主体基于理性人假设，从利润最大化的角度出发，综合衡量可再生能源发电成本与传统煤电成本，做出符合当下经济效益的选择。若可再生能源发电的平均边际成本高于煤电，理性选择是选择成本较低的煤电。一方面，与配额制相呼应，需要未完成责任企业在绿证市场购买绿色证书；另一方面，其他企业生产可再生能源获得核准绿证，就可以在绿证市场进行交易，获得收入。从长期来看，绿证交易制度的存在会对可再生能源发电成本进行有效调节，可再生能源平均生产成本将趋向最低，企业也将获得更大利润。绿色证书交易调节可再生能源产业发展机制如图 10-6 所示。

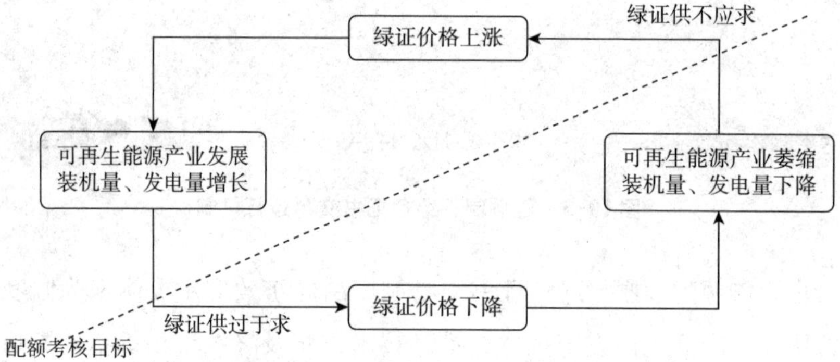

图 10-6　绿色证书交易调节可再生能源产业发展机制

（三）可再生能源配额制、绿色证书交易制度与能源革命的关系

首先，可再生能源配额制可以有效弥补政策性补贴的部分缺陷，形成可再生能源产业的自主创新发展。可再生能源配额制是基于科学合理的可再生能源发展目标，通过对各配额承担主体明确配额比例，将配额任务划分给相关责任主体。政府处罚机制及绿色电力证书交易机制则保障了可再生能源配额制的落实。其次，可再生能源发电企业的营收一方面来自发电的商品属性，

另一方面来自可再生能源发电的绿色属性，即出售绿色证书带来的收益。超额完成责任目标不仅一定程度解决了可再生能源发电消纳问题，还有效弥补了可再生能源的发电成本并产生额外收益。可再生能源发电成本与常规机组发电成本的差额通过绿色证书的交易实现了在整个发电侧市场主体中的合理分摊，提高了可再生能源发电企业的市场竞争力。最后，可再生能源配额制与绿色证书交易制度的配合实施，最大限度地反映了可再生能源发电成本即用电价格的变化，以市场的力量实现对可再生能源产业的有效补助，推动可再生能源逐步摆脱对政府补贴的依赖，提升电力企业的自我发展能力，提高电力企业应对市场考验的能力。

2017 年 1 月，国家发展改革委、财政部、国家能源局联合发布《国家发展改革委　财政部　国家能源局关于试行可再生能源绿色电力证书核发及自愿认购交易制度的通知》，标志着绿色电力证书制度正式在我国试行。2017 年 7 月 1 日，我国正式首批核发 230135 个可再生能源绿色电力证书。绿色电力证书作为配额制的配套制度一方面保障了可再生能源的消纳，另一方面也通过市场化交易发现价格，促进可再生能源技术进步，并在一定程度上弥补了可再生能源补贴的资金缺口。

首先，绿色证书交易是以配额制为基础的，对可再生能源技术的发展具有较强的正向推动作用，有利于可再生能源发电技术的创新，以此奠定能源转型的基础，同时也有利于可再生能源发电技术的多元化。其次，绿色证书相当于一种产权的界定，能为市场提供一定的流动性，有助于提升市场效率，有利于发挥市场配置资源的作用。最后，绿色证书交易制度通过政策性引导，提高了可再生能源电力的需求，以有效需求来带动可再生能源产业的发展，并鼓励配额主体公平承担消纳可再生能源电力的责任，对于超额完成消纳责任的主体，也可以利用市场的力量实现跨区域的利益补偿，不再局限于区域内的政策补偿。

综合而言，可再生能源配额制与绿色证书交易制度对中国的能源革命具有促进作用，有助于克服中国能源革命在技术等方面的壁垒。一方面，规定配额主体的强制性消纳责任目标，有利于实现可再生能源与化石能源的替代，从而实现清洁、低碳目标。另一方面，通过绿色证书的明确性产权界定，实现其价格发现功能，推动可再生能源市场的竞争，刺激可再生能源企业提高技术水平，进一步实现规模化生产，降低生产成本，从而实现低成本的能源转型。与此相配合，可以设定绿色证书乘数规则，以支持重点可再生能源产业发展。如美国特拉华州规定 1000 千瓦 · 时的光伏或燃料电池电量可获得 3 个绿证，英国规定 1000 千瓦 · 时的沼气、陆上风电和海上风电分别获得 0. 5 个、1 个和 1. 5 个证书，韩国规定海岸距离 5000 米之内和之外的 1000 千瓦 · 时海上风电分别获得 1. 5 个和 2 个证书。

可再生能源配额制与绿色证书交易制度对于能源技术、市场效率、产业发展是一种有效支撑，但在政府发展目标设定、政府监管、市场交易模式等方面还需要改进设计。可再生能源配额制、绿色证书交易制度的引入可以有效降低可再生能源发电成本，使得可再生能源发电的社会总成本实现最小化。就长期发展而言，当政府逐步提升可再生能源在能源供应中的比例时，将相当于强制性提高各承担主体的配额。假设可再生能源电价不变，则绿色证书价格将逐步提高。由此可见，政府的可再生能源发展目标设定非常重要，若目标设定不合理，绿色证书价格不稳定，就不能形成较好的调节效应，难以鼓励可再生能源产业的发展。我国绿色证书交易是自愿性交易，要想较好地发挥其代表的市场的作用，需要较为成熟的市场机制与之配套。目前，我国绿色证书交易仅支持电子平台集中交易模式，较为单一。定价方式为自由协商定价，虽然这种定价方式有利于提高绿色证书市场的流动性，但需要更为严格的价格监管和信息披露监管，加速绿色证书市场机制的形成。

三、可再生能源发电成本进一步下降

（一）全球可再生能源发电成本概况

2020 年虽然受新型冠状病毒肺炎疫情的严重影响，但可再生能源发电量仍然持续增长，太阳能、风能的成本下降趋势仍在继续。相较于 2019 年，全球范围陆上风电 2020 年新增产能的 LCOE 下降了 13%，海上风力发电下降了 9%，太阳能发电下降了 7%。2010—2020 年，在技术进步、规模化经济、供应链竞争日益激烈和开发商经验日益增长的助推下，可再生能源发电成本急速下降。可再生能源的竞争力以及模块化水平、快速可扩展性和创造就业机会的潜力正在稳步提升。过去 10 年按技术划分的总装机成本、容量因数及平准化发电成本变化情况如表 10-7 所示。

表 10-7　2010 年、2020 年按技术划分的总装机成本、容量因数及平准化发电成本变化情况

	总装机成本（美元/千瓦）			容量因数			LCOE（美元/千瓦·时）		
	2010 年	2020 年	变化率/%	2010 年	2020 年	变化率/%	2010 年	2020 年	变化率/%
生物质能发电	2619	2543	-3	72	70	-2	0.076	0.076	0
地热能发电	2620	4468	71	87	83	-5	0.049	0.071	45
水电	1269	1870	47	44	46	4	0.038	0.044	18
太阳能发电	4731	883	-81	14	16	17	0.381	0.057	-85
陆上风电	1971	1355	-31	27	36	31	0.089	0.039	-56
海上风电	4706	3185	-32	38	40	6	0.162	0.084	-48

资料来源：*Renewable Power Generation Costs in* 2020。

2020 年，全球陆上风电加权平均 LCOE 同比下降了 13%，从 0.045 美元/千瓦·时下降至 0.039 美元/千瓦·时，略高于 2019 年的下降比率。下降的主要原因是中国 2020 年的陆上风电新增容量占全球新增装机容量的 2/3，而中国的安装成本低于全球平均水平，由此带动了全球陆上风电成本下降。2020 年，光伏发电 LCOE 同比下降了 7%，从 0.061 美元/千瓦·时降至 0.057 美元/千瓦·时。2020 年，光伏发电的全球加权平均总装机成本也有所下降，仅为 883 美元/千瓦。与陆上风电情况类似，中国是新增容量最大的地区，2020 年新增光伏发电容量占全球份额的 45%。

光伏发电与风电的成本下降如此显著，将会对可再生能源发电产业中长期的技术竞争力产生巨大影响，同时还会对能源革命中同类型技术产生影响。相较于风电成本，光伏发电成本更为低廉。2020 年，光伏发电累计装机容量每增加一倍所带来的每单位成本降低的百分比为 34%，累计装机容量每增加一倍所带来的 LCOE 降低的百分比为 39%，风电累计装机容量每增加一倍所带来的 LCOE 降低的百分比为 32%。

自 2010 年以来，全球范围内累计增加了 644 吉瓦的可再生能源发电容量，新的光伏发电、风电项目正在不断削弱燃煤发电厂中价格较低、污染较重的发电厂的竞争力。根据 IRENA 的相关分析，现有的传统火电发电量为 800 吉瓦的产能运营成本高于新的光伏发电和陆上风电。可再生能源发电对传统发电量的替代将减少运营成本 320 亿美元/年，每年减少的二氧化碳排放量约 30 亿吨。

（二）中国可再生能源发电经济性评估——以光伏发电为例

1. 光伏发电度电成本呈下降趋势

平准化度电成本（LCOE）是国际通用的评价度电成本的指标，可用于评价某种技术方式发电的单位发电量成本，并可用于各种发电技术之间发电成本的比较。常见的算法是根据《光伏发电系统效能规范》中的计算公式得出结果，具体计算公式如下：

$$LCOE = I_0 - \sum_{n=1}^{N} \frac{I_t}{(1+i)^n} - \frac{V_R}{(1+i)^N} + \sum_{n=1}^{N} \frac{M_n}{(1+i)^n} \Big/ \sum_{n=1}^{N} \frac{Y_n}{(1+i)^n} \tag{10-1}$$

其中，I_0为光伏电站初始静态投资额，I_t为项目增值税抵扣，i 为折现率，取 5%，n 为系统运行年数（$n=1, 2, \cdots, N$），N 为光伏发电系统评价周期，V_R为光伏系统残值，残值率取 5%，M_n为第 n 年运营成本，Y_n为年上网电量。

从式（10-1）中可以看出，LCOE 与电站初始投资、运维费用及发电量有关。相关数据显示，2020 年我国地面光伏系统的初始全投资成本为 3.99 元/瓦左右，相较 2019 年下降 12.3%。初始全投资主要由组件、逆变器、支架、电缆等关键设备以及土地费用、管理费用等构成。2020 年上半年，受疫情影响，市场需求受到直接冲击，整体光伏发电系统投资成本快速下降，下半年受上游原材料价格上涨的影响，整体投资成本上涨，经济性降低。2021 年，随着供给端的产能恢复，需求端的消费需求增强，光伏项目投资成本将回归合理区间。电站运维费用是通过预防性、周期性维护对电站进行管理，从而保障电站系统运行的安全、高效及稳定。2020 年分布式光伏电站运维费用为

0.054 元/瓦·年，集中式地面电站为 0.046 元/瓦·年，与 2019 年持平。

根据 LCOE 模型的测算，2020 年全投资模型下分布式光伏发电系统在 1800 小时、1500 小时、1200 小时、1000 小时等效利用小时数 LCOE 分别为 0.17 元/千瓦·时、0.2 元/千瓦·时、0.26 元/千瓦·时、0.31 元/千瓦·时。地面光伏电站在不同等效小时数下 LCOE 分别为 0.2 元/千瓦·时、0.24 元/千瓦·时、0.29 元/千瓦·时、0.35 元/千瓦·时。近三年分布式光伏发电系统及地面光伏发电系统不论是初始投资额还是 LCOE 均呈较为明显的下降趋势。不同等效小时数下近 3 年分布式光伏发电系统 LCOE 变化趋势如图 10-7 所示；不同等效小时数下近 3 年地面式光伏发电系统 LCOE 变化趋势如图 10-8 所示。

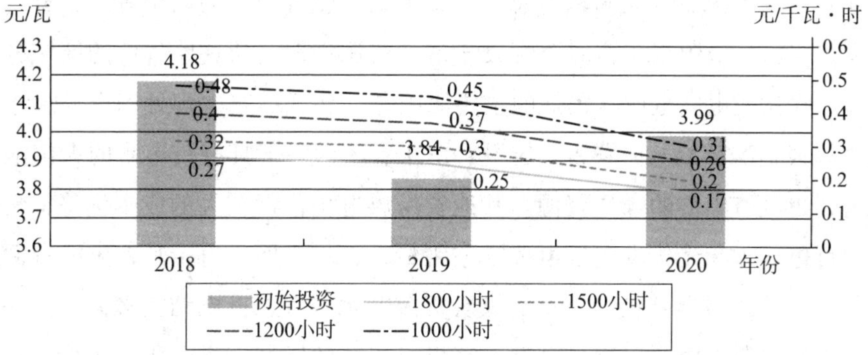

图 10-7　不同等效小时数下近 3 年分布式光伏发电系统 LCOE 变化趋势

资料来源：IRENA，*Renewable Power Generation Costs in* 2020。

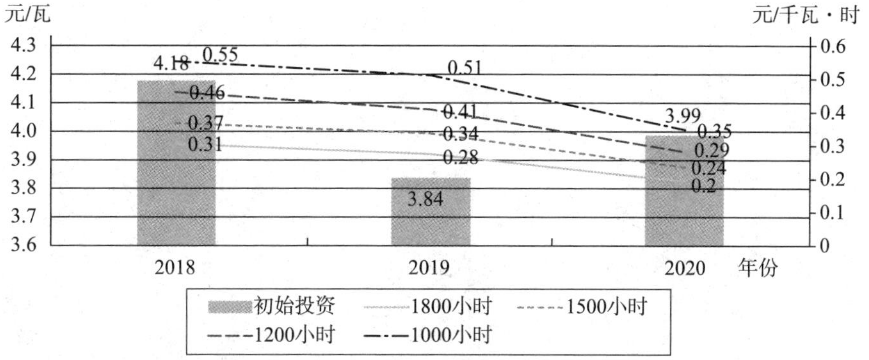

图 10-8　不同等效小时数下近 3 年地面式光伏发电系统 LCOE 变化趋势

资料来源：IRENA，*Renewable Power Generation Costs in* 2020。

2. 区域间光伏度电成本具有差异性，光伏发电成本溢价问题仍然存在

以数据可得性为原则，对 2020 年中国各省份光伏 LCOE 及煤电 LCOE 进行测算，2020 年煤电 LCOE 平均值为 269.4 元/兆瓦・时，光伏 LCOE 平均值为 313.83 元/兆瓦・时，略高于煤电。从区域来看，我国不同地区煤电度电成本及光伏度电成本具有较大差异性，光伏发电成本溢价问题仍然存在。光伏度电成本低于煤电度电成本的省份共 4 个，分别为广西、海南、青海、云南。其中，云南、青海属于太阳能资源最丰富区域，年太阳辐射总量≥6300 兆焦/平方米；广西、海南属于资源较丰富区域。光伏度电成本低于全国平均值的省份共 9 个，分别为广西、海南、内蒙古、宁夏、青海、山东、陕西、天津及云南。按照年太阳辐射总量，我国太阳能资源分为四个等级，分别为资源最丰富、资源很丰富、资源较丰富及资源一般。从这些省份的区域分布来看，光伏发电度电成本较低的主要原因是这些区域基本都处于资源最丰富或资源很丰富区域。内蒙古、宁夏、山东、陕西除了具有较丰富的太阳能资源外，也具有丰富的煤炭资源。其他省份煤电仍占据较大的成本优势，贵州煤电度电成本与光伏发电度电成本差距最大，一方面，由于其太阳能资源虽然较为一般，但具有较为丰富的煤炭资源及水资源，发电结构多元。另一方面，对于太阳能资源丰富且具有丰富煤炭资源的区域，煤电成本优势一直占主导，相信随着光伏产业链整体成本的不断下降、储能技术的不断创新以及产业政策引导，煤电与光伏发电的成本差距会逐步缩小。

第十一章　可再生能源国际合作

第一节　可再生能源国际合作基础

围绕“四个革命、一个合作”能源安全新战略。在“一带一路”倡议的引导下，中国持续开展了形式多样、种类丰富的可再生能源国际合作，较为充分地体现了中国在全球能源治理体系中的大国地位并且提升了中国在全球能源治理中的话语权和影响力，为全球能源治理提供了“中国智慧”。

开展能源国际合作是中国能源革命有效推进的必要保障条件。在当前的国际能源合作格局中，中国的能源革命必然与全球能源转型相结合。在全球能源转型升级的大背景下，未来国际能源合作的大趋势必然为可再生能源。在全球推动绿色低碳转型的大背景下，我国多项新能源技术处于世界先进水平，可再生能源开发利用规模快速增长，水电、风电、光伏发电累计装机容量均居世界首位。作为全球最大的可再生能源市场和设备制造国，中国将持续深化可再生能源领域的国际合作。

一、全球可再生能源装机容量呈增长态势

从全球可再生能源发电装机容量来看，根据 IRENA 数据，2020 年全球可再生能源总装机容量为 279909 万千瓦，中国可再生能源总装机容量为 89488 万千瓦，占全球比重为 31.97%，且自 2010 年以来占比逐步上升，成为全球可再生能源发展的中坚力量。我国水电业务遍及全球多个国家和地区，光伏产业为全球市场供应了超 70%的组件。

从全球区域分布看，可再生能源发电在非洲、亚洲、欧洲、中东、美洲地区均呈增长趋势（见表 11-1）。在各类可再生能源中，太阳能发电装机容

量呈爆炸式上涨，成为世界主要地区重点选择的可再生能源发电方式。其中，南美地区太阳能发电装机容量增速最高，为 9464. 34%；其次为亚洲地区，增速为 1412. 64%，然后为中东地区，增速为 1138. 39%。这意味着我国与全球各地区在可再生能源发展方面拥有广阔的合作空间。

表 11-1　全球可再生能源发电概况　　单位：兆瓦

地区	类别	2013 年	2014 年	2015 年	2016 年	2017 年	2018 年	2019 年	2020 年	增速（%）
非洲	总装机容量	30886	32902	35214	37856	43437	48661	51125	53685	9. 40
	水电	28820	28911	29436	31360	34616	35990	36660	37269	2. 27
	风电	1739	2398	3322	3829	4581	5469	5769	6491	83. 76
	太阳能发电	725	1730	2256	3399	5216	8072	9353	10581	514. 31
	生物质能发电	1253	1354	1451	1486	1564	1655	1708	1709	0. 15
亚洲	总装机容量	551893	628642	717235	809264	915117	1023688	1118705	1286313	43. 27
	水电	451289	479677	500148	516193	531082	543995	552138	566724	3. 97
	风电	99542	124336	161804	184185	205015	229262	257520	332088	161. 81
	太阳能发电	34591	56544	84901	136693	206420	274603	329207	407038	1412. 64
	生物质能发电	18518	21189	24564	29930	32777	36452	40563	41216	4. 76
欧洲	总装机容量	419914	440774	465057	488578	512890	537570	575167	609499	10. 66
	水电	211267	211993	214537	217997	219667	220689	221603	222448	0. 41
	风电	118263	130204	143033	155756	170624	181963	196311	207747	13. 47
	太阳能发电	84171	91092	99612	106175	112369	121653	142641	163466	67. 49
	生物质能发电	31377	33067	34468	35489	36885	39718	41064	42257	4. 72
中东	总装机容量	14088	15593	16895	17768	18821	20345	23033	24224	9. 82
	水电	13521	14685	16709	16931	17273	17419	17502	17813	2. 56
	风电	122	165	286	423	504	609	769	915	140. 80
	太阳能发电	613	904	1079	1586	2216	3489	5933	6968	1138. 39
	生物质能发电	72	80	101	108	108	108	108	108	0. 00

续表

地区	类别	2013 年	2014 年	2015 年	2016 年	2017 年	2018 年	2019 年	2020 年	增速（%）
北美洲	总装机容量	271985	285786	307701	331179	348558	368956	389611	421703	13.83
	水电	188850	190254	193974	195622	196268	196584	196584	196878	0.16
	风电	69897	76495	87058	97310	104199	112109	123575	139448	36.39
	太阳能发电	14337	19610	26132	37766	46702	58839	68432	84540	443.51
	生物质能发电	14312	15030	16109	16219	17194	17192	16835	16765	-0.57
南美洲	总装机容量	161211	170343	178798	193395	202674	213333	223614	233033	6.41
	水电	144950	149606	153672	163753	167551	172523	177766	178952	0.86
	风电	2864	6580	9943	12947	15727	19140	20698	24493	321.11
	太阳能发电	193	469	921	1609	3760	5718	8600	12768	9464.34
	生物质能发电	14178	14662	15236	16060	16587	16879	17484	17755	2.88

资料来源：IRENA，笔者整理。

二、全球外商直接投资集中于可再生能源行业

《全球投资趋势检测报告》显示，2020 年全球外商直接投资（FDI）总额约为 8590 亿美元，相较于 2019 年投资额下降了 42%。投资额的下降核心因素在于发达经济体 FDI 的缩水。相关数据显示，全球外商直接投资在行业分布上集中于可再生能源行业，总额达到 915 亿美元，是传统能源行业投资的 2 倍。

第二节　中国可再生能源国际合作

一、基于“一带一路”倡议深度参与全球能源治理

能源是人类开展各项生产生活活动的基础，更是全球经济系统运行的重要保障。在全球疫情流行及环境保护压力的背景下，能源的可持续管理对经济恢复及发展具有重要作用。当前，世界正处于百年未有之大变局，中国作

为新兴国家的代表，深度参与各类全球多边能源治理是必然要求。

（一）当前全球能源格局发生变化

全球能源格局在多种因素的交织下发生了较多变化，主要表现为全球能源市场结构、能源治理环境发生变化，疫情冲击暴露出的全球能源治理机制“碎片化”和“逆全球化”趋势。2020 年以来，全球能源市场供需结构失衡，尤其是化石能源方面。由于全球经济增速放缓、疫情冲击、传统油气大国之间的相互竞争，导致全球进入低油价时代。全球能源结构转变促使可再生能源具备了相当的竞争能力。从全球能源市场的长期发展来看，能源技术革命为全球能源转型提供了基础，环境保护为能源转型指明了方向。整体能源需求重心东移，新兴经济体能源需求量将占全球主导。在疫情冲击下，“逆全球化”的趋势加剧，全球能源治理机制呈现“碎片化”，在全球能源转型的变革期，能源治理的协调性有所缺失，加剧了能源利益国之间的博弈。

（二）中国深度参与全球能源治理

过去，中国在全球能源治理格局中的合作程度较低，主要是能源消费量与经济规模处于较低水平，如今我国综合实力的提升必然要求与之地位相匹配的世界性制度保障。中国综合国力的攀升与能源消费大国、生产大国地位的彰显，是打破传统的以发达国家为主导的能源消费格局和以中东产油国为主导的能源供应格局形成的全球能源治理体系的核心力量。一方面，百年未有之大变局下，一系列全球危机致使大国竞争日趋激烈。另一方面，这也成为我国能源可持续发展的重要窗口期，为重塑全球能源治理提供了机遇。全球能源治理的本质是提供公共产品，国际能源合作将成为全球能源治理的关键。当前，全球能源治理面临着全球化逆流的威胁、公共产品的匮乏以及大国之间的互信减弱。虽然面临诸多挑战，但仍应为全球能源治理重塑贡献中国智慧。在“一带一路”区域合作框架下，在坚持主权原则的基础上，将本国利益与世界利益有效结合，引领构建人类命运共同体，更加坚定地奉行多边主义，打破逆全球化风潮，积极发挥中国作为全球传统能源消费大国在全球能源格局中的重要作用。2019 年，“一带一路”能源合作伙伴关系正式成立，旨在以“共商、共建、共享”为原则，帮助各参与国解决能源发展面临的问题，保障能源安全，促进可持续发展。通过能源合作伙伴关系平台，推动政府间交流与合作意向沟通、技术与合作项目对接，推动能源项目务实合作。在低碳转型的背景下，在全球能源资源控制与贸易控制的基础上将更关注技术、资本的控制，加之全球新一轮以智能化、网络化、数字化为核心的产业革命，将推动全球价值链、产业链的变革。中国的“能源革命”必然有助于加速全球能源治理体系的改革进程。

二、基于“一带一路”倡议深化多能源合作，持续推进国际项目合作

高质量共建“一带一路”已成为沿线国家共识，能源合作则是推动“一带一路”建设高质量发展的重要抓手。通过“一带一路”合作框架，中国积极深化与周边国家的能源合作，持续推进国际项目合作。在“一带一路”倡议的引领下，中国的能源国际合作已经取得了丰硕成果，一批重大能源合作项目落地实施，能源合作多边、双边的机制也不断完善，能源政策和技术交流日益频繁，对“一带一路”沿线国家的经济和社会发展起到了积极作用。

“一带一路”沿线国家持续增长的电力需求成为拉动可再生能源项目投资扩大的核心因素。根据 IEA 最新可得数据，“一带一路”沿线 64 个国家总用电量远远低于全球平均水平，但从近 10 年数据来看，“一带一路”沿线国家的用电量复合年均增长率为 4%，高出全球平均水平。电力的高需求极大地带动了当地电力项目的投资建设。

能源行业一直是中国对“一带一路”国家的投资重点，2020 年中国对能源行业的总投资金额约 200 亿美元，相较于 2017 年有所下降，投资重点首次由化石能源转向可再生能源。从能源行业投资结构来看，大部分投资集中于水电，占总投资额的 35%，太阳能投资占比约 23%，整体可再生能源投资占比超过一半，可见可再生能源已成为 2020 年“一带一路”项目的投资重点。在投资国家中，巴基斯坦获得了最多的能源项目投资，所获投资集中在水电方面，投资占比超过 50%。根据 IRENA 的相关数据，“一带一路”沿线国家

的可再生能源装机容量增幅近乎翻倍，由 2009 年的约 214 吉瓦增长至 400 吉瓦。

中国积极运用自身在可再生能源方面装备、技术等的优势，与“一带一路”沿线国家开展双边、多边项目合作。2020 年 11 月，几内亚最大装机容量苏阿皮蒂水电站（450 兆瓦）成功投产发电。该项目总库容 74. 89 亿立方米，年发电量 20. 16 亿千瓦 · 时，是孔库雷河流域梯级开发中最大的水电站，也是几内亚装机最大的水电站，被几内亚人民誉为“几内亚的三峡工程”。除此之外，2020 年埃塞俄比亚 GD-3 水电站首台机组正式并网发电，装机容量 254 兆瓦，该项目是以发电为主、兼顾灌溉和下游生态用水的综合利用工程。电站投产发电后，将改善埃塞俄比亚当前电力严重短缺的问题。风电项目方面，2020 年 1 月中国电建承建的阿根廷罗马布兰卡二期 50 兆瓦风电项目全部并网发电，该项目是阿根廷最大的风电项目群，其并网发电将有效推动当地绿色经济发展、创造就业岗位、降低污染排放。扎纳塔斯风电项目是由中国电力国际有限公司和哈萨克斯坦维索尔投资公司共同投资建设的 40 台 2. 5 兆瓦风电机组项目，也是中哈企业合资建设的中亚最大风电项目。未来扎纳塔斯风电场每年发电量可达 3. 5 亿千瓦 · 时，能满足 100 万个家庭日常用电需求。2020 年 11 月，中国电建承建的墨西哥帕查玛玛 375 兆瓦光伏项目正式并网投产，是中资企业在美洲地区承建的规模最大的光伏电站。在当前海外疫情防控形势严峻的情况下，项目的投产运行也表明中国企业具有较强的海外市场竞争力，是在能源建设方面的又一次创新与实践。

第四篇

能源革命背景下的能源化工产业环境承载力

第十二章　能源化工产业环境压力研究

党的十九大报告明确提出“构建清洁低碳、安全高效的能源体系”，“十四五”时期能源环境改善的主要目标是“生产生活方式绿色转型成效显著，能源资源配置更加合理、利用效率大幅提高，主要污染物排放总量持续减少，生态环境持续改善”。而在现阶段，我国传统的能源生产和消费体系与实现该目标还有较大距离。本章在能源革命背景下，基于能源产业视角，对“十三五”期间能源开采业、加工业和化工业的工业“三废”排放情况进行统计，对能源化工产业环境压力状况进行分析。

第一节　能源开采业环境压力

以煤炭开采和洗选业、石油天然气开采业为研究对象，分析这两类传统能源开采业的废气污染、废水污染和固体废弃物污染及动态变化情况，厘清我国能源开采业的环境压力状况。

一、废气污染压力

废气污染是能源开采业最常见的污染现象，传统能源尤其是煤炭在开采过程中会产生大量的废气污染物。能源开采对大气环境产生严重污染的主要污染物包括二氧化硫、氮氧化物以及颗粒物。能源革命元年（2014 年）以来的能源开采业废气污染物单位排放量如表 12-1 所示。

表 12-1 中国能源开采业废气污染物单位排放量 单位：吨/亿元

污染物/能源产业		2015 年	2017 年	2019 年
工业二氧化硫	煤炭开采和洗选业	0. 13	0. 45	0. 25
	石油和天然气开采业	5. 08	1. 00	1. 12
	能源开采业	1. 50	0. 60	0. 51
工业氮氧化物	煤炭开采和洗选业	0. 03	0. 71	0. 47
	石油和天然气开采业	2. 23	0. 89	0. 71
	能源开采业	0. 64	0. 76	0. 55
工业颗粒物	煤炭开采和洗选业	4. 37	27. 77	23. 31
	石油和天然气开采业	0. 34	0. 34	0. 25
	能源开采业	3. 25	20. 55	16. 39

从工业二氧化硫排放来看，煤炭开采和洗选业单位资产二氧化硫排放量呈现先上升后下降的倒“U”形趋势，2019 年单位二氧化硫排放量为 0. 25 吨/亿元，虽然低于 2017 年的单位二氧化硫排放量（0. 45 吨/亿元），但仍高于 2015 年的单位二氧化硫排放量（0. 13 吨/亿元）。相比之下，石油和天然气开采业单位资产二氧化硫排放量呈现显著的下降趋势，2019 年排放量为 1. 12 吨/亿元，远低于 2015 年的 5. 08 吨/亿元，但是石油和天然气开采业单位资产二氧化硫排放量要远高于煤炭开采和洗选业。整体上看，我国能源开采业单位资产二氧化硫排放量也呈现逐步下降的趋势，2019 年单位资产二氧化硫排放量为 0. 51 吨/亿元，仅为 2015 年的 1/3。这表明能源革命战略提出以来，特别是构建绿色能源体系，低碳、绿色开采目标提出以来，我国能源开采业特别是石油和天然气开采业的二氧化硫大气污染治理成效显著。

从工业氮氧化物排放来看，煤炭开采和洗选业单位资产氮氧化物排放量在波动中上升，2019 年煤炭开采和洗选业单位资产氮氧化物排放量为 0. 47 吨/亿元，远高于 2015 年的 0. 03 吨/亿元。而石油和天然气开采业的氮氧化物单位排放量在逐步下降，2019 年单位资产排放量为 0. 71 吨/亿元，不到 2015 年的 1/3。整体上看，能源开采业的氮氧化物单位排放量先上升后下降，2019 年能源开采业单位资产工业氮氧化物排放量为 0. 55 吨/亿元，低于 2015 年的 0. 64 吨/亿元和 2017 年的 0. 76 吨/亿元。

从工业颗粒物排放量来看，煤炭开采和洗选业单位资产工业颗粒物排放量呈现显著的上升趋势，2015 年、2017 年和 2019 年的值分别为 4. 37 吨/亿元、27. 77 吨/亿元、23. 31 吨/亿元。石油和天然气开采业的单位颗粒物排放量呈下降趋势，2015 年、2017 年和 2019 年的值分别为 0. 34 吨/亿元、0. 34 吨/亿元、0. 25 吨/亿元。整体来看，能源开采业单位资产工业颗粒物排放量呈先上升后下降的倒“U”形趋势，2015 年、2017 年和 2019 年的值分别为 3. 25 吨/亿元、20. 55 吨/亿元、16. 39 吨/亿元。

综上所述，煤炭开采和洗选业的大气污染主要为工业颗粒物污染；石油和天然气开采业的大气污染物主要为二氧化硫；整个能源开采业的废气污染主要集中为工业颗粒物。因此，能源开采业的大气污染防治应侧重对粉尘、工业颗粒物的治理，可以通过清洁化开采、降尘、除尘等方式降低能源开采业对大气环境的污染。

二、废水污染压力

能源开采业作为“高耗水”产业，其开采过程中也必然会对地区的水环境产生直接或间接的污染。考虑到能源开采业水污染数据的可获得性，本部分采用工业废水中化学需氧量单位排放量指标来分析能源开采业的废水压力，如表 12-2 所示。

表 12-2　中国能源开采业废水化学需氧量单位排放量　　单位：吨/亿元

能源产业	2015 年	2017 年	2019 年
煤炭开采和洗选业	2. 11	0. 32	0. 26
石油和天然气开采业	0. 45	0. 08	0. 06
能源开采业	1. 65	0. 25	0. 20

从表 12-2 中可以看出，煤炭开采和洗选业、石油和天然气开采业以及整体能源开采业废水化学需氧量的单位排放量均呈现显著的下降趋势，三者分别从 2015 年的 2. 11 吨/亿元、0. 45 吨/亿元和 1. 65 吨/亿元下降到 2019 年的 0. 26 吨/亿元、0. 06 吨/亿元和 0. 20 吨/亿元。这说明我国能源开发过程中的

工业废水治理能力显著提高，化学需氧量的单位排放量稳步下降，同时也应看到，煤炭开采和洗选业单位资产工业废水排放量要远大于石油和天然气开采业，是能源开采业废水污染的主要来源。

三、固体废弃物污染压力

能源的开采中同样会产生大量的废物、废渣等固体污染物，这些都会对生态环境造成很大的威胁。本部分采用固体废弃物排放量来分析我国能源开采业的固体废弃物污染压力，如表 12-3 所示。

表 12-3 中国能源开采业固体废弃物单位排放量 单位：吨/亿元

能源产业	2015 年	2017 年	2019 年
煤炭开采和洗选业	7259. 07	9107. 80	11724. 23
石油和天然气开采业	45. 84	127. 78	174. 23
能源开采业	5263. 62	6743. 81	8258. 85

从表 12-3 中可以看出，煤炭开采和洗选业、石油和天然气开采业以及整体能源开采业单位资产固体废弃物排放量均呈现显著的上升趋势，三者分别从 2015 年的 7259. 07 吨/亿元、45. 84 吨/亿元和 5263. 62 吨/亿元上升到 2019 年的 11724. 23 吨/亿元、174. 23 吨/亿元和 8258. 85 吨/亿元。煤炭开采和洗选业固体废弃物的单位排放量相对较多，是造成能源开采业固体废弃物排放增多的主要原因。因此，对能源开采业固体废弃物污染管控治理的重点应放在煤炭开采和洗选业上，通过完善开采技术、回收废渣废料等方式降低固体废弃物的排放。

通过上述分析可以看出，能源开采业的主要污染来源于煤炭开采和洗选业，除工业二氧化硫和工业氮氧化物的单位排放量较高外，石油和天然气开采业的环境污染均轻于煤炭开采和洗选业，特别是煤炭开采和洗选业的工业颗粒物单位排放量和固体废弃物单位排放量远高于石油和天然气开采业。

第二节　能源加工业环境压力

本节将对能源加工业的废气、废水和固体废弃物的工业“三废”污染压力进行分析。能源加工是对煤、石油和天然气进行基本炼制、物理和电化学加工处理得到终端产品的过程，这里采用石油天然气加工及炼焦业代表能源加工业情况。

一、废气污染压力

能源加工过程中不可避免地要进行燃烧、干馏等处理，这会产生大量的大气污染物，对环境造成破坏。对能源加工业二氧化硫、氮氧化物和颗粒物的单位排放量进行统计，结果如表 12-4 所示。

表 12-4　中国能源加工业废气污染物单位排放量　　单位：吨/亿元

污染物	2015 年	2017 年	2019 年
工业二氧化硫	0.09	7.65	4.11
工业氮氧化物	0.06	15.43	10.49
工业颗粒物	0.08	14.59	10.13

可以看到，“十三五”期间，能源加工业单位资产二氧化硫、氮氧化物和颗粒物排放量均呈现先上升后下降的倒“U”形变动趋势，2015 年三者分别为 0.09 吨/亿元、0.06 吨/亿元和 0.08 吨/亿元；2017 年分别上升到 7.65 吨/亿元、15.43 吨/亿元和 14.59 吨/亿元；2019 年又分别下降到 4.11 吨/亿元、10.49 吨/亿元和 10.13 吨/亿元，但仍高于 2015 年的水平。整体来看，能源加工业的氮氧化物和颗粒物单位排放量较高，是能源加工业的主要废气污染源，后续的工作中可以通过改进燃烧设备、排烟除氮以及回收利用等方式减少能源加工业对环境的污染。

同时，对比能源开采业与能源加工业的大气污染状况可知，2019 年能源加工业的工业二氧化硫和工业氮氧化物废气污染水平远高于能源开采业；而能源加工业的工业颗粒物污染要低于能源开采业。

二、废水污染压力

废水污染也是能源加工业的一大污染问题，“十三五”期间能源加工业废水排放中的工业化学需氧量单位排放状况如表 12-5 所示。

表 12-5 中国能源加工业废水污染物单位排放量 单位：吨/亿元

污染物	2015 年	2017 年	2019 年
工业化学需氧量（COD）	3. 60	0. 88	0. 49

可以看到，能源加工业排放的废水中化学需氧量的单位排放量呈现显著的逐年下降趋势，2015 年、2017 年和 2019 年的单位排放量分别为 3. 60 吨/亿元、0. 88 吨/亿元和 0. 49 吨/亿元。这表明能源加工业对于废水的治理以及回收利用有所提升，单位排放量明显减少，后续工作还可以通过完善治理设施运作环节、提升回收利用效率等方式进一步提高废水治理效率。

对比能源开采业与能源加工业的废水污染状况可知，能源加工业的工业化学需氧量单位排放量要高于能源开采业。

三、固体废弃物污染压力

化石能源在加工过程中也会产生大量废渣废料，造成环境的固体废弃物污染，能源加工业固体废弃物单位排放状况如表 12-6 所示。

表 12-6 中国能源加工业固体废弃物单位排放量 单位：吨/亿元

污染物	2015 年	2017 年	2019 年
工业固体废弃物	1534. 24	2523. 54	2317. 15

可以看到，能源加工业单位资产固体废弃物排放量呈现先升后降的倒“U”形趋势，2015 年、2017 年和 2019 年的单位排放量分别为 1534. 24 吨/亿元、2523. 54 吨/亿元和 2317. 15 吨/亿元。与能源开采业的工业固体废弃物单位排放量相比，能源加工业固体废弃物排放相对较少，但仍可继续提高固体

废弃物的回收利用效率，减少环境污染。

第三节　能源化工业环境压力

本部分将从废气、废水和固体废弃物单位排放量三个角度分析能源化工业的环境污染压力状况。按照能源化工产业链分布，能源化工产业主要是指对石油、天然气和煤进行裂解、气化和合成等化学反应，得到中间体或终端化工产品的产业，本部分以化学原料和化学制品制造业、化学纤维制造业以及橡胶和塑料制品业表征能源化工业。

一、废气污染压力

同样，通过二氧化硫、氮氧化物和颗粒物的单位排放量来分析能源化工业的废气污染压力，如表 12-7 所示。

从工业二氧化硫排放来看，化学原料和化学制品制造业、化学纤维制造业、橡胶和塑料制品业以及能源化工业的二氧化硫单位排放量均呈下降趋势。2019 年三个行业的工业二氧化硫单位排放量分别为 4. 11 吨/亿元、1. 47 吨/亿元和 0. 70 吨/亿元，远低于 2015 年的 9. 00 吨/亿元、14. 99 吨/亿元和 3. 53 吨/亿元。2019 年整体能源化工业的工业二氧化硫单位排放量为 3. 15 吨/亿元，低于 2015 年的 8. 23 吨/亿元和 2017 年的 4. 57 吨/亿元。此外，还可以看出，不同年份能源化工业废气污染的主要来源是存在差异的，2015 年能源化工业废气污染主要源于化学纤维制造业，2017 年和 2019 年能源化工业废气污染主要源于化学原料和化学制品制造业。

从工业氮氧化物排放来看，化学原料和化学制品制造业、化学纤维制造业、橡胶和塑料制品业以及能源化工业的氮氧化物单位排放量都在逐步下降。到 2019 年化学原料和化学制品制造业的单位排放量为 3. 89 吨/亿元，化学纤维制造业的单位排放量为 1. 69 吨/亿元，橡胶和塑料制品业的单位排放量为 0. 76 吨/亿元，能源化工业的单位排放量为 3. 02 吨/亿元。对比来看，化学原料和化学制品制造业的氮氧化物单位排放量较高，特别是 2019 年远高于其他两个子产业，是能源化工业氮氧化物废气污染的主要来源。

从工业颗粒物排放来看，化学原料和化学制品制造业、化学纤维制造业、橡胶和塑料制品业以及能源化工业的颗粒物单位排放量呈现先上升后下降的倒“U”形变动趋势，且除化学纤维制造业以外的行业，2019 年单位排放量与 2015 年相比均有很大提升。2019 年化学原料和化学制品制造业的单位排放量为 8.16 吨/亿元，化学纤维制造业的单位排放量为 0.77 吨/亿元，橡胶和塑料制品业的单位排放量为 4.40 吨/亿元，能源化工业的单位排放量为 6.73 吨/亿元，其中同样是化学原料和化学制品制造业的工业颗粒物单位排放量相对较高。

综上可知，二氧化硫、氮氧化物以及颗粒物单位排放最高的行业都是化学原料和化学制品制造业，因此，在能源化工业废气污染治理时，应将重点放在化学原料和化学制品制造业领域，可以通过提升脱硫技术、改进燃煤技术等来缓解能源化工业生产过程中的环境污染，改善大气环境。

此外，以 2019 年为例，对比能源开采业、能源加工业和能源化工业的废气污染状况可知，工业二氧化硫单位排放量、工业氮氧化物单位排放量由低到高依次为能源开采业、能源化工业和能源加工业；工业颗粒物单位排放量由低到高依次为能源化工业、能源加工业和能源开采业。从整体上看，一方面，我国能源开采业在废气污染治理方面的清洁化技术要高于能源加工业和能源化工业，基本实现了清洁绿色开采。另一方面，能源加工业的废气污染是最严重的，远高于能源化工业，因此，延长能源产业链、提高化工产业占比是有效降低废气污染的重要途径。

表 12-7　中国能源化工业废气污染物单位排放量　　单位：吨/亿元

污染物/能源产业		2015 年	2017 年	2019 年
工业二氧化硫	化学原料和化学制品制造业	9.00	5.88	4.11
	化学纤维制造业	14.99	2.67	1.47
	橡胶和塑料制品业	3.53	0.90	0.70
	能源化工业	8.23	4.57	3.15

续表

污染物/能源产业		2015 年	2017 年	2019 年
工业氮氧化物	化学原料和化学制品制造业	6.01	4.38	3.89
	化学纤维制造业	5.53	2.66	1.69
	橡胶和塑料制品业	1.86	0.82	0.76
	能源化工业	5.09	3.48	3.02
工业颗粒物	化学原料和化学制品制造业	4.58	8.74	8.16
	化学纤维制造业	6.49	9.64	0.77
	橡胶和塑料制品业	1.21	4.66	4.40
	能源化工业	3.99	7.91	6.73

二、废水污染压力

能源化工业在生产过程中需要使用大量的水，同时也要排放许多废水，废水中的化学污染物质会对水资源和土壤环境造成污染。本部分将用废水中化学需氧量的单位排放量来衡量能源化工业废水的污染压力。

表 12-8　中国能源化工业废水化学需氧量单位排放量　单位：吨/亿元

能源产业	2015 年	2017 年	2019 年
化学原料和化学制品制造业	4.77	1.56	1.27
化学纤维制造业	21.29	2.81	2.27
橡胶和塑料制品业	0.73	0.16	0.18
能源化工业	5.01	1.34	1.11

如表 12-8 所示，化学原料和化学制品制造业、化学纤维制造业以及能源化工业废水中化学需氧量的单位排放量逐步下降，橡胶和塑料制品业废水中化学需氧量的单位排放量呈先降后升的趋势。2019 年化学原料和化学制品制造业的单位排放量为 1.27 吨/亿元，化学纤维制造业的单位排放量为 2.27 吨/亿元，橡胶和塑料制品业的单位排放量为 0.18 吨/亿元，能源化工业的单位排放量为 1.11 吨/亿元，相对而言，能源化工业中化学纤维制造业的单位

排放量相对较高。对于能源化工业产生的部分废水，经过处理后可以再次使用，倘若直接排走，会产生不必要的浪费，因此对于废水的净化处理和再利用是有效缓解废水污染的途径。

三、固体废弃物污染压力

固体废弃物是环境的污染源，它除了直接污染之外，还可以以水、空气甚至土壤作为媒介进行污染，倘若是有害固体废物，后果更是不堪设想。而在能源化工业的生产中会出现废料、残次品等固体废弃物，具体单位排放量如表 12-9 所示。

表 12-9　中国能源化工业固体废弃物单位排放量　　单位：吨/亿元

能源产业	2015 年	2017 年	2019 年
化学原料和化学制品制造业	4520.68	4765.66	4869.35
化学纤维制造业	596.55	523.31	560.96
橡胶和塑料制品业	104.41	154.80	184.78
能源化工业	3316.09	3464.14	3489.88

化学原料和化学制品制造业、橡胶和塑料制品业以及能源化工业固体废弃物的单位排放量都呈逐步上升趋势，化学纤维制造业固体废弃物的单位排放量呈先降后升的趋势。到 2019 年，化学原料和化学制品制造业的单位排放量为 4869.35 吨/亿元，化学纤维制造业的单位排放量为 560.96 吨/亿元，橡胶和塑料制品业的单位排放量为 184.78 吨/亿元，能源化工业的单位排放量为 3489.88 吨/亿元，对比来看，能源化工业中化学原料和化学制品制造业的固体废弃物单位排放量最多。

目前对于固体废弃物的处置大多为海洋处置和陆地处置两种途径，尽管有环境法规的制约，在处置过程中或多或少还是会产生环境污染。一些固体废弃物在进行简单处理后可以变废为宝继续使用，面对固体废弃物污染环境和资源浪费的双重压力，对固体废弃物的综合利用是节约资源、缓解环境污染的有效途径。

第十三章　能源化工产业环境承载力研究

第十二章对我国能源行业的环境污染压力进行了分析研究，得到了各能源行业中不同污染物单位排放量的变化趋势。本章将进一步对能源开采业、能源加工业和能源化工业的环境承载力进行测度分析。

第一节　环境承载力测度方法与标准

一、测度方法

为便于理解，本书采用整个行业污染物单位排放与能源行业污染物单位排放差值状况来表征能源行业的环境承载力，具体的测算公式为：

$$e_{ij} = s_j - c_{ij} \tag{13-1}$$

$$E_{ij} = e_{ij} \cdot V_i \tag{13-2}$$

其中，i 表示能源行业种类；j 表示污染物类型；e_{ij} 表示第 i 类能源行业的第 j 种污染物的单位承载力；s_j 表示第 j 种污染物的环境标准值；c_{ij} 表示第 i 类能源行业的第 j 种污染物的单位排放量；V_i 表示第 i 类能源行业的介质容量；E_{ij} 表示第 i 类能源行业的第 j 种污染物的环境承载力状况。

鉴于数据的可得性，s_j 采用单位工业资产第 j 种污染物排放量表示，以体现整个行业的该污染物排放状况；c_{ij} 采用第 i 种能源行业单位工业资产第 j 种污染物排放量表示；V_i 采用第 i 种能源行业工业资产总额表示。

二、判定标准

由环境承载力公式可知，第 i 类能源行业的第 j 种污染物的单位承载力 e_{ij} 实际上表征的是其第 j 种污染物的单位排放量与整个工业部门第 j 种污染物的环境排放标准之间的相对值，可以通过其正负状况了解其承载力状况，从而判定其是污染型行业还是清洁型行业。具体来说，若 e_{ij}（E_{ij}）<0，则表示第 i 类能源行业的第 j 种污染物的单位排放量（总排放量）高于整个工业的第 j 种污染物的单位排放量（总排放量），说明第 i 类能源行业的第 j 种污染物的单位排放相对整个工业行业来说是超载的，可认定该能源行业为污染型行业。反之，若 e_{ij}（E_{ij}）⩾0，则表示第 i 类能源行业的第 j 种污染物的单位排放量（总排放量）低于整个工业的第 j 种污染物的单位排放量（总排放量），说明第 i 类能源行业的第 j 种污染物的单位排放相对整个工业行业来说是未超载的，即还有环境容量，可认定该能源行业为清洁型行业。

第二节　能源开采业环境承载力

本节将从废气污染承载力、废水污染承载力和固体废弃物污染承载力三个方面，对能源开采业的环境污染承载力进行测度，其中能源开采业包括煤炭开采和洗选业、石油和天然气开采业。

一、废气污染承载力

通过能源开采业废气污染的现状分析可知，煤炭开采和洗选业、石油和天然气开采业以及能源开采业单位排放量最高的废气污染物分别为颗粒物、二氧化硫和颗粒物。那么，大气环境能否承载这些污染气体，还需要进一步计算。对能源开采业的二氧化硫、氮氧化物和颗粒物三种污染物进行承载力测度，结果如表 13-1 所示。

表 13-1　中国能源开采业废气污染承载力　　单位：万吨

污染物/能源产业		2015 年	2017 年	2019 年
工业二氧化硫	煤炭开采和洗选业	72. 94	22. 83	15. 95
	石油和天然气开采业	17. 70	7. 10	4. 86
	能源开采业	90. 64	29. 93	20. 82

续表

污染物/能源产业		2015 年	2017 年	2019 年
工业氮氧化物	煤炭开采和洗选业	57.01	27.01	21.44
	石油和天然气开采业	17.28	9.30	8.65
	能源开采业	74.28	36.31	30.09
工业颗粒物	煤炭开采和洗选业	34.77	-97.55	-82.28
	石油和天然气开采业	21.57	17.50	16.77
	能源开采业	56.34	-80.05	-65.50

从工业二氧化硫的承载力来看，煤炭开采和洗选业、石油和天然气开采业和能源开采业的二氧化硫承载力逐步下降，且均为正值。2019 年煤炭开采和洗选业的二氧化硫承载力为 15.95 万吨，石油和天然气开采业的二氧化硫承载力为 4.86 万吨，能源开采业的二氧化硫承载力为 20.82 万吨，其中石油和天然气开采业对二氧化硫的承载力最弱。这说明这三个行业的二氧化硫排放都没有超载，还有环境容量，为清洁型行业。

从工业氮氧化物的承载力来看，煤炭开采和洗选业、石油和天然气开采业和能源开采业的氮氧化物承载力呈下降趋势，且承载力始终为正。到 2019 年煤炭开采和洗选业的氮氧化物承载力为 21.44 万吨，石油和天然气开采业的氮氧化物承载力为 8.65 万吨，能源开采业的氮氧化物承载力为 30.09 万吨，相对而言，石油和天然气开采业对氮氧化物的承载力最弱。综上可知，这三个行业氮氧化物的排放都没有超载，还有环境容量，为清洁型行业。

从工业颗粒物的承载力来看，石油和天然气开采业的颗粒物承载力在不断下降，煤炭开采和洗选业以及能源开采业的颗粒物承载力呈“先降后升”的趋势。2019 年石油和天然气开采业的颗粒物承载力为 16.77 万吨，煤炭开采和洗选业的颗粒物承载力为-82.28 万吨，能源开采业的颗粒物承载力为-65.50万吨，其中煤炭开采和洗选业对颗粒物的承载力最差。可以得出，石油和天然气开采业对颗粒物的承载力始终为正，说明还有环境容量，为清洁型行业；煤炭开采和洗选业以及能源开采业的承载力到 2017 年以后为负值，说明颗粒物的排放是超载的，大气环境已无法支撑煤炭开采和洗选业颗粒物排放的增加，该行业为污染型行业。

与单位排放量相对比来看，煤炭开采和洗选业、石油和天然气开采业以及能源开采业单位排放量最高的污染物与承载力最差的污染物相同。面对日渐降低的大气环境质量，各行业应对承载力较弱，尤其是承载力为负值的污染物进行治理。

二、废水污染承载力

根据上一章的废水污染压力分析，煤炭开采和洗选业废水中化学需氧量单位排放量最高。水环境能否继续承载该污染物，需要进一步对废水污染物承载力进行测算，具体测算结果如表 13-2 所示。

表 13-2　中国能源开采业废水化学需氧量污染承载力　　单位：万吨

能源产业	2015 年	2017 年	2019 年
煤炭开采和洗选业	2. 11	2. 64	1. 99
石油和天然气开采业	4. 20	1. 39	1. 31
能源开采业	6. 31	4. 03	3. 30

煤炭开采和洗选业的废水污染承载力呈“先升后降”的趋势，石油和天然气开采业以及能源开采业的废水污染承载力逐步下降。2019 年煤炭开采和洗选业的废水污染承载力为 1. 99 万吨，石油和天然气开采业的废水污染承载力为 1. 31 万吨，能源开采业的废水污染承载力为 3. 30 万吨，其中石油和天然气开采业的废水污染承载力最弱。综上可知，三个行业的承载力均为正值，说明废水中化学需氧量的排放没有超载，行业属于清洁型行业，但通过数据可以看到，剩余环境容量并不大，仍需要对水环境进行保护。

三、固体废弃物污染承载力

在能源开采业固体废弃物污染压力测算中，煤炭开采和洗选业的固体废弃物单位排放量最多，污染压力最大。接下来测算固体废弃物污染的承载力，判断环境是否还能承载固体废弃物的排放，结果如表 13-3 所示。

表 13-3　中国能源开采业固体废弃物污染承载力　　单位：万吨

能源产业	2015 年	2017 年	2019 年
煤炭开采和洗选业	-22699.69	-30239.46	-42482.79
石油和天然气开采业	6156.83	6335.10	7856.76
能源开采业	-16542.86	-23904.36	-34626.03

石油和天然气开采业对固体废弃物污染的承载力在逐步增加，煤炭开采和洗选业以及能源开采业的固体废弃物污染承载力则在逐步减少。2019 年石油和天然气开采业的固体废弃物污染承载力是 7856.76 万吨，煤炭开采和洗选业的固体废弃物污染承载力为-42482.79 万吨，能源开采业的固体废弃物污染承载力为-34626.03 万吨。显然，煤炭开采和洗选业对固体废弃物的承载力最弱，同时，该行业固体废弃物的单位排放量在能源开采业中也是最多的。

综上所述，石油和天然气开采业的承载力始终为正值，表示该行业固体废弃物排放没有超载，为清洁型行业，煤炭开采和洗选业以及能源开采业的承载力始终为负值，为污染型行业，且污染物超载较大，应加大对煤炭开采中固体废弃物的治理和利用。

第三节　能源加工业环境承载力

本节将采用相对指标对能源加工业的环境承载能力进行测算，分别从废气、废水和固体废弃物污染承载力三个角度来分析。

一、废气污染承载力

根据能源加工业废气污染压力的分析可知，工业氮氧化物的单位排放量最高。接下来进一步从二氧化硫、氮氧化物和颗粒物三个角度，对能源加工业的废气污染承载力进行测度。中国能源加工业废气污染承载力具体数据如表 13-4 所示。

表 13-4　中国能源加工业废气污染承载力　　单位：万吨

污染物	2015 年	2017 年	2019 年
工业二氧化硫	33. 71	-8. 26	-2. 91
工业氮氧化物	26. 20	-27. 31	-20. 84
工业颗粒物	26. 65	-14. 36	-8. 61

如表 13-4 所示，能源加工业的二氧化硫、氮氧化物和颗粒物承载力都呈现出“先下降，后上升”的趋势。2019 年能源加工业的二氧化硫承载力为-2. 91 万吨，氮氧化物承载力为-20. 84 万吨，颗粒物承载力为-8. 61 万吨，其中，能源加工业对氮氧化物的承载力最弱，这与能源加工业单位排放量最大的污染物相同。进一步分析可得，2017 年后能源加工业二氧化硫、氮氧化物和颗粒物的承载力都为负值，这表示三种污染物的排放均已超标，能源加工业在大气污染方面为污染型行业。那么，在后续的工作中可以通过提升废气治理技术水平、优化加工作业流程和增强企业环境保护意识等方式来降低废气污染物单位排放量，提升大气环境承载力。

二、废水污染承载力

通过废水污染压力的现状分析可知，能源加工业废水中化学需氧量的单位排放量逐年减少。那么，这是否会提升环境对废水污染的承载力，需要进一步的计算，具体结果见表 13-5。

表 13-5　中国能源加工业废水污染承载力　　单位：万吨

污染物	2015 年	2017 年	2019 年
工业化学需氧量	-2. 73	-0. 20	0. 53

能源加工业的废水污染承载力从 2015 年的-2. 73 万吨增长到 2019 年的 0. 53 万吨，实现了从污染型行业到清洁型行业的转变，这也证明了废水污染物单位排放量的减少会提升废水污染承载力。但可以看到 2019 年污染物的承载力较小，剩余环境容量较少，仍需要提高能源加工业废水治理水平。

三、固体废弃物污染承载力

与能源开采业和能源化工业相比，能源加工业固体废弃物的单位排放量相对较低，固体废弃物污染的承载力如表 13-6 所示。

表 13-6　中国能源加工业固体废弃物污染承载力　单位：万吨

污染物	2015 年	2017 年	2019 年
工业固体废弃物	3730. 91	2608. 86	4692. 29

能源加工业固体废弃物的污染承载力呈先下降后上升的趋势，到 2019 年承载力达到 4692. 29 万吨，高于能源开采业和能源化工业的承载力。说明能源加工业的固体废弃物单位排放量还没有超过工业环境标准，废弃物的再利用水平较高，还有剩余环境容量，可称为清洁型行业。

第四节　能源化工业环境承载力

本节进一步对能源化工业环境污染承载力进行测度，从废气、废水和固体废弃物三个污染类型来分析，能源化工业包括化学原料和化学制品制造业、化学纤维制造业以及橡胶和塑料制品业。

一、废气污染承载力

经过对能源化工业废气污染压力的研究，能源化工业及其下属行业的废气单位排放量都呈下降趋势，其中化学原料和化学制品制造业的单位排放量相对较高，大气环境仍有很大压力，下一步测度环境对废气污染物的承载力，结果见表 13-7。

表 13-7 中国能源化工业废气污染承载力 单位：万吨

污染物/能源产业		2015 年	2017 年	2019 年
工业二氧化硫	化学原料和化学制品制造业	34.01	-8.83	-6.08
	化学纤维制造业	-0.87	1.54	1.54
	橡胶和塑料制品业	21.90	8.95	5.91
	能源化工业	55.03	1.66	1.38
工业氮氧化物	化学原料和化学制品制造业	33.52	10.58	4.82
	化学纤维制造业	3.42	2.32	2.44
	橡胶和塑料制品业	18.91	11.57	8.68
	能源化工业	55.85	24.47	15.95
工业颗粒物	化学原料和化学制品制造业	26.65	-14.36	-8.61
	化学纤维制造业	45.36	5.91	-3.50
	橡胶和塑料制品业	2.90	1.10	5.90
	能源化工业	20.74	11.36	7.53

（一）工业二氧化硫的承载力

从工业二氧化硫的承载力来看，化学原料和化学制品制造业的二氧化硫承载力呈先下降后上升的趋势，化学纤维制造业的二氧化硫承载力逐步提升，橡胶和塑料制品业以及能源化工业对废气中二氧化硫的承载力在不断减弱。到 2019 年化学原料和化学制品制造业的二氧化硫承载力为-6.08 万吨，化学纤维制造业的二氧化硫承载力为 1.54 万吨，橡胶和塑料制品业的二氧化硫承载力为 5.91 万吨，能源化工业的二氧化硫承载力为 1.38 万吨，其中化学原料和化学制品制造业对二氧化硫的承载力最弱。同时可以看到，2017 年和 2019 年化学原料和化学制品制造业的承载力均为负值，说明该行业二氧化硫的单位排放量超载，为污染型行业；化学纤维制造业的承载力由负值增长为正值，该行业从污染型行业转变为清洁型行业；而其他行业的承载力始终为正值，具有环境容量，为清洁型行业。

（二）工业氮氧化物的承载力

从工业氮氧化物的承载力来看，化学纤维制造业的氮氧化物承载力呈先降后升的趋势，化学原料和化学制品制造业、橡胶和塑料制品业以及能源化工业对废气中氮氧化物的承载力则在逐步减弱。2019 年化学原料和化学制品制造业的氮氧化物承载力为 4.82 万吨，化学纤维制造业的氮氧化物承载力为 2.44 万吨，橡胶和塑料制品业的氮氧化物承载力为 8.68 万吨，能源化工业的氮氧化物承载力为 15.95 万吨，其中化学纤维制造业对氮氧化物的承载力最弱。同时可知，能源化工业及其包含的各行业氮氧化物承载力一直为正值，这表示还具有环境容量，均为清洁型行业。

（三）工业颗粒物的承载力

从工业颗粒物的承载力来看，化学原料和化学制品制造业以及橡胶和塑料制品业对废气中颗粒物的承载力呈先下降后上升的趋势，化学纤维制造业和能源化工业的颗粒物承载力在逐步下降。2019 年化学原料和化学制品制造业的颗粒物承载力为-8.61 万吨，化学纤维制造业的颗粒物承载力为-3.50 万吨，橡胶和塑料制品业的颗粒物承载力为 5.90 万吨，能源化工业的颗粒物承载力为 7.53 万吨，相对而言，化学原料和化学制品制造业的颗粒物承载力最差。2017 年和 2019 年化学原料和化学制品制造业的颗粒物承载力值均为负，说明该行业颗粒物单位排放量超载，逐步从清洁型行业转变为污染型行业；化学纤维制造业的颗粒物承载力由正值逐步减少为负值，这表示该行业从清洁型行业逐步转化为污染型行业；其他行业的颗粒物承载力始终为正值，属于清洁型行业。

综上所述，能源化工业总体上对各废气污染物的承载力都有所减少，尤其是化学原料和化学制品制造业对废气中二氧化硫和颗粒物的承载力出现负值。这说明能源化工业的生产对大气环境的污染压力不容乐观，需要继续提升脱硫、脱氮技术，减少废气污染物的排放，提高大气环境对污染物的承载力。

二、废水污染承载力

由上一章可知，能源化工业废水单位排放量整体在不断下降，那么其废水污染承载力是否会有所提升。本部分采用化学需氧量承载力的测度值来分析环境对废水污染物的承载力。

表 13-8　中国能源化工业废水污染承载力　　单位：万吨

能源产业	2015 年	2017 年	2019 年
化学原料和化学制品制造业	-16.51	-5.72	-4.62
化学纤维制造业	-12.58	-1.49	-1.39
橡胶和塑料制品业	3.80	1.53	1.06
能源化工业	-25.29	-5.68	-4.94

由表 13-8 可知，化学原料和化学制品制造业、化学纤维制造业以及能源化工业的废水污染承载力在逐步提升，而橡胶和塑料制品业的废水污染承载力在逐步下降。到 2019 年，化学原料和化学制品制造业的废水污染承载力为-4.62 万吨，化学纤维制造业的废水污染承载力为-1.39 万吨，橡胶和塑料制品业的废水污染承载力为 1.06 万吨，能源化工业的废水污染承载力为-4.94 万吨，在能源化工业的子产业中化学原料和化学制品制造业对废水污染物的承载力最差。

化学原料和化学制品制造业、化学纤维制造业以及能源化工业的废水污染承载力始终为负值，表示这三个行业就废水来说属于污染型行业，但其超载程度在逐年改善，废水污染物的单位排放量也在不断降低，说明行业废水净化处理的有效性和及时性。橡胶和塑料制品业的废水污染承载力数值为正，说明该行业对废水污染还有环境容量，属于清洁型行业，但在废水污染物单位排放量不断减少的同时，承载力却没有明显提升，表明在后续废水治理中要改善治理设施运作环节，提升废水回收率，进而提高承载力水平。

三、固体废弃物污染承载力

通过上一章能源化工业固体废弃物污染压力分析可知，化学原料和化学制品制造业固体废弃物单位排放量最多，给环境造成了很大的压力，进一步分析环境对能源化工业固体废弃物污染的承载力，具体情况见表 13-9。

表 13-9　中国能源化工业固体废弃物污染承载力　　单位：万吨

能源产业	2015 年	2017 年	2019 年
化学原料和化学制品制造业	−10753. 84	−10083. 70	−8880. 79
化学纤维制造业	1635. 17	2184. 93	2645. 18
橡胶和塑料制品业	6323. 99	7713. 33	7969. 58
能源化工业	−2794. 68	−185. 44	1733. 97

化学原料和化学制品制造业、化学纤维制造业、橡胶和塑料制品业以及能源化工业的固体废弃物承载力都呈现上升趋势。具体分析来看，化学原料和化学制品制造业对固体废弃物的承载力始终为负值，属于污染型行业，到 2019 年承载力值为-8880. 79 万吨，同时化学原料和化学制品制造业固体废弃物的单位排放量也相对较多，给环境承载力造成了很大的压力；化学纤维制造业以及橡胶和塑料制品业的固体废弃物承载力一直为正值，为清洁型行业，2019 年固体废弃物污染承载力分别为 2645. 18 万吨和 7969. 58 万吨，且这两个行业的固体废弃物单位排放量相对较少，因此环境容量相对较大；能源化工业对固体废弃物污染的承载力由负值增长为正值，该行业由污染型行业转型为清洁型行业，2019 年承载力的值达到 1733. 97 万吨。

综上所述，能源化工业固体废弃物污染承载力有很大提升，只是化学原料和化学制品制造业固体废弃物的单位排放量严重超载，应重视该行业对固体废弃物的处置方式，回收可利用材料，避免不必要的浪费，进而提升废物利用率，缓解环境压力。

第十四章　能源化工基地生态安全预警分析
——以榆林为例

自1998年获批国家能源化工基地以来，榆林能源化工基地为全国能源安全做出了巨大的贡献，但该地区的资源消耗、环境压力和生态安全问题日益突出。推进能源化工基地的高端化发展，有必要对其生态安全状况进行分析。本部分从生态环境压力、资源利用压力、资源禀赋状况和生态环境治理响应四个方面，构建生态安全预警指标体系，对榆林能源化工基地的生态安全警情进行测算，为提高榆林能源化工基地生态安全水平提供政策参考。

第一节　榆林能源化工基地简介

榆林具有丰富的煤、油、盐、气资源，其组合配置与开发潜力状况在国内外都名列前茅，是我国重要的能源化工基地。1998年国家批准榆林能源化工基地总体规划，能源化工基地的建设正式启动。经过20余年的发展，在煤炭"三个转化"、能源化工园区建设、新能源项目布局等方面取得了显著成绩，陕北能源化工产业不仅是陕西省经济发展的重要增长极，也是全国重要的能源安全保障区、能源化工产业转型发展示范试验区。《国家能源发展"十三五"规划》明确提出，要把陕北地区建设成为国家综合能源基地。能源化工产业"高耗能、高耗水、高污染"的特性使其在为我国社会经济发展做出巨大贡献的同时，也成为我国现阶段生态文明建设和美丽中国建设的调控重点，能源化工基地作为能源化工产业的载体，其生态环境状况更是调控的重中之重。建设高端、绿色能源化工基地是保障国家能源安全和经济可持续发展的重要措施和途径。

榆林能源化工基地建设不仅为当地带来巨大的经济利益，也为保障国家能源安全做出了巨大的贡献，但同时，能源化工产业“高耗能、高污染”的产业特性也使得该地区的资源消耗、环境污染和生态破坏问题日益严重。要想促进榆林能源化工基地健康可持续、高端化发展，进一步发挥其对陕西乃至全国经济发展的作用，必然要充分考虑其生态安全问题，保障其生态系统的健康和完整。2003—2019 年，陕西省每年召开一次陕北能源化工基地建设座谈会，共召开了 17 次，为建立高端化能源化工基地提供了一系列的政策指导和顶层设计，其中有七次涉及生态安全问题，提出了“强化水资源和水环境容量刚性约束”“构建绿色基地”“实现资源清洁高效转化利用”和“推进能源化工产业可持续发展”等要求和基地建设目标。

一、能源化工产业发展的自然资源基础

（一）矿产资源

榆林矿产资源富集，全市已发现 8 大类 48 种矿产，特别是煤、油、气、盐资源富集一地，组合配置好。与周边的鄂尔多斯、宁东基地相比，榆林资源的匹配度更胜一筹，有利于未来煤气油一体化综合利用和盐化工的发展。

1. 煤炭

榆林煤炭预测储量 2800 亿吨，探明储量 1460 亿吨，占全国探明储量的 12%，含煤面积约 2.2 万平方公里，占榆林市国土面积一半以上。煤质总体优良，为特低灰—低灰、特低硫—低硫、特低磷—低磷、特高热值—高热值的长焰煤及不粘煤，是优质的煤化工原料和动力用煤。

2. 石油

榆林石油预测储量 10 亿吨，探明储量 3 亿吨，未来 20 年可稳产在每年 1000 万吨水平。主要分布在定边、靖边、横山和子洲四县，石油开发前景良好。

3. 天然气

榆林天然气具有分布面积广、含气层位多、资源储量丰富等特点。天然气预测储量 5 万亿立方米，探明储量 1.18 万亿立方米，可稳产 100 年以上。主要分布在靖边、横山、榆阳、神木、绥德、定边等县（区）。

4. 岩盐

榆林岩盐预测储量 6 万亿吨，探明储量 8858 亿吨，约占全国已探明总量的 26%，氯化钠含量平均在 90%以上，是罕见的精品矿床。主要分布于榆阳、米脂、绥德、佳县、清涧、吴堡、横山等县（区），含盐面积 3.4 万平方公里。

5. 煤层气

榆林侏罗纪煤田含气储层埋藏深度 300~1500 米，估算资源量 12595 亿立方米，资源丰度 0.57 亿立方米/平方公里。煤层气储层埋藏深度 500~1500 米，府谷矿区煤层气资源量 590.37 亿立方米，吴堡矿区 1189.84 亿立方米。

6. 页岩气

榆林石炭二叠系页岩分布范围广，厚度为 50~150 米，有机质丰度较高，处于大量生气阶段，含气量为 $0.21\times10^8 \sim 1.0\times10^8$ 立方米/平方公里，勘探潜力极大。定边地区泥页岩层埋深多在 2200~2600 米，层厚 40~60 米。

此外，榆林还有比较丰富的高岭土、铝土矿、石灰岩、石英砂等资源。良好的矿产资源条件是产业发展的重要基础。

（二）土地资源

榆林市幅员辽阔，总土地面积 43578 平方公里，占全国的 0.4%，占陕西省的 1/5。全市农业用地、建设用地和未利用地的结构比为 91.4：2.8：5.8，农业用地比重偏大，其中耕地、林地和草地主要分布在北六县，园地主要分布在南六县。总体而言，榆林北部长城沿线风沙滩原地区地貌平坦、地表地下水资源条件良好，是目前榆林乃至陕西最好的一块土地后备资源，肩负着未来承接南六县人口转移的重担。

（三）水资源

榆林市地处陕北黄土高原的北部和鄂尔多斯台地的东南部，多年平均降水量 400 毫米左右，从东南向西北递减。全市集水面积在 100 平方公里以上的河流有 109 条。区内水系分为黄河支流和内流区两部分。黄河支流主要有“四河、四川”，即无定河、窟野河、秃尾河、佳芦河和皇甫川、清水川、孤山川、石马川，由西北流向东南在榆林市境内汇入黄河。另有清涧河以及延河、洛河、泾河上游支流流出境外，进入延安市。黄河干流从市区东部流过，为榆林市重要过境水源。内流区水系主要有定边县的八里河和神木市以红碱淖海子为中心的蟒盖兔河、尔林兔河等，内流区面积4647平方公里，占全市总面积的10.8%。

根据《榆林市水资源综合利用规划》成果，1956年至2005年50年间，全市多年平均水资源总量为32.01亿立方米，其中地表水资源量为22.90亿立方米，浅层地下水资源量为24.78亿立方米，地下水与地表水之间的不重复量为15.67亿立方米。

（四）风光资源

陕北不仅具有丰富的化石能源，还蕴藏着丰富的清洁可再生能源，主要包括风能和太阳能。榆林的定边、靖边等地区年均风速达5米/秒以上，为我国第Ⅳ类风能资源区。该地区平均风功率密度大于180瓦/立方米，年有效风速小时数超过6500小时，具备2800毫伏的风力发电装机容量。榆林日照充分，太阳能资源较为丰富，全市平均每天日照时间近8小时，全年日照时数2600~2800小时，日照百分率60%~64%，年太阳能总辐射量5000~5200兆焦/平方米，光照稳定，年总储量可达6.13×10^{13}千瓦·时，是全国太阳能资源三级分布区。

二、能源化工产业发展成效

伴随榆林能源化工基地的建设，榆林市的主要能源产业和能源产量指标都飞速提升，《2016年榆林市国民经济和社会发展统计公报》数据显示，2016年全市生产总值2773.05亿元，比上年增长6.5%。其中，第二产业增加值1680.70亿元，增长4.1%。全市规模以上企业能源工业产值2525.76亿元，比上年增长3.1%，能源工业占全市规模以上企业工业产值的比重为75.9%。能源化工产业方面：煤炭开采和洗选业完成产值1467.07亿元；石油天然气开采业完成产值392.35亿元；石油加工炼焦业完成产值366.90亿元；化学原料制品制造完成产值370.83亿元。能源化工产品方面：原煤、原油和天然气产量分别从2003年的4088万吨、8.1万吨和49.5亿立方米增长到2016年的36216.21万吨、1092.31万吨和159.70亿立方米。经过十几年的开发建设，榆林形成了以煤炭、石油、天然气、岩盐采掘为基础，以电力、化工为主导的能源化工产业体系，能源化工产业转型和高端化发展的成效逐步显现。

自2003年提出“煤向电转化、煤电向载能工业品转化和煤油气盐向化工产品转化”三个转化战略和发展思路之后，榆林市积极进行产业布局，吸引了中石油、中石化、神华、华电、华能、大唐、陕煤、延长等世界500强企业以及中煤、陕西有色、兖州煤矿、鲁能等大量省级企业在榆投资建厂，截至2016年，累计实施过百亿元项目7项、70亿~100亿元项目5项、10亿~50亿元项目19项，建设了一大批大型化、高端化的能源化工企业。累计建成能源化工重点项目110多个，完成投资2500亿元，已形成煤制甲醇220万吨、煤制烯烃240万吨、聚氯乙烯135万吨、兰炭5000万吨的生产能力。以现代煤化工发展的标准性产品精甲醇和三烯为例，2016年榆林精甲醇产量225.98万吨、聚氯乙烯产量143.41万吨、聚乙烯产量110.43万吨、聚丙烯产量123.88万吨、金属镁产量45.59万吨。与2015年相比，尽管受国家供给侧结构性改革“去产能”要求和能源需求疲软的影响，原煤、原油产量下降，但煤化工产品产量大幅度提高，特别是聚乙烯和聚丙烯的产品，分别增长53.7%和58.2%。

煤电一体化充分体现了产业集聚，是国家大力支持的煤电项目，榆林市已建成了锦界、清水川和柠条塔等大型煤电一体化项目，自主开发的兰炭已经形成较为完善的能源化工体系。国华锦能4×600兆瓦煤电一体化项目是落实煤炭向电力转化的代表，该项目由中国神华和山东鲁能共同出资建设，是亚洲最大的煤电一体化项目。此外，该项目还将继续投资164亿元建设三期4×600兆瓦超临界空冷发电机组，打造中国煤电一体化旗舰项目。投资220亿元的陕西有色榆林2×30万吨铝镁合金项目充分利用榆林低价煤电，就地配套高载能工业，产生了良好的协调效益。延长靖边煤油气综合利用项目是延长集团践行“三个转化”战略的典型代表。该公司开发的煤油气合成工艺综合集成优化开发及工业应用技术达到了国际领先水平。2016年5月，中国石油化工联合会组织专家对其进行了72小时考核标定，结果表明，与传统煤制甲醇技术的先进值相比，该项目能源转化效率提高16.88%，碳资源利用效率提高17.74%，单位产品综合能耗降低15.50%以上，水耗降低70.33%以上，二氧化碳减排60.38%，二氧化硫减排59%，被联合国确定为“清洁煤技术示范推广项目”，该项目对陕西乃至全国能源工业的转型升级起到了很好的示范作用。投资1216亿元的神华榆林循环经济煤炭综合利用项目建成后将成为世界上单体最大的煤化工项目，该项目历时十年，于2015年3月由国家发展改革委核准开工建设，采用世界领先的煤化工生产工艺，年产218万吨上千种化工产品。

《2016年榆林市政府工作报告》显示，2016年新批煤电装机398万千瓦，新增煤化工产能200万吨，榆林成为全国煤制烯烃产能第一大市；神木锦丰源、陕煤化乾元公司等粉煤热解技术取得重大突破，兰炭在国家层面被列为洁净煤，成为京津冀鲁地区替换烟煤的主力军；融和1，4-丁二醇、定边智诚润滑油等一批转型项目建成投产。2017年以来，榆林市进一步加大了对煤炭“三个转化”战略的重视，如启动天元回转热解、神木龙成提质煤、陕煤化国富炉等百万吨级粉煤干馏项目；推进富油环烷基油等煤焦油精深加工项目，站稳煤炭热解产业发展制高点；推进华电煤基芳烃、乌苏海则煤制天然气、延长靖边煤油气综合利用二期等转化项目，力争尽快实现未来能源煤间接液化二期、兖州煤业聚甲氧基二甲醚、神华乙二醇、新疆天业乙二醇、清涧天然气制合成油等一批引领转型升级的重大项目落地，推动能源化工业向下游高附加值产业链延伸。初步构建了以煤炭中低温热解推动煤制甲醇、煤制烯烃、煤制油、煤基合成材料即“一推四”的特色能源化工产业体系；推动了能源化工产业五大多联产模式的发展和完善，即煤—油—化一体化多联产模式、煤—气—载能一体化多联产模式、煤—焦—电一体化多联产模式、煤—焦—气化一体化多联产模式、煤—盐—化一体化多联产模式。这充分体现了榆林已初步实现了能源化工产业资源的充分利用、高价值产品的高端利用、不同品位能量的梯级利用、多元化产品的高附加值利用。煤炭“三个转化”战略和发展思路的成效显著。

第二节　生态安全预警指标体系构建

20世纪40年代，“生态安全”思想就出现在土地功能和健康状况评价中（Callicatt，1992；Whitford，1999），其概念最早出现在国际应用系统分析研究所（IASA）关于全球生态安全检测系统问题的报告中（王根绪等，2003）。生态安全的概念有狭义和广义之分，狭义的概念主要是指自然或者半自然生态系统的安全状况，研究领域集中在生态学层面；广义的生态安全包括自然、经济和社会组成的复制生态系统，这一系统也是资源环境经济学的研究重点，本书的“生态安全”就是指广义的“生态安全”概念。国外对生态安全评价的研究兴起于20世纪90年代初，OECD在20世纪90年代初提出的压力—状态—响应（PSR）模型是经典的生态安全评价指标体系，随后，一些机构和学者建立了不同区域尺度的生态安全评价指标体系（Quigley et al.，2001；Weiss et al.，2004），国外对生态安全的研究特别是测度研究取得了大量的成果，生态安全的概念、测度以及评价等研究相对成熟。

国内对生态安全问题的研究起步相对较晚，国务院在2000年底发布的《全国生态环境保护纲要》首次提到了“维护国家生态安全”，掀起了国内关于生态安全的大规模研究热潮。国内生态安全研究整体处于探索和初级阶段，相对较为成熟的是城市生态安全研究，但有关资源富集城市特别是能源化工基地城市的研究更晚，主要兴起于2010年之后。本部分以榆林能源化工基地为研究样本，从生态环境压力、资源利用压力、生态资源禀赋和环境治理响应四个方面构建生态安全预警指标体系。

一、指标选取

生态安全预警指标体系是衡量地方生态安全的重要前提，也是进行生态安全预警的基础。在地区经济社会可持续发展的要求下，科学选取生态安全指标对准确进行生态安全预警具有决定性作用。本书参考目前已有评价体系（徐成龙等，2014；徐水太等，2018；李玉平等，2019），将榆林能源化工基地生态安全预警指标体系分为生态环境压力、资源利用压力、生态资源禀赋与环境治理响应四个子系统，选取 20 项指标建立生态安全预警指标体系，如表 14-1 所示。

表 14-1　榆林能源化工基地生态安全预警指标体系

目标层	准则层/权重	指标层	目标值	指标属性	权重
生态安全预警指标体系	生态环境压力 0.2822	单位工业 GDP 的二氧化硫排放量/吨	64299.34	负	0.2619
		单位工业 GDP 的粉尘排放量/吨	51146.88	负	0.1443
		单位工业 GDP 的废水排放量/标准立方米	2368	负	0.1828
		人均用水量/立方米	471.1	负	0.1599
		单位工业 GDP 的固废物处置量/万吨	206.98	负	0.1139
		人口自然增长率/%	3.95	负	0.1372
	资源利用压力 0.3107	万元工业 GDP 水耗量/立方米	0.068	负	0.0825
		万元工业 GDP 能耗量/吨标准煤	1.184	负	0.1642
		万元工业 GDP 电耗量/万千瓦·时	0.140	负	0.2299
		万元工业 GDP 用地面积/公顷	0.097	负	0.2130
		单位耕地的化肥施用量/吨	127547	负	0.1662
		单位耕地的塑料薄膜使用量/吨	4165.518	负	0.1442
	生态资源禀赋 0.1823	森林覆盖率/%	36	正	0.1790
		人均水资源量/立方米	26.231	正	0.1702
		乡村人均耕地面积/公顷	0.206	正	0.4646
		人均公共绿地面积/平方米	11	正	0.1862
	环境治理响应 0.2248	固废综合利用量/万吨	2523.15	正	0.2741
		固废处置利用率/%	0.99	正	0.2518
		废水处理设施能力/（万吨/日）	141.76	正	0.2335
		废气治理处理能力/（万立方米/小时）	11695.18	正	0.2406

资料来源：2008—2019 年《陕西统计年鉴》《陕西区域统计年鉴》《榆林统计年鉴》。

二、权重确定

采用熵值法对上述指标进行确权。在信息论中，熵是对不确定性的一种度量，当获取的信息量少时，则有较大的不确定性，熵也就大；信息量大时，则不确定性小，熵也就小。由于指标的离散程度与该指标对综合评价的影响呈正相关关系，因此计算出熵值后，可判断出一个事件的随机性及无序程度，也可以用来判断某个指标的离散程度（张志乐、任杰，2011）。其计算步骤如下：

首先，由于选取的各指标量纲、数量级及指标的正负都不统一，数据没有可比性，所以必须对各个指标进行规范化处理。本书采用极差标准化方法对各指标的原始数据进行标准化处理，该方法在消除量纲和量级影响的同时还能保留各省份相应数据变量之间差异信息。具体来说，正指标和负指标标准化的公式分别为：

$$z'_{ij} = \frac{z_{ij} - \min Z_{ij}}{\max Z_{ij} - \min Z_{ij}}, z'_{ij} = \frac{\max Z_{ij} - z_{ij}}{\max Z_{ij} - \min Z_{ij}} \tag{14-1}$$

其中，i 表示样本量，$i = 1, 2, \cdots, m$，j 表示指标，$j = 1, 2, \cdots, n$；z'_{ij} 为无量纲化处理后的标准化数据变量；z_{ij} 为原始数据；$\min Z_{ij}$ 和 $\max Z_{ij}$ 表示同一年份所有原始数据的最小值和最大值。

其次，计算第 j 指标下第 i 样本的指标值比重 y_{ij}，计算公式为：

$$y_{ij} = \frac{z'_{ij}}{\sum_{i=1}^{m} z'_{ij}} \quad (0 \leqslant y_{ij} \leqslant 1) \tag{14-2}$$

再次，计算第 j 项指标信息熵值 e，计算公式为：

$$e_j = -K\sum_{i=1}^{m} y_{ij}\ln y_{ij}, K = 1/\ln m \tag{14-3}$$

复次，计算第 j 项指标的信息效用值 d_j，信息效用值又称信息熵冗余度，简单地讲就是指信息的重复度，某项指标的信息效用值取决于该指标的信息熵 e_j 与 1 之间的差值，即 $d_j = 1 - e_j$。它的值直接影响权重的大小，信息效用值越大，对评价的重要性就越大，权重也就越大。

最后，利用 d_j 计算各指标的权重。其本质是权重越大，对评价结果的贡献就越大。第 j 项指标的权重为：

$$w_j = d_j / \sum_{i=1}^{m} d_j \tag{14-4}$$

根据上述方法，可以得到准则层和指标层的各个指标权重，相关权重数值如表 14-1 所示。

第三节　榆林能源化工基地生态安全警情测算

一、指标目标值的确定

评价榆林能源化工基地生态安全警情的第一步是确定各个具体指标的参照即指标的目标值，通过分析各指标的实际值与目标值之间的差距，分析生态安全警情状况。本书主要参考《榆林市“十三五”规划》《陕西省“十三五”生态环境保护规划》《全国资源型城市可持续发展规划》以及陕西省、榆林市2008—2018 年的平均发展水平，科学选取榆林能源化工基地生态安全系统各具体指标的目标值，具体目标值如表 14-1 所示。

二、预警指标的标准化

根据指标属性的不同，分为正、负指标两类分别采用最大离差法进行无量纲标准化处理，具体公式如下：

当该指标为正指标时，处理公式为：

$$T_i = \frac{D_i - D_{\min}}{D_0 - D_{\min}} \tag{14-5}$$

其中，T_i 为 i 指标的标准化值；D_i 为 i 指标的实际值或预测值；D_0 为 i 指标的目标值；$D_{\min}$ 为 i 指标的最小值。其中，当 $D_i \geqslant D_0$ 时，$T_i = 1$；当 $D_i \leqslant D_{\min}$ 时，$T_i = 0$。

当该指标为负指标时，处理公式为：

$$T_i = \frac{D_{\max} - D_i}{D_{\max} - D_0} \tag{14-6}$$

其中，T_i 为 i 指标的标准化值；D_i 为 i 指标的实际值或预测值；D_0 为 i 指标的目标值；$D_{\max}$ 为 i 指标的最大值。其中，当 $D_i \leqslant D_0$ 时，$T_i = 1$；当 $D_i \geqslant D_{\max}$

时，$T_i=0$。

三、生态安全警情测度方法及警级划分

本书构建的榆林能源化工基地生态安全预警指标体系涵盖四个子系统共20个指标，指标间有其相互作用和整体作用，此时，可选取综合指数评价模型对榆林能源化工基地的生态安全警情进行评价，公式如下：

$$ESI_i = \sum_{i=1}^{m} T_i \cdot W_{ij} \tag{14-7}$$

$$ESI = \sum_{i=1}^{n} ESI_i \cdot W_i \tag{14-8}$$

其中，ESI_i 为各子系统的生态安全预警度，T_i 为 i 指标的警度值；W_{ij} 为指标权重，W_i 为子系统权重；ESI 为产业发展生态安全预警指标体系的警度。测算出的警度值可对应相应的警级，以反映榆林能源化工基地生态安全警情状况。警级划分及特征描述见表 14-2。

表 14-2　警级划分及特征描述

层级划分	警级/警灯	特征描述				
		破坏力度	生态压力	可持续性	修复状况	安全状况
$0 < ESI \leqslant 0.2$	巨警/紫灯	非常严重	巨大	很差	不可修复	非常差
$0.2 < ESI \leqslant 0.4$	重警/蓝灯	较严重	较大	较差	状态较差	有恶化趋势
$0.4 < ESI \leqslant 0.6$	中警/红灯	严重	正常	有待提高	状态适中	可接受，需改进
$0.6 < ESI \leqslant 0.8$	轻警/黄灯	轻微	较小	有趋势	状态较好	基本安全
$0.8 < ESI \leqslant 1$	无警/绿灯	无	小	可持续强	状态很好	恢复再生

四、生态安全警情评价

对榆林能源化工基地 2008—2018 年的生态安全警情进行测算，结果如表 14-3所示。

表 14-3 榆林能源化工基地生态安全度总体评价结果

年份		2008	2009	2010	2011	2012	2013	2014	2015	2016	2017	2018
总体系统	警度值	0.6866	0.6306	0.6534	0.6201	0.6618	0.5620	0.4788	0.5722	0.6277	0.6752	0.6778
	警度区	轻警	轻警	轻警	轻警	轻警	中警	中警	中警	轻警	轻警	轻警
	警灯	黄灯	黄灯	黄灯	黄灯	黄灯	红灯	红灯	红灯	黄灯	黄灯	黄灯
生态环境压力子系统	警度值	0.8345	0.5558	0.6843	0.7489	0.6968	0.4905	0.4802	0.3339	0.4343	0.4583	0.5644
	警度区	无警	中警	轻警	轻警	轻警	中警	中警	重警	中警	中警	中警
	警灯	绿灯	红灯	黄灯	黄灯	黄灯	红灯	红灯	蓝灯	红灯	红灯	红灯
资源利用压力子系统	警度值	1.0000	0.9828	0.9452	0.6600	0.7181	0.4931	0.2694	0.5982	0.6739	0.7301	0.5997
	警度区	无警	无警	无警	轻警	轻警	中警	重警	中警	轻警	轻警	中警
	警灯	绿灯	绿灯	绿灯	黄灯	黄灯	红灯	蓝灯	红灯	黄灯	黄灯	红灯
生态资源禀赋子系统	警度值	0.3055	0.5333	0.4730	0.4771	0.5659	0.6212	0.7534	0.8982	0.7534	0.8067	0.9036
	警度区	重警	中警	中警	中警	中警	轻警	轻警	无警	轻警	无警	无警
	警灯	蓝灯	红灯	红灯	红灯	红灯	黄灯	黄灯	绿灯	黄灯	绿灯	绿灯
环境治理响应子系统	警度值	0.0000	0.0828	0.1240	0.2855	0.3839	0.4650	0.4528	0.5712	0.7047	0.7652	0.7451
	警度区	巨警	巨警	巨警	重警	重警	中警	中警	中警	轻警	轻警	轻警
	警灯	紫灯	紫灯	紫灯	蓝灯	蓝灯	红灯	红灯	红灯	黄灯	黄灯	黄灯

资料来源：2008—2019 年《陕西统计年鉴》《陕西区域统计年鉴》《榆林统计年鉴》。

可以看出，2008—2018 年榆林能源化工基地的生态安全警度值波动幅度较小，整体处于轻警级别，警度值由 2008 年的 0.6866 变为 2018 年的 0.6778，生态安全状况尚可接受，但需要进一步提高。具体来说，2008—2014 年榆林能源化工基地的生态安全状况有所恶化，呈缓慢下降趋势，并在 2014 年警度区达到中警级，警度值为 0.4788；2014 年之后警情呈现好转趋势，通过分析各个子系统的警情可以发现，自提出建设美丽中国与构建绿色基地以来，中央与地方政府不断完善环境保护政策、重视污染物治理，森林覆盖率、人均公园绿地面积显著提高，“三废”设施处理能力数十倍增加，生态资源禀赋子系统和环境治理响应子系统警度值明显改善。

分系统来看，生态环境压力子系统警情持续恶化。2008 年警度值为 0.8345，尚处于无警状态，之后持续快速下降，2009—2014 年徘徊在轻警和中警级，2015 年警度值跌至 0. 3339，警度区为重警。2015 年之后虽有所上升，但一直处于中警状态。能源化工产业属于“高耗能、高污染”产业，大规模能源开采和加工带来严重的环境污染问题是可预见的；同时，榆林能源化工基地本身处于生态环境脆弱区，脆弱的生态承载力进一步导致该地区的生态环境自净能力较差，加重了榆林能源化工基地的生态环境污染问题。从原始数据可以看出，榆林地区的“三废”排放量逐年上升，环境压力日益增大，资源的粗犷式发展方式与生态安全之间存在不可调和的矛盾，改善产业结构，实现清洁化开采和清洁化加工迫在眉睫，这也是榆林构建绿色能源化工基地需要重点解决的问题。

资源利用压力子系统方面，警度区由 2008 年的无警转变为 2014 年的重警，警情恶化严重，说明该阶段榆林能源化工基地资源利用方式粗放，“清洁度”有待提高；2015 年警度区处于中警级，警度值开始回升。从具体指标来看，2012 年之后，榆林能源化工基地能源利用效率和经济增长的“清洁度”不断提高，有效缓解了资源利用压力；基地单位工业 GDP 用水量、能耗量、耕地面积等都在 2013 年达到高峰后开始回落，表明在国家和陕西省政府不断提高对资源利用效率要求的压力下，榆林能源化工基地节能、减排、增效的效果明显。

生态资源禀赋子系统方面，警度值持续改善，从 2008 年的 0. 3055 上升到 2018 年的 0. 9036，警度区也由重警逐渐转为中警再到轻警，最后达到无警状态。从具体指标来看，乡村人均耕地面积、人均公共绿地面积大幅增加；森林覆盖率保持在 31. 94% ~ 33. 00%，变化较小；2008 年以来平均径流量有小幅下降，说明榆林能源化工基地近年防风固沙、退耕还林成果显著，但水资源缺乏仍然是主要的生态压力点，需要重点解决好水资源短缺对能源化工行业发展的约束问题。

环境治理响应子系统方面，警情呈现逐年减轻的趋势，从 2008 年巨警级下降到 2018 年轻警级，警度值从 0. 0000 上升到 0. 7451。从具体数据可以看出，随着经济发展及政府对环境保护的重视，特别是党的十八大以来，陕西省和榆林能源化工基地不断加大对能源产业升级和“清洁化”开采的政策和资金投入，环境治理效果得到了显著提高。

第四节　榆林能源化工基地生态安全预警分析

榆林能源化工基地是我国重要的能源安全保障区、能源化工产业转型发展示范试验区，为国家能源安全做出了重要的贡献，但能源化工产业“高耗能、高污染”的产业特性及榆林脆弱的生态环境状况造成了榆林地区生态环境压力不断加剧，严重影响了生态安全状况。本部分结合预警模型对 2019 年之后五年内的生态安全状况进行预警分析。

一、预警模型

预警是指从当前警情出发对未来警情变化进行预测，从而根据预测结果及时采取相应的防范措施，以保证生态安全。由于本书构建的预警模型中一部分信息是已知的，另一部分信息是未知的，同时系统内各因素间存在不确定关系，因此可以选择邓聚龙教授提出的灰色预测 GM（1，1）模型进行预警分析。该模型通过鉴别系统因素之间发展趋势的相异程度进行关联分析，对原始数据进行生成处理来寻找系统变动的规律，生成有较强规律性的数据序列，从而建立相应的微分方程模型，预测事物的未来发展趋势（向文等，2018；徐美等，2017）。具体来说，建立灰色预测 GM（1，1）模型的步骤如下：

（一）检验与处理数据

对已知的生态安全预警指标数据进行检验，以保证 GM（1，1）方法可行，设要预算的生态安全指标原始数据序列为：$x^{(0)}=[x^0(1), x^0(2), \cdots, x^0(k)]$，$x^{(0)}(k) > 0, k = 1, 2, \cdots, n$。可以采用数列的级比法进行检验，检验方法为：

$$\lambda(k)=\frac{x^{(0)}(k-1)}{x^{(0)}(k)}, k=2, 3, \cdots, n \tag{14-9}$$

如果所有的级比都落在可容覆盖区间内，则数列 $x^{(0)}$ 可建立 GM（1，1）模型进行灰色预测；否则，应对数据做适当变换处理。

（二）建立 GM（1，1）模型

假定原始数据序列满足要求，$x^{(1)}=[x^{1}(1), x^{1}(2), \cdots, x^{1}(k)]$ 为 $x^{(0)}$ 的 1-AGO 序列，以该序列为数据列建立的 GM（1，1）模型均值形式为：

$$x^{(0)}(k)+az^{(1)}(k)=b \tag{14-10}$$

用回归分析求得 a，b 估计值，相应的白化微分方程为：

$$\frac{\mathrm{d}x^{(1)}(t)}{\mathrm{d}t}+ax^{(1)}(t)=b \tag{14-11}$$

上式的解为 $x^{(1)}(t)=(x^{0}(1)-\frac{b}{a})e^{-a(t-1)}+\frac{b}{a}$，于是可得预测值为：

$$\hat{x}^{(1)}(k+1)=[x^{0}(1)-\frac{b}{a}]e^{-ak}+\frac{b}{a},\ k=1, 2, \cdots, n-1 \tag{14-12}$$

二、预测模型精度检验

在使用 GM（1，1）模型进行预测分析之前，还需要对该模型的精度进行检验，只有精度值达到一定程度之后才能使用。本书使用相对残差检验和后验差检验两种方法对 GM（1，1）模型的精度进行验证。

相对残差可由残差值得到，假定数据序列的残差为：$\varepsilon(k)=x^{(0)}(k)-x^{(0)}$，$k=1, 2, \cdots, n$，则相对残差可表示为：

$$E(k)=\frac{\varepsilon(k)}{x^{(0)}(k)}=\frac{x^{(0)}(k)-x^{(0)}}{x^{(0)}(k)},\ k=1, 2, \cdots, n \tag{14-13}$$

如果对所有的残差，其绝对值 $|\varepsilon(k)|<0.1$，则认为精度较高；若 $|\varepsilon(k)|<0.2$，则认为精度达到一般要求。

后验差检验可以通过计算后验差比值得到，首先通过计算 $x^{(0)}$ 及其残差的均值求出二者的方差，方差之比即为后验比值。具体方法为：

计算 $x^{(0)}$ 及其残差的均值，公式为：

$$\bar{x}=\frac{1}{n}\sum_{k=1}^{n}x^{(0)}(k)\ ;\ \bar{\varepsilon}=\frac{1}{n-1}\sum_{k=2}^{n}\varepsilon(k) \tag{14-14}$$

根据均值计算 $x^{(0)}$ 及其残差的方差，公式为：

$$S_1 = \sqrt{\frac{1}{n}\sum_{k=1}^{n}[x^{(0)}(k) - \bar{x}]^2}\ ;\ S_2 = \sqrt{\frac{1}{n-1}\sum_{k=2}^{n}[\varepsilon(k) - \bar{\varepsilon}]^2} \tag{14-15}$$

根据 $x^{(0)}$ 及其残差的方差可以得到后验差比值，公式为：

$$C = S_2 / S_1$$

根据灰色预测模型精度表可知后验差比值的评价标准为：当 $C \leqslant 0.35$ 时，模型预测精度等级为一级，达到较高要求；当 $0.35 < C \leqslant 0.5$ 时，预测精度等级为二级，基本达到要求；当 $0.5 < C \leqslant 0.65$ 时，预测精度等级为三级，勉强到达要求；当 $0.65 < C$ 时，预测精度等级为四级，没有达到要求，不能继续灰色预测。

本书使用R语言将榆林能源化工基地生态安全预警指标体系的原始数据代入灰色预警模型进行精度检验，结果如表14-4所示。对照上述精度评价标准可以看出，本书数据符合预测精度要求，可进行灰色预测分析。

表14-4　各系统指数灰色预测模型精度检验

系统名称	残差平方和	平均相对误差	相对精度	C 值	预测精度等级
生态环境压力	0.1016	0.1691	0.8309	0.3937	二级
资源利用压力	0.2735	0.2758	0.7242	0.5112	三级
生态资源禀赋	0.0455	0.0836	0.9164	0.2276	一级
环境治理响应	0.0654	0.1027	0.9087	0.2193	一级
总体系统	0.0346	0.0823	0.9177	0.6283	三级

三、榆林能源化工基地生态安全系统指数预警与分析

目前榆林能源化工基地的公开数据截止到2018年，可以从2019年开始对榆林能源化工基地2019—2023年的生态安全系统状况进行预测，结果如表14-5所示。可以看出，榆林能源化工基地生态安全状况从2019年之后延续了之前的轻警级，但警度值较2018年略有下降。说明近年来生态安全整体好转，能源化工产业发展与当地的生态环境关系缓和，能源化工产业绿色发展和生态保护成效显著，在“十三五”之后基本能够实现绿色能源化工基地的建设

目标。但经济发展与环境保护的矛盾仍然尖锐，生态环境压力较大，榆林能源化工基地在资源开发的同时应当注重提高资源利用效率，保护生态安全。

表 14-5　榆林能源化工基地 2019—2023 年生态安全指数预测结果及预警状况

系统		2019 年	2020 年	2021 年	2022 年	2023 年
生态环境压力子系统	警度值	0. 4151	0. 3958	0. 3774	0. 3598	0. 3431
	警度区	中警	重警	重警	重警	重警
	警灯	红灯	蓝灯	蓝灯	蓝灯	蓝灯
资源利用压力子系统	警度值	0. 4758	0. 4488	0. 4234	0. 3994	0. 3768
	警度区	中警	中警	中警	重警	重警
	警灯	红灯	红灯	红灯	蓝灯	蓝灯
生态资源禀赋子系统	警度值	0. 7962	0. 8560	0. 9202	0. 9643	0. 9892
	警度区	轻警	无警	无警	无警	无警
	警灯	黄灯	绿灯	绿灯	绿灯	绿灯
环境治理响应子系统	警度值	0. 7657	0. 8974	0. 9012	0. 9235	0. 9548
	警度区	轻警	无警	无警	无警	无警
	警灯	黄灯	绿灯	绿灯	绿灯	绿灯
总体系统	警度值	0. 6253	0. 6270	0. 6287	0. 6304	0. 6322
	警度区	轻警	轻警	轻警	轻警	轻警
	警灯	黄灯	黄灯	黄灯	黄灯	黄灯

资料来源：2008—2019 年《陕西统计年鉴》《陕西区域统计年鉴》《榆林统计年鉴》。

分系统看，生态环境压力子系统警度区由中警级转为重警级，且指标值不断下降，这也进一步说明以资源开发为导向的能源化工产业对环境的损害仍然较大，榆林能源化工产业高端化升级的首要目标是清洁化开采和加工，降低污染物排放；与之相对应，当地也要进一步加大生态建设和环境保护力度，提高生态环境自净能力，双方面缓解生态环境压力。从资源利用压力子系统来看，其警度区从中警级转为重警级，在 2023 年其指标将降到 0. 3768，这说明虽然榆林能源化工基地资源利用效率较以前显著提高，但仍不能适应高速增长的资源开发压力。生态资源禀赋子系统延续了其持续改善的稳定状态，仅 2019 年处于轻警级，从 2020 年起为无警级。环境治理响应子系统也从轻警级降为无警级，“三废”处理能力大大提高，环境压力逐渐缓和。

第十五章　化石能源产业绿色发展政策保障体系

本章基于能源消费革命、能源供给革命、能源技术革命、能源体制革命和能源国际合作五个方面，构建化石能源产业绿色发展的政策保障体系。

第一节　构建清洁低碳能源消费体系

推动能源消费革命，构建清洁低碳高效的能源消费体系，以提升能源消费清洁化水平，逐步构建节约高效、清洁低碳的社会用能模式。实现能源消费清洁高效利用，在实现能源消费总量和强度“双控”的基础上，坚持节约优先，抑制不合理能源消费，并实现以煤油为主体的消费体系向煤、油、气、电多能并举并逐渐提高气、电消费比重的消费体系转变。具体政策包括：

一、控制能源消费总量，坚持节约优先方针，严控煤炭消费总量，开展煤炭消费减量行动

严控煤炭消费总量，推进煤炭清洁高效利用的总体思路是“推动煤炭分级分质利用，推动燃煤清洁高效发电和绿色低碳改造，推动现代煤化工高端示范和传统煤化工优化升级，加大环保治理和资源综合利用，努力走出一条具有区域特色的煤炭清洁高效利用绿色发展新路”。首先，分步走落地一批大型现代煤化工项目进入建设实施阶段。其次，全面建成煤化工产业体系，逐步提升行业创新能力，在全国范围内形成具有区域特征的煤基新材料、精细化学品生产基地和高碳产业低碳绿色发展的示范区。最后，清洁高效利用煤炭。煤炭清洁高效利用应从以下五方面出发：一是以煤电一体化为目标，深化煤炭和火电行业供给侧结构性改革，推动煤火联营，高质量打造煤电一体化基地。充分利用“长江流域、黄河流域”两条母亲河的水资源优势，针对

京津冀鲁、长三角和珠三角等地区，分区域促进“水火互济”协调发展，优化西南地区能源供应结构，保障枯期电力供应安全。二是统筹煤炭去产能与保供应，控制煤炭总量和排放量，推进煤炭资源整合，减少煤矿数量、煤炭企业和井下作业人数，提升安全保障水平、矿井规模、产业集中度和有效供给能力，实现煤炭开采利用机械化、自动化、信息化、智能化和标准化，高效释放区域间煤炭产能，平衡区域供需和市场价格，实现煤炭产业转型升级、高质量发展。三是充分采用先进的燃煤发电技术，形成煤气化技术和联合循环相结合的动力系统的整体煤气化联合循环，提升环保性能，实现提效减排的目标，将煤基多联产能源系统技术推广至跨行业、跨部门的生产，实现煤炭的多维度梯级利用，煤炭消费实现“吃干榨净”。四是优先安排煤电一体化及其他煤电联营项目电量上网，给予一定的基数电量和市场化交易电量保障，释放产能支撑枯期电力供应。五是探索建立火电备用补偿长效机制、完善电力辅助服务市场和容量市场，进一步优化能源结构，切实保障能源安全。

二、提高清洁能源消费比重，逐步实现高消耗、高污染煤油消费体系向煤、油、气、电多能并举的消费体系转变，实现清洁能源对传统能源的安全高效替代

一方面，要大力发展新能源，提高新能源在一次能源中的消费比重。具体来看，首先，完善新能源开发目标引导制度，各个地区要根据自身的地理条件和能源消费实际情况，因地制宜，制定新能源发展规划，强化责任主体，加强市场监督，优化新能源发展的空间布局。其次，积极推进天然气价格改革，推动天然气市场建设，探索建立合理气、电价格联动机制，降低天然气综合使用成本，拓展天然气消费市场及消费规模。稳步推进天然气接收和储运设施公平开放，鼓励大用户直供。合理布局天然气销售网络和服务设施，以民用、发电、交通和工业等领域为着力点，实施天然气消费提升行动。以京津冀及周边地区、长三角、珠三角、东北地区为重点，推进重点城市“煤改气”工程，加快建设天然气分布式能源项目和天然气调峰电站。再次，建立全国长期的、联动的新能源消纳市场预警机制，解决新能源消纳问题，及

时把握各地新能源消纳的能力及特点，准确检测全国新能源市场的运行消纳情况。建立新能源特别是可再生能源发电全额保障性收购制度，缓解非技术性限电的问题，保护新能源企业的基本利益，为新能源全面开展市场竞争打下坚实基础。最后，优先调度新能源电力，使用低碳、清洁电力，保障新能源电力吸纳的同时逐步淘汰市场中高能耗、高污染的发电主体，控制煤电的消费，降低排放。

另一方面，要结合区域资源禀赋特征，逐步实现高消耗、高污染的煤油消费体系向煤、油、气、电多能并举的消费体系转变。首先，充分发挥光伏发电和风力发电的调峰优势，以常规火电、生物质发电和可调度的水力发电与其互补，削峰填谷，提升电力系统负荷调节能力，减少风、光弃置，优化电力消费结构，提升电力输出的安全性和稳定性。其次，建立多能联产、分布式能源和智慧能源系统，面向用户用能需求，就近输出“1+3”能源互补能源站，满足电、冷、热等多能源产品梯级利用，实现多能互补一体化发展和梯级利用。再次，因地制宜优化能源消费结构。沼气富集区构建以沼气为主的多能互补利用模式，减少粪便、有机生活垃圾和作物秸秆弃置以及固体能源燃烧造成的污染，实现资源无害化处理和再利用；针对偏远的农村、牧区和边远哨地区利用风能、光能的能流密度低、分布广等特点，开发利用微电网，形成分布式独立电力供给系统或“自发自用，余电上网”的并网系统，在满足电力需求的同时减少居民用电支出；针对偏远农村供暖基础设施差的现状，采取“太阳能+生物质能或地热资源”的多能源耦合供暖方式，提高供热稳定性，减少化石能源消耗，改善室内环境，减少采暖支出；农村城市建设分布式“太阳能热水器+电力或燃气”的供水系统，冬季以电力或燃气为主、太阳能为辅，其他季节以太阳能为主，实现热水全年全天候供应，减少电力或燃气支出。同时，加快推进普通柴油、船用燃料油质量升级，推广使用生物质燃料等清洁油品，提高煤制燃料战略储备能力。加强车船尾气排放与净化设施改造监管，确保油机协同升级。最后，将能源、电力与互联网、大数据相结合，催生能源物联网、节能的人工智能、综合能源服务优势，开展“智慧能源大脑”建设，重塑能源业态，推动能源系统与信息技术深度融合。这一创新举措将进一步拓展基于数据的能源服务，有力提高能源利用效率。加大太阳能、风能、潮汐能、地热能、生物质能的开发力度，在保障能源安全的前提下，推动能源消费体系从高消耗、高污染的煤炭消费向多能互补的清洁低碳安全高效的能源消费转变，改善能源消费结构，促进可持续发展，实现能源消费革命。

第二节　构建清洁低碳能源供给体系

推动能源供给革命，构建清洁低碳安全高效的能源供给体系，把推动煤炭等化石能源清洁高效开发利用作为能源转型发展的首要任务，大力拓展增量的同时减少破坏性、浪费性开发利用。另外，积极发展非化石能源，重视关键装备和核心技术的研发设计，加强能源输配网络和储备应急设施建设，形成节点城市和与交通规划相匹配的“油、气、电、热”多轮驱动、多轮互补的能源供应体系，着力提高能源供应体系的质量和效率。

一、实现煤、油为主的化石能源清洁低碳安全高效开发，预防严重的土地塌方和生态环境破坏

加强重点行业能效管理，淘汰落后产能，鼓励煤、电、化等上下游产业一体化经营。一方面，要实现煤、油为主的化石能源清洁低碳安全高效开发，促进煤制油项目的开展，煤制油是国家能源安全的重要保障。我国的资源禀赋是富煤缺油少气，当前我国石油对外依存度已经超过70%，未来面临进一步的上升，对外依存度提高对我国能源安全存在威胁。我国是“富煤、缺油、少气”国家，拥有丰富的煤炭资源，煤制油的发展是保障我国能源安全的一个重要抓手。煤制油技术主要分为直接液化和间接液化两种，其中，煤基直接液化油品具有“一大、三高、四低”的良好特性：比重大；高热值，吸热能力强，冷却能力好，高温下油品质量稳定，不易发生氧化变质、结焦；低硫、低氮、低芳烃，有效降低尾气颗粒污染物的排放，达到了清洁燃料标准，低凝点，在极寒地区和高空适合使用，具有非常可观的环保效益和经济效益。

目前，我国煤炭的间接液化技术相对成熟，已形成规模化生产，但直接液化仍面临很多阻碍，工艺复杂，投资大，风险高，发达国家还都处于试验阶段，尚无任何工业化生产的成熟经验可供借鉴，需要自身加大研发力度，给予直接液化工艺研发政策扶持与优惠。煤制油也是煤炭清洁利用的重要途径。煤制油具有处理效率高、出油量大、污染零排放等特点，煤基液化除总体工艺操作条件相对苛刻外，还需面对耗水量以及煤制油转化率合算的问题。煤炭富集区大多集中在西北内陆生态薄弱地区，开展煤制油需耗费大量水资源，为解决这一问题，可以通过在煤炭资源富集区分区建设净水厂的方式，将附近煤矿疏干水经过净化处理用于煤直接液化生产，实现煤直接液化先期工程工业水源替代，在保护地下水资源的同时，解决煤矿疏干水的综合利用难题，以“清污分离、污污分治、分质回用”为指导原则，实现煤制油水耗最低。在煤制油能源方面，转化率煤制油表现出明显优势，煤直接液化制油的能源转化率近60%，远高于其他利用模式的40%左右，是煤生产液体产品中最有效的技术途径，但仍面对上下游产业链一体化的问题。推广目前4个大型国家煤化工示范工程，将煤制油、煤制烯烃、煤制甲醇、煤焦化、氯碱化工以及油化工下游产品开发等业务串联起来，实现煤炭资源的清洁和高效转化，用“富煤”解决“贫油”问题。

另一方面，要运用市场化手段以及安全、环保、技术、质量等标准，加快淘汰落后产能和不符合产业政策的产能，积极引导安全无保障、资源枯竭、赋存条件差、环境污染重、长期亏损的煤矿产能有序退出，推进企业兼并重组，鼓励煤、电、化等上下游产业一体化经营。首先，加强重点行业能效管理，推动重点企业能源管理体系建设，提高用能设备能效水平，严格钢铁、电解铝、水泥等高耗能行业产品能耗标准。其次，创新生产生活用能模式，鼓励工业节能、绿色建筑、绿色交通等清洁节能行动。大力开发、推广节能高效技术和产品，实现重点用能行业、设备节能标准全覆盖。推行重点用能行业能效“领跑者”制度和对标达标考核制度。最后，调整产业结构，切实推进工业、建筑、交通等重点领域节能减排，通过淘汰落后产能、加快传统产业升级改造和培育新动能，提高能源效率。积极创建清洁能源示范省（区、市）、绿色能源示范市（县）、智慧能源示范镇（村、岛）和绿色园区（工厂），引导居民科学合理用能，推动形成注重节能的生活方式和社会风尚。

二、增加清洁能源、增加关键装备和核心技术自主可控性、增加能源储配运的智能化和网络化建设

补齐能源基础设施短板，加强核心关键技术的研究与开发，着力研发煤炭清洁化综合利用技术、清洁能源开采利用技术、温室气体减排技术等绿色能源技术创新和关键设备，实现关键核心技术自主可控，优化能源生产布局，全面建设“互联网+”智慧能源。

首先，要以“互联网+”智慧能源推动能源供给体系智能化生产，促进技术进步和产业升级。能源企业可以充分利用互联网技术和信息，建立能源生产供给运行的监测、管理和调度信息网络，加强可再生能源产业链上下游企业的信息对接和生产消费智能化，支撑能源企业和电网协调运行。同时，运用大数据技术对设备状态、电能负载等数据进行分析挖掘与预测，开展精准调度、故障判断和预测性维护，提高能源利用效率和安全稳定运行水平。能源企业还可以依托互联网形成系统化开放的企业创新研究与应用体系，统筹技术和产品创新工作，将新技术、新资源、人才整合形成具有活力的技术研发与创新中心，并通过智能化集合提高生产运营效率和开发新技术，从而降低成本，促进平价上网。

其次，要利用“能源互联网+可再生能源”，大规模实现可再生能源分布式接入、利用和共享，实现可再生能源规模化发展。利用能源互联网的高度集成特性，根据能源类型进一步将可再生分布式发电设备、储能设备和负载设备组成的微型能源网络进行互联，实现上述设备的“即插即发、即插即储、即插即用”以及无差别对等互联。同时，利用能源互联网实现各类型分布式可再生电源、储能设备以及可控负荷之间的协调优化，做到“横向源—源互补，纵向源—网—荷—储协调控制”，平抑分布式可再生能源间歇特性对局部电网的冲击。在保证系统的经济性与安全性的同时，进一步提高系统对分布式可再生能源的消纳能力。

最后，要充分利用智慧能源互联网，培育建设能源联网交易市场。能源产品自身存在不确定、不稳定性，尤其是可再生能源产品，构建能够平抑相应风险和一定程度高价的市场机制和交易模式是平价上网和市场建设的关键，这也是改变原有的可再生能源通过财政补贴模式上网的必由之路。能源互联网利用其数据计算和云计算优势，搭建能源产品灵活的交易平台，应支持“油、气、电、热”等能源产品与电力用户之间实现点对点交易，面向不同用户群体提供差异化的套餐，以市场交易价格实现资源的优化配置。同时，还可以打造特殊的能源金融产品，培育第三方运维、点对点能源服务等，促使能源生产、消费和交易的新业态发展。

三、推进非化石能源可持续发展，构建边远地区和核心城市的分布式能源体系，形成节点城市和与交通规划相匹配的“油、气、电、热”多能互补体系

一方面，要统筹资源、环境和市场条件，超前布局、积极稳妥推进建设周期长、配套要求高的水电和核电项目，坚持集中开发与分散利用并举，调整优化开发布局，全面协调推进风电开发，推动太阳能多元化利用，因地制宜发展生物质能、地热能、海洋能等新能源，提高可再生能源发展质量和在全社会总发电量中的比重。科学规划、整体布局，统筹推进油气电管网建设，增强区域间协调互济供给能力和终端覆盖能力，加强能源储备应急体系建设，构建现代化、智能化的能源供应体系，实现能源储配运技术智能化、网络化管理。另一方面，要构建偏远地区、节点城市与交通规划相匹配的“油、气、电、热”多轮驱动、多轮互补的能源供应体系，形成“油、气、电、热”多元化能源生产结构，完善能源生产供应与交通规划相匹配体系，及时满足用户的用能需求。因地制宜布局节电式边缘地区与核心城市的加油站、加气站，全面满足用户的用能需求。对于光伏发电、风力发电、潮汐发电、生物质能发电、海洋能发电，利用能源互联网构建输、配、储、运一体化能源供给体系，稳妥推进平价上网，减少能源运输的成本。实现前端生产和终端需求无缝衔接，并采用分布式能源与负荷就地平衡的电能配置模式，通过大电网实

现优化配置、高效传输和便捷使用，降低能源整体运输成本。其中，能源互联网中的特高压、智能电网以及主动配电网的技术突破和建设基础，也可以成为可再生能源高效开发利用的基本载体。

第三节　构建清洁低碳能源技术体系

推动能源技术革命，构建清洁低碳安全高效的能源技术体系，加快推进能源重大技术研发、重大装备制造与重大示范工程建设，超前部署重点领域核心技术集中攻关，实现我国从能源生产消费大国向能源科技装备强国转变。

一、加大能源产业核心技术研发

推进重点技术与装备研发，围绕油气资源勘探开发、化石能源清洁高效转化、可再生能源高效开发利用、核能安全利用、智慧能源、先进高效节能等领域，应用推广一批技术成熟、市场有需求、经济合理的技术，示范试验一批有一定技术积累但工艺和市场有待验证的技术，集中攻关一批前景广阔的技术，加速科技创新成果转化应用。加强重点领域能源装备自主创新，重点突破能源装备制造关键技术、材料和零部件等瓶颈，加快形成重大装备自主成套能力，推动可再生能源上游制造业加快智能制造升级，提升全产业链发展质量和效益。

二、创新驱动能源科技创新示范工程建设

坚持创新驱动，统筹能源技术革命的“三个一批”（应用推广、示范试验、集中攻关）。建立一批科技创新示范工程，充分发挥我国能源市场空间大、工程实践机会多的优势。加大资金、政策扶持力度，重点在油气勘探开发、煤炭加工转化、高效清洁发电、新能源开发利用、智能电网、先进核电、大规模储能、柔性直流输电、制氢等领域，建设一批创新示范工程，推动先进产能建设，提高能源科技自主创新能力和装备制造国产化水平，抓住“互联网+”的重要机遇，打造能源互联网和互联网能源“双引擎”，促进各要素

的科学合理配置。进一步整合现有科研力量，依托京津在国家工程技术研究中心、国家能源研发中心和国家重点实验室等的科技资源优势，充分发挥企业创新主体作用，积极推进“产学研用”的创新联合体建设，在煤层气开发利用、油气资源高效开发、高效清洁发电、特高压输电、大规模间歇式发电并网、智能电网、核燃料后处理等技术领域，部署一批具有战略先导性作用的前沿技术和集中攻关项目，加快重大工程技术示范试验，力争突破制约能源发展的“卡脖子”技术，形成能源产业新经济增长点，激发能源企业、高校及研究机构的创新潜能，推动大众创业、万众创新，鼓励加强合作，建立一批技术创新联盟，推进技术集成创新。强化企业创新主体地位，健全市场导向机制，加快技术产业化应用，打造若干具有国际竞争力的科技创新型能源企业。

第四节　构建清洁低碳能源体制体系

推动能源体制革命，构建清洁低碳安全高效的能源体制体系，坚持市场化改革方向，理顺价格体系，还原能源商品属性，充分发挥市场配置资源的决定性作用和更好发挥政府作用，深入推进能源重点领域和关键环节改革，着力破除体制机制障碍，构建公平竞争的能源市场体系，为提高能源效率、推进能源健康可持续发展营造良好的制度环境。

一、完善能源政策法律法规体系，健全能源市场信用评价体系

首先，健全能源政策法律法规体系，建立以能源法为基础和统领，以煤炭法、电力法、石油天然气法等为主干，以能源行政法规、部门规章、地方性法规和地方政府规章为配套和补充，以标准和规范为技术支撑的能源法律法规体系，依靠“科学立法”促成“全民守法”，从而形成用制度规范能源治理、保障能源发展各项预期指标实现的良好局面。其次，要健全能源市场信用体系，建立市场主体信用评级制度，建立企业法人及其负责人、从业人员信用记录，将其纳入统一的信息平台，使各类企业的状况透明，可追溯、

可核查。最后，建立市场主体信用评级制度。建立健全守信激励和失信惩戒机制，加强对失信主体的惩戒和约束。

二、加快形成统一开放、竞争有序的现代能源市场体系

放开竞争性领域和环节，实行统一市场准入制度，推动能源投资多元化，积极支持民营经济进入能源领域。首先，健全市场退出机制，加快电力市场建设，培育电力辅助服务市场，建立可再生能源配额制及绿色电力证书交易制度。推进天然气交易中心建设。培育能源期货市场。开展用能权交易试点，推动建设全国统一的碳排放交易市场。健全能源市场监管机制，强化自然垄断业务监管，规范竞争性业务市场秩序。其次，建立完善环境污染倒逼机制，充分发挥市场决定作用，合理制定能源价格及其调整机制，使其能够反映环境损害成本、资源稀缺程度以及市场供求关系，并适时推出碳税，平衡化石能源与新能源之间的外部效应。另外，合理增加公众对"生态环境"外部性的"搭便车"成本，提升环境污染的外部性成本，并积极开展环境资本运营，创新资本运作金融系统，形成多方共同参与的环境治理体系。最后，深入推进政企分开，逐步剥离由能源企业行使的管网规划、系统接入、运行调度、标准制定等公共管理职能，由政府部门或委托第三方机构承担。加强能源战略规划研究，组织开展能源发展重大战略问题研究，提升国家能源战略决策能力。健全能源标准、统计和计量体系，修订和完善能源行业标准，构建国家能源大数据研究平台，综合运用互联网、大数据、云计算等先进手段，加强能源经济形势分析研判和预测预警，显著提高能源数据统计分析和决策支持能力。

三、推进能源价格改革

首先，要按照"管住中间、放开两头"的总体思路，推进能源价格改革，建立合理反映能源资源稀缺程度、市场供求关系、生态环境价值和代际补偿成本的能源价格机制，妥善处理和逐步减少交叉补贴，充分发挥价格杠杆调节作用。其次，要建立能源清洁低碳利用的市场倒逼机制。将生态环境成本、

能源供求关系等要素纳入能源价格体系，推动形成能源清洁低碳利用的市场倒逼机制，使能源消费企业基于企业成本收益核算而成为能源清洁低碳利用的主要参与者。市场竞争、产权结构、能源价格对中国能源密集型产业的能源效率存在正向影响，激烈的竞争意识促使企业提高能源利用效率，从而在成本倒逼的情况下，一方面使能源消费企业减少能源消费总量，另一方面引导能源消费企业转向清洁能源消费、可再生能源消费。综合各地生态承载力、发展现状以及发展潜力，兼顾经济发展质量、社会公平和生态效益，实施能源消费差别化总量管理。最后，放开电力、油气等领域竞争性环节价格，严格监管和规范电力、油气输配环节政府定价，研究建立有效约束电网和油气管网单位投资和成本的输配价格机制，实施峰谷分时价格、季节价格、可中断负荷价格、两部制价格等科学价格制度，完善调峰、调频、备用等辅助服务价格制度，推广落实气、电价格联动机制。研究建立有利于激励降低成本的财政补贴和电价机制，逐步实现风电、光伏发电上网电价市场化。

第五篇

能源革命背景下的能源技术支撑体系及其产业化进展

能源工业是国民经济发展的基础，具有显著的技术密集型产业的特点。能源科技的发展将深刻地影响未来的能源格局，“科技决定能源的未来，科技创造未来的能源”。为此，各主要能源大国均十分重视能源科技的发展，并制定能源战略计划，如美国的《全面能源战略》、欧盟的《2050能源技术路线图》、日本的《面向2030年能源环境创新战略》等。习近平总书记于2014年提出中国能源安全发展的“四个革命、一个合作”战略思想，成为指导我国能源中长期发展的行动指南。作为能源革命战略的重要一环，能源技术革命的首次提出标志着能源技术创新已经摆在能源发展全局的核心位置，是助推能源消费、供给、体制革命和加强国际合作的基础，是实现绿色、低碳、安全、高效、可持续的现代能源体系目标的支撑，是建设创新型国家的重要内容。

改革开放以来，我国能源科技水平有了显著提高，在核能、风能、太阳能、储能、油气资源、煤炭、水能、生物质能、节能、智能电网与能源网的融合等能源领域的技术水平已大幅提升，部分实现了跨越式发展，部分达到了国际先进水平。在新一代核电技术、发电装备制造与煤炭高效清洁燃烧、风力发电设备制造、含大规模新能源接入的特大电网调度运行与安全控制等方面实现了自主创新和技术突破，但部分核心技术和装备仍落后于国际先进水平，原创高端技术自我供应能力明显不足。与发达国家相比，在能源开采、转换、存储和运输、高效与清洁开发利用等技术领域存在较大差距。造成这些差距的主要原因，一方面是我国工业基础大而技术能力不强，另一方面是我国能源技术支撑体系不能够完全适应目前能源工业发展需要。随着我国能源需求量迅速增加及资源环境约束日益加剧，建立适合我国能源发展特点的能源技术支撑体系的任务十分紧迫，这是提高我国能源技术整体水平和国际竞争力的前提，也是实现由能源大国向能源强国转变的保障。

第十六章　我国的能源技术支撑体系

目前，学术界对技术支撑尚无系统的定义。有学者认为，技术支撑是发挥技术系统的功能，摆脱没有技术或技术缺乏的压力，实现相关领域的突破。根据这一理解，本书认为，能源技术支撑体系是以政府、企业、高校、社会科研机构等为主体，为加快能源产业技术进步，推动经济增长方式转变和产业结构调整，实现我国经济、社会和环境协调发展而进行的技术选择、技术平台建设以及促进能源产业技术进步的各种制度安排。先进的科学技术是能源产业的核心竞争力，如果没有先进技术的支持，能源产业所追求的经济效益和环境目标只能是“纸上谈兵”。因此，建立完善的科技支撑体系是能源产业健康发展的必然要求。

根据以上界定，本书从能源技术研究、能源技术装备、能源重大示范工程及能源技术创新平台建设等方面，全面及客观地梳理我国能源技术支撑体系的构成及现状。其中，技术研究是能源科技创新的前提、技术装备是实现技术的载体、示范工程是能源技术推广应用和成果转化的条件、技术创新平台的建立是开展能源技术研究的保障和能源技术人才培养的重要基础。

第一节　我国的能源技术研究

按照我国能源生产与供应产业链中技术的相近和相关性，《国家能源科技“十二五”规划（2011—2015）》（以下简称《规划》）将能源技术划分为勘探与开采技术、加工与转化技术、发电与输配电技术和新能源技术等重点技术领域。

一、勘探与开采技术的研究现状

我国能源需求、能源结构及能源行业发展现状，决定了在2035年前需采用“稳油兴气”的发展战略，面临着较多的勘探开发技术难题或关键技术需求。目前，我国常规油气的勘探，主要依靠地震、钻井等技术；非常规油气勘探对地球物理方法技术、油气储层压裂改造技术、油气储运与环境保护技术都有更高的要求。我国常规陆上地震勘探技术成熟，特色的复杂山地地震勘探技术先进，海洋、天然气水合物等非常规油气资源勘探技术尚处于起步阶段。深海技术和深水钻井装备和配套技术研发处于产业化快速发展的初期，已经具备水深超过1650米的深水钻完井工程方案设计、深海冷海钻井装置与技术选择与优化设计研究能力。但是对于基于微机电系统（MEMS）的全方位高分辨多波多分量地震勘探技术，目前尚不具备实验测试等基础研发条件。钻完井技术在这轮以智能化为主的技术发展潮流中，受制于国家在高端微纳传感器技术和智能材料技术领域的短板，技术发展已进入创新瓶颈期并且导致油气难动用，储量占比持续增大。

二、加工与转化技术的研究现状

我国能源消费结构以煤炭为主，劣质原油和劣质天然气占有较大比例，且产地远离能源消费中心。为了充分利用资源，满足能源高效转换、多种供给、洁净环保及远途输送的需求，提升能源产品综合利用价值，需要开发先进的加工与转化技术。从清洁煤炭燃烧利用所涉及的超超临界技术，燃煤工业锅炉，民用散煤，煤电深度节水技术，碳捕获和封存/碳捕获、利用和封存技术，煤电废物控制技术等六类技术的发展现状和国内外对比看，我国在超超临界、煤电深度节水、煤电废物控制、碳捕获和封存等一些技术领域已处于世界先进甚至领先的水平。

然而，即便在上述优势领域，也仍有部分技术和关键设备需要进一步研发或改进。燃煤工业锅炉装备总体水平差，运行效率低，比国际先进水平低20%，缺乏有效的控制民用散煤污染物排放的技术措施。在二氧化碳的运输管道建设、化学链燃烧等前沿技术的基础研究领域，与美国等发达国家相比还较为落后。

三、发电与输配电技术的研究现状

我国电力稳定供给主要依靠火力发电、水力发电。电网支撑了电力安全输送、电力电量平衡和用户的可靠使用。先进的发电和输配电技术是保证我国电力工业健康、可持续发展的重要基础。目前，我国在特高压输电、柔性直流输电、大容量储能、大电网调度、主动配电网、微电网、能源转化设备等电网智能化技术方面处于国际领先水平。水力发电方面，已在 7×10^5 千瓦级机组研制、300 米级别高坝设计、超大型地下厂房设计、复杂输水系统过渡过程分析、巨型输水系统结构设计等大型水电关键技术和相关科学问题上取得突破。但仍有许多关键技术问题尚未得到很好的解决，如巨型水轮机及其系统的稳定性问题，超高水头、引水式电站开发技术，超高水头超大容量冲击式机组，大容量高水头贯流式机组稳定性等方面。对于小水电，在低水头、大流量小水电设备的制造、微小水电的稳定、长期运行技术以及机组自动控制技术等方面与国外先进水平相比还有相当大的差距。

四、新能源技术的研究现状

1980 年，联合国召开的新能源和可再生能源会议对新能源的定义为：以新技术和新材料为基础，使传统的可再生能源得到现代化的开发和利用，用取之不尽、周而复始的可再生能源取代资源有限、对环境有污染的化石能源，重点开发太阳能、风能、生物质能、潮汐能、地热能、氢能和核能（原子能）。

核能具有能量密集、成本低廉、温室气体排放少等优点，风能、太阳能、生物质能和海洋能储量巨大，发展核能发电、风力发电、太阳能发电、生物质能利用和海洋能发电等可再生能源技术，规模化开发新能源，对优化我国能源结构、促进能源可持续发展具有重要意义。

（一）风力发电技术

风电的技术进步表现为设备的大型化和单机成本下降。中国的风力发电开始于20世纪50年代后期，最初的发展重点是离网小型风力发电，主要用于解决海岛和偏远农村牧区的用电问题。20世纪70年代末，开始进行并网大型风力发电场的建设。从20世纪70年代末到80年代末，中国各地相继开始研制或引进国外风电机组，建设示范风电场，开展试验研究、示范发展。从2003年起，随着国家连续组织风电特许权招标，规划大型风电基地，2005年风电技术跨入兆瓦级时代。2006年实行《中华人民共和国可再生能源法》后，中国风电开发建设进入了跨越式的发展阶段。到2019年，风电已成为中国继煤电、水电之后的第三大电源。

在技术研究开发方面，通过引进消化及吸收，3兆瓦及以下兆瓦级机组总体设计及零部件制造技术已经成熟。但同丹麦、德国等风电发达国家相比，尚不具备大型风力发电机组关键部件的制造技术和能力，一直依赖引进国外的设备和技术。由于引进国外机组价格较高，每千瓦超过1万元人民币，因此要进一步发展我国风力发电事业，必须在引进消化吸收基础上不断创新，走大型风力发电机国产化的道路。

以大数据和互联网为基础对风电场设计、运行及维护进行改进及优化已经成为风力发电降低成本、提高发电量和高效率的重要手段，国外在此领域已经具备成熟的解决方案，国内在风电大数据标准、分析及基于大数据的风电场优化方面与之差距较大。未来，基于大数据开发出适用于不同类型风电场的设计及运维技术，将为我国大型风电基地以及分散式风电系统的优化布局和可靠运行提供技术支撑。

（二）太阳能技术

20世纪70年代初，中国一些科研单位及科技人员开始研究太阳能的开发利用技术。20世纪80—90年代，主要集中在太阳能热水器技术方面，2000年以后，太阳能热水器行业进入高速发展时期，目前在技术方面处于世界领先水平。1998年，中国开始关注太阳能发电技术；2007年，中国成为生产太阳能光伏电池最多的国家；2013年，国务院发布《关于促进光伏产业健康发展的若干意见》，从价格、补贴、税收、并网等多个层面明确了光伏发电的政策框架。政策支持下，我国的太阳能光伏发电技术发展迅猛，已形成多晶硅原材料、硅锭/硅片、太阳电池/组件和光伏系统应用、专用设备制造等比较完善的光伏产业链。商业化单晶硅电池效率达到20%以上，多晶硅电池效率超过了18%，在高效率低成本晶体硅太阳电池的生产方面具有优势。在光电直接发电上，我国已在海拔4500米以上的西藏阿里地区建起4座10~25千瓦的独立光伏电站及太阳能卫星电视地面接收站，解决了当地的照明和电视收看问题，是迄今世界上海拔最高的太阳光伏电站。到2019年，在太阳能技术方面，光伏制造的大部分关键设备已实现本土化并逐步推行智能制造。与德国、美国等太阳能技术较发达的国家相比，中国的优势在于产业化的规模方面，但在基础研究方面的差距依然明显，需要在人工光合成太阳能燃料方面加大基础研究的力度。

（三）海洋能技术

20世纪80年代初至90年代中期，我国海洋能开发利用研究受到众多部门、单位和专家的重视，参与海洋能开发利用研究的专业单位和电站等最多时达近50个。几十年来，我国海洋能开发利用的重点是潮汐能、波浪能、潮流能，但出于各种原因，海洋可再生能源的开发利用水平还不高，只有潮汐能开发利用比较成熟，其他能源开发尚处于技术研究和示范试验阶段。我国潮汐电站建设始于20世纪50年代，曾经有76座，目前仅剩浙江江厦、海山和山东白沙等3座潮汐电站尚在运行，其中江厦潮汐试验电站最大，装机容量3200千瓦，全球排名第三位。目前，海流（潮流）能、温差能处于研发试验阶段；波浪能发电技术研发获得了较快发展，其中微型波力发电技术已经成熟，并在沿海航标中小规模应用和出口；海洋太阳能利用比较薄弱，仅个别海岛采用了太阳能路灯照明装置；海洋风能开发利用发展迅速，长山岛、长岛、嵊泗、岱山岛、大陈、平潭、东山岛、南澳岛均建有风力发电厂，但发电机组国产化率不到30%，主要依靠国外设备和技术。

（四）生物质能技术

由于从20世纪50—60年代开始，中国就重视开发利用沼气，到20世纪80年代，中国沼气技术进入成熟阶段。沼气工艺不断完善，综合效益开始显现。2000 年以后，随着技术的完善，中国沼气产业进入快速发展阶段，项目规模也开始从过去的家庭小沼气池为主逐步转向大规模的企业化运作模式。

早在 20 世纪 80 年代，中国就开始尝试利用生物质发电，2005 年则是中国生物质发电的重要节点。国家发展改革委在 2005 年批复了山东单县、江苏如东、河北晋州等 3 个地区若干生物质发电示范工程。在随后的几年里，江苏海安、黑龙江庆安等地的一大批生物质发电项目陆续获得批准，推动了生物质发电技术的快速发展。到 2019 年，在生物质能技术方面，中国生物质发电技术基本成熟，生物发电总装机容量已居世界第二位，生物质成型燃料供热技术也日益成熟，正积极发展生物质管道天然气技术。但生物质直燃发电技术在锅炉系统、配套辅助设备工艺等方面与欧洲国家相比还有较大差距，生物质发电在原料预处理及高效转化与成套装备研制等核心技术方面仍存在瓶颈。生物柴油技术已进入工业应用阶段，但在生物质液体燃料的转化反应机理、高效长寿命催化剂、酶转化等方面的基础研究薄弱。固体成型燃料的黏接机制和络合成型机理尚不清楚。在生物质管道天然气技术方面，德国的技术比较成熟，处于世界领先位置。在垃圾发电技术方面，德国、丹麦、美国和日本等国家相对领先。

（五）核能技术

核能是安全、清洁、低碳、高能量密度的战略能源。2006 年以来，核电国产化战略不断深入推进，我国核电装备国产化能力得到很大提升。目前，我国有 37 台运行核电机组，总装机容量 3581 万千瓦；20 台在建核电机组，总装机容量 2287 万千瓦，居世界第一位。按照核电中长期发展规划，到“十三五”末，我国在运核电装机容量将达到 5800 万千瓦，在建机组达到 3000 万千瓦以上，机组总数达到世界第二位，2020 年，我国在运在建核电达到 8800 万千瓦。

中国核电充分吸收了国际核电发展的经验和教训，采用当前最先进的技术，遵循最高的安全标准，最早引入和开发三代核电技术。满足美国“电力公司要求文件”（URD）和欧洲国家的“欧洲电力公司要求”（EUR），率先引进并在三门、海阳建设首批 4 台 AP000 先进压水堆核电厂，同时又在台山建设 2 台 EPR1700 先进压水堆核电厂。中国自主开发三代核电 CAP1400 和华龙一号，华龙一号在我国具有的成熟技术和规模化核电建设及运行基础上，通过优化和改进，满足先进压水堆核电厂的标准规范，已在福建福清、广西防城港和巴基斯坦卡拉奇开工建设。另外，从 20 世纪 70 年代开始，中国还推进了创新的中小型反应堆（50~300 兆瓦电力）的研发，以支持多种应用：偏远位置、并未入邻近电网的中小型电网、旧燃煤机组更换、将废热用于供热网络的热电联产、海水淡化、海岛开发等。

第二节　我国的能源技术装备

能源产业的资源勘探开发、加工转化、传输配送和终端消费全产业链都充满了装备属性，安全、清洁、绿色、高效、低碳发展的每一步都需要通过技术进步来实现，而能源装备是能源技术的核心。围绕能源全产业链对我国能源技术装备的现状进行梳理。

一、能源勘探和开发技术装备

煤炭勘探开发方面，建设了一批现代化的煤炭安全绿色开采和综合利用研发平台，突破了一批重大关键技术和装备，年产 1000 万吨特厚煤层综放开采装备、年产 400 万吨选煤厂洗选设备、重介质选煤技术等一批重大技术和装备实现国产化并广泛应用；煤炭深加工技术和装备居世界领先水平，具有自主知识产权的年产百万吨级直接液化、16 万吨间接液化、40 亿立方米煤制天然气和 60 万吨级煤制烯烃生产线已投入运行；煤炭安全绿色开采技术达到国际先进水平，煤炭生产实现向自动化、机械化、智能化转变。

油气勘探开发方面，形成先进的低渗透和稠油油田开采技术，实现特大超深高含硫气田安全高效开发技术等工业化应用，开发了超高破裂压力地层压裂技术，海洋深水勘探开发关键技术与装备取得重大进展，自主设计建造的首座 3000 米深水半潜式钻井平台“海洋石油 981”已成功应用于南海“荔湾 3-1”气田，并已开始批量出口。自主研制“蓝鲸 1 号”“蓝鲸 2 号”，助力海域天然气水合物开采技术获得突破。

二、能源加工与转换技术装备

千万吨级炼油工程成套设备、百万吨级烯烃关键设备已实现国产化。我国火电机组平均供电煤耗已达到321克标准煤/千瓦·时，其中660~1000兆瓦超超临界发电机组总装机已达1亿千瓦，居世界首位，平均供电煤耗达到290克标准煤/千瓦·时，上海外高桥三厂火电机组年平均供电煤耗已达到276克标准煤/千瓦·时，处于国际领先水平；世界首台600兆瓦超临界循环流化床燃煤锅炉机组在四川白马成功投运，技术已达国际先进水平；我国首台250兆瓦等级IGCC示范电站投入运行，成为世界上第四个拥有大型IGCC电站且自主设计、建设和运行的国家；除尘、脱硫、脱硝等燃煤污染物控制技术进入推广应用阶段，一些关键技术已经达到了国际领先水平，特别是中低挥发分的低氮氧化物（NO_X）燃烧技术达到国际领先水平。成功研发出3000吨/日先进煤气化技术及装备，攻克了大型先进煤气化、合成气变换新技术、新型煤气化、直接液化、低阶煤分质利用技术等一大批技术难题，整体达到国际领先水平；百万千万级超超临界直接空冷机组已投入运行，并将广泛应用于西部富煤缺水地区，可节约用水80%以上；世界最大规模的上海石洞口电厂12万吨/年二氧化碳捕集、利用和封存技术示范装置已投入运行。

三、新能源与可再生能源技术装备

截至目前，我国已掌握了水能、风能、太阳能、核能等能源系统关键技术。

（一）水力发电

水力发电方面，我国已成为全球最大水能利用国家，水电装机规模达到2.75亿千瓦，建成了完整配套的水电勘察、设计、施工、维护和技术装备研发制造产业体系，依托骨干企业和科研院所建设了一批现代化的水电技术研发平台，掌握了超高坝筑坝、高边坡综合治理等复杂地质条件大型水电开发成套技术，建成世界最高的龙滩碾压混凝土重力坝和水布垭面板堆石坝，大型水电机组成套设计制造能力居世界领先水平，掌握了世界单机容量最大的80万千瓦水轮发电机组和30万千瓦级抽水蓄能机组设计和制造技术。

（二）风力发电

风力发电方面，风电总装机容量和年投运量世界第一，国产风电机组市场占有率超过90%，开发了与国情相适应的低风速、低温、抗风沙、抗盐雾等兆瓦级新型风电机组，6兆瓦级海上风电机组已经下线。

（三）太阳能发电

太阳能发电方面，光伏电池产量约占世界总产量的60%，技术和装备水平持续提升，分布式利用广泛推进，发电成本持续下降，大型光伏逆变器、数据采集与远程监控系统等关键设备均已实现自主化；塔式、槽式光热发电和太阳能低温循环发电技术发展与世界同步，正在开展示范工程建设。

（四）生物能发电

生物能发电方面，我国的生物发电总装机容量已居世界第二位，但生物质直燃发电技术在锅炉系统、配套辅助设备工艺等方面与欧洲国家相比还有较大差距。

（五）核电

核电方面，依托中核、中广核、国家核电等骨干企业建设了一批与国际接轨的现代核电研发、设计和制造平台，已具备百万千瓦级压水堆核电站自主设计和建造能力，在建和已投运的红沿河、宁德等工程国产化率超过80%，单位造价持续降低，阳江核电站每千瓦造价下降到1.07万元，远低于每千瓦造价2500~3000美元的世界平均水平；三代核电自主化依托工程正在稳步建设，以AP1000为代表的三代核电成套设计、制造能力已逐步形成，一大批关键设备、材料，如大型铸锻件、关键泵阀、数字化仪控等均已实现国产化；第四代核电技术研发和示范取得重大进展，正在建设20万千瓦高温气冷堆示范工程，实验快堆已实现临界和并网发电，正推进商用示范快堆建设，钍基熔盐堆研发进展顺利；先进核燃料元件已实现国产化制造，乏燃料后处理中试厂已完成热试。

四、能源输配技术装备

我国电网发展经历了局部电网、跨省互联电网及跨区域互联电网三个阶段。1989年，我国华中、华东电网间的±500千伏超高压直流输电工程正式投入运行，标志着我国从省际联网向跨大区联网迈进。当前，智能电网已成为世界范围内的发展趋势，我国在特高压输电、柔性直流输电、大容量储能、大电网调度、主动配电网、微电网、能源转化设备等电网智能化技术方面处于国际领先水平。但是仍存在配电网络的城乡差异大、自动化覆盖率低的问题，电网的现状离智能电网高可靠性、高自动化率的目标仍有较大距离。

油气长输管线技术日臻成熟，大型电驱压缩机组等核心装备和材料实现国产化，后续每条管线可节省设备和材料造价100亿元，有力保障了西气东输、中亚、中缅等长输管线建设。

第三节　我国的能源重大示范工程

为完善重大技术研究、重大技术装备、重大示范工程、技术创新平台“四位一体”的能源科技创新体系，国家能源局在2012年5月发布《国家能源科技重大示范工程管理办法》（以下简称《办法》），拟通过加强和规范重大示范工程管理，充分发挥重大示范工程在加快能源科技成果转化为现实生产力过程中的关键作用，为实现我国由能源生产和消费大国向能源科技强国转变提供技术支撑和保障。

《办法》明确提出“十二五”期间我国拟批准34项能源科技重大示范工程（见表16-1），其中，勘探与开发技术方面，规划了大型矿井快速施工与工作面自动化示范工程、煤层气开发利用示范工程等7项工程；加工与转化技术方面，规划了煤制清洁燃料示范工程、煤电化热一体化示范工程等5项工程；发电与输配电技术方面，规划了分布式能源燃气轮机发电技术示范工程、智能电网示范工程等10项工程；新能源技术方面，规划了自主知识产权先进压水堆核电示范工程、大规模并网光伏发电系统示范工程等12项工程。2017年，国家能源局印发《能源技术创新“十三五”规划》，围绕“十三五”期间我国能源产业发展的重大需求，着眼推动能源技术革命，聚焦形成五个重大能源科技专题，又提出了48项能源科技重大示范工程（见表16-2）。

表 16-1　“十二五”时期能源示范工程重点任务

重点任务	能源示范工程名称
勘探与开发（7 项）	大型矿井快速施工与工作面自动化示范工程、地下气化采煤技术研发与示范工程、煤层气综合开发利用示范工程、低/特低渗透油气田开采示范工程、中深层稠油油藏开采示范工程、富酸性气藏开采示范工程、非常规天然气规模化开发示范工程
加工与转化（5 项）	集煤气化、化工合成、发电、供热、废弃物资源化利用等于一体的多联产示范工程，拥有完全自主知识产权的万吨级生物质热化学转化制备液体燃料及热、电、化学品等多联产示范工程，生物质气化示范工程，煤—电—粉煤灰提取氧化铝—电解铝—建材一体化示范工程
发电与输配电（10 项）	400~500 兆瓦级整体煤气化联合循环（IGCC）多联产及碳捕获、利用与封存（CCUS）示范工程，分布式能源燃气轮机发电示范工程，高效节能环保节水型燃煤发电示范工程，中/低热值燃气蒸汽联合循环发电示范工程，具有自主知识产权的先进压水堆核电示范工程，200 兆瓦级模块式高温气冷堆核电示范工程，快堆示范工程，模块式小型堆示范工程，智能电网示范工程
新能源（12 项）	自主知识产权先进压水堆核电示范工程，大规模并网光伏发电系统，太阳能热发电示范工程，100 兆瓦级风、光、储、输综合供能系统示范工程，10 兆瓦级水、光、气、储互补发电系统示范工程，农业废弃物制备生物燃气及其综合利用示范工程

表 16-2　“十三五”时期能源示范工程重点任务

技术方向	技术领域	示范工程	起止时间
清洁高效化石能源技术（18 项）	化石能源深度勘探开发	第四代现代化（智慧）煤矿示范工程	2016—2020 年
		致密气田增产及稳产工程技术	2016—2020 年
		致密油水平井分段压裂及工厂化技术	2016—2025 年
		低产气井高效排水采气技术	2018—2022 年
		页岩气开发优化技术	2016—2022 年
		页岩气开采环境评价及保护技术	2016—2020 年
		深水钻井技术装备与应用	2018—2025 年
		低煤阶煤层气资源评价与开发技术	2016—2020 年
		煤层气开发动态分析与评价技术	2016—2018 年

续表

技术方向	技术领域	示范工程	起止时间
清洁高效化石能源技术（18项）	清洁燃料加工转化清洁燃煤发电	酶法生物柴油产业化示范工程	2016—2020年
		单系列百万吨/年及以上低阶煤热解示范工程	2016—2020年
		新一代先进煤气化示范装置	2016—2020年
		煤制化学品新技术工业示范	2016—2023年
		高酚氨煤化工废水零排放技术示范	2019—2020年
		600兆瓦等级超超临界循环流化床锅炉示范工程	2016—2022年
		600兆瓦等级或以上容量超（超）临界全燃准东煤锅炉机组示范工程	2017—2025年
		400~600兆瓦级IGCC示范工程	2016—2025年
		百万吨级碳捕集、利用和封存系统示范工程	2017—2025年
新能源电力系统技术（15项）	可再生能源高效利用	8~10兆瓦等级及以上的超大型海上风电机组示范工程	2016—2025年
		大型太阳能热发电关键技术研究与示范	2016—2025年
		生物质集中高效热电联产及多能互补技术示范工程	2016—2025年
		抽水蓄能电站关键技术示范与推广	2016—2020年
		海洋能利用关键技术及示范工程	2016—2020年
		干热岩开发利用技术示范工程	2016—2020年
	高比例可再生能源并网与传输	风电场群智能控制、调度及能效评估	2016—2020年
		柔性直流输电关键技术研发与示范	2016—2020年
		高压大容量交流电网故障电流限制关键技术	2016—2020年
		电网安全稳定自适应保护系统研发与示范	2016—2022年
	储能	大容量长寿命钛酸锂储能电池及装置示范验证	2016—2020年
		兆瓦级以上大容量钠硫电池储能装置示范验证	2017—2020年
		10兆瓦/100兆瓦小时先进压缩空气储能系统示范	2016—2020年
	能源互联网	适应多种发电形式和用户主动影响的交直流配电网示范	2016—2023年
		能源互联网示范工程	2016—2020年

续表

技术方向	技术领域	示范工程	起止时间
安全先进核电技术（4项）	安全先进民用反应堆	CFR600 快堆示范工程	2016—2025 年
		模块化小型堆示范工程	2016—2020 年
	建设、运行与延寿	核电厂延寿关键技术示范应用	2016—2020 年
		核电工程智能化设计建设技术示范	2016—2020 年
战略性能源技术（8项）	燃气轮机	先进轴流式简单循环小型燃气轮机示范	2017—2020 年
		管道增压用中型工业燃气轮机自主示范	2017—2020 年
		F 级 50~100 兆瓦重型燃气轮机工程示范	2018—2020 年
		天然气分布式能源示范工程	2016—2020 年
	海洋核动力平台	海洋核动力平台示范工程	2016—2020 年
	氢能与燃料电池	可再生能源制氢示范工程	2016—2020 年
		燃料电池分布式发电示范项目	2016—2020 年
	超导输电	2.5 兆瓦/5 兆焦高温超导储能装置研制	2016—2020 年
能源基础材料技术（3项）	电池材料	光伏组件用高分子材料开发及应用	2016—2020 年
		晶硅太阳能电池的银电极浆料技术	2016—2020 年
		化合物半导体能源材料应用示范	2015—2023 年

资料来源：根据《能源技术创新“十三五”规划》整理而成。

第四节　我国的能源技术创新平台

2020 年 9 月，国家能源局印发《国家能源研发创新平台管理办法》，对《国家能源研发（实验）中心管理办法》（国能科技〔2010〕198 号）（以下简称《办法》）进行了修订。《办法》指出，能源技术创新平台包括国家能源研发中心和国家能源重点实验室等，强调能源技术创新平台的主要任务就是聚焦国家能源安全、能源可持续发展以及能源重大工程建设对技术创新的需求，通过建立健全产学研用协同创新机制，推动关键核心技术攻关、装备研制和试验示范，形成重大技术装备体系，加快科技成果转移转化，开展国际交流合作，带动行业技术进步。

2010 年 1 月，我国首批 16 个国家能源研发（实验）中心正式成立，它们分别是：重大装备材料研发中心、核级锆材研发中心、核电站核级设备研发中心、核电站数字化仪控系统研发中心、风电叶片研发（实验）中心、大型风电并网系统研发（实验）中心、海上风电技术装备研发中心、大型清洁高效发电设备研发中心、电站空冷系统研发中心、大型涡轮叶片研发中心、特高压直流输电工程成套设计研发（实验）中心、大电网技术研发（实验）中心、输配电设备研发（实验）中心、快堆工程研发（实验）中心、智能电网（上海）研发中心、海洋工程装备研发中心。16 个研发中心主要涉及核电、风电、高效发输电以及设备材料等能源重点行业和领域，标志着我国能源高科技研发进入一个新阶段。

此后认定的国家级能源研发创新平台一直比较偏重于新能源方面，包括核电、风电、煤炭清洁转化与利用以及能源装备等领域。2020 年 12 月，国务院发布《新时代的中国能源发展》白皮书，强调建设多元化多层次的能源科技创新平台。未来将布局建设 40 多个国家重点实验室和一批国家工程研究中心，重点围绕煤炭安全绿色智能开采、可再生能源高效利用、储能与分布式能源等技术方向开展相关研究，促进能源科技进步；将布局建设 80 余个国家能源研发中心和国家能源重点实验室，围绕煤炭、石油、天然气、火电、核电、可再生能源、能源装备重点领域和关键环节开展研究，覆盖当前能源技术创新的重点领域和前沿方向。

2021 年 6 月，国家能源局发布了《关于组织开展“十四五”第一批国家能源研发创新平台认定工作的通知》，强调近期将聚焦能源安全、“碳达峰、碳中和”目标等重大需求，围绕以新能源为主体的新型电力系统、新型储能、氢能与燃料电池、碳捕集利用与封存（CCUS）、能源系统数字化智能化、能源系统安全等重点领域，开展国家能源研发创新平台（包括国家能源研发中心和国家能源重点实验室）的认定工作。

第十七章　我国能源新技术的产业化进展及政策建议

能源技术产业化发展是能源技术从前期的研究、开发到后期的扩散、推广，最终达到规模化生产并产生经济效益与社会效益的过程。这里我们重点关注能源领域新技术的产业化问题。

中国工程院彭苏萍院士团队建议用“能源新技术产业”替代“新能源产业”的叫法，理由是“新能源产业”通常仅聚焦于核能、太阳能、风能和生物质能等产业，定位过于狭窄，容易忽视化石能源新技术的颠覆性作用（如页岩油气规模化开发技术、先进洁净煤技术等），而且将化石能源与非化石能源新技术的系统联合与协同发展排除在外。而“能源新技术”不仅涉及可再生能源和核能领域，而且涵盖非常规油气资源开发、传统化石能源的清洁高效转化与利用、能源传输以及终端用能等领域，是具有突破性或颠覆性的能源开发利用技术。

第一节　化石能源清洁高效利用技术产业化

我国一次能源结构具有“富煤、贫油、少气”的特征，虽然历经多年的能源结构调整，但是到 2019 年煤炭消费量占我国一次能源总消费量的比重仍然高达 57.7%，石油和天然气的占比合计仅为 27%。可见，中国以煤为主的能源结构在相当长的时间内不会有根本性的改变，因此，传统化石能源的清洁利用，特别是煤炭资源的清洁利用，长期以来一直是我国能源战略的重中之重。在国家能源局列出的低碳能源技术中，化石能源清洁高效利用（这里主要是指煤炭的清洁高效利用）技术排在第一位。

一、资源条件

煤炭资源在我国的能源结构中处于主体地位，与石油、天然气等主体能源相比，煤炭资源的储量非常丰富，根据有关资料，我国的煤炭资源占到了世界总储量的 11.6%，资源储量达到了 5.9 万亿吨，占一次能源总储量的 94.22%，石油和天然气仅占不到 6%，这种资源禀赋条件使得我国的基础能源严重依赖煤炭。

我国的低变质烟煤储量最为丰富，此类煤炭资源的硫分和灰分较低，具有良好的可选性，且发热量较高，总体的煤质比较优良，综合各个煤矿原煤分布来看，其灰分一般都在 15%以下，而硫分仅仅为 1%甚至不足 1%。我国低变质烟煤资源总量在 28535.85 亿吨，达到了我国煤炭资源的 51.23%。中变质烟煤原煤灰分达到了 20%，多以低灰煤和特低灰煤为主，硫分相对较高；高变质烟煤储量为 7967.73 亿吨，占全国煤炭资源总量的 14.31%。从我国煤炭资源的分布情况来看，煤种齐全，优质煤多，但是，煤炭资源在开采过程中，资源数量与分布的不均匀加剧了开采的难度，再加上可持续发展理念的提出，在煤炭资源的开发过程中，更需要加强清洁高效利用技术的研究和创新。

二、政策支持

煤炭的清洁高效利用离不开国家政策的大力支持。自 20 世纪 90 年代起，我国已经认识到煤炭清洁化利用的重要性，对推进煤炭清洁化利用的技术越发重视，并逐步完善促进煤炭清洁化利用的技术政策。2006 年，煤的高效洁净利用技术作为先进能源技术进入《我国应掌握自主知识产权的关键技术和产品目录》；2009 年 3 月，推进洁净煤技术产业化和核电、风电、太阳能发电等清洁能源发展一道，被列为国家发展改革委、生态环境部、科技部等多个部委负责的落实《政府工作报告》的重点工作。尤其是近年来，国家发布了一系列产业政策文件，如《煤炭深加工产业示范“十三五”规划》《煤炭清洁高效利用行动计划（2015—2020 年）》等，将煤炭高效清洁利用提升为我国当前能源发展的基本战略。表 17-1 列举了我国从 1994 年至今发布的 32 项关于煤炭高效清洁利用的主要政策。

表 17-1　促进煤炭清洁高效利用的政策文件

时间	政策名称	主要内容
1994 年 11 月 2 日	《煤炭工业环境保护暂行管理办法》	煤炭工业环境保护的主要任务是：合理开发利用煤炭及与煤共生、伴生的矿产资源，依靠科学技术进步，推行清洁生产，防治矿区生态破坏和环境污染，发展洁净煤技术，提供清洁能源
1996 年 8 月 29 日	《中华人民共和国煤炭法》	国家发展和推广洁净煤技术
1997 年 6 月	《中国洁净煤技术"九五"计划和 2010 年发展纲要》	洁净煤技术包含四个领域、十四项技术：①煤炭加工领域：选煤、型煤、水煤浆；②煤炭高效燃烧与先进发电技术领域：CFBC、PFBC、IGCC；③煤炭转化领域：气化、液化和燃料电池；④污染排放控制与废弃物处理领域：烟气净化、电厂粉煤灰综合利用、煤层气的开发利用、煤矸石和煤泥水的综合利用
2001 年 1 月 1 日	《煤炭工业"十五"计划》	实施洁净煤战略，加强政策引导，注重加工转换，强化清洁利用，推进洁净煤技术产业化
2002 年 1 月 30 日	《关于发布燃煤二氧化硫排放污染防治技术政策的通知》	为实现 2005 年全国二氧化硫排放量在 2000 年基础上削减 10%、"两控区"二氧化硫排放量减少 20%、改善城市环境空气质量的控制目标提供技术支持和导向
2004 年 5 月 16 日	《关于燃煤电站项目规划和建设有关要求的通知》	新建、扩建燃煤电站项目均应同步建设烟气脱硫设施
2005 年 6 月 7 日	《关于促进煤炭工业健康发展的若干意见》	制定规划，完善政策，组织建设示范工程，并给予一定资金支持，推动洁净煤技术和产业化发展
2006 年 2 月 7 日	《国家中长期科学和技术发展规划纲要（2006—2020 年）》	开发高效、清洁和二氧化碳近零排放的化石能源开发利用技术
2007 年 1 月	《煤炭工业"十一五"规划》	切实提高煤炭资源回收率，开展煤层气（煤矿瓦斯）、矿井水、煤矸石、煤泥以及与煤共伴生资源的综合开发与利用，大力发展循环经济，推行清洁生产，减小对环境和生态的影响

续表

时间	政策名称	主要内容
2007 年 7 月 3 日	《煤炭工业节能减排工作意见》	煤矿设计要符合清洁生产的要求，优先采用资源回收率高、污染排放少的清洁生产技术、工艺和设备，要有对固、液、气体废弃物、共伴生资源和余热等进行综合利用的措施，要有污染治理措施，并做到达标排放
2007 年 11 月 29 日	《煤炭产业政策》	按照减量化、再利用、资源化的原则，综合开发利用与煤共伴生资源和煤矿废弃物。鼓励企业利用煤矸石、低热值煤发电、供热，利用煤矸石生产建材产品、井下充填、复垦造田和筑路等，综合利用矿井水，发展循环经济
2008 年 8 月 29 日	《中华人民共和国循环经济促进法》	必须在国家规定的范围和期限内，以洁净煤、石油焦、天然气等清洁能源替代燃料油，停止使用不符合国家规定的燃油发电机组和燃油锅炉
2012 年 3 月 27 日	《洁净煤技术科技发展“十二五”专项规划》	在煤炭提质与资源综合利用、高效洁净燃煤发电、煤基洁净燃料、高效燃煤与工业节能、队伍建设和平台建设等方面，突破重点基础和核心关键，开发出一批具有国际领先水平的新工艺、新技术，实现重大系统技术集成，为煤电、煤转化等重点示范工程和建设洁净煤技术战略性新兴产业提供技术支持，达到世界先进、领先水平。发展高效洁净燃煤发电、先进煤转化、先进节能技术、污染物控制及二氧化碳捕集与封存和资源化利用技术
2012 年 3 月 18 日	《煤炭工业“十二五”规划》	大力发展煤炭洗选加工，有序建设现代煤化工升级示范工程，促进煤炭高效清洁利用
2013 年 1 月 1 日	《能源发展“十二五”规划》	把“着力提高清洁低碳化石能源和非化石能源比重、大力推进煤炭高效清洁利用、科学实施传统能源替代、加快优化能源生产和消费结构”作为基本原则之一
2013 年 9 月 10 日	《大气污染防治行动计划》	经过五年努力，使全国空气质量总体改善，重污染天气较大幅度减少；使京津冀、长三角、珠三角等区域空气质量明显好转

续表

时间	政策名称	主要内容
2014 年 6 月 7 日	《能源发展战略行动计划（2014—2020 年）》	坚持发展非化石能源与化石能源高效清洁利用并举，逐步降低煤炭消费比重，提高天然气消费比重，大幅增加风电、太阳能、地热能等可再生能源和核电消费比重，形成与我国国情相适应、科学合理的能源消费结构，大幅减少能源消费排放，促进生态文明建设
2014 年 9 月 12 日	《煤电节能减排升级与改造行动计划（2014—2020 年）》	在执行更严格能效环保标准的前提下，到 2020 年，力争使煤炭占一次能源消费比重下降到 62%以内，电煤占煤炭消费比重提高到 60%以上
2014 年 12 月 26 日	《关于促进煤炭安全绿色开发和清洁高效利用的意见》	煤炭清洁高效利用水平显著提高，燃煤发电技术和单位供电煤耗达到世界先进水平，电煤占煤炭消费比重提高到 60%以上……新型煤化工产业实现高效、环保、低耗发展
2015 年 2 月 2 日	《工业领域煤炭清洁高效利用行动计划》	到 2017 年，实现节约煤炭消耗 8000 万吨以上，减少烟尘排放量 50 万吨、二氧化硫排放量 60 万吨、氮氧化物 40 万吨，促进区域环境质量改善。到 2020 年，力争节约煤炭消耗 1. 6 亿吨以上，减少烟尘排放量 100 万吨、二氧化硫排放量 120 万吨、氮氧化物 80 万吨
2015 年 2 月 4 日	《关于促进煤炭工业科学发展的指导意见》	坚持绿色开发、清洁利用原则，最大限度减少煤炭资源开发对生态环境影响，依靠科技创新、强化监管，降低煤炭利用污染物排放
2015 年 4 月 27 日	《煤炭清洁高效利用行动计划（2015—2020 年）》	加强煤炭质量管理，加快先进的煤炭优质化加工、燃煤发电技术装备攻关及产业化应用，稳步推进相关产业升级示范，建立政策引导与市场推动相结合的煤炭清洁高效利用推进机制，构建清洁、高效、低碳、安全、可持续的现代煤炭清洁利用体系
2015 年 2 月 27 日	《2015 年工业绿色发展专项行动实施方案》	到 2015 年底，减少煤炭消耗 400 万吨以上。指导京津冀及周边地区、长三角等重点工业企业实施清洁生产技术改造
2016 年 4 月 7 日	《能源技术革命创新行动计划（2016—2030 年）》	通过能源技术创新，大幅减少能源生产过程污染排放，提供更清洁的能源产品，加强能源伴生资源综合利用，构建清洁、循环的能源技术体系

续表

时间	政策名称	主要内容
2016 年 12 月 26 日	《能源发展“十三五”规划》	把发展清洁低碳能源作为调整能源结构的主攻方向，坚持发展非化石能源与清洁高效利用化石能源并举。逐步降低煤炭消费比重，提高天然气和非化石能源消费比重，大幅降低二氧化碳排放强度和污染物排放水平，优化能源生产布局和结构，促进生态文明建设
2017 年 2 月 8 日	《煤炭深加工产业示范“十三五”规划》	到 2020 年，已建成的示范项目实现安全、环保、稳定运行，自主技术和装备可靠性得到验证，煤制清洁燃料和化工原料得到市场认可和应用，装备自主化率进一步提高，推动形成技术路线完整、产品种类齐全的煤炭深加工产业体系，为产业长远可持续发展打下坚实基础
2017 年 3 月 22 日	《现代煤化工产业创新发展布局方案》	规划布局内蒙古鄂尔多斯、陕西榆林、宁夏宁东、新疆准东 4 个现代煤化工产业示范区，推动产业集聚发展，逐步形成世界一流的现代煤化工产业示范区

从内容上看，上述政策主要涉及煤炭提质加工、燃煤发电、燃煤工业锅炉、民用散煤燃烧、煤炭清洁转化等五个方面，其中，绝大部分政策为行政管制的条例和规划，存在经济工具的政策只占很小一部分，说明市场经济手段利用率较低，企业主观能动性较差。

三、煤炭清洁利用技术及产业化概况

煤炭清洁利用技术包括煤炭清洁发电技术、新型煤化工技术、煤基多联产技术、煤油共炼技术、碳捕获与封存技术等。

（一）煤炭清洁发电技术及产业化

洁净煤发电技术一般包括两种技术路径：一种是通过改进燃烧方式，提高参数的发电技术；另一种是将煤炭气化后用于发电的技术。前者包括超临界燃煤发电、超超临界燃煤发电、循环流化床燃煤发电、增压流化床燃烧联合循环发电等。后者代表性技术为整体煤气化联合循环发电技术。近十几年来，我国的燃煤清洁高效发电技术迅猛发展。超超临界发电技术已经达到世界先进水平，某些领域已达到世界领先水平；超临界CFB锅炉技术已经达到国际领先水平，并且研发形成了完整的CFB锅炉设计和制造技术体系；循环流化床技术也取得了丰硕的发展成果，尤其是2014年4月，我国自主研发的世界第一台600兆瓦超临界循环流化床锅炉在四川白马电厂投运，标志着我国大容量、超临界循环流化床锅炉发电技术已经达到国际领先水平。燃煤火电机组综合节水技术也已达到世界领先水平。

随着新能源开发规模的不断扩大，我国燃煤发电占比虽持续下降，但仍是最重要的电力供应来源。我国燃煤发电装机容量由1978年的不到4000万千瓦增至2019年的10.4亿千瓦；燃煤发电量由不到2200亿千瓦·时增至4.55万亿千瓦·时。目前，我国已建成全球最大的清洁高效煤电供应体系，燃煤发电机组大气污染物的超低排放标准高于世界主要发达国家和地区，燃煤发电已不再是我国大气污染物的主要来源。2015年，泰州电厂3号机组成为世界首台成功运用二次再热技术的百万千瓦超超临界燃煤发电机组，实现供电标准煤耗266克/千瓦·时，成为全球煤电新标杆。2019年，全国百万千瓦超超临界燃煤发电机组有111台在运行，超过其他国家的总和，平均供电标准煤耗约280克/千瓦·时，引领世界燃煤发电技术发展方向。

（二）新型煤化工技术及产业化

新型煤化工（又称为“现代煤化工”“煤炭深加工”）是指以煤为主要原料生产多种清洁燃料和基础化工原料的煤炭加工转化产业。新型煤化工产业主要包括煤制油（煤直接液化、煤间接液化）、煤制天然气、煤制化学品（含烯烃、芳烃、乙二醇等）、低阶煤分质分级利用等领域。近年来，我国煤炭清洁高效转化利用技术取得一系列创新突破。煤直接液化、煤间接液化等成套关键技术具有自主知识产权，工业示范工程也实现安全、稳定、长期满负荷运行，成为保障我国能源安全的重要战略路径；开发了多种具有自主知识产权的高效低成本煤气化技术，彻底摆脱大型煤气化技术对国外进口的依赖；研发建设了世界首套百万吨级煤直接液化商业装置，并实现长周期稳定运行；开发了400万吨/年煤间接液化成套技术，并实现商业化运行，目前煤制油产能已达921万吨/年；建成了世界首套60万吨/年煤制烯烃工业化生产装置，首次实现由煤化工向石油化工原料的转换，目前年产能超过 1300 万吨。此外，我国在煤制乙二醇、煤制天然气等技术发展和产业应用方面，均取得重大突破。可以说，我国已建立起完整的现代煤化工产业技术创新体系。

（三）煤基多联产技术及产业化

煤基多联产技术，是以煤为原料，集煤气化、化工合成、发电、供热、废弃物资源化利用等于一体的煤炭综合利用系统。主要技术路径仍然是煤气化，通过气化把两大系统即燃料/化工产品生产系统、动力生产系统统一结合起来进行物质与能量交换，使动力系统达到合理利用能源和低污染排放，使化工产品或清洁燃料的生产过程低能耗与低成本，是一个实现多领域功能需求和能源资源高增值目标的可持续发展能源利用系统。与常规煤发电和煤基化工相比，煤基多联产技术是一种跨越式发展，并且与氢能利用、削减二氧化碳排放的长远可持续发展目标相融合。

目前，我国煤基多联产系统总体上已经进入工业示范早期，但尚未得到大规模的工业应用。技术的逐渐成熟将为该系统大范围的推广打下良好的基础。

（四）煤油共炼技术及产业化

煤油共炼是在煤直接液化技术的基础上发展起来的一种煤与重油共同加工的技术。目前开发的煤油共炼技术通常是煤化程度较低的烟煤与重油的共同转化技术。开发煤油共炼技术的主要原因是煤直接液化技术与重油的加氢裂化技术具有十分相近的反应条件，而煤直接液化技术存在明显缺点，且这些缺点在煤和重油共同转化的情况下能够得到改善甚至消除。2015 年 7 月，延长石油集团投资在陕西省靖边县建设的 45 万吨/年煤油共炼试验示范项目投料试车成功，工艺流程全线打通。同年，该项目的装置通过了中国石油和化学工业联合会组织的技术鉴定，该技术总体达到世界领先水平。

煤油共炼项目与煤直接液化或间接制油相比显示出投资省、碳转化率高、液体收率高、资源利用充分、油品质量好、“三废”排放少等优势，将有可能成为新的投资热点，甚至成为煤制油的主流工艺，在有条件的地区得到推广应用。但由于煤油共炼项目要求业主同时提供煤炭、渣油，最好再拥有天然气，一般企业很难做到。因此，即便工业化示范取得成功，技术的推广应用也将受到一定限制。

（五）碳捕获与封存技术及产业化

碳捕获与封存（Carbon Capture and Storage，CCS）技术是指将大型发电厂所产生的二氧化碳收集起来，并用各种方法储存以避免其排放到大气中的一种技术。这种技术被认为是未来大规模减少温室气体排放、减缓全球变暖最经济可行的方法。当前，碳捕获与封存（CCS）技术又在向碳捕获、利用与封存（CCUS）的理念转化，即把捕集到的二氧化碳进行提纯，继而投入新的生产过程中，实现循环再利用。该技术被认为是解决我国以煤为主能源体系低碳化发展的主要技术手段。

经过 20 年的发展，我国 CCUS 已有较好的基础，并已建成 35 个 CCUS 示范项目，积累了较好的技术和项目经验，2014 年已跃居世界第二位。2010 年建成的华能上海石洞口电厂二氧化碳捕集项目是目前全球最大的燃烧后二氧化碳捕集示范工程，年产纯度 99.9%的二氧化碳 10 万吨，占上海二氧化碳用量的 2/3。实现“碳中和”目标，CCUS 技术不可或缺，但由于投资较大，且投资回收期长，如果没有政府在立法和税收机制上的激励与优惠措施配套，CCUS 技术就无法真正进入商业化应用阶段。目前，我国 35 个 CCUS 示范项目中，商业设施仅有 6 个，充分说明我国 CCUS 技术规模化商业应用仍面临不小的挑战。

四、煤炭资源清洁利用技术产业化发展存在的问题

（一）煤炭资源清洁利用效率比较低

长期以来，由于清洁开发技术应用范围有限，尚未普及，我国煤炭行业开采过程中产生的废气、废水、固体废弃物等并未得到二次利用，既对矿区生态环境产生了一定的破坏，也使得诸多煤炭资源未得到充分开发，造成了煤炭资源的极大浪费。尤其是一些小型煤矿，技术传统、资质不全，不注重

提质增效，缺少科学合理的规划，只是通过扩大产量来增加利润。从煤炭行业整体清洁生产情况来看，效率仍比较低，需要进一步研发、推广先进清洁技术，推动煤炭供给侧的绿色开采。

（二）煤炭清洁利用推广阻碍大

我国煤炭清洁利用推广的阻碍主要来源于技术和资金问题。近年来，我国的煤炭清洁利用技术虽然取得了很大的进步，但仍存在很多的难题没有突破，尤其是一些核心的煤炭处理技术尚未掌握，仍然需要进口，无形中增加了研发、推广的成本。有些技术尽管达到世界先进水平，但是得不到国家政策的支持，不能大力推广，对于煤炭清洁利用水平的提高作用有限。由于一些废弃物的处理成本较高，一些实力较差的煤炭企业负担较重，承担这些费用比较困难，故不愿采用新技术，这也对煤炭清洁利用的规模化发展形成了阻碍。

第二节　非常规油气资源产业化

以页岩气、煤层气、页岩油、致密气、致密油为代表的非常规油气资源是清洁能源的重要组成部分，是保障我国能源安全、调整能源结构、推进能源转型的重要基础。美国实现“能源独立战略”就是从非常规油气资源——页岩革命取得了关键突破。非常规油气的顺利产业化涉及两方面问题：一是如何发现非常规油气资源并将其开发出来；二是被开发出来的非常规油气如何进一步加工和实现商业化应用。

一、资源条件

中国沉积盆地的形成及发展历经了古生代海相与中新生代陆相两个时期，非常规油气形成的地质条件十分优越。致密油、致密气、页岩油、页岩气、煤层气、油页岩、重油沥青及天然气水合物等非常规油气资源非常丰富。根据初步估算，中国非常规油气可采资源量为（890～1260）$\times10^8$ 吨油气当量，是常规油气的 3 倍左右。其中，非常规石油可采资源量为（223～263）$\times10^8$

吨，与常规石油资源量大致相当；非常规天然气可采资源量为（84~125）$\times 10^{12}$立方米，是常规天然气资源量的5倍左右，发展潜力很大。其中，页岩气、煤层气资源潜力巨大，据美国能源信息署预测，中国页岩气地质资源潜力约134.42$\times 10^{12}$立方米，占全球资源量的29%，居世界第二位，技术可采资源潜力25.08$\times 10^{12}$立方米；根据最新的全国油气资源评价成果，全国埋深2000米以浅的煤层气地质资源量达36.80$\times 10^{12}$立方米，与我国陆上常规天然气资源相当，其中可采资源量为10.87$\times 10^{12}$立方米，是世界上继俄罗斯、加拿大之后的第三大煤层气资源国。

我国非常规油气资源的主要分布见表17-2。

表17-2　我国非常规油气资源的主要分布

非常规油气资源		资源分布
非常规石油	稠油	渤海湾、准噶尔、塔里木三大盆地
	致密油	鄂尔多斯、松辽、渤海湾、准噶尔四大盆地
	页岩油	松辽、鄂尔多斯、准噶尔、伦坡拉、羌塘等盆地
	油砂油	准噶尔、柴达木盆地
非常规天然气	致密气	鄂尔多斯、四川、松辽三大盆地
	页岩气	四川盆地、滇黔桂与渝东—湘鄂西地区
	煤层气	鄂尔多斯盆地东部、沁水、滇东黔西、准噶尔四大区域
	天然气水合物	南海及青藏高原地区

二、政策支持

中国对非常规油气资源开发的政策支持，首先以煤层气作为突破口，随后从页岩气得到进一步广泛的关注和政策的变革。据不完全统计，自1994年原煤炭工业部颁布《煤层气勘探开发管理暂行规定》以来，国家从税收、价格、补贴、对外合作、资源管理、矿业权管理、排放标准等方面，累计出台煤层气产业发展相关政策文件（包括法律法规等）30余项，极大地促进了煤层气产业发展。中国政府自2004年开始跟踪全球页岩气资源开发形势，并于2009年启动全国性的页岩气资源调查工作，起步时间较晚，前期投入巨大，开发企业面临较高的投资风险，需要政府出台相应的支持政策保证页岩气开发的持续进行。因此，从2011年开始，国家陆续出台页岩气相关政策，从财政补贴、技术支持、鼓励中外合作、降低产业进入门槛等方面支持我国页岩气产业的发展。表17-3和表17-4对中国涉及非常规油气资源的主要国家政策和时间点进行了梳理和归纳，以便于更加清晰地研究中国在发展以煤层气、页岩油气为代表的非常规油气资源过程中所制定的政策以及进行的政策调整。

表17-3 中国主要煤层气资源政策

时间	政策名称	主要内容
1994年4月4日	《煤层气勘探开发管理暂行规定》	国家对煤层气的勘探、开发，实行统一规划、分级管理
2006年6月15日	《关于加快煤层气（煤矿瓦斯）抽采利用的若干意见》	加快煤层气抽采利用，坚持先抽后采、治理与利用并举的方针，采取各种鼓励和扶持措施，防范煤矿瓦斯事故，充分利用能源资源，有效保护生态环境
2007年2月7日	《关于加快煤层气抽采有关税收政策问题的通知》	对煤层气抽采企业的增值税一般纳税人抽采销售煤层气实行增值税先征后退政策
2007年4月2日	《关于利用煤层气（煤矿瓦斯）发电工作实施意见的通知》	煤层气（煤矿瓦斯）电厂所发电量原则上应优先在本矿区内自发自用，需要上网的富余电量，电网企业应当予以收购，并按照有关规定及时结算电费。煤层气（煤矿瓦斯）电厂不参与市场竞价，不承担电网调峰任务
2007年4月17日	《关于加强煤炭和煤层气综合勘查开采管理的通知》	国土资源管理部门设置煤炭探矿权时，应对煤炭和煤层气综合勘查实施方案进行严格审查；煤炭探矿权人在依法取得煤炭勘查许可证后，应对勘查区块范围内的煤炭和煤层气进行综合勘查；具备规模化地面抽采条件的，煤炭探矿权人应按照“先采气，后采煤”的原则，统一编制煤炭和煤层气开发利用方案，依法向国土资源部申请煤层气采矿权，并申请划定煤炭采矿权矿区范围；在煤层气富集地区，煤层气勘查、开采结束前，不设置煤炭矿业权
2007年4月20日	《关于煤层气（瓦斯）开发利用补贴的实施意见》	中央财政按0.2元/立方米煤层气（折纯）标准对煤层气开采企业进行补贴，在此基础上，地方财政可根据当地煤层气开发利用情况对煤层气开发利用给予适当补贴，具体标准和补贴办法由地方财政部门自主确定

续表

时间	政策名称	主要内容
2008年4月2日	《煤层气（煤矿瓦斯）排放标准》	自2008年7月1日起，新建矿井及煤层气地面开发系统甲烷浓度超过30%禁止排放；自2010年1月1日起，现有矿井及煤层气地面开发系统甲烷浓度超过30%禁止排放
2011年5月23日	《关于进一步加强煤矿瓦斯防治工作的若干意见》	国家通过科技计划、基金和科技重大专项，加强煤矿瓦斯突出机理等基础理论和低透气性煤层瓦斯赋存规律的研究及瓦斯抽采工艺、灾害防治等关键技术、重大装备的研发
2011年8月	《关于“十二五”期间煤层气勘探开发项目进口物资免征进口税收的通知》	国内从事煤层气勘探开发的单位，进口国内不能生产或国内产品性能不能满足要求，并直接用于勘探开发作业的设备、仪器、零附件、专用工具，免征进口关税和进口环节增值税
2011年10月16日	《煤矿瓦斯抽采达标暂行规定》	采掘工作面同时满足风速不超过4米/秒、回风流中瓦斯浓度低于1%时，判定采掘工作面瓦斯抽采效果达标
2011年11月	《煤层气（煤矿瓦斯）开发利用“十二五”规划》	到2015年，煤层气（煤矿瓦斯）产量达到300亿立方米，新增煤层气探明地质储量1万亿立方米，建成沁水盆地、鄂尔多斯盆地东缘两大煤层气产业化基地
2012年2月	《煤层气地面开采安全规程（试行）》	对从事煤层气地面开采及有关设计、钻井、固井、测井、压裂、排采、集输、压缩等活动的安全生产进行明确规定
2012年3月	《煤炭工业发展“十二五”规划》	到2015年，新增煤层气探明储量10000亿立方米，煤层气（煤矿瓦斯）产量300亿立方米。其中：地面开发160亿立方米；井下抽采140亿立方米，利用率60%以上。煤层气（煤矿瓦斯）发电装机容量超过285万千瓦。同时，鼓励外商和民营企业利用先进技术和资金投资煤层气开发，提高煤层气开发利用技术和管理水平
2012年6月	《关于鼓励和引导民间资本进一步扩大能源领域投资的实施意见》	支持民间资本进入油气勘探开发领域，与国有石油企业合作开展油气勘探开发，以多种形式投资煤层气、页岩气、油页岩等非常规油气资源勘探开发项目，投资建设煤层气和煤矿瓦斯抽采利用项目

续表

时间	政策名称	主要内容
2013年1月	《煤层气产业政策（征求意见稿）》	“十二五”期间，建成沁水盆地和鄂尔多斯盆地东缘煤层气产业化基地，形成勘探开发、生产加工、输送利用一体化发展的产业体系，用5~10年时间，新建3~5个产业化基地，实现煤层气开发利用与工程技术服务、重大装备制造等相关产业协调发展
2013年9月14日	《关于进一步加快煤层气（煤矿瓦斯）抽采利用的意见》	加大财政资金支持力度；强化税费政策扶持；完善煤层气价格和发电上网政策；加强煤层气开发利用管理；推进科技创新；加强组织领导
2016年2月14日	《关于“十三五”期间煤层气（瓦斯）开发利用补贴标准的通知》	“十三五”期间，煤层气（瓦斯）开采利用中央财政补贴标准从0.2元/立方米提高到0.3元/立方米
2016年11月24日	《煤层气（煤矿瓦斯）开发利用“十三五”规划》	“十三五”期间，新增煤层气探明地质储量4200亿立方米，建成2~3个煤层气产业化基地。2020年，煤层气（煤矿瓦斯）抽采量达到240亿立方米，其中地面煤层气产量100亿立方米，利用率90%以上；煤矿瓦斯抽采140亿立方米，利用率50%以上，煤矿瓦斯发电装机容量280万千瓦，民用超过168万户。煤矿瓦斯事故死亡人数比2015年下降15%以上

表17-4　中国主要页岩油气相关政策

时间	政策名称	主要内容
2011年10月	《关于发展天然气分布式能源的指导意见》	“十二五”期间，建设1000个左右天然气分布式能源项目，10个左右各类典型特征的分布式能源示范区域，初步形成具有自主知识产权的分布式能源装备产业体系
2011年12月	《新发现矿种公告》	国务院批准页岩气为独立矿种，明确页岩气为第172种新矿，对页岩气按单独矿种进行投资管理
2011年12月	《外商投资产业指导目录（2011年修订）》	将“页岩气等非常规天然气资源勘探、开发（限于合资、合作）”列为鼓励外商投资产业目录

续表

时间	政策名称	主要内容
2012 年 3 月 16 日	《页岩气发展规划（2011—2015 年）》	“十二五”期间页岩气发展的目标：①基本完成全国页岩气资源潜力调查与评价，初步掌握全国页岩气资源量及其分布；②探明页岩气地质储量 6000 亿立方米，可采储量 2000 亿立方米，2015 年页岩气产量 65 亿立方米；③形成适合我国地质条件的页岩气地质调查与资源评价技术方法，页岩气勘探开发关键技术及配套装备；④形成我国页岩气调查与评价、资源储量、试验分析与测试、勘探开发、环境保护等多个领域的技术标准和规范
2012 年 3 月 21 日	《关于做好中外合作开采石油资源补偿费征收工作的通知》	对常规石油、天然气，以及煤层气和页岩气在内的非常规油气资源均征收矿产资源补偿费，且中外合作开采矿产资源的补偿费实行属地化征收
2012 年 5 月 17 日	《页岩气探矿权投标意向调查公告》	公布 2012 年页岩气探矿权招标投标资格条件，除要求投标内资企业注册资金不得低于 3 亿元外，没有过多的其他要求，门槛大大放宽
2012 年 7 月	《关于鼓励和引导民间资本进一步扩大能源领域投资的实施意见》	支持民间资本以多种形式投资煤层气、页岩气、油页岩等非常规油气资源勘探开发项目；以多种形式建设页岩气管道，从事相关仓储和转运服务
2012 年 11 月 5 日	《关于出台页岩气开发利用补贴政策的通知》	中央财政对页岩气开采企业给予补贴，2012—2015 年的补贴标准为 0.4 元/立方米，补贴标准将根据页岩气产业发展情况予以调整，地方财政可根据当地页岩气开发利用情况对页岩气开发利用给予适当补贴
2013 年 10 月 22 日	《页岩气产业政策》	明确将页岩气开发纳入国家战略性新兴产业，国家将加大对页岩气勘探开发等的财政扶持力度，同时鼓励各种投资主体进入页岩气销售市场，对页岩气出厂价格实行市场定价
2015 年 4 月 17 日	《关于页岩气开发利用财政补贴政策的通知》	2016—2020 年，中央财政对页岩气开采企业给予补贴，其中：2016—2018 年的补贴标准为 0.3 元/立方米；2019—2020 年的补贴标准为 0.2 元/立方米

续表

时间	政策名称	主要内容
2016年9月14日	《页岩气发展规划（2016—2020年）》	2020年发展目标：完善成熟3500米以浅海相页岩气勘探开发技术，突破3500米以深海相页岩气、陆相和海陆过渡相页岩气勘探开发技术；在政策支持到位和市场开拓顺利情况下，2020年力争实现页岩气产量300亿立方米。 2030年目标展望："十四五"及"十五五"期间，我国页岩气产业加快发展，海相、陆相及海陆过渡相页岩气开发均获得突破，新发现一批大型页岩气田，并实现规模有效开发，2030年实现页岩气产量800亿~1000亿立方米
2018年3月29日	《关于对页岩气减征资源税的通知》	自2018年4月1日至2021年3月31日，对页岩气资源税（按6%的规定税率）减征30%

三、非常规油气资源的勘探开发及产业化

我国非常规油气资源探明储量丰富，如何将勘探开发出来的非常规油气资源转化为可供生产、消费的基础性能源，即实现商业化应用，以改善我国以煤为主的能源结构，缓解环境压力是我国实现经济社会可持续发展必须回答的战略性问题，直接影响到战术层面的非常规油气资源产业化模式的选择。

（一）勘探开发现状

我国非常规油气的勘探开发经过十几年发展，历经概念提出与技术探索、工业化试验与试生产、规模发现与开发上产等三个阶段，理论、技术、管理的进步推动了致密气、煤层气、页岩气等产量的快速增长，尤其近几年取得了显著进展，已进入工业化实施阶段。

1. 致密气

早在20世纪60年代，在中国四川盆地川西地区就已有发现，但因技术不成熟，长期没有大发展。近年来，随着大型压裂改造技术进步和规模化应用，致密砂岩气勘探开发才取得重大进展，发现了以鄂尔多斯盆地苏里格、四川须家河组为代表的致密砂岩大气区。截至2018年底，长庆油田已探明致密气储量4.38×10^{12}立方米，可采储量为2.31×10^{12}立方米；落实了苏里格、

鄂尔多斯盆地东部两个万亿立方米级大气区和盆地南部两个规模储量接替区；2018 年鄂尔多斯盆地致密气产量为 235×10^8 立方米，2019 年产量为 256×10^8 立方米。中国石油西南油气田分公司在四川盆地三叠系须家河组已探明储量 6921.82×10^8 立方米，三级储量 1.39×10^{12} 立方米，2018 年产量为 6.58×10^8 立方米；近期侏罗系沙溪庙组致密气勘探开发取得新进展，多口探评井获得高产，证实秋林地区 5 套砂组含气，川中地区有望成为下一步增储上产的重要区域。

2. 煤层气

经过近 20 年的发展，初步形成了适合不同类型煤层气的勘探开发配套技术，在山西沁水、辽宁铁法等地成功实现了工业化开采，在鄂尔多斯盆地东缘、吐哈、准噶尔等盆地正在进行开发先导试验。2018 年新增煤层气探明地质储量 147.08×10^8 立方米，2019 年新增探明地质储量 64.08×10^8 立方米。随着煤层气开采技术不断进步与完善，煤层气将进入快速发展期。

3. 页岩气

页岩气在中国的研究与勘探开发刚刚起步，资源潜力和有利目标区尚有待深化落实，包括背斜型“甜点”和连续型“甜点”两类页岩气目标。近年来，页岩气已得到国家和企业的高度重视，已在资源评价和核心区优选、水平井压裂等技术创新、工业化试验区建设等攻关中取得重大进展。近年来，中国石油通过加大三维地震部署和平台式工厂化水平井实施力度，加强“甜点”区优选评价，2019 年在长宁—威远和太阳区块分别新增探明页岩气地质储量 7409×10^8 立方米，累计探明 1.06×10^{12} 立方米，形成了川南万亿立方米级页岩气大气区。预计未来 5 年将是中国页岩气技术攻关与先导试验的关键期，2020 年前后实现页岩气工业化规模发展。但中国页岩气开发利用面临保存、埋藏较深，地表山地复杂，水资源与环境压力大等一系列特殊性，大规模经济有效开发难度较大。中国页岩气规模化发展，需要突破理论关、技术关、成本关、环境关“四道关”。

4. 致密油

致密油在中国主要含油气盆地广泛分布。目前，勘探也已获得了一些重要发现，具有形成规模储量和有效开发的条件。鄂尔多斯盆地长 7、松辽盆地扶杨油层已实现规模开发，中国石油长庆油田分公司已建成我国第一个亿吨级致密油田——新安边油田，长庆油田已具有 100 万吨的产能规模。我国几大石油公司正在开展关键技术攻关，进行试验区建设，已初见成效。随着关键技术的突破和工作力度的加大，致密油开发利用速度将进一步加快。

（二）产业发展概况

从供给来看，中国自然资源部、国家统计局和国家能源局相关数据统计显示，近些年，我国致密油仍处于市场培育阶段，致密气、煤层气产量稳定，页岩气发展较为迅速。经过 10 年攻关，我国非常规油气勘探开发已获得战略性突破，非常规油气产量已占到油气总产量的 22%。截至 2018 年，我国致密油产量达到 150 万吨，致密气产量达到 345 亿立方米，页岩气产量达到 109 亿立方米，煤层气产量达到 54 亿立方米（见表 17-5）。

表 17-5　2014—2018 年中国非常规油气行业产量情况

年份	致密油/万吨	致密气/亿立方米	页岩气/亿立方米	煤层气/亿立方米
2014	—	355	10	30
2015	—	350	45	44
2016	75	352	79	45
2017	150	340	90	49.5
2018	150	345	109	54

资料来源：中国自然资源部、国家统计局、国家能源局。

从需求来看，中国自然资源部、国家统计局、国家能源局等相关机构信息及产量信息统计显示，2014—2018 年，中国非常规油气行业市场规模稳步上移。截至 2018 年，我国非常规油气行业市场规模达到 202.8 亿元（见图 17-1）。

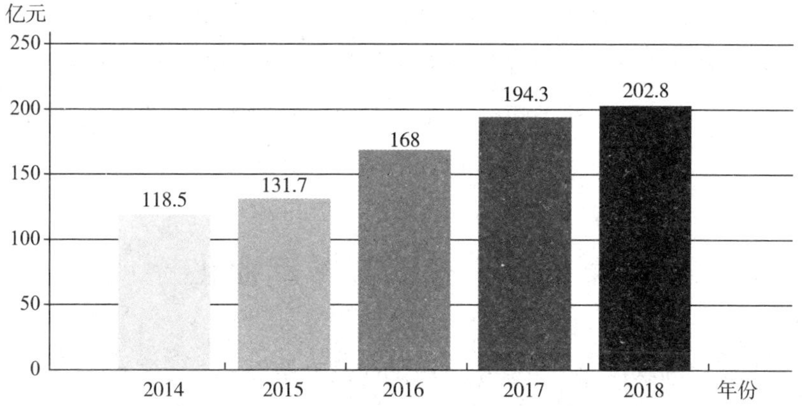

图 17-1　2014—2018 年中国非常规油气行业市场规模

四、产业化发展存在的问题

（一）成本问题有待解决

非常规油气资源开发利用的成本包括前期技术研发成本和后期的勘探、开采、储藏等环节的成本，其中开采环节的成本最高，直接制约了非常规油气资源的应用推广。此外，在技术取得突破性进展之前，鉴于高额的开发成本，缺乏市场动力，非常规油气资源的开发强烈依赖于政府的财政补贴与优惠政策，这必将影响非常规油气资源开发的可持续性。

（二）亟待加强科研攻关

与常规油气资源相比，非常规油气资源储藏的地质构造比较复杂，在勘探、开采和储存等环节均有特殊的技术要求，需要大规模的技术创新进行支撑。如页岩气开发方面，深层页岩地层稳定性高、地层压力大，工程工艺技术尚不成熟，规模经济开发难度大；页岩油方面，即使是陆相页岩油与海相页岩油，差异也十分明显，不能简单照搬现有水平井+体积压裂技术，需要发展针对性工程。对技术的高要求限制了非常规油气资源在全球范围内的广泛开发与利用。

（三）环境保护需进一步加强

目前，页岩气勘探开发缺乏相应的环境保护法规、标准、技术规范等。

钻井作业过程中产生的噪声、水源污染等仍未得到有效控制，特别是油基钻屑未得到有效的综合利用，仅为分离之后的固化填埋，群众反映强烈。钻井废液处理、采气废水处理等问题也尚未得到很好解决，相关土地利用标准与政策也不完善。

第三节　核能技术产业化

自1954年苏联建成了世界第一座试验核电站以来，经过60多年的发展，核电及配套的核燃料技术成为日益成熟的产业，成为继火电及水电以外第三大能源，水电资源大部分已得到开发，核电是当前能够规模化、稳定提供能源并有效实现二氧化碳及污染物减排、替代燃煤电厂的清洁能源。党的十九大报告中明确提出，要推进绿色发展，壮大清洁能源产业，推进能源革命，着力构建“清洁低碳、安全高效”的现代能源体系。作为清洁能源的核电，以其高能量密度、低污染排放的优质属性，已不可避免地成为我国现代能源体系的重要组成部分。

一、资源条件

我国是一个铀资源大国，2014年OECD红皮书指出：中国的铀资源储量约为26.5万吨，其中46%位于内蒙古和新疆，36%位于江西和广东。尽管我国拥有丰富的铀资源，但是由于其中大部分属于非常规铀，不仅品位低、埋藏深而且开采价格昂贵，故我国铀资源供应和需求之间仍然存在较大的缺口，需要从海外进口，主要进口国家有哈萨克斯坦、乌兹别克斯坦、加拿大、纳米比亚、尼日尔和澳大利亚。2017年我国铀资源对外依存度高达77%，并常年维持在70%以上。

二、政策支持

我国发展核电的一系列政策具有一贯的明确性、坚定性的特点，同时也会随着发展阶段的变化进行及时的补充与调整。“十五”计划中提出“适度发展”核电产业，“十一五”规划将“适度发展”调整为“积极发展”，而“十二五”规划则根据核能新的发展趋势强调“在确保安全的前提下，高效发展核能”，并就减排、可再生能源等做出了约束性的规定。日本福岛核事故发生之后，我国尽管没有停下发展核能供电的脚步，但对核安全进行了全面调查，主要针对正在建设和正在使用的核能发电机组开展了大范围的安全评估调查，并且根据相关结果做出了相应改进措施，从而加强了核能供电的安全性，我国制定了核电安全规划和核安全规划。“十三五”规划提出，“到2020年运行核电装机达到5800万千瓦，在建核电装机达到3000万千瓦以上”，给核电设立了一个高发展目标。

三、技术发展历程

（一）起步阶段（20世纪70年代初至1993年）

1974年，我国成为世界第七个具备独立设计、建造核电站能力的国家。1991年，自主设计建造了我国第一座核电站——秦山核电站，让中国从此用上了核电。但我国核电技术储备不够、能力不足，需要借助国外先进成熟的核电技术，因此在1993年和1994年，我国和法国合作，引进了两套核电机组，并建立大亚湾核电站。

（二）适度发展阶段（1994—2005年）

虽然核电属于洁净能源，但是由于技术不稳定，同时国际发生切尔诺贝利核电站等核电事故，因此我国对于核电发展持谨慎态度，加上当时我国电力供应相对充足，对核电的需求迫切度不高，因此国家将核电定位为补充能源，核电站处于适度发展阶段。

（三）积极快速发展阶段（2006年至今）

随着我国工业的快速发展，电力供应压力凸显，同时出于环境保护的需要，清洁能源的比例逐渐加大，核电地位上升。2016年我国发布《核电中长期发展规划（2005—2020年）》，明确提出“积极推进核电建设”，确立了核电在我国经济与能源可持续发展中的战略地位。自此，我国核电进入规模化发展的新阶段。

四、产业发展概况

核电是高效、清洁、安全和经济的能源，具有资源消耗少、环境影响小和供应能力强等优点。发展核电是我国社会经济不断发展和人民生活水平不断提高的需要，也是优化我国能源结构、缓解环境污染和保证能源安全的需要。近年来，中国核电产业高速发展，核电发电量占全国总发电量的比例逐年攀升。2020 年，中国核电装机容量达 4989 万千瓦，仅次于美国和法国，居全球第三位。核电发电量达 3662 亿千瓦·时，较 2019 年增加了 175 亿千瓦·时，同比增长 5.02%。核电发电量占全国总发电量的 4.80%，较 2019 年增长了 0.04 个百分点。6000 千瓦及以上电厂发电设备利用小时数为 7453 小时，较 2019 年增加了 59 小时，同比增长 0.80%。

截至 2021 年 6 月 30 日，我国共有 16 个核电厂，包括秦山核电厂、大亚湾核电厂、秦山第二核电厂、岭澳核电厂、秦山第三核电厂、田湾核电站、红沿河核电厂、宁德核电厂、福清核电厂、阳江核电厂、方家山核电厂、三门核电厂、海阳核电厂、台山核电厂、昌江核电厂和防城港核电厂，运行核电机组共 51 台（不含我国台湾地区）。

表 17-6 为 2021 年上半年核电厂关键指标排序前四的情况。

表 17-6　2021 年上半年核电厂关键指标量及排序情况

关键指标	阳江核电厂		田湾核电站		福清核电厂		红沿河核电厂	
	指标量	排序	指标量	排序	指标量	排序	指标量	排序
发电量/亿千瓦·时	241.7	1	229.7	2	213.8	3	172.04	4
装机容量/万千瓦	6516	2	6608	1	5517	4	5593.95	3
上网电量/亿千瓦·时	227.1	1	214.2	2	200.3	3	161.6	4
核电设备利用小时数/小时	22259.3	1	20897.7	2	19372.7	3	15377.7	6
占全国核电发电量比例/%	12.4	1	11.8	2	10.96	3	8.8	4

从区域分布来看，目前我国所有在运核电站均分布在沿海地区。其中，浙江的核电站数量最多，达 5 个；排在第二位的是广东，共有 4 个核电站，而我国核电站建设进程中的第一个、第二个核电站分别位于浙江、广东。广东是中国核能发电量最高的省份，2020 年广东核能发电量为 1160.8 亿千瓦·时，远高于其他省份。其次为浙江，2020 年核能发电量为 712.1 亿千瓦·时；排在第三位的是福建，2020 年核能发电量为 652.5 亿千瓦·时（见图 17-2）。

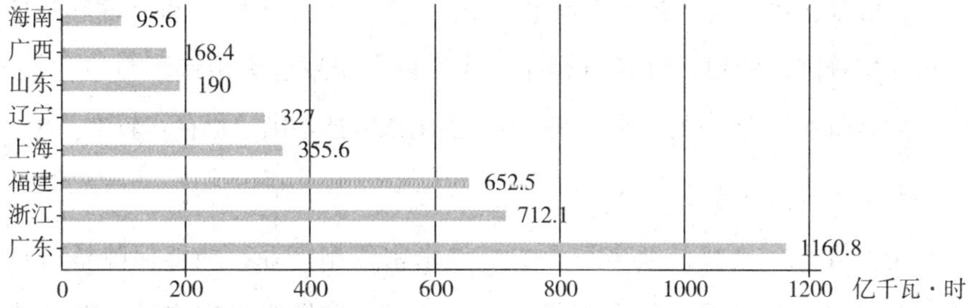

图 17-2 2020 年中国各省份核能发电量统计

五、产业化发展存在的问题

（一）核燃料供应不足，对外依存度高

由于我国铀资源勘查工作相对滞后且铀资源分布不均衡，使我国核燃料供给存在问题，不利于长期发展核电。现在正在开采的铀矿仅可满足国内对天然铀将近一半的需求，另一半则依赖进口。我国铀资源勘探开发的投入较少使得我国目前还有 40%的国土面积未进行过铀矿普查。

（二）核安全保障体系建设仍需加强

由于国家发展改革委要求核能发电成本不能超过石油发电成本的 20%，中国设计的核电站为了降低成本，实行的安全标准是很低的。中国的核电之所以“便宜”，就是因为建设的安全标准低，而且没有算上后续处理成本。如中国的“快中子堆”系引自法国研发的凤凰堆，或又吸收了俄罗斯的某些技术。而在法国，凤凰堆被公认为性能不够安全，没有产业化前景，已经停止研发。另外，我国核安全领域还有不少立法空白，在核安全设施监管和核材料处理等方面，与美国、日本、德国、法国等国家相比还有差距。健全的政府监管以及完善的与核能相关的立法框架以及安全管理制度亟须建立，以开展有效的核安全监管。

（三）科技投入亟待加强，科研能力有待提升

核电产业目前仍存在研发机制不健全、自主创新能力薄弱、科技人才培养以及激励机制不够完善、自主知识产权不足、过度依赖国外的设计和评价程序、科技成果转化和共享有待增强等问题。此外，缺乏安全分析软件和验证手段，过度依赖国外的设计和评价程序，缺乏自主研发能力限制了自主化程度，与较少的具备四代先进核能系统特征的自主化核电技术国家仍存在较大差距。

（四）核电人力资源短缺

核电产业是一个涉及众多行业的高技术密集型产业，能够保障核电技术安全运行且进一步发展的最重要因素是人才。由于缺少具有丰富经验的核电项目开发研究、核电项目安全管理、核电科技等人才，且熟悉核电运营管理的高级人才又十分短缺，核电的进一步发展受到了制约。

第四节　可再生能源产业化

作为世界上最大的可再生能源生产国，我国可再生能源产业发展非常迅速。目前，其新增发电装机已经超过化石能源，2018 年可再生能源发电量在电能结构中的占比达到 26%，替代作用日益显现。

一、可再生能源的资源条件

可再生能源是指风能、太阳能、水能、生物质能、地热能、海洋能等非化石能源。我国具有丰富的可再生能源资源，据统计，水能资源技术可开发 5.4 亿千瓦；风能资源理论储量为 32.26 亿千瓦，而可开发的风能资源储量为 2.53 亿千瓦；太阳能资源丰富地区占陆地国土面积的 2/3，大片的戈壁和沙漠都将可以建设太阳能电站；地热资源的储存条件也较好，其远景储量相当

于 2000 亿吨标准煤以上，已勘探的 40 多个地热田可供中低温直接利用的热储量相当于 31.6 亿吨标准煤；生物质资源年可利用量达 4 亿多吨标准煤；地热能、海洋能资源也非常丰富，都具有很好的利用前景。

二、可再生能源的政策支持

我国可再生能源产业虽然起步较晚，但发展势头非常迅猛，这与我国政策环境逐步完善有着密切的关系。从发展初期的技术基础薄弱、政策扶持力度小、商业化程度低，到 20 世纪 90 年代后逐渐出现了鼓励新能源发展的政策雏形，出现了商业化开发、公司化运作的崭新体制，尤其是 2006 年 1 月 1 日《可再生能源法》的正式实施，可再生能源发电全额收购制度（2009 年修订版完善为全额保障性收购制度）、可再生能源电费费用分摊制度、进口关税和三免三减半等税收优惠制度等，对可再生能源产业的崛起和可持续健康发展起到了至关重要的推动作用，使我国可再生能源产业进入发展的“黄金时代”。表 17-7 列出了 1995 年以来我国政府颁布的一系列支持可再生能源发展的政策法规。

表 17-7　中国可再生能源相关政策

时间	政策名称	主要内容
1995 年 1 月	《1996—2010 年新能源和可再生能源发展纲要》	提出未来 15 年新能源和可再生能源发展的总目标：提高转换效率、降低生产成本、增大在能源结构中所占比例。新技术、新工艺有大的突破，国内外已成熟的技术要求实现大规模、现代化生产，形成比较完善的生产体系和服务体系；实际使用数量要达到 39000 万吨标准煤以上
1997 年 11 月 1 日	《中华人民共和国节约能源法》	国家鼓励、支持开发和利用新能源、可再生能源
2001 年 4 月	《2000—2015 年新能源和可再生能源产业发展规划》	健全法规和机制，实现新能源和可再生能源开发利用的商业化发展。到 2015 年新能源和可再生能源年开发量达到 4300 万吨标准煤，占我国当时能源消费总量的 2%（不包括传统利用方式的生物质和小水电，如包括小水电，则达到 3.6%左右）；其产业将成为国民经济的一个新兴行业，拉动机械、电子、化工、材料等相关行业的发展

续表

时间	政策名称	主要内容
2005年2月	《中华人民共和国可再生能源法》	国家将可再生能源的开发利用列为能源发展的优先领域，通过制定可再生能源开发利用总量目标和采取相应措施，推动可再生能源市场的建立和发展 国家将可再生能源开发利用的科学技术研究和产业化发展列为科技发展与高技术产业发展的优先领域，纳入国家科技发展规划和高技术产业发展规划，并安排资金支持可再生能源开发利用的科学技术研究、应用示范和产业化发展，促进可再生能源开发利用的技术进步，降低可再生能源产品的生产成本，提高产品质量
2007年9月	《可再生能源中长期发展规划》	提高可再生能源在能源消费中的比重，解决偏远地区无电人口用电问题和农村生活燃料短缺问题，推行有机废弃物的能源化利用，推进可再生能源技术的产业化发展
2009年7月	《关于实施金太阳示范工程的通知》	支持太阳能光伏发电技术的示范应用和产业化
2009年9月26日	《关于抑制部分行业产能过剩和重复建设引导产业健康发展若干意见的通知》	研究扩大光伏市场国内消费的政策，支持用国内多晶硅原料生产的太阳能电池以满足国内需求为主，兼顾国际市场。严格控制风电装备产能盲目扩张，鼓励优势企业做大做强，优化产业结构，维护市场秩序
2011年11月	《可再生能源发展基金征收使用管理暂行办法》	明确可再生能源发展基金包括两部分：一是国家财政公共预算安排的专项资金；二是依法向电力用户征收的可再生能源电价附加收入
2012年8月6日	《可再生能源发展“十二五”规划》	“十二五”时期可再生能源发展的总体目标是：到2015年，可再生能源年利用量达到4.78亿吨标准煤，其中商品化年利用量达到4亿吨标准煤，在能源消费中的比重达到9.5%以上
2016年3月24日	《可再生能源发电全额保障性收购管理办法》	可再生能源并网发电项目年发电量分为保障性收购电量部分和市场交易电量部分。其中，保障性收购电量部分通过优先安排年度发电计划、与电网公司签订优先发电合同（实物合同或差价合同）保障全额按标杆上网电价收购；市场交易电量部分由可再生能源发电企业通过参与市场竞争方式获得发电合同，电网企业按照优先调度原则执行发电合同
2016年5月27日	《关于做好风电光伏发电全额保障性收购管理工作有关要求的通知》	综合考虑电力系统消纳能力，按照各类标杆电价覆盖区域，参考准许成本加合理收益，核定部分存在弃风、弃光问题地区规划内的风电、光伏发电最低保障收购年利用小时数

续表

时间	政策名称	主要内容
2017 年 7 月 19 日	《可再生能源发展"十三五"规划》	加强可再生能源目标引导和监测考核，加强可再生能源发展规划的引领作用，加强电网接入和市场消纳条件落实，创新发展方式促进技术进步和成本降低，健全风电、光伏发电建设规模管理机制，加强和规范生物质发电管理，多措并举扩大补贴资金来源，加强政策保障
2017 年 10 月 19 日	《关于促进西南地区水电消纳的通知》	有效解决西南地区弃水问题，实现水电资源的充分利用和优化配置
2017 年 11 月 18 日	《解决弃水弃风弃光问题实施方案》	2017 年可再生能源电力受限严重地区弃水弃风弃光状况实现明显缓解
2018 年 4 月 2 日	《关于减轻可再生能源领域企业负担有关事项的通知》	承诺按国家核定的区域最低保障性收购小时数落实保障性收购政策（国家未核定最低保障性收购小时数的区域，风电、光伏发电均按弃电率不超过 5% 执行），因技术条件限制暂时难以做到的，最迟应于 2020 年达到保障性收购要求
2018 年 11 月	《关于实行可再生能源电力配额制的通知（征询意见稿）》	明确了可再生能源电力配额制将如何实施和可再生能源电力配额指标确定和配额完成量核算方法，同时公示了各省（区、市）可再生能源电力总量配额指标及各省（区、市）非水电可再生能源电力配额指标
2021 年 1 月 27 日	《关于因地制宜做好可再生能源供暖工作的通知》	促进可再生能源与常规能源供暖系统融合。积极推广地热能开发利用；合理发展生物质能供暖；继续推进太阳能、风电供暖
2021 年 2 月 24 日	《关于引导加大金融支持力度　促进风电和光伏发电等行业健康有序发展的通知》	加大金融支持力度，促进风电和光伏发电等行业健康有序发展
2021 年 3 月 17 日	《清洁能源消纳情况综合监管工作方案》	针对清洁能源问题多发的重点地区、重点企业和重点事项开展监管，推动清洁能源消纳政策得到有效实施，确保清洁能源得到高效利用
2021 年 5 月 11 日	《关于 2021 年风电、光伏发电开发建设有关事项的通知》	2021 年，全国风电、光伏发电发电量占全社会用电量的比重达到 11% 左右，后续逐年提高，确保 2025 年非化石能源消费占一次能源消费的比重达到 20% 左右

续表

时间	政策名称	主要内容
2021年7月15日	《关于加快推动新型储能发展的指导意见》	到2025年，实现新型储能从商业化初期向规模化发展转变。新型储能技术创新能力显著提高，核心技术装备自主可控水平大幅提升，在高安全、低成本、高可靠、长寿命等方面取得长足进步，标准体系基本完善，产业体系日趋完备，市场环境和商业模式基本成熟，装机规模达3000万千瓦以上。新型储能在推动能源领域“碳达峰、碳中和”过程中发挥显著作用。到2030年，实现新型储能全面市场化发展。新型储能核心技术装备自主可控，技术创新和产业水平稳居全球前列，标准体系、市场机制、商业模式成熟健全，与电力系统各环节深度融合发展，装机规模基本满足新型电力系统相应需求。新型储能成为能源领域“碳达峰、碳中和”的关键支撑之一

三、可再生能源的技术发展历程

根据不同时期的发展重点及特点，我国可再生能源技术的发展，自新中国成立以来大致可以划分为以下三个阶段：

（一）以沼气、水力发电为主的阶段（1949—1994年）：独立自主的渐进性创新

这一时期，中国以沼气、水力发电为主的可再生能源技术主要是通过渐进性创新不断发展，基本是白手起家，直至达到世界先进水平。中国大陆第一座水电站在1908年8月开工，但受多种因素制约，当时的发展较慢。截至1949年底，全国水电装机容量仅为36万千瓦，年发电量18亿千瓦·时。新中国成立后，水电行业开始快速发展。截至1978年底，全国水电装机容量达到1867万千瓦，年发电量496亿千瓦·时。1978年以后，水电依然保持快速发展态势，在技术等多个领域都达到世界领先水平。目前，中国沼气及小水电技术依然处在世界相关技术领域的前列。

（二）全面发展的起步阶段（1995—2007年）：从技术仿制到创造性模仿

20世纪90年代初，中国开始重视太阳能、风能、地热能的开发利用工作。起步初期，不仅缺乏经验，相关政策法规特别是法律也处于空白状态。

应时代发展的需要，有关部门开始重视制定相关法律。2005 年 2 月通过的《中华人民共和国可再生能源法》是我国可再生能源领域的第一部法律，为产业支持政策的制定提供了法律依据，标志着我国可再生能源进入了新的发展时期；2007 年印发的《可再生能源中长期发展规划》，提出了从当时到 2020 年期间中国可再生能源发展的指导思想、主要任务、发展目标、重点领域和保障措施等。在政策的支持下，这一时期，中国可再生能源技术取得了长足的进步，但由于发展时间短，技术创新主要处于从技术仿制到创造性模仿过渡阶段，技术推广与扩散以生产制造领域为主，重视产品及设备的生产。技术方面仍存在缺乏核心技术、没有独立的知识产权、研究开发与产业脱离、新能源技术被社会及市场排斥等问题。

（三）不断调整过程中的快速全面发展阶段（2008 年至今）：从创造性模仿到重视自主创新

中国可再生能源产业在快速发展的同时，也开始不断出现新的问题，如产能过剩、弃风弃光弃水问题等。这一时期，中国技术创新主要处于创造性模仿阶段，但也开始重视自主创新，由于生产制造领域的产能过剩，技术推广与扩散开始重视向应用转变。

四、可再生能源产业发展概况

自国内风电、光伏分别于 2009 年、2013 年实施标杆电价制度（FIT）以来，国内可再生能源产业飞速发展。截至 2020 年，中国可再生能源发电累计装机容量为 9.3 亿千瓦，相比 2019 年上升了 17.13%。2015—2020 年中国各类可再生能源发电装机容量如图 17-3 所示。

随着中国可再生能源装机容量的不断上升，我国可再生能源发电量不断上升，截至 2020 年，中国可再生能源发电量为 22148 万千瓦 · 时，同比增长约 8.4%。其中，水电 13552 亿千瓦 · 时，同比增长 4.1%；风电 4665 亿千瓦 · 时，同比增长约 15%；光伏发电 2605 亿千瓦 · 时，同比增长 16.1%；生物质发电 1326 亿千瓦 · 时，同比增长约 19.4%。

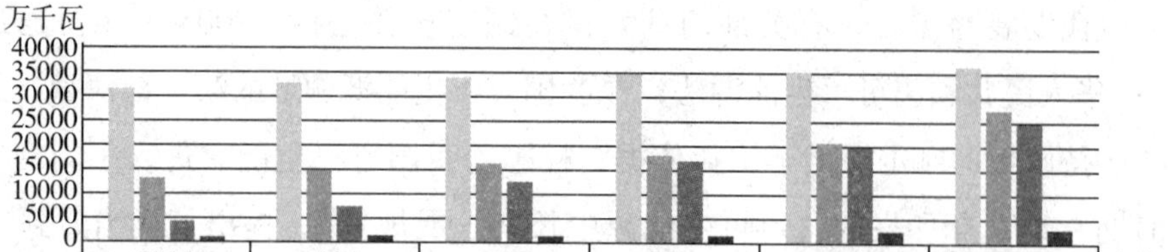

	2015	2016	2017	2018	2019	2020
水电	31954	33207	34411	35259	35804	37016
风电	13075	14747	16400	18427	20915	28153
太阳能	4218	7631	13042	17433	20418	25343
生物质能	1031	1214	1476	1781	2408	2952

图 17-3　2015—2020 年中国各类可再生能源发电装机容量

（一）水力发电

2015—2020 年中国水力发电量总体呈上升趋势，2020 年，中国水能总发电量为 13552 亿千瓦·时，占全部可再生能源发电量的 61.19%，相对于 2019 年增长了 4.1%。总体上来说，我国各区域水力发电量逐年递增。

（二）风力发电

2020 年全国风力总发电量为 4665 亿千瓦·时，占全部可再生能源发电量的 21.06%，相对于 2019 年增长了 15.89%。整体来看，我国风能年发电量呈快速增长趋势。分区域来看，西部和中部区域较其他区域风力发电量急剧增长。西部区域风电占比大，是因为西部区域高原多，适合发展风电，也形成了凉山、雅砻江四大风电基地。

（三）太阳能发电

2020 年太阳能总发电量为 2605 亿千瓦·时，占全部可再生能源发电量的 27.32%，相对于 2019 年增长了 16.14%。我国 2015—2020 年太阳能发电量总体呈逐年递增趋势，且集中分布在我国西部区域。其中，东中部区域起步较晚，但发展速度极快；太阳能产业有向东中部转移的趋势。

（四）生物质发电

2020 年中国生物质发电量已经达到 1326 亿千瓦·时，占全部可再生能源发电量的 3.3%，相对于 2019 年增长了 19.35%。

五、产业化发展存在的问题

（一）自主创新能力不足

自主创新能力较弱影响了产业的持续发展。由于缺少自主创新能力，虽然研究开发投入和专利不少，但大都是外围技术和非核心技术，核心技术和关键设备还要依靠进口，技术水平和生产能力与国外先进技术差距较大。

（二）“上网、并网难”仍是当前可再生能源发电的最大瓶颈

分布式电源并网一直是难点问题。我国一些大型电源分布在人少的区域，消纳能力低，很多电站因为无法并网而导致资源浪费。随着财政补贴退坡，风电、光伏发电产业整体进入平价时代，分布式能源实现高比例并网的成本不断增加，倒逼加速突破关键技术，进一步降低成本，在完善投融资渠道、理顺电价机制、多渠道解决并网消纳等方面的压力日益增大；加上调峰机制极不完善、灵活性电源建设不足和布局不合理，分布式能源发展已跟不上能源高质量发展要求的弊端日益凸显。

（三）高成本与质量问题仍是产业市场竞争力较弱的重要影响因素

可再生能源与传统能源相比，虽然在环境效益以及能源储量等方面优势明显，但却一直解决不了生产成本过高的问题，尚无法达到市场自由竞争水平，主要依靠颁布各类法律法规以及补贴政策得到保护。另外，我国可再生能源产品及安装均存在较多的质量问题，有机构在对国内 32 个省份、容量 3.3 吉瓦的 425 个包括大型地面电站和分布式光伏电站所用设备进行检测后发现，光伏组件主要存在热斑、隐裂、功率衰减等问题。

第五节　推进我国能源技术产业化的政策建议

构建能源技术支撑体系，是一项复杂的系统工程，涉及政府、企业、社会公众等主体。不同的主体应当各司其职、相互协调，充分发挥各自的职能作用，共同构建好促进能源产业发展的技术支撑体系。与此同时，推进能源

技术的产业化，也必须坚持以政府主导、多元参与的产业化发展模式，坚持“有形之手”与“无形之手”的有机结合，在国家一系列政策措施的支持下，通过引入适当的竞争机制，形成有利于能源技术产业化的发展环境，促进其顺利产业化。

一、政府：通过制度安排激励和保护我国能源产业技术进步

在构建能源技术支撑体系的过程中，政府应当起到组织者的作用，负责制定能源科技发展的总体规划以及各种相关的法规体系、政策体系和市场机制等，建立起整个技术支撑体系的“骨架”。

（一）健全科学完备、先进适用的能源法律法规体系

加快《中华人民共和国能源法》（以下简称《能源法》）立法进程，在《能源法》的制定过程中，应明确非常规油气资源开发的法律地位，使今后的大规模开发以及国家对该产业的监管具有法律保障。研究修订《中华人民共和国电力法》《中华人民共和国煤炭法》以及《核电管理条例》《能源监管条例》《天然气管理条例》《国家石油储备条例》等一系列法律法规。同时，深化知识产权领域改革，充分发挥知识产权司法保护的主导作用。健全完善能源行业标准体系，围绕能源转型变革需求，聚焦储能电站、分布式能源资源安全运行、综合能源服务等关键技术标准，强化标准制修订及实施。

（二）健全推动能源新技术应用的市场机制

突出市场在科技创新资源配置中的决定性作用，破除能源技术创新壁垒与市场机制障碍。鼓励地方政府开展碳市场、能源技术交易、可再生能源配额制、绿证交易等机制创新，以市场机制激发能源技术创新和优化配置的活力，运用市场机制提升可再生能源消纳。鼓励市场竞争，突破电力监管与调度壁垒，降低灵活性分布式能源资源并网门槛。优化可再生能源补贴政策，随着风光设备进入平价上网，此部分补贴应逐渐退坡，并优化后补贴时期政策机制。完善有利于节能低碳发展的财税政策体系，激励能源创新。稳步推进电力中长期、现货、辅助服务市场建设，健全清洁能源消纳

市场化机制。

（三）完善科技政策体系

科技政策体系是构建能源技术支撑体系的重要体制保证。能源产业属于技术密集型产业，突破技术约束是能源技术产业化必须面对的现实。而要实现关键技术的研发和突破，需要在科研体制机制上进行创新，不能仅凭国家重大科技专项，应支持大中小企业和各类主体创新，充分激发民营企业的积极性、创造性，大力降低新技术进入市场的门槛和限制，为社会资本、技术进入能源领域创造有利条件。首先，政府应加大对于能源科技创新的投入力度，在科技经费、专项资金方面加大对能源领域科技攻关项目的支持力度；其次，应研究制定切实可行的科技扶持政策，鼓励和引导企业自主创新、依靠科技进步求发展；最后，应加大对科技创新成果、创新型人才以及推广技术成效显著的企业和示范项目的奖励力度，以激励企业积极推广能源新技术的积极性，激励科技人员努力研究开发能源新技术。

（四）加大对基础性、前瞻性、颠覆性技术的支持力度

以国家能源重大战略需求为导向，加强能源技术革命所需的新材料、基础元器件、集成芯片、微型传感器等的研发力度，提升能源基础材料、基础零部件、基础工艺、基础软件等共性关键技术水平；深入开展与清洁能源相关的基础性、前瞻性、战略性科技创新；加强能源与材料、信息、化学、控制、机械等基础科学的协同创新；加快利用弃风、弃水、弃光推进电解水制氢的发展；基于微型传感器构造透明电网技术研究及示范应用，支撑能源颠覆性技术发展；利用微纳探测技术（微机电系统/纳机电系统、纳米传感器、纳米光纤）打造智能化油气开采特色技术体系；推动能源技术与大数据、云计算、物联网、人工智能、机器人和智能制造等应用技术集成创新，破解制约能源技术革命的重大科技和装备瓶颈。

二、企业：通过技术创新实现企业的可持续发展

能源企业既是技术创新的主要力量，也是推动新技术实现商业化应用的

主体，这就决定了企业在构建能源技术支撑体系中的主体地位。能源企业作为创新主体必须转变发展理念和创新思维，通过提升企业的技术创新能力，实现企业的可持续发展。

（一）重视人才，鼓励科技创新

能源产业是技术密集型产业，涉及的每个环节都需要具有较高技能的技术人员。因此，科技人才就成为影响能源企业技术研发与能源技术产业化发展的重要因素。企业必须注重科技人才的培养，加大资金投入，对员工进行专业技能培训；完善科技人才培养机制，积极培育能源领域所需要的专门人才，特别是科技创新人才和高层管理人才；采取有效的激励措施，鼓励员工进行技术改造和创新，最大程度地激发员工的创新积极性。

（二）开展企业之间及企业与高校、企业与科研机构的技术创新合作

单个企业的技术力量往往比较薄弱，其技术创新活动往往受到规模、风险、资金和人才等因素的限制，在某些关键技术上往往不能实现有效突破。但是如果企业之间、企业与高校和研究机构之间能够进行技术创新合作，则无疑可以打破这些制约。企业与其他创新主体开展技术创新合作，不仅可以通过资源共享、风险共担，提高创新成功的概率。更重要的是，企业在竞争激烈的世界市场中通过合作可以发现更多的机会、拓展更广阔的市场、树立更有知名度的品牌形象，实现企业的可持续发展。

第六篇

能源革命背景下的中国能源政策演进与评估

党的十八大以来，习近平总书记针对能源发展，提出以“四个革命、一个合作”为核心的能源革命战略思想。“十三五”能源发展规划贯彻能源革命战略思想，深化重点领域和关键环节市场化改革，破除妨碍发展的体制机制障碍，着力解决市场体系不完善等问题，为维护国家能源安全、推进能源高质量发展提供制度保障。

2020 年 9 月 22 日，习近平主席在第 75 届联合国大会一般性辩论上郑重承诺：中国将提高国家自主贡献力度，采取更加有力的政策和措施，二氧化碳排放力争于 2030 年前达到峰值，努力争取 2060 年前实现“碳中和”。这标志着“十四五”期间，我国能源发展的重心就转变为锚定“双碳”目标，加速能源低碳转型。因此，“十四五”能源发展规划的政策主线将以清洁低碳作为导向，加快能源绿色低碳转型，建设美丽中国；同时，还要充分发挥市场在资源配置中的决定性作用，更好发挥政府作用，深入推进能源行业竞争性环节市场化改革，发挥市场机制作用，建设高标准能源市场体系。

第十八章　油气行业政策的演进与评估

2017年5月21日，中共中央、国务院印发了《关于深化石油天然气体制改革的若干意见》，这份文件是我国油气行业改革的总纲性文件，进一步明确了我国深入石油天然气体制改革的路线图及基本任务，最终确立了油气行业"X+1+X"改革路线。①

第一节　完善并有序放开油气上游勘查开采体制

"十二五"以来，我国原油产量增幅开始放缓，年均增幅由"十一五"期间的2.49%降为1.32%，尤其是进入"十三五"后，2016—2017和2018年连续三年里，原油产量增幅出现了负增长的不利局面（见图18-1）。

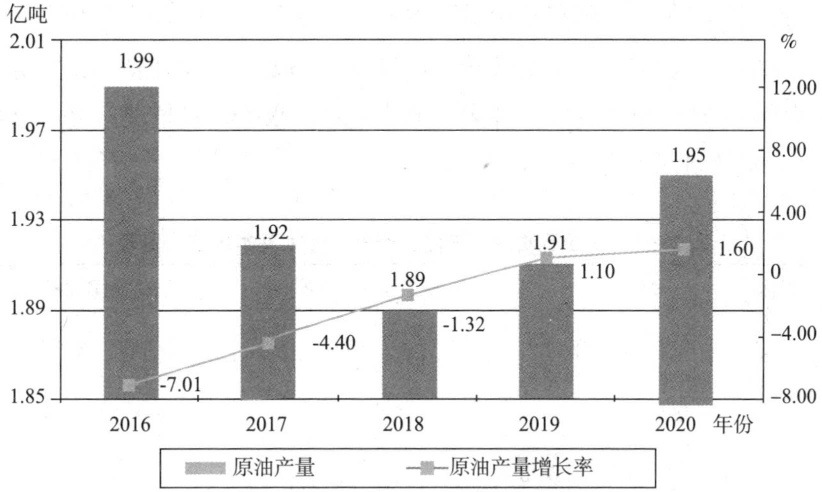

图18-1　"十三五"期间我国原油产量及增长率

① "X+1+X"改革路线是指形成上游油气资源多主体多渠道供应、中间"一张网"高效集输、下游市场化良性竞争的油气市场体系。

2018年，中国原油对外依存度接近70%，天然气进口量超过日本，成为全球第一大天然气进口国，对外依存度大幅攀升至45.3%。同时，从2018年开始，中美贸易摩擦不断加剧，伊朗、委内瑞拉等产油国屡遭美国制裁，中国能源安全问题已经成为中央关注的重要问题。2018年9月，国务院发布《关于促进天然气协调稳定发展的若干意见》，明确要求加大国内勘探开发力度，主要措施包括两个方面：一是各油气企业全面增加国内勘探开发资金和工作量投入，确保完成国家规划部署的各项目标任务，力争到2020年底前国内天然气产量达到2000亿立方米以上。二是严格执行油气勘查区块退出机制，全面实行区块竞争性出让，鼓励以市场化方式转让矿业权，完善矿业权转让、储量及价值评估等规则，建立完善油气地质资料公开和共享机制。

一、全面增加国内勘探开发投入

根据国务院统一部署安排，2019年5月24日，国家能源局组织召开大力提升油气勘探开发力度工作推进会，要求各中央部委和地方政府相关部门要在加强用地用海保障、优化环评审批、加大非常规天然气财税支持等方面配套稳定的支持政策，保障重点项目落地实施；同时，强调石油企业要落实增储上产主体责任，不折不扣完成2019—2025年的七年行动计划工作要求。按照国家增储上产的要求，国内各大石油企业纷纷根据自身情况，提出企业增储上产七年计划（见表18-1）。

表18-1　中国石油企业增储上产七年计划基本内容一览表

公司名称	规划名称	勘探开发投资规模	规划目标
中国石油	《2019—2025年国内勘探与生产加快发展规划方案》	2018年勘探与生产板块资本性支出同比增长约16%，为2282亿元，占公司资本支出总额的76%	深化东部、发展西部、拓展海上，油气并重、立足常规、加强非常规
中国海油	《关于中国海油强化国内勘探开发未来“七年行动计划”》	2018年勘探开发总支出为553亿~632亿元	2025年勘探工作量和探明储量翻一番，达到100亿桶油当量

续表

公司名称	规划名称	勘探开发投资规模	规划目标
中国石化	《中国石化大力提升油气勘探开发力度七年行动计划》	2018 年勘探开发资本支出 596 亿元	

国内石油企业为了完成七年增储上产任务，纷纷加大勘探开发投入（见图 18-2）。

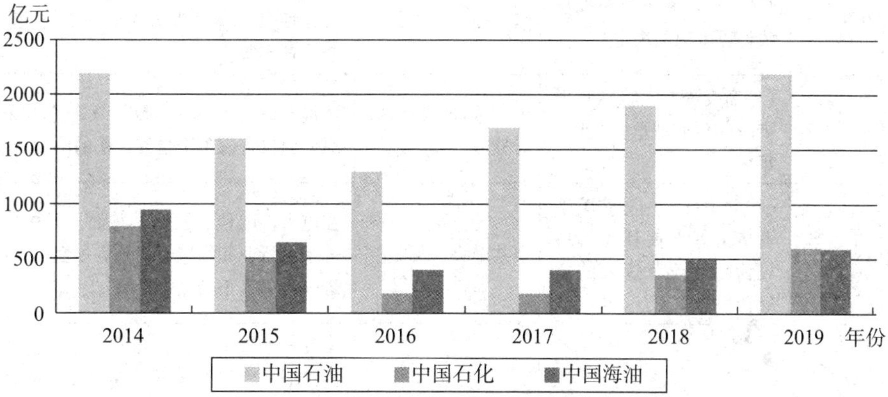

图 18-2 2014—2019 年国内石油企业勘探与生产资本支出

由图 18-2 可以看到，从 2014 年开始，国内各石油企业的勘探开发支出开始逐年大幅下降，在 2016 年降至最低点，各石油企业的资本支出减少了近一半。从 2017 年开始，各石油企业的勘探开发资本支出开始增加，尤其是增储上产“七年行动计划”提出之后，2019 年中国石油的勘探开发资本支出已经达到了 2014 年的水平，中国海油和中国石化的勘探开发资本支出也快速增加。

二、开放油气上游勘探开发市场

长期以来，我国的油气勘查开采一直限定在指定范围内并实行严格的资质管理。因此，国内油气区块基本由中石油和中石化等国内大型石油集团控制，其中 67%的天然气资源和 55%的石油资源都控制在中石油手中。虽然中石油每年的勘查力度很大，但资金投入仍相对有限，导致有大量区块尚未得到勘探开发。因此以改革激发油气勘查开采市场的活力，就成为国家政策的必然选择（见表 18-2）。

表 18-2　我国开放油气勘探开发市场政策推进一览表

时间	文件名称	发布机构	主要内容
2017 年 5 月	《关于深化石油天然气体制改革的若干意见》	中共中央　国务院	有序放开油气勘查开采市场，逐步形成以大型国有油气公司为主导、多种经济成分共同参与的勘查开采体系
2019 年 2 月	《关于取消和下放一批行政许可事项的决定》	国务院	取消“石油天然气（含煤层气）对外合作项目总体开发方案审批”事项，改为备案制
2019 年 6 月	《外商投资准入特别管理措施（负面清单）（2019 年版）》	国家发展改革委、商务部	取消石油、天然气、煤层气勘查开采对外商投资仅限于合资合作的限制
2019 年 12 月	《中共中央　国务院关于营造更好发展环境支持民营企业改革发展的意见》	中共中央　国务院	在电力、电信、铁路、石油、天然气等重点行业和领域，放开竞争性业务，进一步引入市场竞争机制
2019 年 12 月	《关于推进矿产资源管理改革若干事项的意见（试行）》	自然资源部	①开放油气勘查开采市场。在我国境内注册、净资产不低于 3 亿元的内外资公司，均有资格按规定取得油气矿业权。②实行油气探采合一制度。即油气探矿权人发现可供开采的油气资源的，在报告有登记权限的自然资源主管部门后即可进行开采

由于油气勘探属于油气行业的上游业务，具有高风险、高技术、高投入和长周期的特点，例如，一口油气井的勘探开发成本高达上千万元甚至上亿元，并且每个油气区块的地质储藏情况也各不相同。因此，油气勘探主体的类型和数量相应增加会带来更多的资金投入和更广泛勘探开发技术路线的应用，有助于油气资源的增储上产。并且油气市场参与主体多元化将会进一步促进上游市场的竞争，推动市场有效性，避免市场中各类资源的错配和浪费，降低油气勘探开发成本。2015 年以来，中外石油企业已经开始尝试合作勘探开发项目，并且取得了一定的成果（见表 18-3）。

表 18-3　“十三五”时期油气上游勘探开发国内外合作项目一览表

时间	合作企业	合作区域	合作内容
2010—2020 年	中国石油、道达尔	苏里格南区块	中国石油是苏里格南气田的作业者，道达尔勘探与生产（中国）是中国石油在苏里格南项目唯一的合作伙伴，并担任项目评价井的作业者
2016 年	中国石油、雪佛龙	川东北天然气项目	罗家寨（含滚子坪）气田开发建设项目，年生产能力 30 亿立方米。雪佛龙为项目运营方，持有 49%的权益，中国石油持有 51%的权益
2016 年	中国石油、BP	四川盆地内江—大足区块	页岩气勘探、开发和生产的产品分成合同

2019 年，国内石油企业纷纷加大投入，全力增储上产，不断涌现大的油气勘探发现。但随着油气勘探工作的不断深入，上游勘探开采战线长、区块多、资源隐蔽性增强的问题日益突出，油气勘探发现难度不断加大。

面对日益增加的开采难度和大量开采区块投入不足，油气上游需要更多市场主体进入，投入资金、技术和服务，降低油气勘探开发成本，激发油气行业增长动力。因此国内石油企业在上游勘探开发领域开始积极联手合作。例如，中国石油与中国石化就塔里木盆地、准噶尔盆地和四川盆地签订了联合研究框架协议，共涉及双方探矿权 81 个、总面积约 30.58 万平方公里；中国石油和中国海油就渤海湾、北部湾、南黄海和苏北盆地签订了合作框架协议，共涉及双方探矿权 19 个、总面积约 2.69 万平方公里。同时，双方还签署了渤海湾盆地、苏北和南黄海盆地、北部湾盆地联合研究协议。

油气上游勘探放开，能够有效打破垄断，推动真正的市场化改革落地，让市场在资源配置中发挥决定性作用，这一举措是油气领域改革的里程碑事件，会大大加速上游市场的勘探开发竞争。

第二节　改革油气管网运营机制

我国油气体制改革的总体方向是市场化，目标是提升油气行业的运行效率、保障国家能源安全，而中游的管网独立是实现市场化最为关键的一步，也是难度最大、最具突破性的一步。

经过几十年的发展，我国已形成横跨东西、纵贯南北、连通海外的油气管网格局。长输油气管网主要由三大国有石油公司拥有，其中，中国石油约占 85%，中国石化占 10%，中国海油占 5%。三大国有石油企业在油气管网建设和运营中“各自为政”，已经形成了自然垄断。这一市场格局导致了国内部分油气管线重复建设、管道利用率低以及管输资源浪费等问题。而国家管网公司的成立将打破这一局面，实现“输配分离”，重塑我国油气市场格局，推进油气体制改革向纵深发展。

表 18-4　我国改革油气管网运营机制政策推进一览表

时间	事件	阶段	主要内容
2019 年 3 月	《石油天然气管网运营机制改革实施意见》发布	酝酿阶段	组建国有资本控股、投资主体多元化的国家石油天然气管道公司（简称“国家管道公司”），推动油气管线独立，实现“输配分离”
2019 年 12 月	国家石油天然气管网集团有限公司（简称“国家管网公司”）成立	建立阶段	国家管网公司的主要职责是负责全国油气干线管道、部分储气调峰设施的投资建设，负责干线管道互联互通及与社会管道连通，负责原油、成品油、天然气的管道输送，并统一负责全国油气干线管网运行调度，定期向社会公开剩余管输和储存能力，实现基础设施向所有符合条件的用户公平开放等
2020 年 9 月	国家管网公司完成三大国有石油公司油气管网资产交割	深化阶段	国家管网公司正式接收中国石油、中国石化、中国海油旗下主要管道、储气库和接收站资产，结束了几十年来我国油气管道建设运营各自为政的历史局面
2021 年 3 月	国家管网公司接管北京天然气管道有限公司和大连液化天然气有限公司股权	完成阶段	国家管网公司收购中国石油昆仑能源下属北京管道公司 60%、大连 LNG 公司 75%股权的基础交易对价为 408. 86 亿元。这标志着我国油气体制改革的关键一步——油气主干管网资产整合已全面完成，实现了我国全部油气主干管网并网运行

从表 18-4 中可以看出，经过一系列的资产整合，国家管网公司已经具有在全国范围内统筹调配、输送和存储油气资源的核心能力，形成了“全国一

张网”，并定期向社会公开剩余管输和储存能力，推动实现油气基础设施向第三方用户公平开放。随着油气管网的独立，油气行业未来的市场化改革之路将更加顺畅，形成更加开放、多元、健康、高效的油气市场体系将是“十四五”时期油气行业发展的重要趋势。

第三节　深化油气下游竞争性环节改革

一、完善油气加工环节准入和淘汰机制

长期以来，我国成品油价格构成中，与国外相比，流通环节的成本和利润占了很大的比重（见图 18-3）。

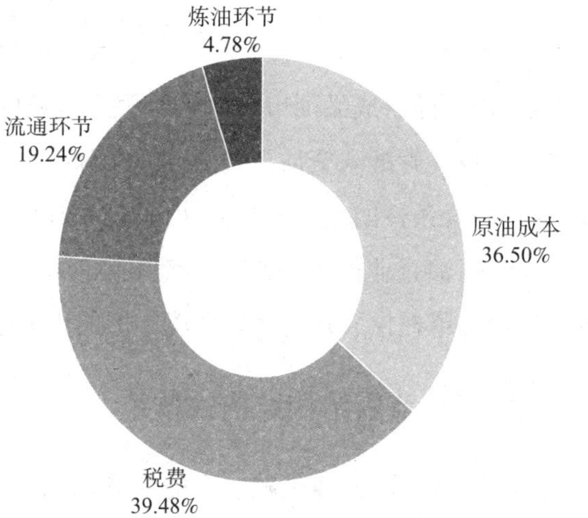

图 18-3　我国成品油价格构成示意

由图 18-3 可以看出，在 6.85 元/升的国六 92 号汽油零售价格中，流通环节（包括贸易商采购及运营成本、贸易商利润、加油站采购及运营成本、加油站利润）的成本与利润占了 19.24%，约合 1.31 元/升；而炼油环节（包括炼油厂加工成本、炼油厂利润）成本与利润仅占 4.78%，约合 0.32 元/升。根据美国能源信息署（EIA）统计，美国汽油售价中，流通环节占 13%，炼油环节

同样占13%。

表 18-5　我国成品油市场准入政策推进一览表

时间	政策文件	实施机构	具体规定
2019年8月	《关于加快发展流通促进商业消费的意见》	国务院	扩大成品油市场准入，取消石油成品油批发仓储经营资格审批，将成品油零售经营资格审批下放至地市级人民政府
2019年12月	《商务部关于做好石油成品油流通管理“放管服”改革工作的通知》	商务部	有序将成品油零售经营资格审批及管理工作移交给地市级人民政府，由地市级人民政府确定具体执行部门，负责审批及行业管理工作
2020年4月	《关于促进石油成品油流通高质量发展的意见（征求意见稿）》	商务部	国家对成品油零售经营实施许可管理。地市级人民政府要对成品油零售经营资格审批和石油成品油流通管理负总责，严把市场准入关。进一步简化成品油零售经营资格审批程序，精简审批材料，完善并公开审批实施细则和服务指南

由表18-5可以看出，随着成品油市场“放管服”改革的不断推进，我国的成品油市场由“设门槛、管准入资质”变成“放门槛，加强事中、事后监督”，明确突出了支持符合条件的企业参与原油进口、成品油出口，为平衡国内油品供需矛盾并保证炼油企业的经济性，避免国内低价无序竞争“引流”，也为成品油市场化定价改革提供成熟的市场环境，形成更为公平的竞争环境。

二、加快油气加工环节供给侧结构性改革

2019年我国炼油能力达到7.89亿吨，产能过剩达1.38亿吨，全国炼油行业产能利用率约74%，显著低于世界82%的平均水平。同时，2019年我国炼厂平均产能规模仅约450万吨/年，其中产能在500万吨/年的炼厂占比近1/3，远低于全球650万吨/年的平均水平，因此，油气下游环节的供给侧结构性改革刻不容缓。

2018年1月，国家发展改革委等九部委联合发布《关于对炼油领域严重违法违规和失信行为开展专项治理工作的通知》，明确了200万吨/年的炼厂最低规模线，要求限期关停200万吨/年以下落后产能企业，不准新建、改扩

建200万吨/年以下的炼油项目。

2019年10月，国家发展改革委修订发布《产业结构调整指导目录（2019年本）》，明确了限制新建1000万吨/年以下的炼油装置、100万吨/年以下的乙烯装置和100万吨/年以下的芳烃装置。

2019年11月，国家发展改革委召开《石化产业规划布局方案（修订版）》重大石化项目推进会，在会议上明确提出除了《石化产业规划布局方案（修订版）》中提出的七大国家石化基地外，不再新建、改扩建任何大型炼化项目。

表18-6　七大国家石化基地重大项目一览表

序号	基地	重大项目
1	大连长兴岛	中石油炼化项目：2022年形成2500万吨炼化能力 恒力石化项目：2000万吨炼化一体项目
2	上海漕泾	中石化高桥石化漕泾炼化一体化项目：2000万吨（1500万吨炼油工程+500万吨润滑油工程）、100万吨乙烯加工装置
3	广东惠州	中海油惠州炼化项目：2200万吨炼油、100万吨乙烯装置
4	福建古雷	中石化古雷炼化一体化项目：1600万吨炼油、120万吨乙烯加工装置
5	河北曹妃甸	中石化曹妃甸千万吨炼化项目、旭阳石化1500万吨炼化一体化项目、新华石化2000万吨炼化一体化项目
6	江苏连云港	中石化连云港项目：3200万吨炼化一体化工程、盛虹石化1600万吨炼化一体化项目
7	浙江宁波	中石化炼化一体化项目：1500万吨炼油、120万吨乙烯加工装置 荣盛舟山石化（一期）：2000万吨炼化一体化项目；（二期）：2000万吨炼化一体化项目

由表18-6可以看到，浙江石化炼化一体化项目、盛虹炼化一体化项目、中石油广东石化炼化一体化项目、中科合资广东炼化一体化项目、福建古雷炼化一体化项目等千万吨级炼化项目均将在“十四五”期间建成投产，成为基地化生产的排头兵。从项目进展情况看，盛虹石化、浙江石化、荣盛石化、恒力石化等民营企业项目进展更加迅速，因此在中国炼化版图上形成了中石油、中石化和民营石化企业“三分天下”的市场竞争局面。

三、加大天然气下游市场竞争

我国天然气市场已经形成了中国石油、中国石化、中国海油三大油气公司主导天然气上游生产和供应，城市燃气企业主要从事天然气下游配售及其他辅助性业务的基本市场格局。目前，国内城市燃气市场有超过 3000 家企业，其中新奥能源、昆仑能源、华润燃气和港华燃气四家公司的天然气销售总量占全国天然气销售总量的 1/3（见图 18-4），国内城市燃气行业已经进入集团化、规模化发展的新阶段。

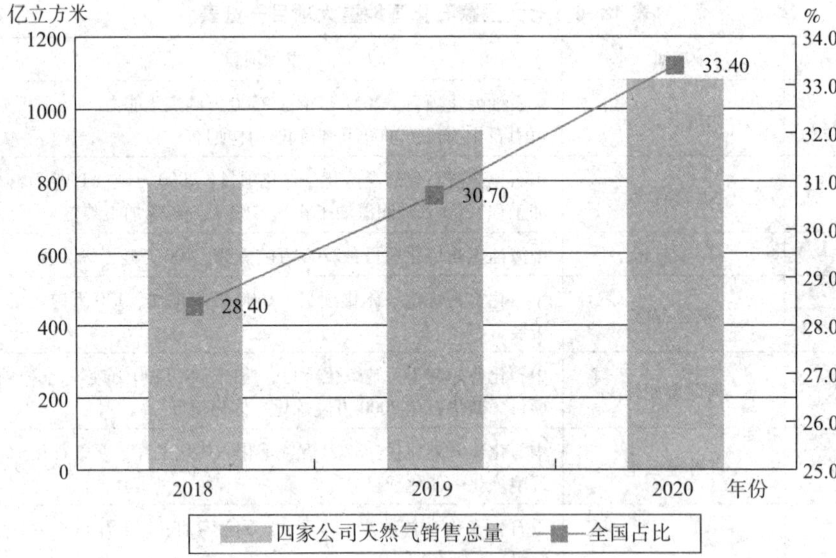

图 18-4　2018—2020 年我国城市燃气市场结构变化

根据城市燃气行业各大上市公司 2020 年的年报分析，中石油在天然气终端综合利用业务领域唯一运营企业——昆仑能源 2020 年净利润率为 7.79%，净资产回报率为 12%；而中国燃气 2020 年的毛利润率则高达 23.7%。由此可见，城市燃气市场利润空间很大，放开市场后必然会引发激烈的竞争。

城市燃气企业用户分为民用、工业和商业。对于民用用户，2004 年，我国建设部发布《市政公用事业特许经营管理办法》，规定包括城燃在内的公用事业实行特许经营，年限最长不超过30年。三年之后的2007年，全国各地的民用城市燃气特许经营权基本全部授出。

2015年2月28日，国家发展改革委发布《关于理顺非居民用天然气价格的通知》，明确从4月1日起，进行非居民用气价格并轨及直供用户价格放开试点改革，允许直供用户可直接向上游购气、商定气价，政府只主导管输价格和配气价格。这一文件为上游石油企业进入城市燃气市场打开了通道。2018年，中石油昆仑能源有限公司天然气销量达到220亿立方米，其中新疆、河北、山东三省的城市燃气销售为147亿立方米，占到总销量的67%。

城市燃气市场不仅向上游油气企业开放，而且还向外资开放。2019年6月30日，国家发展改革委、商务部发布《外商投资准入特别管理措施（负面清单）（2019年版）》，规定在基础设施建设方面，取消城市人口50万以上的城市燃气、热力管网必须由中方控股限制。2021年3月，道达尔公司和申能集团组建合资公司，向上海和周边长三角地区销售液化天然气。

第四节　改革油气产品定价机制

2015年5月，国家发展改革委发布《关于“十四五”时期深化价格机制改革行动方案的通知》，明确指出要深入推进能源价格改革，到2025年，竞争性领域和环节价格主要由市场决定，网络型自然垄断环节科学定价机制全面确立，能源资源价格形成机制进一步完善，适应高质量发展要求的价格政策体系基本建立。

一、天然气门站价格市场化改革

按照天然气产业链上下游关系，天然气价格链按各产业链环节可分为出厂价（井口价）、门站价和终端价。其中，出厂价+管输费=门站价，门站价+城市配气费=天然气终端价。

由于天然气上下游产业链均涉及自然垄断性质，因此国家发展改革委对天然气行业上下游价格均进行严格监管。在“管住中间、放开两头”的油气行业改革大背景下，天然气门站价格在 2011 年开始了不断市场化改革之路（见表 18-7）。

表 18-7　我国推进天然气门站价格市场化改革政策一览表

时间	政策文件	发展阶段	主要内容
2011 年 12 月	《关于在广东省、广西壮族自治区开展天然气价格形成机制改革试点的通知》	试点阶段	在广东、广西两省（区）开展改革试点，实施“市场净回值”定价法，建立天然气与可替代能源价格挂钩机制，以计价基准点价格为基础确定各省（区、市）天然气门站价格
2013 年 6 月	《国家发展改革委关于调整天然气价格的通知》	开端阶段	自 2013 年 7 月 10 日起，区分存量气和增量气；大然气价格管理由出厂环节调整为门站环节，门站价格为政府指导价，实行最高上限价格管理，供需双方可在国家规定的最高上限价格范围内协商确定具体价格
2015 年 2 月	《关于理顺非居民用天然气价格的通知》	并轨阶段	自 2015 年 4 月 1 日起，实现存量气和增量气价格并轨，理顺非居民用天然气价格；放开天然气直供用户（化肥企业除外）用气门站价格，由供需双方协商定价，进行市场化改革试点
2015 年 11 月	《关于降低非居民用天然气门站价格并进一步推进价格市场化改革的通知》	基准浮动定价阶段	自 2015 年 11 月 20 日起，将非居民用气由最高门站价格管理改为基准门站价格管理，供需双方可以基准门站价格为基础，在上浮 20%、下浮不限的范围内协商确定具体门站价格
2018 年 5 月	《关于理顺居民用气门站价格的通知》	居民与非居民统一阶段	自 2018 年 6 月 10 日起，将居民用气由最高门站价格管理改为基准门站价格管理，价格水平按非居民用气基准门站价格水平（增值税税率 10%）安排
2019 年 11 月	《中央定价目录（修订征求意见稿）》	取消中央政府定价阶段	将天然气门站价格从该目录中移出，跨省区市管道运输价格予以保留

总体来看，党的十八大以来，紧紧围绕改革目标，通过先易后难的推进方式，采取“先非居民后居民”“先试点后推广”“先增量后存量”“边理顺边放开”的实施步骤，稳步推进改革。经过近十年的天然气门站价格改革，我国天然气价格市场已经基本形成了竞争性环节价格放开、垄断性环节价格

管制的格局，即政府只对属于网络型自然垄断环节的管网输配价格进行监管，气源和销售价格则由市场形成。

二、完善天然气管输价格形成机制

天然气输配渠道包括跨省长途管道运输、省内短途管道运输与城市管网配气，分别形成跨省管道运输价格、省内管道运输价格与城市管网配气价格。

2019 年 12 月国家管网公司成立之前，跨省长途运输管道主要由 13 家公司建设和运营，因此这一阶段的天然气跨省长途运输价格管制主要是针对这 13 家企业进行。2016 年 10 月，国家发展改革委出台了《天然气管道运输价格管理办法（试行）》和《天然气管道运输定价成本监审办法（试行）》，明确规定：跨省管道运输价格按照“准许成本加合理收益”原则制定，管道运输企业的管道运输业务年度准许总收入由准许成本、准许收益以及税费组成，准许收益率按管道负荷率（实际输气量除以设计输气能力）不低于 75% 取得税后全投资收益率 8%的原则确定。根据测算，新的价格形成机制下，13 家企业的平均管输价格下降了 15%左右。

2019 年 12 月国家管网公司成立之后，天然气管道运输价格主要针对该公司进行调整。2021 年 3 月 21 日，国家发展改革委发布《天然气管道运输价格管理办法（暂行）》和《天然气管道运输定价成本监审办法（暂行）》，明确提出以宁夏中卫、河北永清、贵州贵阳等管道关键节点为主要界限，将国家管网经营管道划入西北、西南、东北及中东部 4 个定价区域，新建管道则根据上述节点划入相应定价区域，由国务院价格主管部门明确。价格形成仍然按照“准许成本加合理收益”原则延续，但准许收益率可以通过统筹进行“后期微调”。

根据新的价格形成机制，国家管网跨省长途管道运输价格在 0. 11～0. 24 元/立方米的价格范围内，不到我国天然气终端用户价格的 10%，跨省管道运输价格已经得到有效管制。而省内输气管道与城市配气管网在内的输配价格普遍偏高，已经成为天然气输配环节的主要矛盾。

城镇配气管网是天然气供应的“毛细血管”，天然气配送是产业链“最后一公里”。我国天然气配送环节价格监管相对滞后，一些地方对“最后一公里”监管不到位，主要体现为配气价格尚未单独核定、各环节成本和价格没有清晰界定，监管规则不健全、价格管理制度化规范化程度不高，配气价格水平差异较大、少数地方价格偏高、企业负担重。

针对这些情况，2017 年 6 月，国家发展改革委印发《关于加强配气价格监管的指导意见》，继 2016 年建立起管道运输价格监管规则后，进一步建立起下游城镇燃气配送环节价格监管框架，从而构建起天然气输配领域全环节价格监管体系。

2020 年 7 月 1 日，国家发展改革委和国家市场监督管理总局联合发布的《加强天然气输配价格监管的通知》中指出，合理制定省内管道运输价格和城镇燃气配气价格，输配价格按照“准许成本+合理收益”原则核定。准许收益率按不超过 7%确定，地方可结合实际适当降低。按照国家部署要求，陕西、江苏、浙江、河北、云南、江西等地陆续制定省内输配价格监管规则，大幅降低省内管道运输价格和配气价格。

第十九章　煤炭行业政策的演进与评估

第一节　供给侧结构性改革深入推进，优质产能加速释放

2016 年 2 月 1 日，国务院印发《关于煤炭行业化解过剩产能实现脱困发展的意见》(国发〔2016〕7 号)，成为“十三五”时期煤炭行业实施供给侧结构性改革总纲领。该文件明确规定从 2016 年开始，用 3~5 年时间退出产能 5 亿吨左右、减量重组 5 亿吨。

在煤炭行业去产能进程中，产能置换成为重要的政策工具。产能置换是指通过市场化手段，淘汰落后产能，实现产业升级。分为等量产能置换和减量产能置换，前者是指新建项目应淘汰与该建设项目产能数量相等的落后或过剩产能；后者是指新建项目应淘汰大于该建设项目产能数量的落后或过剩产能。2018 年 2 月 9 日，国家发展改革委等四部委联合发布《关于进一步完善煤炭产能置换政策加快优质产能释放促进落后产能有序退出的通知》，支持部分类型的煤矿产能加快退出，以及优质产能的加快释放。2018 年 8 月 30 日，国家发展改革委印发《关于进一步完善煤炭产能置换政策的补充通知》，首次明确了煤炭去产能将由总量性去产能转向结构性去产能、系统性优产能。

2019 年 8 月，国家发展改革委印发《30 万吨/年以下煤矿分类处置工作方案》，提出通过三年时间，力争到 2021 年底全国 30 万吨/年以下煤矿数量减少至 800 处以内，华北、西北地区 30 万吨/年以下煤矿基本退出，其他地区 30 万吨/年以下煤矿数量原则上比 2015 年减少 50%。

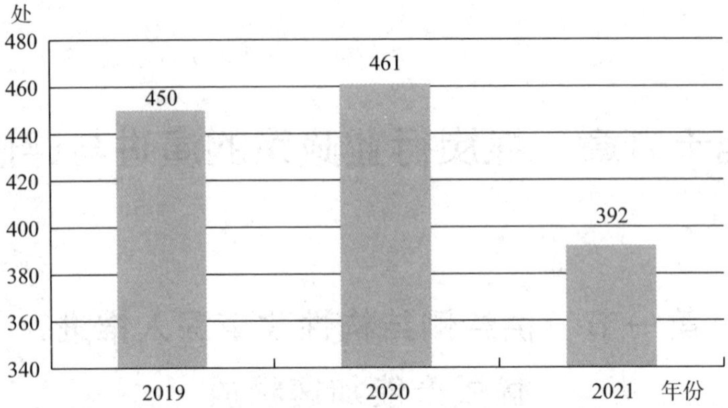

图 19-1　2019—2021 年 30 万吨/年以下煤矿退出数量

由图 19-1 可以看出，2019 年，组织实施年产 30 万吨以下煤矿分类处置，加快退出低效无效产能，全年退出 30 万吨/年以下煤矿 450 处。煤矿数量已由 2015 年的 1.08 万处减至 5300 处左右；大型煤企产量占全国的 80%以上。2020 年底，全国 30 万吨/年以下煤矿 1129 处、产能 1.48 亿吨/年，较 2019 年底减少 461 处。截至 2020 年底，全国累计退出煤矿 5500 处左右、退出落后煤炭产能 10 亿吨/年以上，超额完成《国务院关于煤炭行业化解过剩产能实现脱困发展的意见》（国发〔2016〕7 号）提出的“化解过剩产能”奋斗目标。按照《30 万吨/年以下煤矿分类处置工作方案》要求，2021 年底全国 30 万吨/年以下煤矿数量减少至 800 处以内，因此 2021 年 30 万吨/年以下煤矿还需退出 392 处。

煤炭行业在结构性去产能的同时，加速释放煤炭优质产能，并进一步向资源富集地区集中。“十三五”时期，全国煤矿数量减少到 4700 处以下，平均单井（矿）产能提高到 110 万吨/年以上。大型现代化煤矿成为全国煤炭生产的主体，年产 120 万吨以上的大型现代化煤矿 1200 处以上，产量占全国的 80%左右，其中，建成年产千万吨级煤矿 52 处，产能 8.2 亿吨/年。截至 2020 年底，全国 14 个大型煤炭基地产量占全国总产量的 96.6%，比 2015 年提高 3.6 个百分点。内蒙古、山西、陕西、新疆、贵州、山东、安徽、河南等 8 个省（区）煤炭产量超亿吨，原煤产量共计 35 亿吨，占全国总产量的 90%。

第二节 煤炭清洁高效利用

“十三五”时期，我国主要通过煤炭提质加工、现代煤化工、燃煤发电超低排放等技术手段，实现煤炭的清洁高效利用。2015 年 4 月，国家能源局印发《煤炭清洁高效利用行动计划（2015—2020 年）》，提出到 2020 年，原煤入选率达到 80%以上；现役燃煤发电机组改造后平均供电煤耗低于 310 克/千瓦·时，电煤占煤炭消费比重提高到 60%以上；现代煤化工产业化示范取得阶段性成果，形成更加完整的自主技术和装备体系。

一、低阶煤炭的分级分阶利用

我国把煤分为三大类，即无烟煤、烟煤和褐煤。低阶煤主要包括褐煤和低变质烟煤，低阶煤占我国探明煤炭资源储量的 60%。对低阶煤进行分级分质提质，实现梯级利用，是我国煤炭清洁高效利用的重要举措。

2015 年 1 月，国家能源局、生态环境部、工信部联合下发的《关于促进煤炭安全绿色开发和清洁高效利用的意见》指出，在条件适合地区，积极推进煤炭分级分质利用，优化褐煤资源开发，鼓励低阶煤提质技术研发和示范，推广低阶煤产地分级提质，提高煤炭利用附加值。同时，要求到 2020 年，低阶煤分级提质核心关键技术取得突破，实现百万吨级示范应用。

2016 年 6 月，国家发展改革委印发《能源技术革命创新行动（2016—2030）》，将“开发百万吨/年低阶煤热解、油化电联产等示范工程”列为重点研究对象，要求加强煤炭分级分质转化技术创新。

在政策的引导下，一系列低阶煤分级分质利用示范项目陆续建成，从多条技术路线开展产业化应用探索，若干项目已经取得突破性进展，具体见表19-1。

表 19-1　低阶煤分级分质利用新建示范项目及示范任务内容

序号	项目名称	示范任务
1	京能锡盟 500 万吨/年褐煤热解分级综合利用项目	两段转体炉煤热解技术百万吨级工业化示范、半焦水煤浆气化工业化示范、低温热解与间接液化技术组合示范
2	陕煤化榆林 1500 万吨/年煤炭分质清洁高效转化示范项目	百万吨级低阶煤热解工业化示范、热解—气化一体化（CGPS）技术的大型工业化示范、焦油加氢制芳烃及航空燃料大型工业化示范、先进水处理技术工业化示范、关键装备自主化示范
3	延长石油榆林 800 万吨/年煤提取焦油与制合成气一体化产业示范项目	煤提取煤焦油与制合成气一体化（CCSI）技术百万吨级工业化示范、煤油共炼（YCCO）技术百万吨级工业化示范、油化电多联产示范
4	陕西龙成 1000 万吨/年粉煤清洁高效综合利用一体化示范项目	单系列 200 万吨/年旋转床低阶煤低温热解技术装备示范、煤焦油和热解气深加工工艺技术示范
5	呼伦贝尔圣山 30 万吨/年褐煤清洁高效综合利用示范项目	热溶催化技术（高液体收率的褐煤催化加氢热解技术）工业化示范

二、煤电节能减排

2018 年，我国发电装机 19 亿千瓦，其中火电装机 11.4 亿千瓦，占总装机的 53%，发电量占全口径发电量的 70.39%，占世界火力发电量的 28.84%。煤炭大规模利用支撑了我国经济社会的高速发展，但燃煤高强度排放导致的大气污染也带来了严重生态环境问题。2015 年 12 月 3 日，国务院常务会议决定在 2020 年前，对燃煤机组全面实施超低排放和节能改造，使所有现役电厂每千瓦·时平均煤耗低于 310 克、新建电厂每千瓦·时平均煤耗低于 300 克，对落后产能和不符合相关强制性标准要求的坚决淘汰关停，东部、中部地区要提前至 2017 年和 2018 年达标。

遵照国务院工作部署安排，2015 年 12 月 11 日，生态环境部、国家发展改革委和国家能源局三部门联合发布《全面实施燃煤电厂超低排放和节能改造工作方案》，要求具备条件的燃煤机组要实施超低排放改造，不具备改造条件的机组要实施达标排放治理，落后产能和不符合相关强制性标准要求的机组要实施淘汰，要统筹节能与超低排放改造。

煤电超低排放和节能改造，主要是对燃煤机组的烟气排放进行治理，降低烟尘、二氧化硫和氮氧化物的排放水平。我国的超低排放和节能改造工程一方面推行更为严格的煤电能效环保标准，另一方面明确煤电企业超低排放的电价政策，有效降低企业改造和运行成本。

在 2016 年、2017 年、2018 年和 2019 年，国家能源局连续四年印发了各省（区、市）煤电超低排放和节能改造目标任务的通知，对全国各省（区、市）的超低排放改造和节能改造任务分别进行了汇总布置。在政策强力干预下，2016—2018 年，我国煤电机组累计完成超低排放改造 7 亿千瓦以上，加上新建的超低排放煤电机组，我国达到超低排放限值煤电机组已达 7. 5 亿千瓦以上，占全部煤电机组 75%以上；节能改造累计已完成 6. 5 亿千瓦，占全部煤电机组 65%以上，提前两年超额完成 5. 8 亿千瓦总量改造目标。2019 年，全国百万千瓦超临界燃煤发电机组有 111 台在运行，超过其他国家的总和，平均供电标准煤耗约 280 克/千瓦・时，引领了世界燃煤发电技术发展方向。“十三五”时期，我国已建成全球最大的清洁高效煤电供应体系，燃煤发电机组大气污染物的超低排放标准大大高于世界主要发达国家和地区，燃煤发电已不再是我国大气污染物的主要来源。

三、稳步推进现代煤化工示范

2017 年 2 月，国家能源局印发《煤炭深加工产业示范“十三五”规划》，提出“十三五”期间，重点开展煤制油、煤制天然气、低阶煤分质利用、煤制化学品、煤炭和石油综合利用等五类模式以及通用技术装备的升级示范。2017 年 3 月，国家发展改革委与国家工业和信息化部联合印发《现代煤化工产业创新发展布局方案》，首次提出了现代煤化工产业示范区规划布局方案，即“十三五”期间规划布局内蒙古鄂尔多斯、陕西榆林、宁夏宁东、新疆准东 4 个现代煤化工产业示范区，推动产业集聚发展，打造世界一流的现代煤化工产业示范区。2017—2019 年我国现代煤化工产品产量如图 19-2 所示。

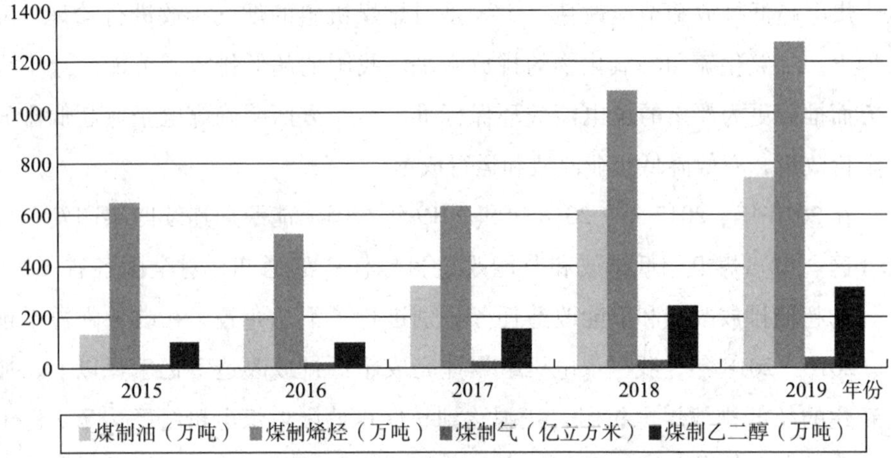

图 19-2　2015—2019 年我国现代煤化工产品产量

“十三五”期间，国内建成 8 套煤制油、4 套煤制天然气、32 套煤（甲醇）制烯烃、24 套煤制乙二醇示范及产业化推广项目，产业示范取得阶段性成果。我国煤制油、煤（甲醇）制烯烃和煤（合成气）制乙二醇产能已分别达到 823 万吨、1672 万吨和 597 万吨。而煤间接液化制油、煤直接液化制油、煤制烯烃和煤制乙二醇的吨产品二氧化碳排放量分别为 6.5 吨、5.8 吨、11.1 吨和 5.6 吨，居于世界领先水平。

根据测算，煤制油项目，对应油价 55~60 美元/桶；煤制烯烃和煤制乙二醇项目，分别对应 45~50 美元/桶、50~55 美元/桶的油价；煤制天然气的油价临界点为 2.0 元/立方米。2020 年以来，在新冠肺炎疫情蔓延和国际油价低位运行的双重冲击下，煤化工行业整体经济效益大幅下滑，多数现代煤化工项目陷入亏损。

在“碳达峰、碳中和”目标之下，作为高碳产业代表的现代煤化工，产能扩张正在受限，新增项目审核难度也大幅增加。2021 年 5 月 31 日，生态环境部发布《关于加强高耗能、高排放项目生态环境源头防控的指导意见》，明确提出严格控制“两高”发展规模，将碳排放影响评价纳入环境影响评价体系，严格“两高”项目环评审批。基于此，国家开始加快遏制“两高”项目的盲目发展。石化、现代煤化工项目必须纳入国家产业规划。

第二十章　新能源行业消纳长效机制及全面平价上网

第一节　大力推进风光新能源消纳

“十二五”以来，我国以风电和光伏发电为代表的新能源快速发展。截至2015年底，风电、光伏发电并网装机合计达3.6亿千瓦，新能源已超越水电成为我国第二大类电源。我国新能源在快速规模化发展的同时，也面临着消纳利用不充分、区域发展不均衡等问题。例如，2016年全国弃风弃光合计约570亿千瓦·时。严重的弃风弃光，造成了清洁能源资源的巨大浪费，新疆哈密、甘肃酒泉等地区限电比例高达30%以上。

2016年7月国家能源局首次印发《关于建立监测预警机制促进风电产业持续健康发展的通知》，率先提出风电投资监测预警机制，其指标体系分为政策类指标、资源和运行类指标、经济类指标。自此开始，国家能源局已经连续4年对风电投资监测预警结果进行公开发布，对于弃风率较高、年利用小时数偏低、调节电源装机较差的地区采取限制核准、限制建设的手段。

2017年3月，“两会”的《政府工作报告》明确提出，“抓紧解决机制和技术问题，优先保障可再生能源发电上网，有效缓解弃水、弃风、弃光状况”。2017年11月，国家发展改革委、国家能源局印发《解决弃水弃风弃光问题实施方案》，专门提出要强化监测评价，由国家能源主管部门对各地区可再生能源电力消纳情况按月监测、按季评估、按年预警。

随着一系列国家政策的出台，“十三五”以来，国家加强新能源发展规模布局调控，电网企业加大并网消纳工作力度，火电灵活性改造等调峰能力不断提升，辅助服务市场等机制不断完善，全国新能源弃电量和弃电率连续四年实现“双降”（见图 20-1 和图 20-2）。

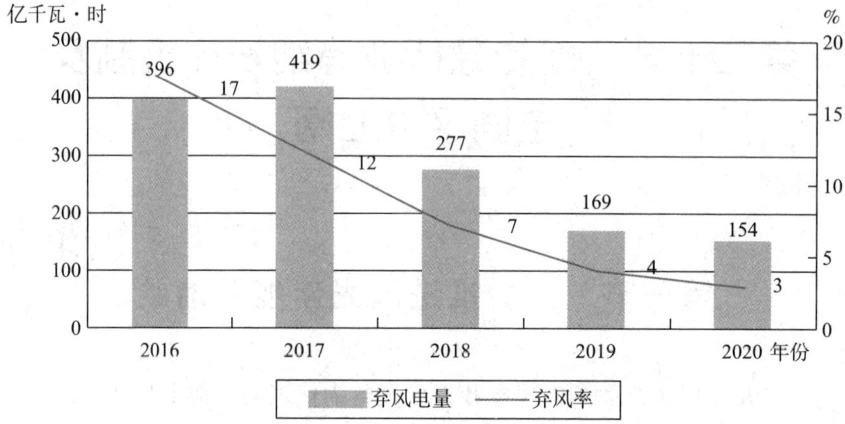

图 20-1　2016—2020 年我国弃风电量和弃风率

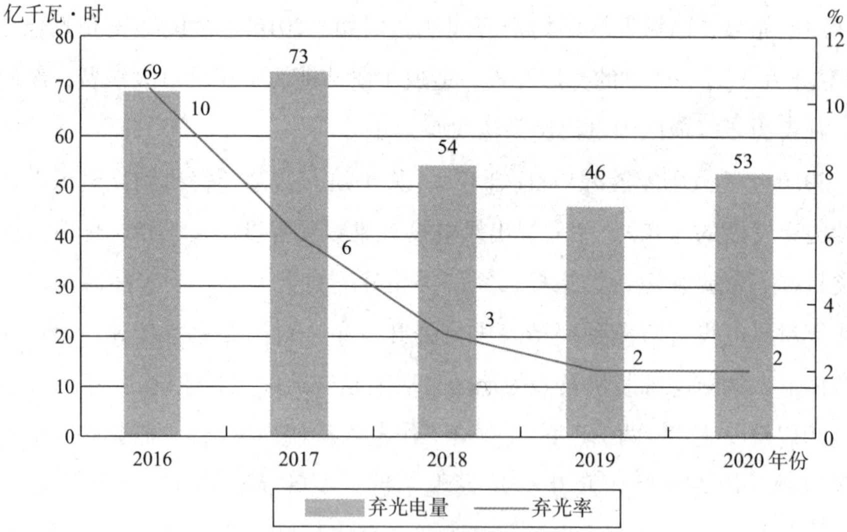

图 20-2　2016—2020 年我国弃光电量和弃光率

由图 20-1 可以看出，2017 年，弃风电量 419 亿千瓦·时，弃风率 12%，同比下降 5.2 个百分点；由图 20-2 可以看出，2017 年，弃光电量 73 亿千瓦·时，弃光率 6%，同比下降 4.3 个百分点。2018 年，风电利用率达 92.8%，弃风率 7.2%，同比下降 4.9 个百分点；光电利用率达 97%，弃光率 3%，同比下降 2.8

个百分点。弃风方面，全国有22个省份基本不弃风，只有冀北、吉林、蒙东和甘肃、新疆这几个区域累计弃风率超过了5%；弃光方面，有24个省份基本不弃光，年累计弃光率超过5%的只有新疆、甘肃和陕西等三个省份。2019年，风电利用率高于90%，光伏发电利用率高于95%。2020年，弃风率仅为3%，弃光率也低于5%。

2018年10月，国家发展改革委印发《清洁能源消纳行动计划（2018—2020年）》，进一步明确了弃电量、弃电率的概念和界定标准。原则上，对风电、光伏发电利用率超过95%的区域，其限发电量不再计入全国限电量统计。2019年5月10日，《国家发展改革委 国家能源局关于建立健全可再生能源电力消纳保障机制的通知》规定，各承担消纳责任的市场主体以实际消纳可再生能源电量为主要方式完成消纳量，同时可通过两种补充（替代）方式完成消纳量。一是向超额完成年度消纳量的市场主体购买其超额完成的可再生能源电力消纳量（简称“超额消纳量”），双方自主确定转让（或交易）价格；二是自愿认购可再生能源绿色电力证书（简称“绿证”），绿证对应的可再生能源电量等量计为消纳量。

在一系列政策支持下，2020年，我国光伏发电新增装机4820万千瓦，而国家电网经营区、南方电网经营区和蒙西地区光伏发电的新增消纳空间分别为3905万千瓦、740万千瓦和200万千瓦，合计4845万千瓦。因此，2020年，我国光伏发电新增装机与消纳空间基本持平，消纳空间甚至略高于新增装机容量。

2016年，“三北”地区的华北、东北、西北的弃风率分别为14%、19%、33%，是我国弃风限电的重灾区。2017年2月，国家能源局发布2017年风电投资监测预警结果：内蒙古、黑龙江、吉林、宁夏、甘肃、新疆（含兵团）等省（区）为风电开发建设红色预警区域，导致风力资源条件优越的“三北”区域内大规模开发风电的项目大多被搁置。经过三年的整改，在较好地解决了风电消纳问题的基础上，2020年3月，国家能源局发布《2020年度风电投资监测预警结果》和《2019年度光伏发电市场环境监测评价结果》，取消了“三北”地区风电项目“红色投资预警”。因此，从2019年开始，“三北”地区风电大基地开发再一次全面铺开。在2020年，全国风电新增并网装机 7167 万千瓦，“三北”地区约占 60%，其他地区约占 40%。2019—2020 年，内蒙古、吉林、黑龙江等地先后核准了十余个风电大基地项目，包括乌兰察布 600 万千瓦风电外送基地、北方上都百万千瓦风电基地项目、通辽市百万千瓦外送风电基地等重大项目建设。

第二节 建立完善新能源平价上网政策

一、光伏发电平价上网政策的实施及完善

自 2012 年 10 月开始，美国和欧盟国家相继对我国光伏企业进行“双反”调查，欧美市场的中国光伏产业陷入生死绝境。2013 年 7 月，国务院发布《关于促进光伏产业健康发展的若干意见》，明确提出把扩大国内市场、提高技术水平、加快产业转型升级作为促进光伏产业持续健康发展的根本出路和基本立足点，完善光伏电价和补贴政策，推进光伏产业健康快速发展。2013 年 8 月，国家发展改革委下发《关于发挥价格杠杆作用促进光伏产业健康发展的通知》，明确实行三类资源区光伏上网电价及分布式光伏度电补贴，由此拉开了我国光伏发电市场的“黄金时代”。随着光伏行业持续的技术创新，光伏发电成本不断下降，我国也随之开始下调三类资源区光伏上网电价。2015 年 12 月，国家发展改革委印发《关于完善陆上风电、光伏发电上网标杆电价政策的通知》，明确实行风电、光伏上网标杆电价随发展规模逐步降低的价格政策。在随后的四年里，光伏发电上网价格持续下调（见表 20-1）。

表 20-1 我国光伏上网电价及补贴变化一览表 单位：元/千瓦·时

年份	光伏标杆上网电价			分布式光伏补贴
	一类资源区	二类资源区	三类资源区	
2013	0.9	0.95	1	0.42
2016	0.8	0.88	0.98	0.42
2017	0.65	0.75	0.85	0.37
2018	0.5	0.6	0.7	0.32

长期以来，中国促进光伏发电产业发展的政策取向主要采取“标杆电价+财政补贴”的方式，补贴资金来源于可再生能源电价附加，随电费收取。近年来随着光伏装机的快速攀升，补贴缺口在持续扩大。截至2017年底，累计可再生能源发电补贴缺口总计达到1127亿元，其中光伏补贴缺口455亿元，且呈逐年扩大趋势。同时，在光伏发电市场高速增长的刺激下，光伏制造企业纷纷扩大产能，光伏制造产能过剩问题开始涌现。

为了解决光伏发电的补贴缺口问题以及市场竞争力不足等问题，2018年5月31日，国家发展改革委、财政部和国家能源局发布《关于2018年光伏发电有关事项的通知》，明确了合理把握发展节奏优化光伏发电新增建设规模、加快光伏发电补贴退坡、降低补贴强度等要求。该通知的出台意味着通过电价补贴方式推进光伏产业发展的模式开始退出，平价上网成为新的发展模式。2019年1月，国家发展改革委和国家能源局联合印发《关于积极推进风电、光伏发电无补贴平价上网有关工作的通知》，要求各省份积极推进平价上网项目和低价上网试点项目建设。

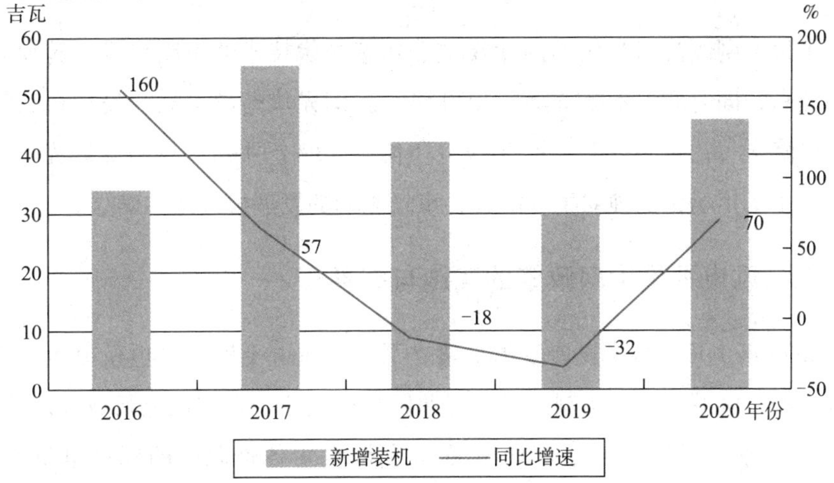

图20-3　“十三五”时期我国光伏新增装机及同比增速

由图20-3可以看出，2017年，中国光伏装机总量创历史地达到了53.5吉瓦，光伏行业成了资本和企业争相进入的产业赛道。可是“531新政”的出台给高歌猛进的中国光伏产业踩下了“急刹车”，光伏发电无补贴时代的到来对国内需求造成了巨大冲击，光伏产品价格大幅下滑，光伏新增装机量急速缩水。2018 年我国光伏新增装机容量超过 43 吉瓦，同比下降 18%，2019 年光伏新增装机容量更是跌至 30 吉瓦，同比下降 32%。光伏发电新增装机在经历了两年大幅下滑之后，2020 年又重新增加到 48.2 吉瓦。推进光伏发电全面平价上网政策一览见表 20-2。

表 20-2 推进光伏发电全面平价上网政策一览表

时间	政策文件	制定机构	具体规定
2019 年 4 月	《关于完善光伏发电上网电价机制有关问题的通知》	国家发展改革委	集中式光伏电站标杆上网电价改为指导价，新增集中式光伏电站上网电价原则上通过市场竞争方式确定
2020 年 3 月	《关于 2020 年光伏发电上网电价政策有关事项的通知》	国家发展改革委	对集中式光伏发电继续制定指导价，降低工商业分布式光伏发电补贴标准，降低户用分布式光伏发电补贴标准
2021 年 6 月	《关于 2021 年新能源上网电价政策有关事项的通知》	国家发展改革委	对新备案集中式光伏电站、工商业分布式光伏，中央财政不再补贴，实行平价上网

平价上网改善了光伏的商业模式。随着光伏技术的不断提升，转换效率不断提高，同时成本不断下降。2020 年，我国光伏地面电站建设初始全投资成本已降至每瓦 4 元以下，较 2019 年下降约 13%。平价上网意味着光伏行业基本具备了市场化的独立生存能力，市场驱动的发展模式基本确立。

二、风电平价上网政策的实施与完善

2009 年 7 月，国家发展改革委建立了陆上风电上网标杆电价制度，将全国分为四类资源区，首次制定了分资源区标杆电价。根据风电行业发展形势，在 2014 年底、2015 年底、2016 年底分别调整了各资源区的标杆电价水平，接着 2019 年、2020 年又出台了风电各资源区电价指导价（见图 20-4）。

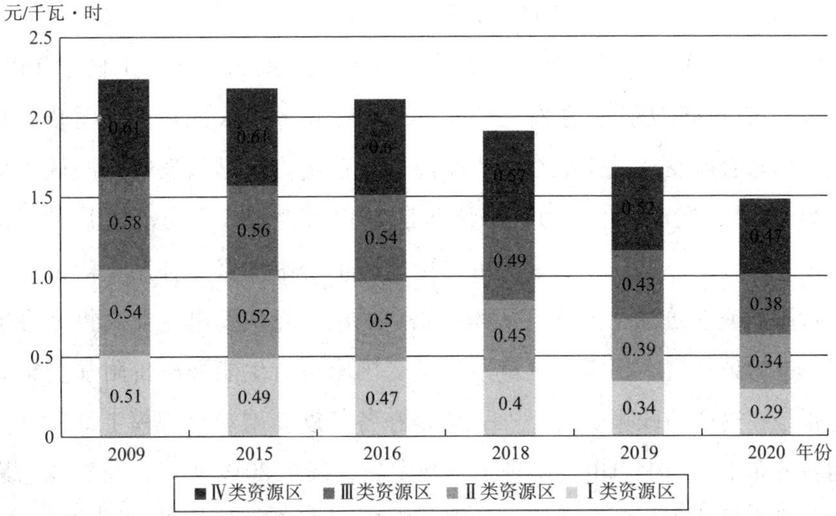

图 20-4　我国风电分资源区标杆电价调整情况

由图 20-4 可以看出，“十一五”和“十二五”期间，风电标杆电价政策相对侧重支持“三北”等风资源丰富、发电成本低的地区风电发展。之后，随着国内大容量、低风速机组和智能化风电技术出现，电价政策转为支持东中部和南方地区、“三北”地区、海上风电发展并重（见图 20-5）。

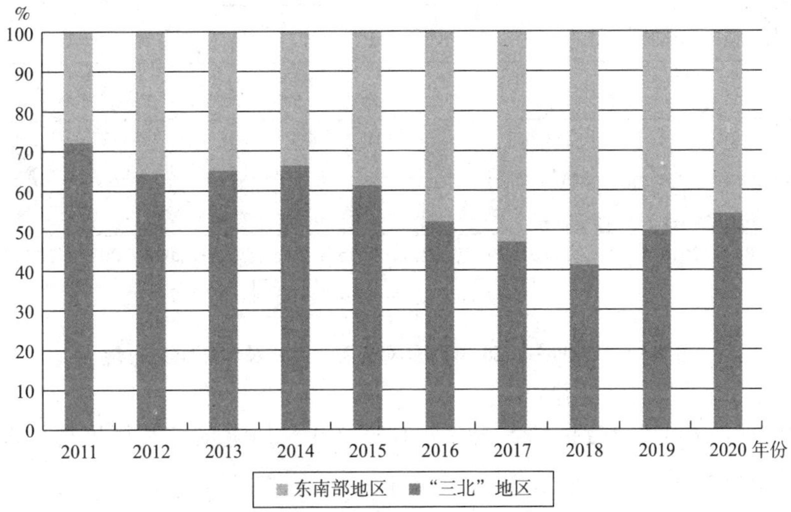

图 20-5　“三北”地区和东南部地区风电新增装机容量占比变化

2016年11月7日，国家能源局发布《电力发展“十三五”规划（2016—2020年）》，其中要求2020年，全国风电装机达到2.1亿千瓦以上，其中海上风电500万千瓦左右。2017年2月，国家发展改革委、财政部及国家能源局联合印发《关于试行可再生能源绿色电力证书核发及自愿认购交易制度的通知》，规定绿色电力证书认购自2017年7月1日起正式启动，认购价格按照不高于证书对应电量的可再生能源电价附加资金补贴金额由买卖双方自行协商或者通过竞价确定认购价格。风电、光伏发电企业出售可再生能源绿色电力证书后，相应的电量不再享受国家可再生能源电价附加资金的补贴。正是在这样的政策支持下，无论是在各年度新增装机规模上，还是在装机地域分布上，陆上风电均实现了均衡发展，截至2019年底，我国风电累计并网装机容量达21005万千瓦，已提前完成“十三五”装机目标，海上风电累计并网装机量超过750万千瓦，同样超额完成“十三五”目标。

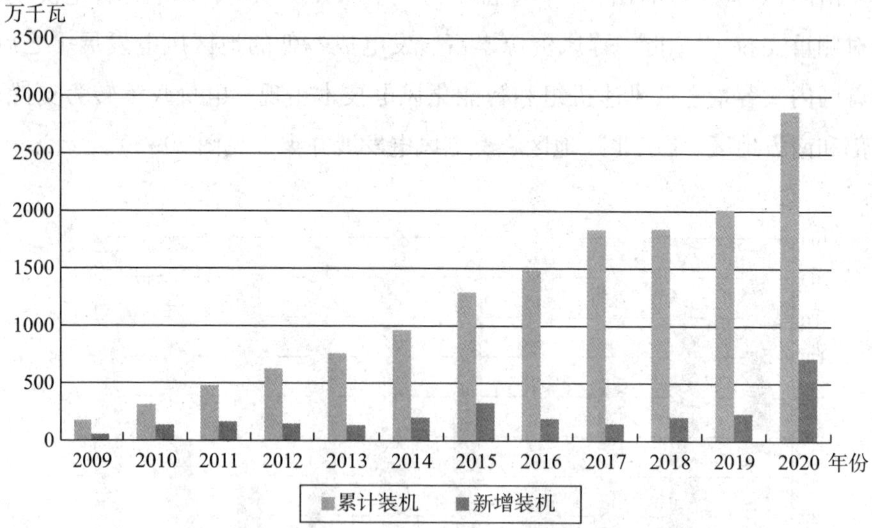

图20-6　2009—2020年我国风电累计装机量和新增装机量

由图20-6可以看到，“十三五”收官之年，风电新增装机出现了爆发式增长，2020年风电新增装机为7167万千瓦，是前三年的总和，这表明经过多年培育成熟的风电产业链，足以为落实我国的“3060”目标提供坚实支撑。

2019年，我国陆上风电平均安装成本为7906元/千瓦，比2015年下降了13%。2019年，我国陆上风电平准化度电成本为0.3元/千瓦·时，比2015年下降了30%。我国“三北”地区的陆上风电新建项目度电成本可以达到0.16元/千瓦·时、中东南部区域可以达到0.34元/千瓦·时，大部分新建陆上风电项目已经具备平价上网的条件。2019年5月24日，国家发展改革委发布《关于完善风电上网电价政策的通知》，明确将陆上风电标杆上网电价改为指导价。新核准的集中式陆上风电和海上风电项目上网电价全部通过竞争方式确定。

这一政策的出台是为推进陆上风电实现全面平价、海上风电补贴退坡做出的一系列政策安排，这将给行业运营者以清晰的价格信号和预期，引导风电产业在“十三五”后半程以及“十四五”阶段平稳过渡至补贴完全退出。

当前在“三北”区域，按单位千瓦造价6000元以及4000发电小时计算，度电成本可降至约0.16元/千瓦·时，按照国家规定的8%收益率，上网电价约为0.175元/千瓦·时；在中东南部区域，按单位千瓦造价8000元以及2500发电小时计算，度电成本可降至约0.34元/千瓦·时，按照国家规定的8%收益率，上网电价约为0.37元/千瓦·时。与此相对照，全国各省燃煤标杆上网电价当前大多处于0.25~0.45元/千瓦·时的区间，整体而言，陆上风电上网电价基本可以与煤电持平。

2021年6月7日，国家发展改革委印发《关于2021年新能源上网电价政策有关事项的通知》，明确2021年起新核准陆上风电项目，中央财政不再补贴。2021年，新建项目保障收购小时数以内的发电量，上网电价继续按“指导价+竞争性配置”方式形成。其中，指导价统筹考虑2020年各地燃煤发电基准价和市场交易平均价分省确定。根据该通知，最高指导价出现在广东省，为0.4529元/千瓦·时；最低指导价出现在新疆，为0.2423元/千瓦·时。保障收购小时数以外的发电量，直接参与市场交易形成上网电价。

“十四五”时期是我国实现2030年前碳排放达峰和努力争取2060年前“碳中和”目标任务的关键时期，能源行业发展的重点是低碳能源转型，这就需要进一步加快发展风电等可再生能源发电。

2020年12月12日，习近平主席在气候雄心峰会上正式提出，2030年中国风电、太阳能发电总装机容量将达到12亿千瓦以上。2021年5月，国家能源局印发《关于2021年风电、光伏发电开发建设有关事项的通知》，明确提出2021年，全国风电、光伏发电发电量占全社会用电量的比重达到11%左右，后续逐年提高，到2025年达到16.5%左右。从该政策中可以看出，“十四五”时期，将开始大规模实施风电光伏的平价上网，这表明风电、光伏发电将从补充能源转为替代能源，在需求端加速对传统能源的渗透，非化石能源占比将成为重要指导性指标。

表20-3 “十四五”光伏发电、风电装机规模测算

光伏发电/风电比例	2025年光伏发电/风电增量/亿千瓦·时	光伏发电新增装机/吉瓦	风电新增装机/吉瓦
50∶50	7800	55	31
55∶45	7800	61	27.6
60∶40	7800	67	24.7

由表20-3可以看出，如果“十四五”非化石能源比例定在17.5%，则光伏发电每年新增装机需求将达55～67吉瓦，约为2019年装机量的30%。到2025年风电新增装机规模至少不低于当前已有的新增装机规模，即2021—2025年风电将继续新增280～300吉瓦，这相当于五年再造一个中国风电行业。

2021年3月13日，《中华人民共和国国民经济和社会发展第十四个五年规划和2035年远景目标纲要》公布，规划中提出要持续加强新能源电力消纳和跨区输送能力建设，有序推进风电、光伏发电的集中式开发，积极推进多能互补的清洁能源基地建设。“十四五”期间将以大基地建设为抓手，重点发展九大清洁能源基地、四大海上风电基地（见表20-4）。

表 20-4　“十四五”我国可再生能源基地一览表

基地类型	基地名称	所在省份
“风光储一体化”基地	松辽清洁能源基地	黑龙江、吉林、辽宁
	冀北清洁能源基地	河北
“风光火储一体化”基地	黄河几字弯清洁能源基地	内蒙古、宁夏
	河西走廊清洁能源基地	甘肃
“风光水储一体化”基地	黄河上游清洁能源基地	青海
	金沙江上游清洁能源基地	四川
	金沙江下游清洁能源基地	云南
	雅砻江流域清洁能源基地	贵州
“风光水火储一体化”基地	新疆清洁能源基地	新疆
海上风电基地	福建海上风电基地	福建
	浙江海上风电基地	浙江
	江苏海上风电基地	江苏
	山东海上风电基地	山东

由表 20-4 可以看出，在西北等资源、土地优势明显的地域，可以通过基地化的方式推动风电、光伏的规模化发展，而在西南地区，则可以结合水电基地的条件能力，以水、风、光互补的方式推进综合开发。

“十四五”时期，我国能源发展主体思路是坚持节约能源和降低排放两大方向，以供给侧结构性改革为主线，供给侧需求侧协同发力，严控煤电项目，严控煤炭消费，加快发展风电、光伏发电等非化石能源，不断扩大绿色低碳能源供给，大力压减高耗能高碳排放能源消费，以高质量的供需互动促进任务有效落实。为了实现上述能源低碳发展目标，必须进一步加快发展风电光伏产业，优先推进东中南部地区风电光伏就近开发消纳，积极推动东南沿海地区海上风电集群化开发和“三北”地区风电光伏基地化开发，“十四五”时期力争风电、光伏成为清洁能源增长的主力。

第七篇

能源革命背景下的能源产业升级综合评价

第二十一章　能源革命背景下的能源产业升级综合评价体系设计

第一节　能源革命背景下的能源产业升级综合评价的意义

2012 年，党的十八大报告中提出了“推动能源生产和消费革命，控制能源消费总量，加强节能降耗，支持节能低碳产业和新能源、可再生能源发展，确保国家能源安全”，较早从能源安全角度提出了能源生产与消费的革命。2014 年 6 月 13 日，习近平总书记在中央财经领导小组第六次会议上更进一步明确提出了“四个革命、一个合作”的重大能源战略思想，即推进能源消费革命、供给革命、技术革命、体制革命。纵观“十三五”，中国能源发展已经从单纯的数量增长，转入新的发展阶段。在能源供给方面，国内能源供应体系发展基本完善，能源供给结构持续优化。能源生产总量、煤炭产量、电力装机规模及发电量均居世界首位，非化石能源发展规模逐步扩大，水电、风电、光伏发电装机和核电在建规模居世界首位。我国有效控制了能源消费总量，2016—2019 年能源消费弹性系数平均为 0.44，较“十二五”期间下降 0.05，持续淘汰落后产能的同时，综合能耗稳步下降。在能源技术方面，页岩油气、新能源汽车、智慧能源等新型业态发展迅速，要在推进“管住中间、放开两头”的价格与监督体系的同时，不断完善并深化电力体制、油气体制改革。

但是，传统能源富集地区的能源利用率依然整体较为粗放，西北、华北等地区能源富集区的节能减排和技术创新能力相对较低，依靠高污染、高能耗产业带动经济增长的传统发展模式并没有发生根本改变，较为粗放的产业发展模式已成为制约地区可持续发展的瓶颈。中东部发达省份能源依赖程度较高，与能源富集地区之间能源输运通道网络的互联互通相对滞后，地区之间能源供需与经济发展水平不协调的矛盾凸显。由于中东西部地区面临着截然不同的能源产业发展困境，如何探索差异化能源绿色转型与地区经济可持续发展的路径，成为各地区在能源产业升级发展过程中亟待解决的问题。

因此，有必要在能源革命战略背景下分析各地区能源产业供给、需求、创新和政策效力水平，为寻求能源产业高质量发展与地区经济可持续发展提供重要决策参考依据。

一、能源革命背景下的能源产业升级综合评价的理论意义

目前，虽然在宏观层面已经建立了比较完备的经济发展综合评价指标体系框架，但多聚焦于产业间的整体评价。由于地区间行业发展水平与资源禀赋的差异，一方面要考虑到产业相关要素的差异，如资源禀赋、产业规模、人员结构；另一方面也要考虑到评价目标侧重关注于改善民生、产业创新能力、可持续发展等不同层面，相对缺乏对行业发展战略定位的把握，同时对特定行业发展评价的针对性分析不足。

因此，本研究提出的能源产业升级综合评价，是在能源革命战略背景下，从能源供给的安全保障、能源运输通道及绿色化发展，能源消费升级与效率提升，能源相关产业核心技术升级推动能源技术发展，能源市场环境及能源相关政策执行效果方面综合反映各地区能源产业升级发展水平，体现了能源革命背景下与能源产业供需与资源环境、产业创新水平、政策执行等因素的协调发展理念，突出了能源革命的战略导向性定位。

二、能源革命背景下的能源产业升级综合评价的现实意义

能源产业升级综合评价的现实意义在于：

首先，分析地区间能源产业供需结构差异是产业升级发展路径的必然要求。由于自然禀赋差异，能源富集地区与非富集地区的能源供给水平存在天然的差异，西部地区需要探索产业发展与能源资源开发可持续的协同发展之

路，而东部较为发达的地区则着力要强化本地区的清洁能源供应能力。

其次，对其能源产业升级综合水平进行评价，有利于明确各地区在能源革命背景下产业所处的发展阶段差异，为寻求互补优势提供依据。依据产业结构的“梯度理论”，由于各地区之间的经济发展存在较大的差异，使得能源消费也存在结构性差异，能源供给水平与需求之间的不平衡性，必然使得各地区在能源产业升级过程中的路径存在较大差异。分析并把握能源产业在地区间的差异，是寻求产业升级路径的现实需求。

最后，对能源产业升级综合评价是积极推动能源产业发展与可持续发展的必然要求。有利于从全局角度推进能源革命战略的总体布局，支撑能源产业高质量发展目标的快速实现。

第二节　评价指标体系设计的原则与框架

一、能源革命背景下的能源产业升级综合评价的指标体系设计原则

能源产业升级综合评价是在能源革命战略背景下，对我国各省份能源产业升级的综合评价，综合评价需要考虑“四个革命”的内涵。指标体系的设计原则包括：

（一）全面性原则

能源产业升级综合评价需要在充分考虑“四个革命”战略框架内涵的同时，考虑到能源供给的安全与绿色化、消费效率与结构差异及消费变革，侧重关注能源产业经济活动，因此剔除了社会、文化发展因素对产业升级的影响。

（二）一致性原则

一致性是指设计的指标体系与其相关的理论内涵保持一致。能源产业升级综合评价指标体系的设计应当在“四个革命”的理念下，体现其发展内涵。

（三）可比性原则

由于能源产业升级综合发展评价对象的产业总量规模、供给与消费结构

等方面的差异较大，在选取指标时尽量采用相对指标，部分结合了反映效率与速度的结构性指标，以便更好地反映各地区能源产业升级综合发展水平。

（四）可操作性原则

在进行指标设计的过程中，尽量保证不同指标数据的统一可获得性。由于部分数据的收集因年度跨度原因收集不全或无合适的直接统计指标，采用了替代插补、趋势插补、邻近插补等方法处理。

（五）目的性原则

本评价旨在促进各地区间的能源产业升级，完善能源多元供应体系，加快推进地区能源绿色消费转型升级，在创新驱动下提升资源配置效率，通过合理的能源政策机制，让市场更好地发挥配置能源的决定性作用，实现地区能源产业与地区经济的良性协调发展。

二、能源革命背景下的能源产业升级综合评价的框架

基于能源产业升级综合评价的目的，本评价应重点反映能源革命战略背景下的能源供应、消费、技术创新以及体制革命的内涵。因此，在指标体系的设计框架中，包括了能源产业供给升级、能源产业消费升级和能源产业技术创新以及能源产业政策效力四个维度。

能源产业供给升级评价主要测量在能源革命背景下各地区的能源产业供给升级水平，主要从能源供给安全、新能源供给能力、储运管网能力和绿色发展四个维度对能源产业供给升级状况进行测度。能源产业消费升级评价主要从能源消费角度，考虑了在能源革命背景下消费结构多样性及效率的提升，在能源消费规模变化的基础上，从能源消费水平、能源消费效率以及能源消费终端发展方面衡量能源产业消费升级状况。能源产业技术创新除考虑了能源产业的创新投入、创新产出以及创新效率方面的因素外，还设计了以高新技术和重大装备创新发展水平反映出的能源产业创新环境因素。能源产业政策效力评价则通过能源政策投入、能源政策效率、能源市场环境发展以及能源政策接受度反映。

三、能源革命背景下的能源产业升级综合评价的指标体系

在能源产业升级综合评价的框架下，能源产业升级评价指标体系的内容如表 21-1 所示。

表 21-1 能源革命背景下的能源产业升级评价的指标

一级指标	二级指标	三级指标	指标及其含义	指标性质
能源产业供给升级	能源供给安全	能源产量	能源产量占比	正
			人均能源产量	正
		能源自给率	能源产量/能源消费量	正
		能源流动性	本地区能源输出量占比	正
			本地区能源输入量占比	正
		能源生产多元化	生产多元化指数	正
	新能源供给能力	新能源供给结构	新能源发电量占总发电量比重	正
		新能源发展规模	累计光伏装机量占比	正
	储运管网能力	储气能力	石油天然气储气能力占比	正
		管网运输能力	石油天然气管道长度占比	正
		电网输送能力	新增高压输电线路占比	正
	绿色发展	污染治理	废水治理设施套数占比	正
			集中式污染治理设施套数占比	正
		污染排放	单位工业增加值的工业二氧化硫排放	负
			单位工业增加值的工业产出化学需氧量排放	负
		综合利用效率	一般工业固体废物综合利用率	正

续表

一级指标	二级指标	三级指标	指标及其含义	指标性质
能源产业消费升级	能源消费规模	能源消费总量	能源消费量占比	正
		城镇化发展	城镇化率	正
	消费结构升级	消费需求升级	建筑、交通行业能源消费比例	正
		能源消费结构	天然气消费在能源消费中的占比	正
			新能源消纳比例	正
	能源消费效率	能耗	单位 GDP 能源消费量	负
		消费效率超前值	能源消费效率超前值	负
	消费终端发展	终端加气站数量	石油天然气加气站数量占比	正
		新能源消费终端数量	新能源汽车充电桩分布占比	正
能源产业技术创新	创新投入	地区研发投入	R&D 投入强度	正
		企业研发经费投入	企业 R&D 经费占全国比例	正
		研发人员投入	研究与实验发展人员全时投入占比	正
	创新产出	企业专利申请	能源企业平均发明专利申请数	正
		人均专利	每万名 R&D 人员专利授权数	正
		技术市场成交额	每万名科技活动人员技术市场成交额	正
		发表论文数	发表论文占全国比例	正
		新产品产出	新产品销售收入占主营业务收入比例	正
	创新效率	劳动生产率	能源产业劳动生产率	正
		企业运营绩效	能源企业成本费用利润率	正
	创新环境	能源装备制造业规模	能源装备制造业占地区工业比重	正
		高技术产业发展水平	高技术产业新产品出口收入占比	正

续表

一级指标	二级指标	三级指标	指标及其含义	指标性质
能源产业政策效力	能源政策投入	节能保护财政投入	节能保护支出占财政支出比例	正
		环境保护治理投入	环境保护治理投资占 GDP 比例	正
	能源政策效率	弃风治理	弃风下降率	负
		能耗下降	能耗下降率	负
		资源税增加	资源税增长率	正
	能源市场环境发展	能源价格指数	能源消费价格指数	正
		能源消费多样性	消费多样性指数	正
		市场化指数	市场化指数	正
	能源政策接受度	节能环保教育与培训	企业环保教育与培训的开展比例	正
		环保行动开展	企业环保行动开展比例	正
		企业政策与制度建立	企业环保制度建立比例	正

（一）能源产业供给升级指标选取的依据

中国的能源供给目前仍然以传统化石能源为主，在能源革命战略背景下，一方面，要保障在能源供给安全（吴初国，2011）的基础上供给多元化；另一方面，需要提升能源管网的互联互通水平及应急调峰储备能力（苏铭，2019），通过发展清洁化、绿色能源（林伯强，2018），促进形成高质量、清洁、低碳、高效的能源系统。

在参考国内外能源供给相关研究成果的基础上，结合能源革命背景下对能源供给提出的发展需求和数据的可获得性，本研究梳理出能源革命背景下能源供给升级的四个维度：能源供给安全、新能源供给能力、储运管网能力、绿色发展。一方面，稳定的能源供应是地区经济社会发展的基础保障；另一方面，它也是影响国家战略安全的核心。

能源供给安全主要从能源产量、能源自给率、能源供给的流动性以及能源生产多元化方面衡量（薛静静，2015）。用煤、油、天然气和电力产量占全国的比例来反映该地区能源产量总量水平；人均能源产量则是反映产量规模的相对指标。能源自给率反映本地区能源生产自给的能力，用能源生产量与能源消费的比例反映。能源供给流动性是反映本地区能源流动能力的指标，用本地区能源输入、输出量占全国的比例衡量。能源生产多元化用生产多元化指数反映，能源生产多元化有利于地区能源供给安全。

新能源供给能力主要用新能源供给结构和新能源发展规模来反映，体现了能源绿色转型发展的需求（岳立，2016）。新能源供给结构用新能源发电量占总发电量比重指标反映，可以体现能源供给结构的优化。在能源革命的背景下，光伏发电已成为新能源发展的重要选择（林智钦，2013），累计光伏装机量的比例指标则可以反映地区新能源发展规模。

储能产业的发展体现了能源生产和能源消费革命的必然要求（徐婉迪，2021），用石油天然气储气能力、管网长度、新增高压输电线长度占全国比例来反映，其中储运管网能力的发展反映了能源储气、运输网络建设的情况，体现了能源革命战略发展过程中对地区的输运网络的提升及地区应急储备能力的需求。

绿色发展则体现了能源产业绿色转型升级的必然要求。能源产业升级和清洁能源发展必然具有环境污染治理、污染减排的“双重效益”（林美顺，2017）。用污染治理设施投入、单位工业增加值的产出污染排放量以及废弃固体综合利用率反映地区在能源转型升级发展过程中对污染治理的投入与效果。

（二）能源产业消费升级指标选取的依据

有研究表明，经济增长、产业结构变化、能源强度和能源结构等是影响能源消费量变化的主要驱动因素（Liu & Wang，et al.，2019）。能源革命背景下，对能源消费升级的评价不仅要关注能源消费总量与能源使用的效率（高新才，2011），更需要关注能源消费新模式和经济高质量发展阶段终端用能的新特征所带来的变化。因此，对能源消费升级的评价主要从能源消费规模、消费结构升级、能源消费效率和消费终端发展四个维度展开。其中消费规模与消费效率关注的是能源消费的总量与效率的变化，而消费结构升级和消费终端发展的情况则从能源消费结构和能源消费的产业结构变化角度反映了能源革命消费模式变化的部分特征。

能源消费规模主要用能源消费总量、城镇化发展指标反映。其中，能源消费总量体现了区域内消费的各种能源的总和，是观察区域能源消费水平、能源消费构成和增长速度的指标。而城镇化水平则体现了随着城镇化水平加速，人口围绕中心城市集聚后，能源需求的复杂性与能源消费趋势的变化。由于城镇化水平的提升往往会增加能源消费量（李建豹，2021），因此采用城镇化水平反映能源消费需求变化的趋势。

能源消费结构升级主要从消费需求升级和能源消费结构两个角度反映。其中，消费需求升级主要体现为终端能源消费需求增量变化的趋势。在能源革命背景下，工业体系向绿色低碳和循环经济方向转变，这就促使终端能源消费呈现从工业向建筑和交通领域转移的特征，这些行业的用能的多样性必然对能源输配、跨区衔接提出更高要求，用地区建筑和交通行业能源消费的比例可以很好地衡量该地区终端消费需求升级的水平。此外，新能源消纳比例不仅反映了地区新能源需求侧的结构变化，也体现了供给侧新能源接入水平的提升。

能源消费效率主要以能耗和消费效率超前值两个指标体现。能耗是体现地区能源消费强度水平的基础性指标。借鉴能源消费效率超前值的概念（陈东景，2016），主要体现了能源消费变化的效率滞后效应，当其大于零时说明该地区能源效率提高速度低于全国平均水平，引起能源消费的增量的超前发展，数值大说明其能源效率低。

消费终端发展体现了终端能源消费与需求变化趋势。分别用体现传统化石能源消费终端需求的石油、天然气加气站数量占比和体现新能源终端消费新需求（刘艳红，2020）的新能源充电桩数量占比体现。新能源充电桩作为“新基建”重点投资的新兴产业领域，在推进电网智能调度、削峰填谷等方面有巨大的潜能，是培育新消费和推动出行低碳绿色环保的保障之一。

（三）能源产业技术创新指标选取的依据

技术创新已成为提升生产力和增强国家竞争力的关键因素，国内外已在国家层面发布了比较成熟的创新指数，如欧盟创新指数、OCED 国家创新能力指数，以及商务部的中国创新指数等。此外，在区域层面也有中国科技发展战略研究小组发布的中国区域创新指数、中国创新城市评价课题组发布的创新城市评价指标体系、中国科学院创新发展研究中心发布的《国家创新发展报告》中的创新指数等。

本研究在借鉴现有区域创新指标框架的基础上，设计的能源产业技术创新能力评价指标体系包括了创新投入（高晓霞，2014；谢远涛，2017）、创新产出（万勇，2009；谢远涛，2017）、创新环境（齐亚伟，2014；赵雪雁，2015）和创新效率（赵雪雁，2015）等。其中，创新投入涉及地区研发投入强度、企业研发经费投入占全国比例以及研发人员投入三个三级指标。其中，研发投入强度是国际上通用的、反映地区科技投入水平的核心指标，企业研发经费投入指标反映的是地区工业企业研发活动的强度，研发人员投入反映的是自主创新人力的投入规模和强度。

创新产出从专利数、论文数、技术市场成交额和新产品四个维度衡量创新中间产出结果。其中，专利和论文是创新活动中间产出的重要成果形式之一，可以反映研发活动的产出水平。由于专利授权数是创新活动中间产出的重要成果形式，用企业每万名 R&D 人员专利授权数反映研发活动的产出水平和效率。技术市场成交额用每万名科技活动人员平均的技术市场成交金额反映，该指标反映技术转移和科技成果转化的总体规模。用新产品销售收入占主营业务收入比例来反映企业产品创新产出的结果。

创新效率用劳动生产率和企业运营绩效来反映。由于创新是影响劳动生产率的重要因素，因此，使用能源产业的劳动生产率反映能源创新对产业发展的促进作用。同时，使用能源企业成本费用利润率指标通过企业的管理能力与效率反映企业创新效率（万志芳，2020）。

创新环境则通过影响能源产业创新发展的能源装备制造业规模以及高技术产业发展水平反映。能源产业的高速智能化发展一方面依赖于装备制造业的升级；另一方面，在能源互联网新环境下，能源与信息技术、大数据、物联网、区块链等环节的技术创新，必然要求以高技术产业作为支撑与能源产业进一步融合。因此，以能源装备制造业规模反映地区能源装备制造业对能源产业的支撑，并以高技术产业新产品出口收入占比情况反映高技术产业发展的水平。

（四）能源产业政策效力评价指标选取的依据

由于政策评估一般是对政策系统、政策过程和政策结果的效益、效率、效果及价值进行综合判断与评价的行为（赵莉晓，2014），能源产业政策效力评估借鉴了现有的研究成果，在建立指标体系时考虑到定量指标更具有客观性，从考虑政策法规实施和成效（宋健峰，2006）维度入手，重点考虑了政策的投入、政策的效率，以及政策相关的社会发展环境以及政策接受度（张可云，2006；杨阳，2018）四个方面的要素。

其中，政策的投入主要从能源产业密切相关的节能环保的公共财政经费的投入情况进行考察，从节能保护支出占财政支出比例和环境保护治理投资占 GDP 比例衡量一个地区公共财政经费投入力度。政策效率主要反映政策目标的实现情况，按照政策实行的目的和指向，在能源转型升级的“清洁低碳、安全高效”基本框架下，风电、光伏发电等新能源发电产业走到了一个历史转折点：一方面，在大气污染和减排目标压力下，新能源迎来前所未有的发展机遇，风电、光伏发电迅猛增长的同时，也带来可再生能源发展与调峰电源发展不协调、与电网发展不协调等矛盾，局部地区弃风弃光现象严重。另一方面，新能源从替补逐渐走向替代能源，面临市场消纳压力日渐加大。国家发展改革委、国家能源局、国家电网分别于 2016 年、2017 年、2018 年先后出台《解决弃水弃风弃光问题实施方案》《清洁能源消纳行动计划（2018—2020 年）》等多项措施并对各地区弃风弃光设定了控制目标。同时，能源消耗总量和强度双控是能源资源高效利用的重要体现，对实现碳排放达峰及“碳中和”具有重要意义，各地区均出台了对能耗强度和能耗总量进行双控的管理、监督、审查和考核制度，能耗下降率作为硬性指标可以综合反映各地区的政策执行效果。此外，由于资源税是推动经济绿色发展转型的重要举措，增加资源税能够通过价格的杠杆作用促进企业合理利用资源，促进资源节约利用，有利于改善能源消费结构，从而减少大气污染物排放（杨鹃，2015；曾先峰，2019）。因此，能源政策执行效率分别用弃风下降率、能耗下降率、资源税增长率来衡量。

在政策相关的环境方面，选择了能源价格指数、能源消费多样性以及体现各地区市场化进程的市场化指数反映能源政策实施后对能源产业及相关社会经济环境的长期影响。由于能源价格对能源结构的影响较为显著，维持较高的化石能源消费价格有助于中长期能源消费总量控制与能源结构优化，在原油价格持续下跌的情况下，尝试通过建立气候补偿性能源价格体系，多次上调燃税、降低或减少能源补贴政策就是这种思路的重要体现。此外，要实现 2060 年“碳中和”的目标，在发展可再生能源，大力推进“水风光储”等多能互补路径下，能源消费多元化是实现清洁、低碳能源供给革命的必然体现。市场化指数是衡量各地区政府与市场的关系、产品和要素市场的发育程度等方面市场化进展的综合指标（樊纲，2011），在能源市场化改革迎来重要窗口期，发电、用电计划逐步放开，增量配电改革逐步实施，油气管网分离进入实质性运作阶段情况下，市场化指数在一定程度上能够体现能源市场体制改革的进展程度。

政策接受度从实施角度考察了政策目标群体对该政策是否了解且认同其价值导向。从各地区节能环保教育与培训、企业节能环保政策与制度建立和企业环保行动开展方面来反映。

四、数据的来源与处理

本研究涉及 2012—2019 年中国 30 个省（自治区、直辖市），相关数据主要从各年度《中国统计年鉴》《中国环境统计年鉴》《中国能源统计年鉴》《中国财政统计年鉴》《中国科技统计年鉴》获得，其中涉及的能源行业企业数据采用国泰安数据库中的能源上市公司企业数据反映。

由于能源产业供给、消费、技术创新、政策效力评价指标的量纲不尽相同，各指标数值大小没有可比性，为了实现不同指标数值具有可比性，需要将各个指标进行无量纲化处理。同时，在评价中，为了保证各个指标具有相同的离散程度，需要将各个指标的离散程度设计为统一标准。为了实现评价指标的无量纲化和分布离散程度的处理，采用极差标准化方法对各指标的原始数据进行标准化处理，在消除量纲和量级影响的同时保留差异。处理方法如下：

$$x'_{it} = \frac{x_{it} - \min(x_{it})}{\max(x_{it}) - \min(x_{it})},\ x_{it} \text{ 为正向指标}$$

$$x'_{it} = \frac{\max(x_{it}) - x_{it}}{\max(x_{it}) - \min(x_{it})},\ x_{it} \text{ 为负向指标}$$

其中，x'_{it} 为无量纲化处理后的标准化数据变量。处理过后的数据离散程度在［0，1］，保证了数据指标之间的可比性。

本书构建的能源产业升级综合评价指标体系是一个包含多指标和多维度的指标体系，对多维度指标的综合测度方法主要包括因子分析法、层次分析法及模糊综合法等。以上各方法均有优缺点，为了规避主观因素的影响的差距，本研究采用变异系数法确定各个指标权重。

变异系数法确定的各个指标（因素）权重的公式为：

$$\omega_{h1,\ h2,\ i} = \bar{X}_{h1,\ h2,\ i} / \sum_{i=1}^{k} (\bar{X}_{h1,\ h2,\ i} / \delta_{h1,\ h2,\ i}) \tag{21-1}$$

其中，$\bar{X}_{h1,\ h2,\ i}$ 表示第 $h1$ 层级下 $h2$ 二层级的第 i 个指标总体均值，$\delta_{h1,\ h2,\ i}$ 表示第 $h1$ 一级层下 $h2$ 二层级的第 i 个指标总体标准差。对不同的指标数据都进行了归一化处理，但由于各指标的离散程度的测量的方差并不相同，公式剔除了因不同指标变异程度的差异而带来的不同指标数据不可比问题，权重公式反映了对变异系数大的指标给予较小的权重，对变异系数小的指标给予较大的权重，保证了不同指标数据的可综合性。

第二十二章　能源革命背景下的能源产业升级综合评价

第一节　能源革命背景下的能源产业供给升级评价

一、能源革命背景下能源产业供给升级评价

（一）能源产业供给升级评价结果

2012—2019 年能源产业供给升级评价结果及排序如表 22-1 所示。从时间维度来看，自 2014 年能源革命战略提出以来，近 7 年全国各地区能源产业供给升级均有不同程度的提升，但北京、广东、内蒙古和甘肃在产业供给升级中呈现一定程度的下降趋势。其中，北京对能源依赖度较高，地区能源供给能力弱，发展新能源虽然较早但后期处于劣势；广东能源产业升级绝对优势明显，但油气储运优势随着其他地区的快速发展显著下降；甘肃早期发展新能源的优势受到其他地区新能源快速发展的冲击，油气储运管网也呈现明显的下降趋势；内蒙古则在去产能、调整优化能源结构中面临较为艰难的困境，在绝对的总量优势下能源供给升级呈现下降趋势。

表 22-1　2012—2019 年能源产业供给升级评价结果及排序

地区	2012 年	2015 年	2016 年	2017 年	2018 年	2019 年	2019 年排名
内蒙古	34.5	33.75	33.12	30.88	31.96	31.07	1
广东	35.79	36.21	35.9	29.55	31.4	30.78	2
浙江	25.35	26.82	28.65	30	31.14	29.94	3
山东	23.1	24.21	23.73	27.62	24.32	29.19	4
江苏	26.46	28.28	25.64	28.96	28.56	28.97	5

续表

地区	2012 年	2015 年	2016 年	2017 年	2018 年	2019 年	2019 年排名
陕西	20.55	23.05	23.93	24.34	26.68	27.94	6
山西	22.01	23.43	20.4	22.29	23.69	24.19	7
新疆	23.69	23.75	26.17	23.04	24.53	23.51	8
河北	14.84	17.42	18.23	18.86	19.9	23.37	9
青海	18.71	20.92	20.04	20.19	19.02	22.59	10
安徽	13.24	15.18	18.46	17.4	19.31	21.17	11
辽宁	15.3	16.49	17.61	20.83	22.28	21.03	12
上海	17.67	16.81	17.77	20.67	21.59	20.5	13
甘肃	27.36	24.15	18.1	18.54	15.93	17.91	14
福建	10.54	13.53	15.1	16.97	16.92	17.03	15
四川	15.28	16.7	16.01	17.14	16.84	16.61	16
宁夏	15.46	16.41	17.4	15.69	16.66	16.61	17
河南	11.48	11.24	14.05	14.77	14.31	15.28	18
黑龙江	13.81	12.69	13.79	14.5	16.8	14.87	19
海南	5.86	6.44	11.34	11.61	12.2	14.29	20
吉林	11.06	12.03	12.56	11.79	16.03	13.82	21
云南	8.96	11.08	14.31	11.99	12.85	13.14	22
天津	10.51	11.02	11.47	10.72	11.59	12.94	23
湖北	11.08	11.42	13.15	12.85	13.64	12.82	24
湖南	10.98	10.21	9.61	12.1	11.5	12.64	25
贵州	9.62	10.22	10.64	11.3	11.24	12.52	26
广西	9.43	8.42	10.03	11.06	11.16	11.81	27
江西	8.62	9.03	10.38	10.46	10.47	11.16	28
重庆	9.11	10.19	9.88	10.16	9.86	10.29	29
北京	10.26	10.28	10.85	9.59	9.42	8.56	30

2019 年，在全国 30 个地区中，能源革命背景下能源产业供给升级排名前十的地区依次为内蒙古、广东、浙江、山东、江苏、陕西、山西、新疆、河北和青海，能源产业供给升级排名后五位的地区依次为贵州、广西、江西、重庆和北京，如图 22-1 所示。

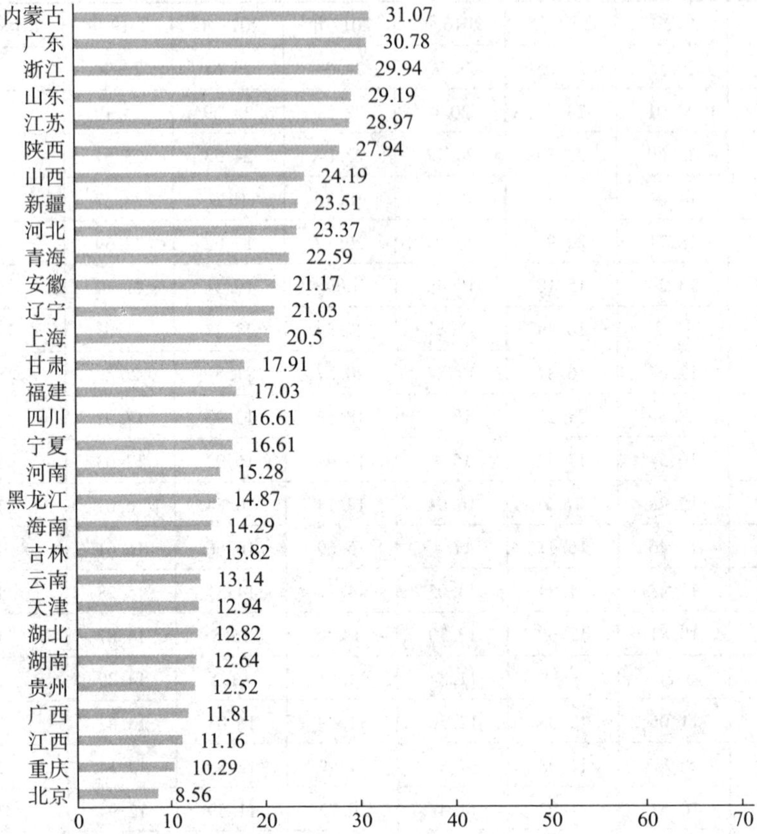

图 22-1 2019 年能源产业供给升级指数

能源产业供给升级的中、东、西部地区间差异在缩小，如图 22-2 所示。2012—2019 年，西北地区能源产业供给升级指数平均为 21.0，华东地区平均为 20.0，但在近三年能源产业供给升级指数赶超西部地区。西北、华北地区作为传统能源富集地区，尽管能源供给安全能力相对较高，但只有陕西、青海、河北能源产业结构有较为明显的升级，而甘肃、宁夏、新疆、内蒙古、山西能源供给升级指数都呈现出较为明显的波动态势，反映出地区在能源供给结构升级过程中受资源禀赋制约，在去煤炭产能的影响下，能源供给升级呈现震荡调整趋势。华东地区和华南地区供给结构提升迅速，华南地区从 17.0 上升至 19.0，华东地区从 17.8 上升至 22.6，经济发达地区新能源的快速发展与地区相对优秀的储运管网能力是该地区能源产业供给升级的重要推手。

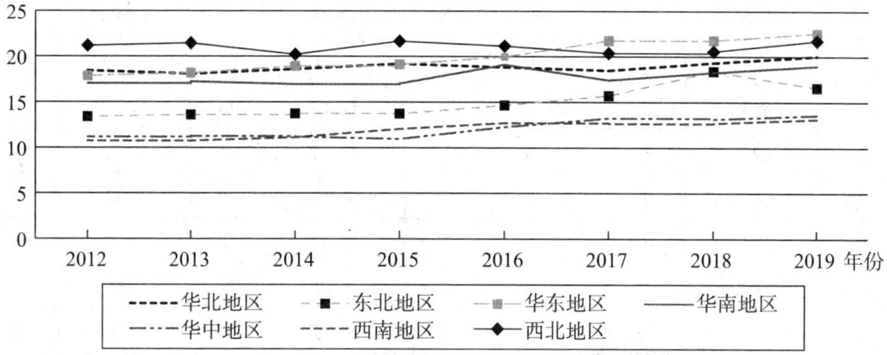

图 22-2　2012—2019 年各地区能源产业供给升级指数

（二）能源产业供给升级二级指标评价结果

如表 22-2 所示，2019 年能源供给安全指数排名最高的五个省份均为传统能源富集地区，即内蒙古、陕西、山西、新疆和山东。供给安全排名最后的地区依次为广西、上海、湖北、浙江和海南。

表 22-2　2019 年能源产业供给升级各指标评价结果

地区	能源供给安全	排名	新能源供给能力	排名	储运管网能力	排名	绿色发展	排名
内蒙古	70.89	1	28.41	8	7.39	24	6.77	30
广东	17.79	13	28.43	7	49.04	4	19.06	8
浙江	4.89	29	27.67	11	56.51	1	24.48	2
山东	24.4	5	19.17	14	46.71	5	20.52	6
江苏	12.85	21	23.84	12	50.76	2	22.67	4
陕西	57.77	2	18.43	16	17.74	11	9.68	27
山西	47.24	3	21.86	13	11.61	19	9.23	29
新疆	36.44	4	28.64	6	10.59	21	13.49	20
河北	16.02	17	27.79	10	28.92	7	14.1	16
青海	24.3	6	39.91	1	6.82	26	14.27	15
安徽	15.95	18	16.19	18	30.93	6	20.85	5

续表

地区	能源供给安全	排名	新能源供给能力	排名	储运管网能力	排名	绿色发展	排名
辽宁	17.64	14	30.1	4	18.29	10	12.09	23
上海	6.03	27	3.07	28	49.48	3	24.04	3
甘肃	18.59	10	32.45	3	5.64	27	10.15	26
福建	8.38	23	28.8	5	12.63	18	17.79	11
四川	22.5	8	4.76	27	25.42	8	10.78	25
宁夏	19.55	9	28.27	9	4.92	29	9.62	28
河南	16.19	16	14.53	20	16.17	13	12.73	22
黑龙江	23.25	7	18.18	17	5.19	28	12	24
海南	3.82	30	35.43	2	1.35	30	17.14	12
吉林	15.23	19	19.13	15	7.19	25	13.95	17
云南	18.21	12	13.13	21	8.57	22	13.34	21
天津	16.35	15	4.96	26	13.13	15	25.76	1
湖北	5.07	28	9.96	24	19.99	9	19.73	7
湖南	9.84	22	8.54	25	17.16	12	18.17	10
贵州	18.26	11	10.92	23	8.33	23	14.35	14
广西	6.39	26	14.81	19	12.9	16	13.77	19
江西	6.43	25	12.68	22	12.83	17	13.85	18
重庆	14.88	20	2.52	29	10.91	20	18.58	9
北京	7.2	24	1.81	30	13.63	14	16.37	13

从区域分布来看，能源供给安全指数呈现了西高东低的特征，如图 22-3 所示，2012—2019 年，在煤炭去产能影响下，煤炭生产和流动性有明显的调整，对煤炭供给核心地区的能源供给安全指数有一定影响。其中华北、西北地区供给安全指数为最高，平均为 29.7 以上。其次为西南和东北地区，供给安全指数平均分别为 18.3 和 19.4。华南地区供给安全指数相对最低，平均只有 9.7。

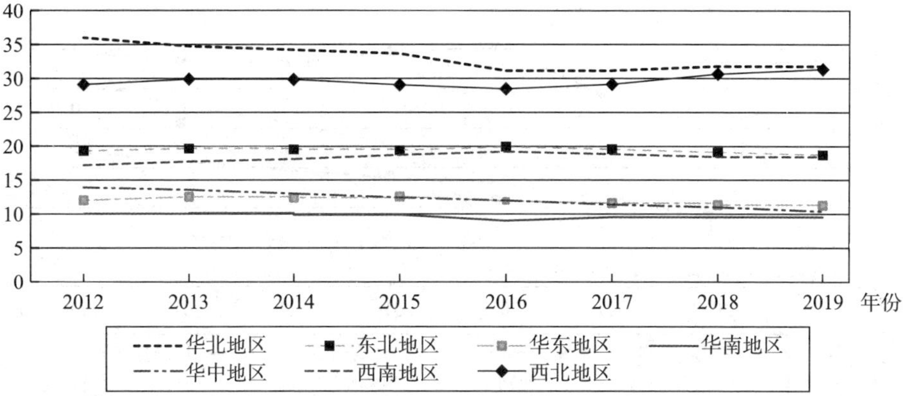

图 22-3　2012—2019 年各地区能源供给安全指数

2019 年新能源供给能力指数排名较高的省份为青海、海南、甘肃、辽宁、福建、新疆和广东，反映出这些省份新能源供给优势相对明显。其中，海南 2019 年新能源发电量占地区总发电量的比例高达 33.5%，青海、福建、广东新能源发电量占地区总发电量的比例也高于 24%。此外，新疆、甘肃累计光伏发电装机量占全国比例高于 6%，新能源供给发展潜力较大。排名最后的五个地区主要为直辖市，依次为北京、重庆、上海、四川和天津，直辖市多受地域政治、经济环境制约，新能源供给发展水平相对受限。

新能源供给发展较早的地区为西北地区，2012 年甘肃、新疆地区以风能、太阳能的开发利用为主的新能源产业发展领先，光伏累计装机量当年占全国比例分别为 24%和 13%；2015 年开始华南、华中和西南地区逐渐加强了新能源供给建设且发展势头迅猛，华南地区新能源供给指数由 2015 年的 7.2 上升至 2019 年的 26.23，浙江、江苏和福建三省核电、风电与光伏发电占比提升较快。2019 年新能源供给最高的地区依次为西北地区、华南地区和东北地区，三个地区新能源供给指数平均在 22 以上。华中地区和西南地区新能源供给相对较低，其中华中地区新能源供给指数为 11.01，西南地区受地形和水电消纳困境及电力市场价格因素的综合影响，新能源供给指数仅有 7.83，如图 22-4 所示。

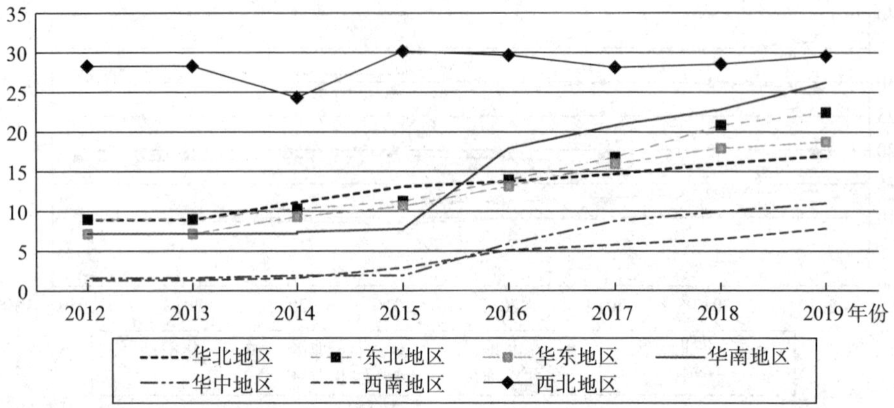

图 22-4　2012—2019 年各地区新能源供给能力指数

2019 年储运管网能力优势地区主要集中在浙江、江苏、上海、广东和山东。其中上海、浙江、广东三地的石油天然气储气能力占全国的 51%以上。江苏和山东的石油天然气管道长度总计占全国的 20%左右，山东新增高压输电线路占全国新增总量的 10%。排名靠后的地区主要集中在传统能源富集地区，如内蒙古、黑龙江、甘肃、青海、宁夏，指数平均不足 10。

如图 22-5 所示，华东地区储运管网优势明显，2012—2019 年指数平均为 34. 1，华南地区储运管网优势初期显著，后期逐渐失去优势，其中广东石油天然储气能力从 2012 年占全国的 28. 9%下降至 2019 年的 17. 2%。西北地区作为能源供给重要地区，其储运管网发展严重落后，地区储运管网能力指数不足 9. 5，反映出其储运集疏建设与供应生产能力之间的不匹配。

2019 年绿色发展指数的优势地区主要集中在华东地区，除江西外其他省份绿色发展指数均高于 20. 5。而传统能源富集地区的内蒙古、山西、陕西、宁夏受能源产业高污染、高排放影响，环境治理压力相对较大，绿色发展指数均不足 10。

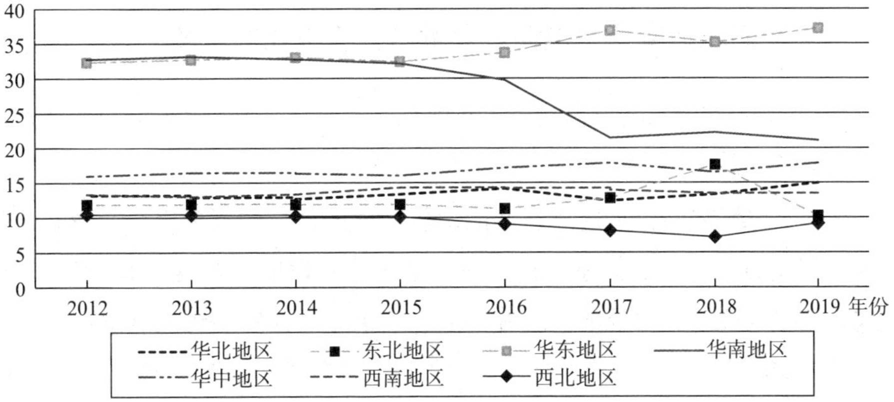

图 22-5　2012—2019 年各地区储运管网能力指数

各地区绿色发展指数如图 22-6 所示。华中、华南、华北、西南地区在全国污染治理与生态保护政策下，绿色发展指数较为接近。东北地区和西北地区绿色发展相对落后，尽管通过提升地区清洁能源结构水平、加大节能降耗投入等措施缓解地区环境压力，但从全国对比来看，地区传统能源产业发展过程中高污染带动地区经济增长的模式依然受到了严峻的挑战，能源产业亟待转型升级。

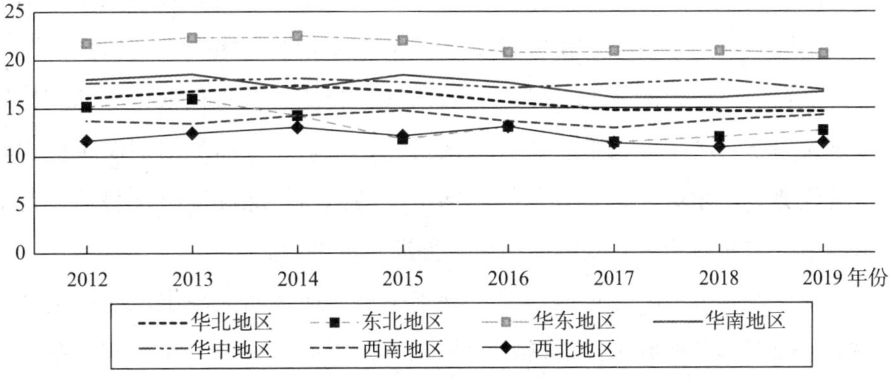

图 22-6　2012—2019 年各地区绿色发展指数

二、能源革命背景下能源产业供给升级存在的问题

（一）东西部地区间能源供给差距缩小，但西部受资源禀赋制约能源产业升级相对缓慢

地区资源禀赋差异是造成地区能源供给强度差异的因素之一，华北、西北地区的能源供给显著高于华南、华东地区，呈现出“西高东低”的态势。但在能源绿色转型的背景下，随着华南、华东等地区发展清洁能源水平的大幅提升，如浙江、江苏、广东通过有序推进“能从身边来”，使得这些地区能源供给能力提升迅速，加之其地区不俗的储运管网优势，在能源产业升级过程中逐渐呈现赶超传统能源富集地区的态势。传统能源富集的西部地区虽然能源供给能力较强，但升级速度相对较为缓慢，在能源产业结构制约下受绿色环境制约矛盾凸显，阻碍了其能源产业升级。

（二）能源网络的集疏能力与供给能力不匹配、能源产业升级与地区经济发展不协调

能源供给优势地区的油气储运管网发展严重滞后，影响了区域能源网络互通的实现。由于经济发展的地区不平衡性和能源供给的区域差异，必然要求经济发达地区与能源供应富集地区的能源网络互联互通发展。储运管网能力优势地区主要集中在华东和华南部分经济发达地区，如浙江、江苏、广东，而能源供给优势地区的西北、东北能源网络集疏能力严重偏低，能源储运管网发展缓慢，管网密度偏低。西南地区虽然在水电、天然气的能源供应中具有显著优势，但相对缺乏有效的能源网络消纳能力。能源供给优势地区与能源依赖地区之间的能源互联网络通道有待进一步协调。

能源产业升级水平与地区经济发展不平衡，地区间能源供需矛盾呈现差异性。华南、华东地区虽然能源产业呈现了升级态势，但是在目前传统化石能源作为能源供给重要来源的现实背景下，地区的能源自给率相对较低，能源供应还是主要依靠能源富集省份输入，能源供应与地区经济快速发展的矛盾明显；西南地区在清洁能源的水电、天然气供应基础优势明显，但本地区水电、风电、光电的消纳受到电力市场供需矛盾的影响较大；华北地区新能

源供给发展相对较慢，能源供应结构升级相对处于劣势；西部地区传统化石能源和新能源供给处于领跑地位，但地区环境压力相对较大，东北地区风、光等资源较丰富，但利用相对不足，同时地区污染物排放问题依然不容忽视。

（三）传统能源富集地区能源产业升级与地区可持续发展矛盾依然存在

传统能源富集地区的西北、东北地区，虽然地区清洁化能源发展规模提升较快，但是相较于全国其他地区绿色发展水平依然较低，本地区环境污染压力大。

由于环境污染对能源产业升级具有倒逼效用，传统能源富集地区在保证能源安全供应的同时，必然更迫切需要通过产业结构升级与转型、开发并使用新型能源清洁技术、提升能源技术创新等手段，减少污染排放以改善生态环境。从现实结果来看，西北与东北地区尽管清洁能源供应比例有所提升，产业链条从能源重化工向精细化工领域也有一定延伸，但产业链条下游的高附加值产业发展依然相对缓慢，地区仍然依赖以能源开采与加工为主的能源产业发展模式，两地高污染、高能耗现象明显高于其他区域，地区能源产业升级与环境可持续的良性协调发展模式还有待完善与探索。

第二节　能源革命背景下的能源产业消费升级评价

一、能源革命背景下能源产业消费升级评价结果

（一）能源产业消费升级评价结果

2019 年，在全国 30 个地区中，能源产业消费升级排名前五位的地区依次为江苏、山东、广东、北京、上海，能源产业消费升级排名后五位的地区依次为青海、广西、宁夏、贵州和海南，如表 22-3 所示。

表 22-3 2012—2019 年能源产业消费升级评价结果及排序

地区	2012 年	2015 年	2016 年	2017 年	2018 年	2019 年	2019 年排名
江苏	45.16	49.15	49.75	62.8	64.55	68.24	1
山东	59.71	55.84	56.63	66.37	65.28	63.51	2
广东	57.17	57.38	59.53	65.55	59.79	62.64	3
北京	42	42.18	42.95	58.87	58.17	54.01	4
上海	38.38	37.97	38.27	52.09	52.39	49.43	5
浙江	24.13	26.93	27.8	37.85	40.77	41.05	6
河北	31.95	32.28	33.56	39.25	40.43	40.59	7
河南	27.4	27.98	28.99	32.54	35.79	38	8
四川	30.37	27.82	29.78	33.88	35.46	37.27	9
安徽	29.95	31.42	32.08	33.91	31.45	35.98	10
湖北	28.67	28.06	28.48	33.09	34.55	35.67	11
陕西	22.76	22.8	23.35	28.7	33.03	33.36	12
辽宁	31.44	31.32	30.43	31.67	33.17	32.97	13
天津	27.99	29.15	29.91	34.33	34.69	32.25	14
山西	21.89	22.14	22.47	28.58	30.68	30.82	15
福建	20.04	21.09	22.12	26.91	28.61	29.88	16
新疆	26.71	29.37	28.07	29.06	30.37	28.73	17
黑龙江	24.61	24.95	25.46	26.49	27.5	28.27	18
内蒙古	30.14	26.27	27.03	25.72	27.37	27.39	19
重庆	22.12	22.06	22.54	27.37	27.85	27.32	20
湖南	21.08	23.71	24.07	25.33	26.77	27.15	21
吉林	23.09	22.76	23.14	23.91	24.77	26.63	22
云南	14.95	15.93	18.86	19.95	20.66	22.13	23
甘肃	15.47	17.15	18.46	19.82	20.49	21.84	24
江西	13.23	15.21	16.24	18.39	20.34	21.47	25
青海	14.77	16.1	17.94	18.4	18.78	19.55	26
广西	13.15	14.79	15.35	16.88	17.78	18.94	27
宁夏	15.8	16	18.52	18.75	19.32	18.83	28
贵州	11.45	13.86	15.45	16.25	17	17.96	29
海南	17.61	15.46	15.43	16.55	16.68	17.82	30

各省份能源产业消费升级从2016年后提升迅速，江苏从2016年的49.75提升至2019年的68.24，此外，上海、北京、浙江在能源消费效率、消费结构和能源消费终端升级均较明显，而山东凸显出能源消费效率不高的问题，广东从2016年的59.53提升至2019年的62.64，主要提升来自能源消费终端的迅速发展。2019年能源产业消费升级指数如图22-7所示。

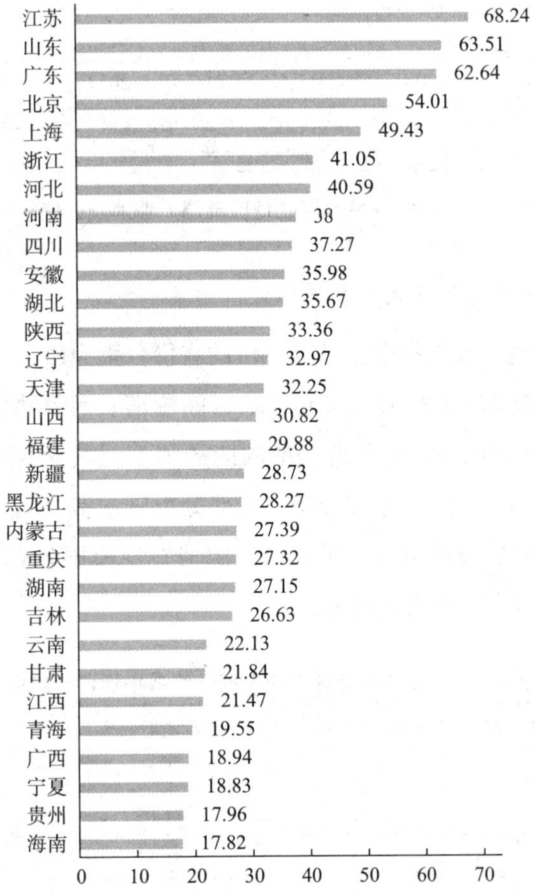

图22-7　2019年能源产业消费升级指数

华东地区和华北地区能源消费升级优势明显，2012—2019年华东平均指数为37.3，其中2019年达到44.2；华北地区平均指数为33.2。而随着东北地区能源消费升级速度放缓，2017年后逐步被华南与华中地区赶超。能源消费升级劣势地区主要是西南和西北地区，平均指数约为 21.5。

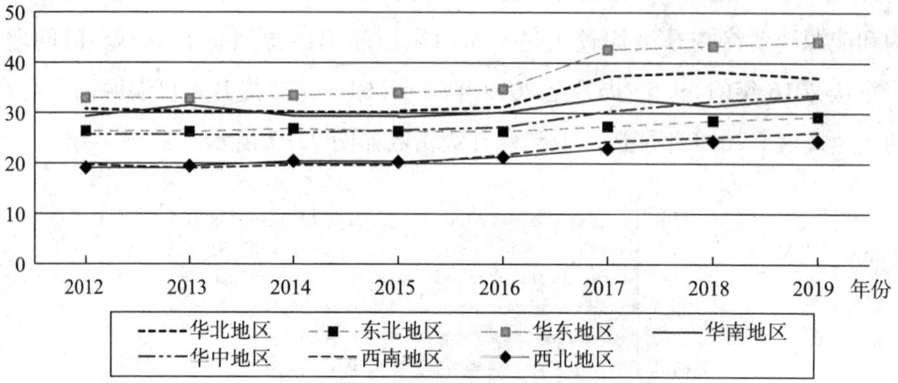

图 22-8　2012—2019 年各地区能源产业消费升级指数

（二）能源产业消费升级二级指标评价结果

2019 年能源消费规模指数排名前五位的省份分别为山东、内蒙古、江苏、山西和广东，如表 22-4 所示。这五个地区能源消费总量占全国的比例高达 52.8%，其中山东、山西、内蒙古三地的能源消费量占全国能源消费总量的 39.3%，广东、江苏占全国的 13.5%，这部分反映出高能耗、高产出的“粗放式”能源产业发展与经济增长模式。能源消费规模排名后五位的地区依次为贵州、海南、云南、甘肃和青海。

表 22-4　2019 年能源产业消费升级各指标评价结果

地区	能源消费规模	排名	消费结构升级	排名	能源消费效率	排名	消费终端发展	排名
江苏	58.91	3	62.52	1	82.68	8	71.82	1
山东	78.67	1	55.12	3	44.95	25	64.06	3
广东	55.29	5	56.18	2	82.57	9	64.19	2
北京	40.61	11	48.94	5	85.04	3	55.25	4
上海	46.63	7	33.45	21	83.61	7	49.25	5
浙江	45.49	8	37.37	13	79.35	14	30.91	6
河北	44.64	9	45.88	6	63.43	23	30.62	7
河南	31.61	15	44.02	7	87.47	1	26.39	10

续表

地区	能源消费规模	排名	消费结构升级	排名	能源消费效率	排名	消费终端发展	排名
四川	24.01	22	50.84	4	84.84	4	26.36	11
安徽	28.64	18	32.22	22	80.3	13	30.34	8
湖北	30.37	16	33.54	20	86.7	2	26.62	9
陕西	36.99	12	36.69	14	68.53	21	21.4	12
辽宁	53.39	6	40.8	9	41.86	27	17.13	16
天津	40.69	10	33.99	19	72.81	18	17.22	14
山西	56.31	4	41.22	8	25.19	29	14.9	18
福建	33.74	14	22.33	26	81.02	11	18.51	13
新疆	35.1	13	38.91	12	44.74	26	17.19	15
黑龙江	30.1	17	40.46	10	60.74	24	14.08	21
内蒙古	59.45	2	39.47	11	15.18	30	9.07	23
重庆	26.62	20	22.91	25	83.91	5	15.56	17
湖南	24.8	21	27.34	24	83.68	6	14.26	20
吉林	22.93	23	34.66	17	68.97	20	14.56	19
云南	16.14	28	34.66	18	82.34	10	4.88	27
甘肃	15.43	29	31.58	23	67.49	22	9.6	22
江西	22.3	24	20.62	27	78.88	15	7.22	24
青海	14.51	30	36.38	15	69.14	19	2.6	30
广西	19.23	25	17.59	28	75.42	16	5.39	26
宁夏	27.27	19	35.25	16	25.39	28	5.9	25
贵州	17.98	26	15.81	29	80.59	12	3.37	29
海南	17.93	27	15.39	30	74.6	17	4.77	28

由于能源消费与地区经济增长和地区资源禀赋密切相关，从区域分布来看，如图22-9所示，其中华北、华东地区能源消费规模指数最高，平均为41.8以上。随着现代化工业水平的提升、华北地区与华东地区作为中国经济总量发展高的地区，每年消耗的能源量也在不断攀升。东北、华南和华中地区，能源消费规模指数平均分别为34.3、28.3和27.3，能源消耗规模相对较为平稳。西北地区能源消费规模指数平均为21.6左右，且增长快于全国平均水平，也部分暴露出较为粗放的用能特征。而西南地区能源消费规模指数相

对最低，平均约为 17. 8。

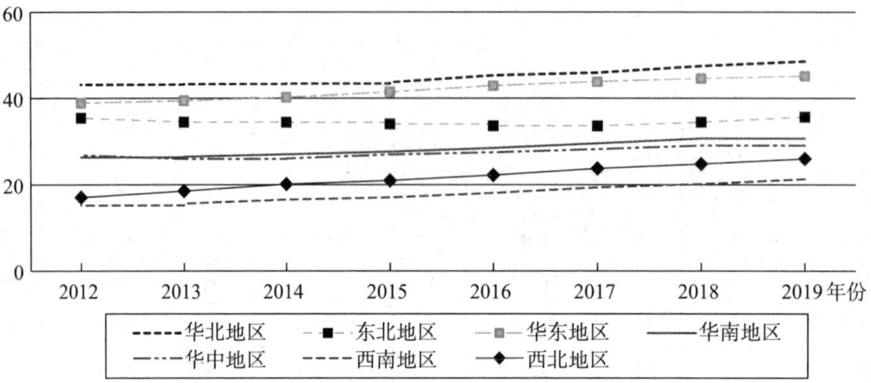

图 22-9　2012—2019 年各地区能源消费规模指数

2019 年消费结构升级指数排名较高的省份为江苏、广东、山东、四川和北京。江苏以清洁能源为代表的天然气消费量占到了本省能源消费的 10. 5%，占全国能源消费的 0. 75%，以建筑业和交通运输业为代表的流通领域能源消费占全国的比例为 6. 1%。广西、贵州和海南消费结构升级指数排名最后，2019 年三地的消费结构升级指数不足 18。

2015 年后各地区能源消费结构升级有了较快提升，其中华北、东北和西北能源消费升级较快，但这三个传统能源富集地区的能源消费结构升级的主要贡献来自新能源发电消纳能力的提升，流通领域耗能产业的能源消费结构并没有显著提升。其中，华北地区从 2015 年的 28. 8 上升到 2019 年的 41. 9，除天津外其他省份 2019 年的消费结构升级指数都在 40 以上，内蒙古、河北、山西的能源消费结构升级更多地来自新能源消纳能力，内蒙古新能源发电消纳比例从 2015 年的 12%上升到 2019 年的 16. 7%，河北从 2015 年的 7%上升到 2019 年的 13%，山西从 7%上升到 16%。西北和东北地区消费结构升级指数从 2015 年的 26. 5 和 28. 2 分别上升至 2019 年的 35. 8 和 38. 6，陕西新能源消纳比例从 2015 年的 2. 7%上升到 2019 年的 11. 7%，黑龙江从 11. 1%上升至 20. 2%。

华东、华中、西南和华南地区的能源消费结构升级与传统能源富集的地区呈现一定差异，江苏、上海、安徽、山东终端用能需求提升迅速，华东地区消费结构升级指数从2012年的24.2上升到2019年的37.7，华中地区从20.7上升到35.0。

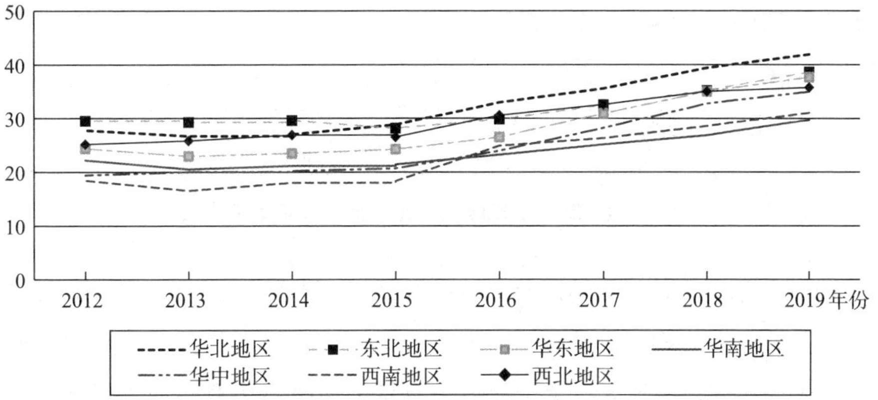

图22-10　2012—2019年各地区消费结构升级指数

2019年能源消费效率高的地区主要集中在河南、湖北、北京、四川、重庆、湖南、上海、江苏等地，而能源富集地区能源消费效率较低，排名后十名的地区全部为传统化石能源富集地区，特别是宁夏、山西和内蒙古三地能源效率指数不足25.5。这集中反映出传统化石能源富集地区由于单位能源消费所带来的经济增长远低于全国平均水平，粗放式用能的经济发展模式亟待调整。

如图22-11所示，2012—2019年，华中、西南、华东、华南地区能源消费效率略有提升，其中华中地区从83.2提升到86.0，西南地区从75.1提升到81.9。东北、华北和西北地区较为粗放的用能方式严重影响了能源消费效率，随着东北地区经济增长呈现疲软状态，地区能源消费效率指数从2012年的73.6下降到2019年的57.2，华北地区从2012年的63.1下降至52.33，西北地区从2012年的51.0提升至55.6，但整体依然偏低。

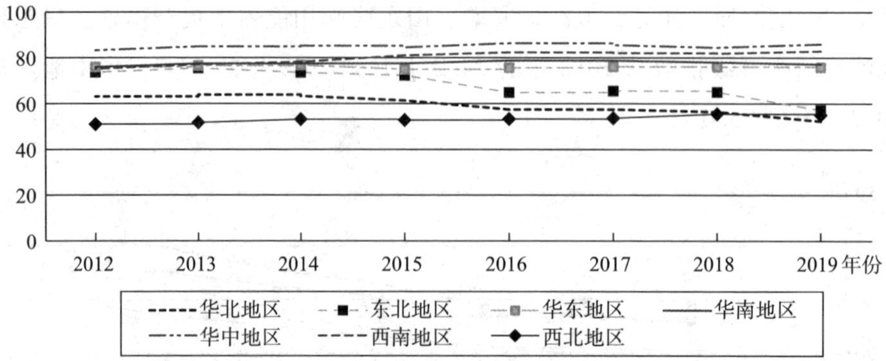

图 22-11　2012—2019 年各地区能源消费效率指数

2019 年消费终端发展情况相对较好的地区主要集中在江苏、广东、山东、北京、上海等经济相对发达地区。其中，北京、上海、江苏、广东的新能源充电桩发展迅速，四地区占全国充电桩总量的 46%，山东石油天然气加气站数量占全国的 13.6%。排名后四位的地区为云南、海南、贵州和青海，能源消费终端发展指数不足 5。

如图 22-12 所示，华东地区能源消费终端发展优势较为明显，2012—2019 年地区消费终端发展指数平均为 29.3，华北、华南发展水平较接近，平均为 22，东北、西南、西北地区能源消费终端发展相对滞后，平均为 11 以下。

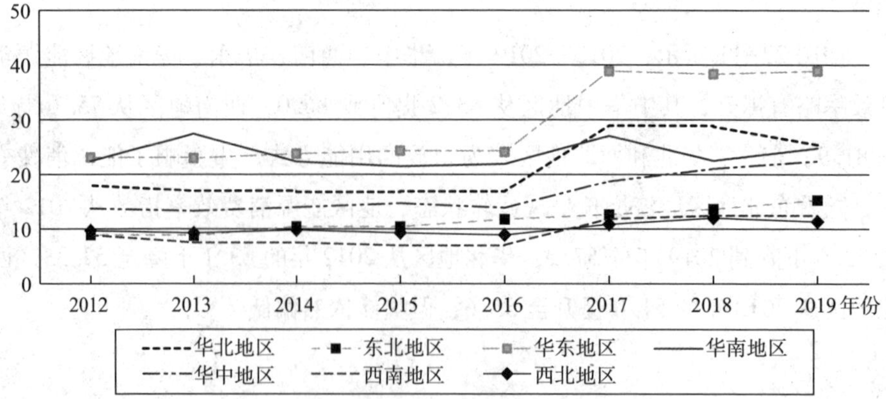

图 22-12　2012—2019 年各地区消费终端发展指数

二、能源革命背景下能源产业消费升级存在的问题

（一）地区间能源消费效率不平衡，传统化石能源富集地区能效较低

地区间能源消费效率不平衡，总体呈现“中东部、南部较高，西部和东北较低”的格局。北京、湖北、湖南、河南、重庆、四川和上海位于第一梯队，江苏、浙江、福建、云南、安徽、贵州等地处于第二梯队，这几个地区的能源消费强度有显著的下降，在经济发达地区如上海、江苏、安徽、浙江，其技术进步导致能源消费强度的降低效果相对更明显；东北、西北以及华北的传统化石能源富集省份如河北、山西、山东和内蒙古，均处于能源效率落后梯队，地区能源消费强度虽然有部分降低，但能源效率提高速度低于全国平均水平。内蒙古、新疆、山西和宁夏的能源效率过低，地区产业节能发展不容乐观。结合我国“富煤、贫油、少气”的能源禀赋现状，在控制中东部煤炭产能的同时，能源效率过低的东北、西北以及中东部地区，必须考虑降低化石能源用能成本，通过改善地区产业结构、加快能源技术发展，尽快优化能源消费结构。

（二）用能方式差异导致地区间能源产业消费升级内涵呈现一定差异

能源富集地区由于往往更依赖于化石能源消费，在长期形成高耗能的产业结构和以煤炭为主的能源消费方式的共同作用下，能源消费升级更多聚焦能源产业内部，通过优化能源结构，提升清洁能源供给与消纳的比例，从供给侧提升能源消费结构升级。

经济相对发达的东部地区第三产业发展迅速，建筑业和交通运输等耗能相对较高产业用能需求快速攀升，这种用能需求的变化也必然导致用能消费方式在未来将具有分散性与清洁化的特征。这些地区必然更多地关注产业间结构调整，通过降低高能耗产业比重，改善地区能源消费结构。

（三）随着地区能源消费结构差异凸显，对能源网络发展定位提出更高的要求

在供给侧推动和消费侧拉动下，基于能源消费结构的变化和地区产业发

展的不平衡性，对未来能源网络发展提出了更高的要求。从全国来看，2019年我国新能源发电量达到6302亿千瓦·时，同比增长16%，已经占到全国总发电量的8.6%，青海的新能源发电量占比已经达到31.4%，宁夏、甘肃、内蒙古、新疆都已超过20%，但这些地区能源消费依旧相对粗放，经济发展相对落后，这些地区在供给侧改善能源消费结构的同时也对能源网络建设提出了更高要求，大规模的新能源并网会给传统电网的稳定运行带来巨大压力，同时这些地区高压电网的相对欠缺致使新能源电力无法被输送到需求端，更容易导致电力供给与需求失衡。

而广东、山东、四川和北京在能源消费领域升级的拉动下，交通、建筑行业用能需求提升迅速，这反映出能源消费结构性变革未来使得能源消费活动转向电能密集度较低的行业，这些变革可能将进一步推进信息技术与能源技术的融合，必然要求更加高效与多样化的用能方式。而随着这些地区的能源产品与服务的模式不断拓展，智慧交通、智慧社区等聚合多种运营方式的能源互联网体系的试运行，无疑会进一步从需求端加大能源网络规划、调度及运行等综合应用场景响应的负荷。

第三节　能源革命背景下的能源产业技术创新评价

一、能源革命背景下能源产业技术创新评价结果

（一）能源产业技术创新评价结果

表22-5　2012—2019年能源产业技术创新评价结果及排序

地区	2012年	2015年	2016年	2017年	2018年	2019年	2019年排名
广东	64.49	60.34	64.38	65.56	66.77	70.34	1
江苏	55.6	50.86	52.54	51.5	51.38	55.56	2
北京	39.91	42.51	41.64	38.98	46.1	48.87	3
上海	31.1	30.19	30.22	32.68	33.98	35.33	4
浙江	26.72	29.52	30.58	32.43	34.11	35.32	5

续表

地区	2012 年	2015 年	2016 年	2017 年	2018 年	2019 年	2019 年排名
山东	29.63	31.75	32.62	33.16	30.89	26.64	6
天津	28.96	28.67	27.12	25.44	26.94	25.12	7
福建	18.47	19.35	19.86	21.98	22.9	23.37	8
湖北	14.04	17.13	17.9	18.95	20.52	21.77	9
河南	10.61	22.43	21.81	23.97	26.23	21.64	10
安徽	13.97	16.81	18.19	20.11	22.16	21.27	11
重庆	10.79	17.7	16.96	18.73	20.26	20.24	12
湖南	13.01	16.18	16.06	17.33	18.62	19.25	13
四川	10.92	13.99	14.37	15.89	17.44	18.2	14
海南	14.92	12.83	13.24	15.42	16.97	18	15
辽宁	17.2	13.6	13.28	15.37	15.84	16.83	16
陕西	11.43	12.73	12.86	14.26	15.84	16.77	17
江西	7.97	10.53	10.89	12.97	14.32	15.69	18
河北	10.59	11.66	12.19	13.25	14.57	15.15	19
广西	8.43	9.56	10.21	11.12	12.11	11.84	20
甘肃	7.51	7.52	7.84	8.75	9.39	9.77	21
吉林	6.79	6.54	7.67	7.75	8.23	9.56	22
宁夏	5.07	6.03	7.03	8.09	8.64	9.19	23
新疆	6.14	6.48	6.64	7.4	8.4	9.15	24
内蒙古	8.2	7.78	7.88	8.37	8.66	9.13	25
云南	5.33	6.14	6.5	7.71	8.46	8.98	26
贵州	4.7	5.96	6.53	7.29	8.07	8.73	27
山西	6.82	5.95	6.08	7.18	8.35	8.7	28
黑龙江	7.98	7.11	6.44	7.12	7.35	8.29	29
青海	4.54	6.55	7.91	8.73	11.04	6.21	30

2019 年，在全国 30 个地区中，能源产业技术创新能力排名前五的地区依次为广东、江苏、北京、上海、浙江，能源产业技术创新排名后五位的地区依次为云南、贵州、山西、黑龙江和青海，如表 22-5、图 22-13 所示。

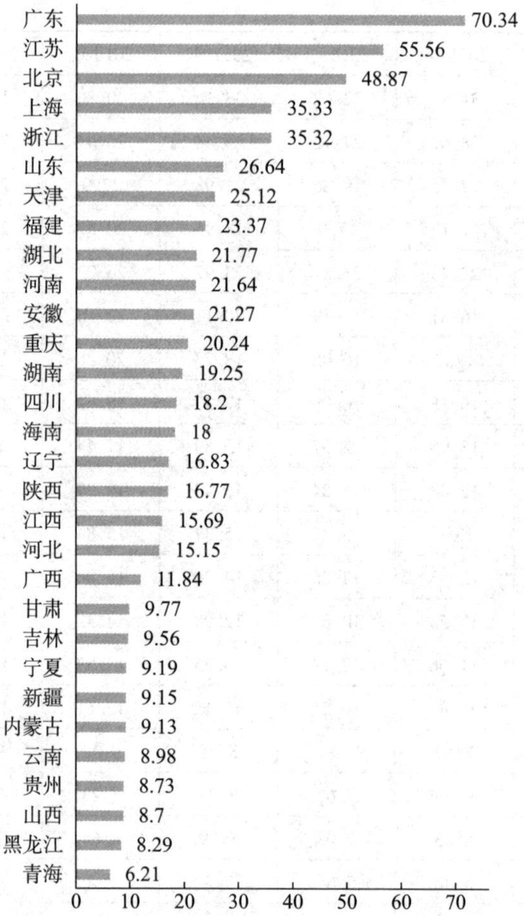

图 22-13　2019 年各地区能源产业技术创新指数

华南、华东地区处于第一梯队，能源产业技术创新优势明显，2012—2019 年平均指数分别为 30.0 和 28.0。华北和华中地区处于第二梯队，能源产业技术创新指数平均分别为 19.8 和 18.3。西南、东北和西北则相对处于劣势，其中西南地区平均指数为 11.0，东北地区和西北地区平均分别为 10.2 和 8.6，产业创新能力相对滞后（见图 22-14）。

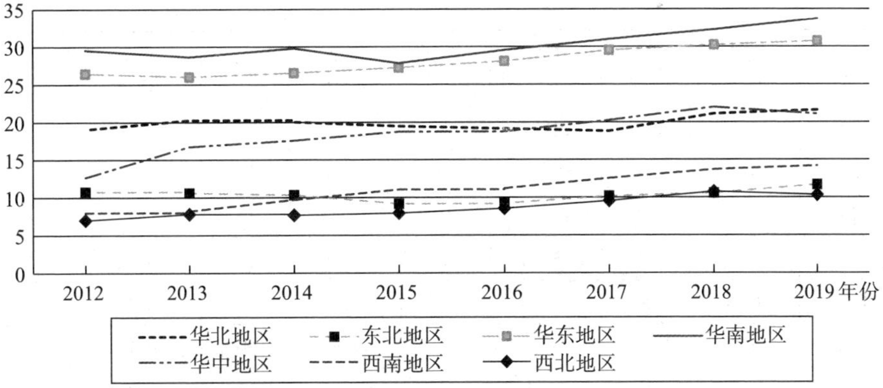

图 22-14　2012—2019 年各地区能源产业技术创新指数

（二）能源产业技术创新二级指标评价结果

表 22-6　2019 年能源产业技术创新各指标评价结果

地区	创新投入	排名	创新产出	排名	创新效率	排名	创新环境	排名
广东	85. 28	1	31. 72	3	48. 26	8	92. 53	1
江苏	81. 36	2	24. 19	7	48. 61	7	57. 65	2
北京	34. 17	5	80. 8	1	97. 69	1	17. 4	7
上海	34. 16	6	33. 34	2	68. 99	3	20. 96	5
浙江	50. 66	3	22. 51	11	56. 58	5	20. 68	6
山东	46. 12	4	23. 38	8	38. 46	10	7. 74	15
天津	18. 83	13	23. 26	9	59. 88	4	14. 1	12
福建	24. 89	10	11. 46	26	50. 04	6	16. 25	8
湖北	25. 83	7	25. 6	6	33. 75	11	10. 5	14
河南	23. 84	11	11. 13	27	17. 08	24	28. 39	3
安徽	25. 25	9	22. 97	10	24. 54	18	15. 58	9
重庆	17. 27	15	15. 95	18	23. 9	21	23. 29	4
湖南	25. 57	8	20. 83	13	16. 65	25	14. 7	10
四川	18. 44	14	21. 89	12	23. 18	22	13. 4	13
海南	0. 59	30	7. 81	30	93. 86	2	0. 42	29
辽宁	16. 65	16	16. 45	15	41. 29	9	5. 25	19

续表

地区	创新投入	排名	创新产出	排名	创新效率	排名	创新环境	排名
陕西	15.39	17	25.87	5	28.29	16	6.8	17
江西	14.87	18	11.8	22	24.4	19	14.39	11
河北	18.97	12	15.24	21	25.44	17	7.13	16
广西	4.61	26	15.85	19	29.96	13	6.18	18
甘肃	4.88	24	19.91	14	20.6	23	2.22	26
吉林	5.5	21	26.61	4	14.44	30	0.19	30
宁夏	5.4	22	9.63	29	28.49	15	2.41	23
新疆	1.28	28	15.41	20	29.14	14	1.73	27
内蒙古	5.36	23	10.86	28	30.37	12	0.64	28
云南	6.12	20	11.62	23	24.13	20	2.22	25
贵州	4.48	27	16.12	17	14.74	28	4.69	20
山西	7.12	19	11.54	24	16.3	26	4.52	21
黑龙江	4.79	25	16.31	16	14.45	29	3.21	22
青海	1.1	29	11.52	25	15.97	27	2.25	24

2019 年创新投入排名最高的五个省份分别为广东、江苏、浙江、山东和北京（见表 22-6）。从经费与人力投入规模反映的数据可知，广东和江苏两省企业 R&D 经费内部支出额占全国的 32.3%，研发人员投入也占到了全国的 36%。创新投入排名最后的地区依次为广西、贵州、新疆、青海和海南，这几个地区 R&D 投入强度不足 0.8%，创新资金与人员投入过低。

从区域分布来看，如图 22-15 所示，除华北与东北地区有一定下降外，近年来各地区研发投入相对保持稳定。其中华东地区创新投入指数最高，平均为 39.1 以上，其次为华南地区，平均为 28.0。华北地区与华中地区创新投入差距逐步扩大，华北地区创新投入指数从 2014 年的 19.6 下降至 2019 年的 16.9，该地区的山西、内蒙古和天津的研发经费强度及人员投入均有一定下降，此外，东北地区从 2014 年的 12.9 也下降至 2019 年的 8.9。西北地区创新投入指数相对最低，平均约为 5.3。

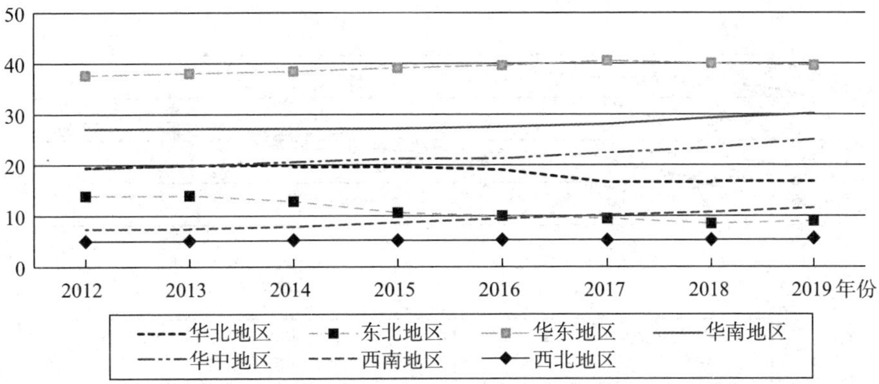

图 22-15　2012—2019 年各地区创新投入指数

2019 年创新产出最高的五个地区分别为北京、上海、广东、吉林和陕西。其中北京科研机构发表的论文占全国的 6%以上，每万名企业研发人员发明专利申请在 1762 件以上，创新产出优势明显。2019 年吉林每万名企业研发人员发明专利申请在 1251 件以上，仅次于北京和上海。创新产出相对落后的地区依次为福建、河南、内蒙古、宁夏和海南。

从区域分布来看，如图 22-16 所示，近年来各地区创新产出相对保持稳中有升态势，除华北地区 2017 年受北京地区论文及能源企业专利申请数下降因素影响导致波动外，各地区创新产出指数保持上升态势。总体来看，华北地区创新产出优势相对较大，平均为 23.4 以上，其他地区创新产出水平差距较小，华东地区创新产出指数平均约为 17.7，华南与华中地区创新产出水平接近，平均约为 14.5，西南、西北和东北地区相对略低，平均分别为 13.6、13.0 和 12.6。

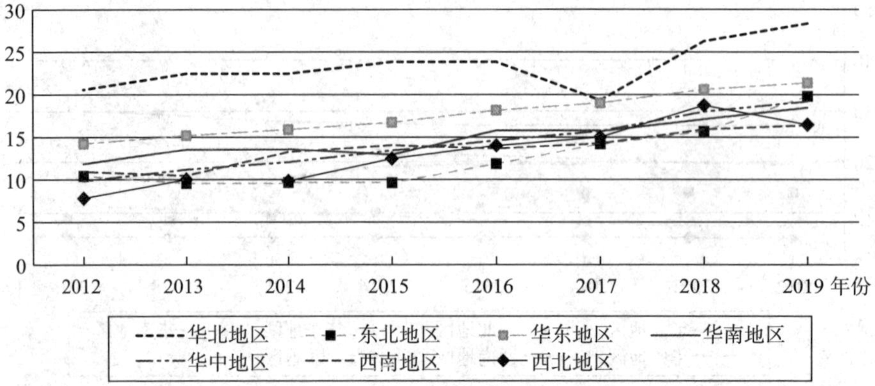

图 22-16　2012—2019 年各地区创新产出指数

创新效率最高的五个地区分别为北京、海南、上海、天津和浙江。其中，北京能源产业的劳动生产率为 640.8 万元/人；其次为海南和上海，分别为 615.7 万元/人、454.7 万元/人。创新效率落后的地区为山西、青海、贵州、黑龙江和吉林，较低的企业运营绩效以及相对低下的能源产业劳动生产率严重影响了创新效率的提升。

如图 22-17 所示，近年来各地区创新效率有一定提升。其中，近四年华南地区提升迅速，从 2016 年的 41.8 上升至 2019 年的 57.4。华北与华南地区创新效率接近，2019 年分别为 45.9 和 44.5。华中、西北、西南和东北地区创新效率整体较为接近，西北地区平均为 20.6，华中和东北地区平均分别为 18.1 和 17.6，西南地区相对略低，为 15.3。

创新环境最高的五个地区分别为广东、江苏、河南、重庆和上海。广东、江苏、河南能源装备制造业基础较好，占本地区工业产值比例分别高于 45%、39%、20%；同时，三省高技术产业优势明显，三省高技术产业新产品出口占全国 68% 以上。创新环境相对落后的地区为甘肃、新疆、内蒙古、海南和吉林。

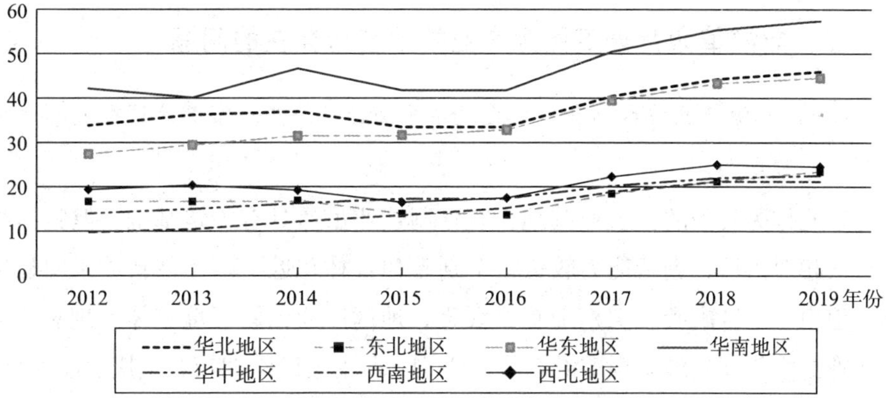

图 22-17　2012—2019 年各地区创新效率指数

从区域分布来看，如图 22-18 所示，除东北地区有一定下降外，各地区创新环境发展保持相对稳定。华南地区创新环境优势较显著，平均创新环境指数在 32.2 以上，华东、华中地区创新环境指数较为接近，分别为 21.7 和 18.2；东北与西北地区创新环境发展相对滞后，但两地区趋势不同，西北地区从 2012 年的 1.8 上升至 2019 年的 3.08，东北地区从 2012 年的 5.3 下降至 2019 年的 2.8。

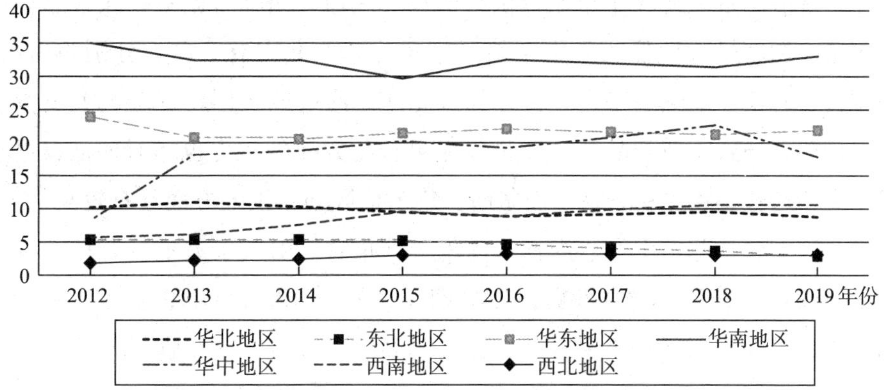

图 22-18　2012—2019 年各地区创新环境指数

二、能源革命背景下能源产业技术创新存在的问题

（一）能源产业技术创新地区发展不平衡，传统能源富集地区创新驱动力不足

东北作为我国的老工业基地，装备制造业虽然具有一定基础，但整体技术层次相对落后，创新能力较低，个别省如吉林在近一两年创新成果明显增加，但由于地区配套相关产业提升缓慢，地区产业创新环境整体不理想，能源产业技术创新发展呈现下滑态势。西北、西南地区除四川、重庆、陕西外，其他省能源技术创新水平差异不大，这反映出整个西部地区没有形成有效的科技创新机制。东北、西北和华北传统能源富集地区大部分省份装备制造业在本地区占比不足10%，在推动清洁能源发展和化石能源清洁高效利用方面的煤炭绿色智能采掘洗选装备、油气储运和输送装备等方面配套支撑更为匮乏，反映出产业相关配套支撑环境后劲不足。反观华南与华东地区，技术创新优势显著，技术创新作为推进产业结构升级的重要驱动力，为未来这两地区能源产业升级提供了巨大的成长空间。

（二）传统能源富集地区创新投入普遍偏低，不利于能源产业结构升级

传统能源富集地区作为能源供给的核心区域，面临着创新投入普遍偏低的困境。创新投入偏低的后十个地区中东北和西北占有七席，分别为山西、内蒙古、甘肃、新疆、宁夏、吉林和黑龙江。这些地区创新资金与人员投入相对较弱，导致在新产品产出和科技成果转化方面的实力也相对偏低，这必然不利于产业结构迅速升级。而华南、华东地区创新投入方面具有较高优势，特别是广东、江苏、上海、浙江、河南等地培育、引入了大批具有核心竞争力的高新技术产业，R&D经费强度显示，华东、华南地区的创新投入强度远高于中西部和全国平均水平。一方面，较高的科技投入水平促使本地区新产品、新设备等不断涌现；另一方面，创新投入引起能源供给需求的结构变动，促使这些地区能源消费结构的升级，最终有力带动能源产业结构优化。

（三）能源产业技术创新取得一定成效，但在关键核心技术上还有待突破

我国能源技术创新能力和装备自主化水平有了一定提升，已经初步掌握

了页岩气、致密油、煤层气等勘探开发关键装备技术，千万吨炼油技术达到先进水平，大型水电、1000千伏特高压交流技术及成套设备达到先进水平。但是，在能源革命背景需求下，距离实现能源技术创新强国这一目标还存在一定差距，在核心关键技术，如新能源、海洋油气勘探开发等领域关键技术装备自主可控度还不高。此外，能源技术革命必将推动能源产业发展由“资源依赖”转向“技术依赖”，新能源电力技术创新是各地区提升核心竞争力的重要方向，以风电、太阳能等新能源技术领域为主导的创新也必将是能源产业技术创新的重要发展方向。但是，整体来看，我国在风电基础理论研究领域，光伏高效电池技术、光热发电相关制造及施工和维护尚不健全，新能源技术亟待提升。要想实现能源技术革命，保障能源供给安全与提升能源需求结构，还需要挖掘智能电网共性技术及新能源、储能、远距离输电等关键核心技术，在关键技术装备的性能提升和降低成本方面有所突破，进一步把能源技术创新作为突破方向，才能更好地支撑产业迈向中高端。

第四节　能源革命背景下的能源产业政策效力评价

一、能源革命背景下能源产业政策效力评价结果

（一）能源产业政策效力评价结果

表22-7　2012—2019年能源产业政策效力评价结果及排序

地区	2012年	2015年	2016年	2017年	2018年	2019年	2019年排名
北京	47.96	52.06	57.42	60.23	60.29	57.89	1
天津	35.17	35.81	29.3	38.63	50.09	52.46	2
河南	30.32	35.9	39.09	40.77	43.33	45.56	3
安徽	32.59	34.53	36.32	38.71	43.59	45.05	4
河北	33.55	40.81	36.29	41.58	45.9	43.55	5
重庆	32.65	31.5	32.54	38.06	43.64	43.52	6
新疆	39.99	34.53	36.28	37.78	42.65	43.25	7

续表

地区	2012 年	2015 年	2016 年	2017 年	2018 年	2019 年	2019 年排名
宁夏	47.09	51.66	39.78	41.17	45.79	42.54	8
内蒙古	40.94	46.9	40.43	47.1	40.12	42.41	9
云南	38.08	49.39	49.46	49.01	48.49	40.65	10
浙江	34.29	35.05	37.92	37	40.29	40.25	11
陕西	33.49	33.7	31.83	35.09	36.83	40.11	12
四川	34.81	36	32.65	35.95	38.82	40.07	13
广东	32.94	30.31	29.55	34.38	38.92	39.99	14
山西	40.43	38.44	44.48	37.14	38.11	39.23	15
海南	30.3	36.08	34.43	38.38	50.9	39.2	16
青海	42.3	43.65	38.66	40.51	38.5	39.1	17
福建	38.68	34.07	36.59	36.11	38.5	38.43	18
上海	33.67	37.42	36.84	41.63	41.19	38.3	19
江西	43.3	31.06	36.97	38.06	39.81	38.17	20
山东	32.75	32.31	35	35.49	37.83	37.89	21
湖北	28.27	27.66	32.08	31.86	36.13	37.84	22
广西	33.28	34.31	27.97	33.34	35.05	37.34	23
江苏	34.75	36.54	31.58	33.19	35.41	34.69	24
湖南	25.79	29.31	26.78	29.42	31.72	33.16	25
甘肃	30.55	34.97	37.57	34.81	37.15	32.58	26
贵州	21.77	22.29	24.28	27.02	28.43	31.94	27
黑龙江	37.23	29.94	28.17	33.97	33.77	31.59	28
辽宁	36.71	27.51	27.96	29.62	25.32	29.61	29
吉林	31.81	31.55	29.41	30.6	26.39	29.58	30

2019 年，在全国 30 个地区中，能源产业政策效力排名前五的地区依次为北京、天津、河南、安徽和河北，排名后五位的地区依次为甘肃、贵州、黑龙江、辽宁和吉林，如表 22-7、图 22-19 所示。

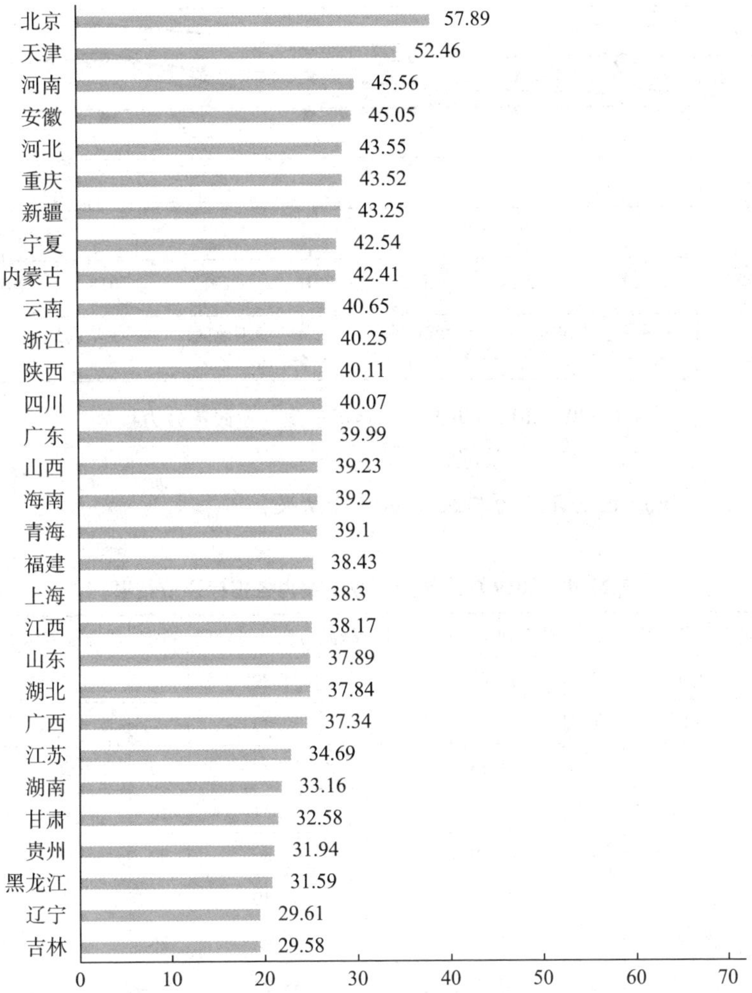

图 22-19　2019 年各地区能源产业政策效力指数

华北地区地处政治中心核心区，地区能源产业政策效力指数 2012—2019 年平均为 43.2，其他地区除东北地区有一定下降外，能源产业政策效力差异不大，其中华中地区上升迅速，从 2012 年的 28.1 上升至 2019 年的 38.8，如图 22-20 所示。

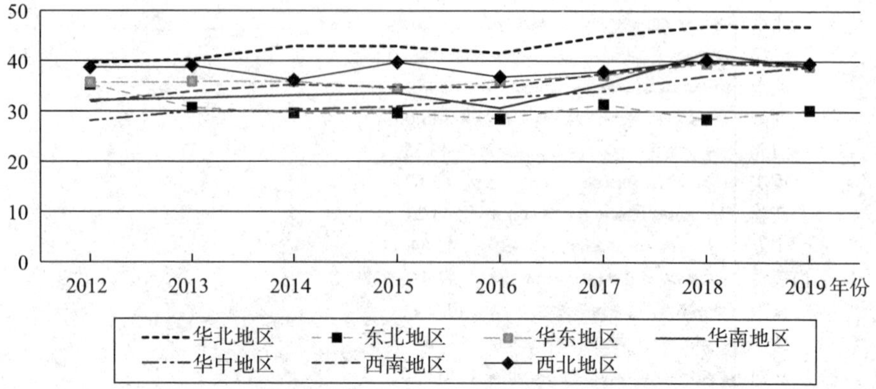

图 22-20 2012—2019 年各地区能源产业政策效力指数

(二) 能源产业政策效力二级指标评价结果

表 22-8 2019 年能源产业政策效力各指标评价结果

地区	能源政策投入	排名	能源政策效率	排名	能源市场环境发展	排名	能源政策接受度	排名
北京	52.91	2	47.43	3	74.29	5	55.57	1
天津	44.82	8	42.23	14	79.73	3	45.8	6
河南	33.88	12	48.85	1	52.6	19	52.12	3
安徽	45.6	7	45.61	6	54.51	18	38.21	12
河北	57.46	1	46.69	4	51.86	20	22.84	27
重庆	30.52	17	42.8	11	67.39	9	41.78	8
新疆	49.85	5	40.84	17	39.92	26	39.28	10
宁夏	50.58	3	35.2	29	38.93	27	38.74	11
内蒙古	47.36	6	35.6	27	29.61	29	47.59	4
云南	22.36	23	42.67	13	46.92	24	54.95	2
浙江	19.79	25	41.08	16	79.03	4	36.14	13
陕西	40.43	9	40.45	19	55.63	17	29.65	20
四川	18.44	27	44.65	8	67.81	8	43.18	7
广东	25.93	19	40.09	21	80.18	2	28.55	22
山西	50.37	4	43.25	10	27.44	30	34.12	15
海南	30.97	15	40.11	20	61.05	12	33.33	16
青海	37.59	10	48.16	2	44.88	25	34.25	14

续表

地区	能源政策投入	排名	能源政策效率	排名	能源市场环境发展	排名	能源政策接受度	排名
福建	23.84	22	38.79	24	70.23	7	32.89	17
上海	11.59	30	30.2	30	80.98	1	40.78	9
江西	31.88	13	38.01	25	56.49	15	32.89	18
山东	27.42	18	41.12	15	66.09	10	29.56	21
湖北	31.02	14	45.93	5	63.98	11	25.61	24
广西	12.67	29	40.57	18	60.6	13	46.9	5
江苏	21.42	24	35.43	28	71.63	6	24.35	25
湖南	18.99	26	43.44	9	56.4	16	29.75	19
甘肃	24.05	21	45.13	7	49.2	22	26.95	23
贵州	34.01	11	42.77	12	36.18	28	23.66	26
黑龙江	30.8	16	39.39	22	47.54	23	19.81	29
辽宁	17.23	28	36.92	26	59.6	14	20.88	28
吉林	24.31	20	39.2	23	50.15	21	18.9	30

2019年从政府公共财政支出反映的能源政策投入力度来看，政策投入力度最高的五个地区分别为河北、北京、宁夏、山西和新疆（见表22-8）。北京自2013年以来不断加大减排措施、污染治理力度，先后实施《北京市加快污水处理和再生水应用设计建设三年行动方案（2013—2015）》《北京市生活垃圾处理设施建设三年实施方案（2013—2015）》《北京市2013—2017年清洁空气行动计划》《京津冀大气污染防治强化措施（2016—2017年）》《京津冀及周边地区2017—2018年、2019—2020年秋冬季大气污染综合治理攻坚行动方案》等一系列纲领行动，从能源结构、产业结构、交通运输结构、京津冀区域协同等方面不断推进污染防治工作，2019年环境保护治理投资占GDP比例高达2.38%。此外，西部地区的宁夏、新疆、内蒙古、山西、陕西等传统能源富集地区，其能源产业粗放发展特征决定了这些地区能耗、污染排放存在持续压力，必然驱使政府持续投入较大精力、资金开展相关治理行动。能源政策投入力度排名最后的地区依次为湖南、四川、辽宁、广西和上海。

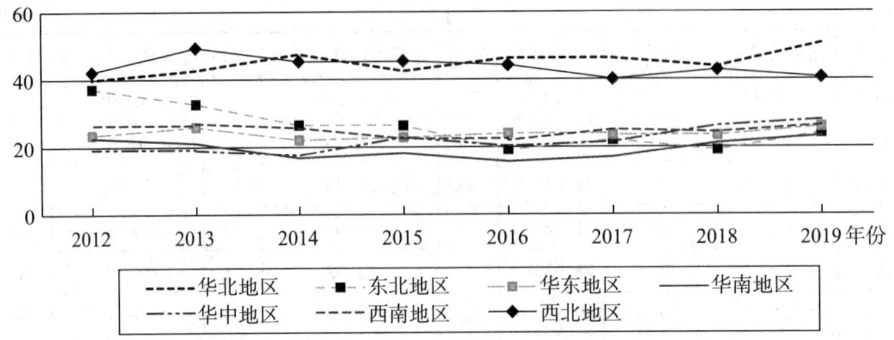

图 22-21　2012—2019 年各地区能源政策投入指数

如图 22-21 所示，各地区能源政策投入呈现两个梯度。其中华北、西北地区能源产业政策投入力度较高，平均指数为 44 左右。其他地区投入力度稳中有升，地区间整体差异不大。华南地区能源产业政策投入力度相对弱于其他地区，平均约为 19.4。

2019 年能源政策效率相对表现较好的五个地区分别为河南、青海、北京、河北和湖北。其中河北、北京、河南三地的能耗下降率大于 4.9%，高于全国平均水平。辽宁、内蒙古、江苏、宁夏和上海能源政策效率相对较差，特别是内蒙古，其能源产业发展与节能环保政策的矛盾突出，2019 年能源消费总量已达“十三五”增量目标的 184%，非化石能源消费比重为 8.1%，远低于全国 15.3%的平均水平，能源结构调整缓慢，产业结构重型化、能源结构高碳化发展过程中长期形成的路径依赖，导致能源产业转型升级等相关政策执行落地缓慢，形势相对严峻。

在国家能源战略定位下，各地出台相关配套政策，各地区能源产业政策效率差距并不大。其中华南地区能源以外输为主，能源政策的效率更多地从供给侧角度体现，因此，华南地区能源政策效率略低于其他地区，平均为 42.4。此外，西北地区受资源禀赋制约，能源政策执行受产业结构制约更大，平均指数为 43.0，如图 22-22 所示。

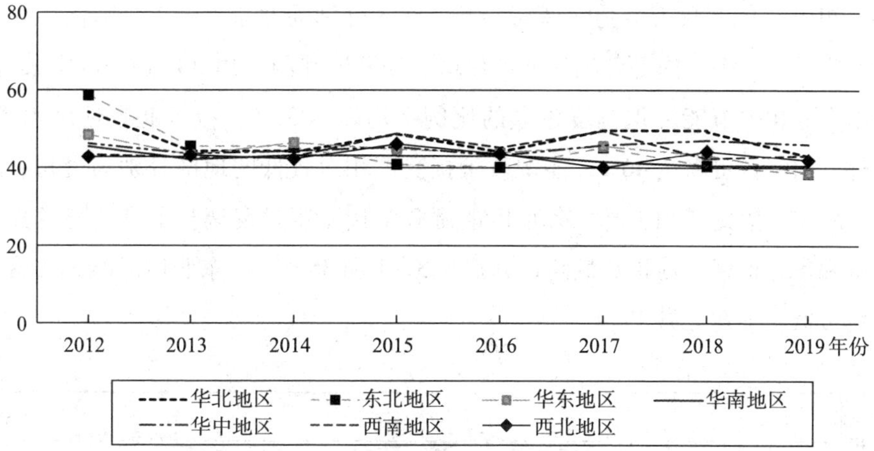

图 22-22　2012—2019 年各地区能源政策效率指数

2019 年能源市场环境发展相对最好的五个地区分别为上海、广东、天津、浙江和北京，能源市场环境发展指数相对较高。市场环境相对落后的地区主要为传统能源富集地区的新疆、宁夏、内蒙古和山西。就行业而言，由于能源产业大多具有天然的垄断性，市场化程度普遍较商业、制造业等行业低，但随着煤炭领域供给侧结构性改革政策的密切出台，如电力体制综合试点、成品油定价改革的推进，能源市场化改革迎来了前所未有的机遇。华南地区产业市场环境指数相对最高，从 2015 年的 54.2 提升至 2019 年的 67.3，其他地区也呈现了相同的变化趋势，如图 22-23 所示。

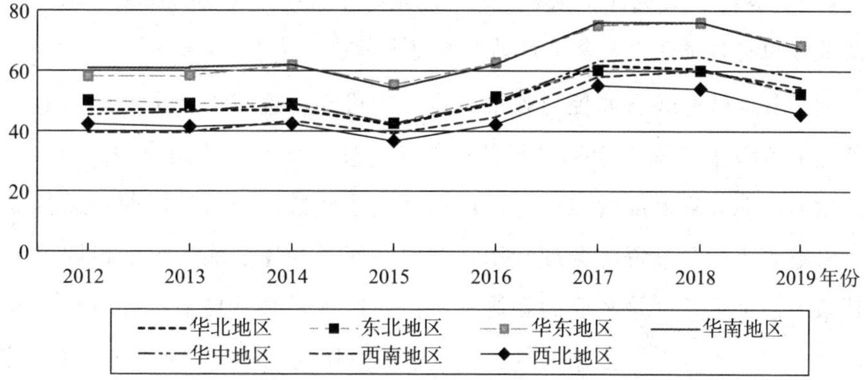

图 22-23　2012—2019 年各地区能源市场环境发展指数

2019 年能源政策接受度最高的五个地区分别为北京、云南、河南、内蒙古和广西。从企业内部各项节能环保培训的开展和制度建立反映的内容来看，云南企业相关节能环保制度建立的比例平均高达 37%，接近北京地区水平；此外，内蒙古也高达 46%。能源政策接受度相对较低的地区分别为贵州、河北、辽宁、黑龙江和吉林。各地区能源政策接受度呈现调整上升趋势，其中西南和华北地区平均指数最高，分别为 37. 1 和 35. 5，而东北地区能源政策接受度最低，平均只有 17. 4。

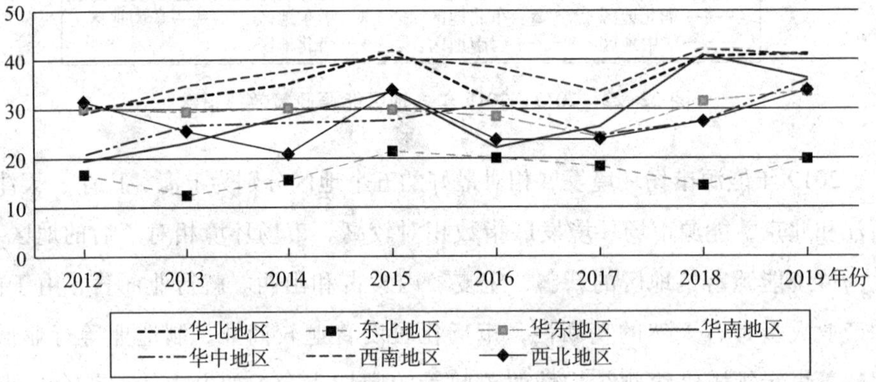

图 22-24　2012—2019 年各地区能源政策接受度指数

二、能源革命背景下能源产业政策执行中存在的问题

（一）各地政策执行在能源产业节能减排、引导产业结构优化中取得了积极成效，但对传统能源富集地区易产生更大冲击

通过各地区的政府调控与政策制定方向可知，近年来从国家到各地方层面通过节能减排等刚性指标进行约束控制，使得能源产业在优化产业结构、淘汰落后产能和降低能耗方面短期内都取得了较好的成效，同时，通过资源税、补贴等手段激励资源合理利用、发展新能源和清洁能源方面也取得了一定成效，但是这些都是政府的强制性手段。传统能源富集地区政府积极响应的同时，也投入较大资金谋求节能减排与转型升级，对高能耗企业严抓严控，但一方面由于其资源禀赋和长期产业结构发展形成的路径依赖性，产业创新

力相对不足；另一方面由于其承接较多东部产能过剩地区转移而来的高耗能项目，“关停并转”等手段或可产生立竿见影的效果。而产业转型升级也非短期内一蹴而就，这就使得这些地区短时间内面对刚性约束压力，处理不当企业更容易比其他地区陷入发展困境。

（二）各地区能源政策执行多依靠政府行政手段，干预与调控权责不清，也容易造成权责不明、效率低下等问题

综观各地区政策执行效果，区域差异不大，这是对我国高效的政策实行效率的肯定，但也暴露出政策执行过程中目标实践操作难度大的问题。由于能源政策制定和监督部门分散于不同的政府职能机构，经济领域涉及国家发展改革委、国家能源局，而社会领域多属于生态环境部、安全生产部，能源执法与环保执法分离，这就使得在实际执行过程中执法效果较差。

此外，从机构设置上看，能源管理领域涉及部门较多，政出多门，这种模式也容易造成责任不清、效率低下等问题。能源建设项目目前大都按规模分级审批，中央部门控制大项目，地方只能上中小项目，这为中小企业设立了更多限制的同时，也在一定程度上为小规模、高补贴、高排放新项目一拥而上提供了机会，一定程度上加剧了污染排放和产能过剩。

第五节　能源革命背景下的能源产业升级综合评价

一、能源产业升级综合评价结果与聚类分析

2019 年，全国 30 个地区能源产业升级综合指数排名前五的地区依次为广东、江苏、北京、山东和浙江，排名后五位的地区依次为宁夏、青海、云南、广西和贵州，如图 22-25 所示。

同时，我们根据能源产业升级评价结果，选择 K-means 聚类分类方法对各地区能源产业升级综合指数进行分类，把各地区产业升级分成四个等级，即优良型、良好型、一般型和落后型，不仅考虑综合指数的客观大小，还要考虑综合指数值的堆积特点，具有一定客观性。由聚类结果可知，广东和江

苏能源产业升级属于优良型，领先全国其他地区，北京、上海、浙江和山东属于良好型，吉林、黑龙江、江西、广西、海南、贵州、云南、甘肃、青海和宁夏属于落后型，如表 22-9 所示。

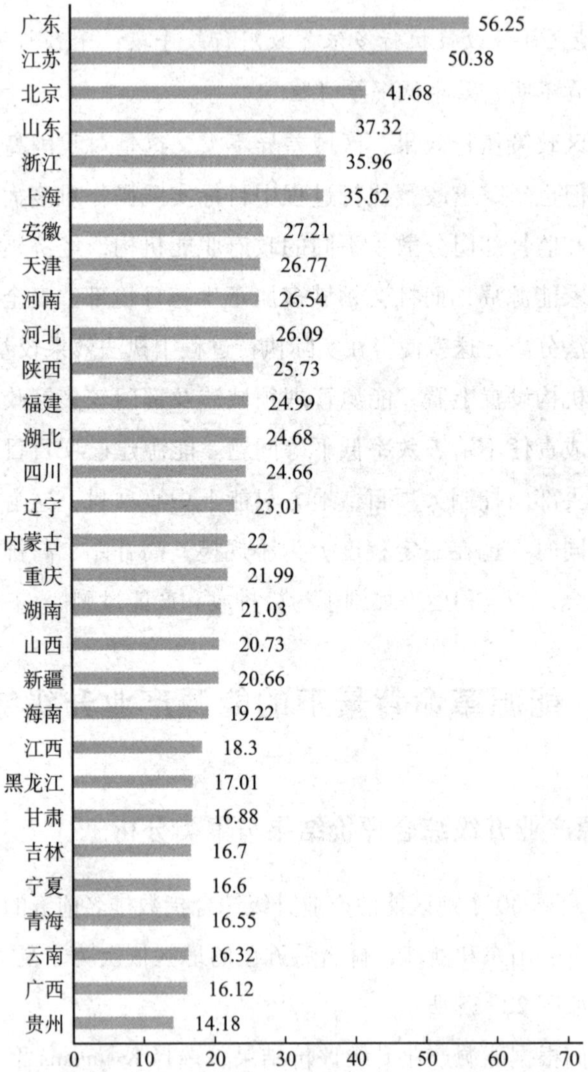

图 22-25　2019 年能源产业升级综合指数及分级

表 22-9　2012—2019 年能源产业升级综合指数及分级

地区		2012 年	2015 年	2016 年	2017 年	2018 年	2019 年	均值	分级类型
华北地区	北京	34.35	35.92	36.4	39.13	41.95	41.68	37.71	良好型
	天津	25.07	25.41	24.39	25.51	27.59	26.77	26	一般型
	河北	19.07	20.93	21.2	23.71	25.24	26.09	21.85	一般型
	山西	17.38	17.2	17.24	18.89	20.32	20.73	18.22	一般型
	内蒙古	22.91	22.22	21.65	21.7	21.76	22	22.09	一般型
	均值	23.76	24.34	24.18	25.79	27.37	27.45	25.17	
东北地区	辽宁	22.18	19.97	19.93	22.02	22.5	23.01	21.53	一般型
	吉林	14.25	14.26	14.75	14.91	15.88	16.7	14.87	落后型
	黑龙江	16.31	15.03	14.95	16.23	17.09	17.01	16.02	落后型
	均值	17.58	16.42	16.54	17.72	18.49	18.91	17.47	
华东地区	上海	30.01	29.7	29.95	35.51	36.31	35.62	32.09	良好型
	江苏	44.21	43.77	43.52	47.18	47.69	50.38	45.34	优良型
	浙江	26.53	28.82	30.19	33.64	35.66	35.96	30.85	良好型
	安徽	19.55	21.76	23.44	24.7	25.91	27.21	23.05	一般型
	福建	19.04	19.9	20.99	23.43	24.47	24.99	21.28	一般型
	江西	12.94	13.38	14.69	16.22	17.45	18.3	14.9	落后型
	山东	35.74	35.91	36.63	40.18	38.42	37.32	36.91	良好型
	均值	26.86	27.61	28.49	31.55	32.27	32.83	29.2	
华中地区	河南	16.87	22.54	23.49	25.6	27.51	26.54	23.21	一般型
	湖北	18.34	19.52	20.79	22.27	23.9	24.68	21.03	一般型
	湖南	15.78	17.94	17.59	19.27	20.27	21.03	18.1	一般型
	均值	17.0	20.0	20.62	22.38	23.89	24.08	20.78	
华南地区	广东	52.89	51.01	53.1	54.08	54.08	56.25	53.59	优良型
	广西	12.3	13.05	13.2	14.74	15.57	16.12	13.89	落后型
	海南	15.01	14.32	15.46	17.11	19.2	19.22	16.08	落后型
	均值	26.74	26.13	27.25	28.64	29.62	30.53	27.85	

续表

地区		2012 年	2015 年	2016 年	2017 年	2018 年	2019 年	均值	分级类型
西南地区	重庆	15.35	18.4	18.24	20.78	22.04	21.99	18.59	一般型
	四川	19.05	20.19	20.33	22.56	23.83	24.66	21.14	一般型
	贵州	9.19	10.51	11.43	12.38	13.02	14.18	11.34	落后型
	云南	13.85	15.78	16.41	17.89	18.84	19.29	16.38	落后型
	均值	13.85	15.78	16.41	17.89	18.84	19.29	16.38	
西北地区	陕西	18.51	19.67	19.88	22.2	24.64	25.73	21.1	一般型
	甘肃	16.36	16.47	15.78	16.33	16.39	16.88	16.49	落后型
	青海	14.1	15.93	16.25	16.93	17.53	16.55	15.62	落后型
	宁夏	14.3	15.44	15.51	15.76	16.82	16.6	15.24	落后型
	新疆	18.61	18.86	19.35	19.34	20.92	20.66	19.72	一般型
	均值	16.38	17.27	17.35	18.11	19.26	19.28	17.63	

自能源革命战略提出以来，各区域能源产业不断升级，但差距还并未真正拉开。华东和华南地区能源产业升级综合指数相对最高，平均分别为 29.2 和 27.85，其次为华北地区，综合指数平均为 25.17，西南、西北与东北地区能源产业升级综合指数相对较低，平均分别为 16.38、17.63 和 17.47。但是，随着能源消费升级的带动以及能源技术创新的推动，部分优势地区产业升级优势会更加显著，能源富集地区如若不能抓住能源革命这一历史机遇，未来地区能源产业升级差距还会进一步加大。

从评价结果反映的内容来看，能源革命背景下传统能源富集地区在能源产业升级中相对处于劣势，而华东、华南地区经济发达地区在提升本地区清洁能源供给的同时，在能源消费结构升级的驱动下能源产业升级较为迅速。由于地区间的发展差距主要源于要素禀赋差异，在垂直化分工与水平化竞争背景下，经济高质量发展与产业升级的实现最终会落脚于基于要素禀赋的竞争优势的转变（魏龙，2017）。华南、华东地区经济较中部、西部和东北地区发达，凭借优越的地理位置集聚了大量资本和高级生产要素，并形成虹吸效应，凭借“进口中学”“干中学”为产业升级提供了更加匹配的要素支撑，因而在能源产业升级中具有较强潜力。东北和西北能源富集地区，在其资源禀赋制约下，产业升级存在一定的路径依赖，而这些地区技术创新能力偏低，不能像东部地区那样实现“创造性破坏”进而实现跨越式升级，产业升级路径更多地遵循比较优势，这就造成在探索能源产业升级路径过程中，未能突破资源禀赋制约，升级相对乏力，能源产业转型任务依然艰巨。

二、结论与启示

首先，能源革命应该是以满足终端能源需求为前提的，从能源消费需求方式的变化来看，我国进入工业化中后期在工业领域降低能耗的同时，部分经济发达地区如广东、上海、江苏、山东等，随着工业能耗的持续降低以及第三产业中建筑与交通领域等终端用能占比逐步提升，开始能源消费升级。随着城市化进程的加快，能源消费从数量需求逐步向质量需求转变，一方面，建筑行业对载能产品灵活性和清洁度需求更高；另一方面，随着农村地区逐步城市化，能源获取渠道不断拓宽，对高质量燃料的需求也会进一步增加，在建设能源网络时就更需要准确把握新消费需求的变化趋势，只有这样才能建立更加有效的能源系统。

其次，随着能源需求总量的减少，能源发展的矛盾已经从满足经济发展的基本供应转向满足消费结构变化的用能需要和能源发展不平衡之间的矛盾，在能源从“量”转向“质”的提升过程中，关键在于基础创新，在关注工业、交通、建筑部门的能源技术的基础上，注重节能技术创新与推广。能源产业升级相对缓慢的传统能源富集地区已经暴露出创新投入不足、创新增长乏力、创新活动与产业需求联系不够紧密等问题，创新能力匮乏必然导致能源产业升级后继乏力。

最后，体制创新是我国能源系统转型升级的关键，也是难点所在。由于能源产业自然垄断与行业垄断性质突出，市场竞争不够充分，政府对能源价格管控干预较多，市场在资源配置中的决定性作用也没有得到充分发挥，各地区部门之间、中央与地方政府之间在利益、目标上的不一致，往往导致部门之间协调不畅，同时也暴露出监督与执法效率低下等问题。在各地区政府高效执行能力下，中东西部地区能源产业政策差异不大，但在实施节能减排、产业结构优化等政令安排时易受各地区产业基础结构差异影响，传统化石能源富集地区往往比较容易陷入被动，处理不当更容易使当地企业陷入发展困境。

综观我国能源高质量转型发展的需求，能源产业升级过程必须以低碳、高效、安全可靠为目标，以能源需求和市场需求为导向，以技术创新和政策、制度创新为支撑，全面推动能源革命快速发展。在能源转型升级过程中，技术进步驱动使得可再生能源具有一定竞争力，这使得传统化石能源匮乏的地区能源供给能力显著增强，产业升级提升迅速；而传统化石能源富集地区在肩负能源供给安全的战略地位的基础上，更需要通过技术创新，敏锐把握能源需求与市场变化趋势，以保证在新一轮的产业升级过程中保持与其战略地位匹配的竞争力。

第二十三章　能源革命背景下的能源产业升级政策建议

第一节　能源革命背景下的能源产业供给升级政策建议

一、积极优化能源供给区域布局，中、东、西部协同发展

在巩固能源基础保障能力的基础上，东西部地区应充分发挥地区能源产业优势，取长补短、东西联动，在能源产业升级中发挥积极作用。西部和华北地区应以重点保障化石能源和可再生能源供应为基础，在调控总量和结构的同时，加快推进炼油向化工方向的转变，通过推进大型综合能源基地建设、推进输配电网跨省跨区域互联互通，巩固支撑能源供应的核心区地位。华东、华南和华中地区在“海陆并重”、大力发展东部沿海地区的海上风电，以及积极发展光伏、核能等清洁能源的基础上，进一步通过重点发展集中式与分布式相结合的能源供给模式，提升作为能源的输入、存储、传输和生产（转换）区的重要地位，紧密与西部地区能源网络相衔接。西南地区在重点保障水电及天然气供应的基础上，以“三江”水电开发为重点进一步巩固全国水电开发优势地位，有序发展风电和光伏规模和强度，积极推进地区的能源输送网络和通道建设，积极参与全国一次能源平衡。

二、加速能源清洁化转型，加快建立集中式与分布式并重的可再生能源网络格局

在“双碳”目标下，各地区新能源建设或将在“十四五”期间呈现跨越式发展。一方面，各地区需要以加快淘汰落后产能和加快工业升级改造为重

点，积极推进电力、燃气、热力、供冷等一体化集成利用；另一方面，通过加快建设分布式能源、智能微网等设施，进一步推进大规模集中与小型分散利用并举的新型能源利用体系，以适应新能源快速发展的需要。

各地区可依托区域级、城市级、园区级等不同规模综合能源系统建设与运营，推动大网、微能网及分布式各级能源网络的协调互通，进一步促进可再生能源消纳，形成集中式能源供应和分布式就地能源利用相结合的能源供给模式。中东部地区应优先发展分布式能源，以微电网和配电网建设带动可再生能源就地消纳能力提升，西部地区则应定位于大规模发展集中式可再生能源基地与外送通道，东西部联动，有效支撑可再生能源跨省跨区传输消纳，进一步提升可再生能源在能源供给中的结构占比。

三、加强能源输配网络建设，推进能源互联网深度发展

加强能源网络建设，提升能源供给区和消费区地区内部与地区之间骨干能源输送通道通达能力。一方面，要完善主干电网，优化分区电网，加快推进西北与华北地区、西北与华东地区、西南与华东地区特高压输电工程和地区内特高压电网建设，加强输电通道之间的衔接；另一方面，要积极扩大电网系统调峰容量与储能能力，以提升集中式新能源大规模利用和分布式新能源就近消纳。推进东西部地区天然气主干管道与省级管网储气库间互联互通，在稳定供给的基础上，逐步形成灵活可靠的天然气供给体系。西部和西南地区要延伸和完善天然气支线网络建设，进一步扩大供应范围；东部地区要充分利用沿海区位优势条件，建立海外天然气与陆上管道气互补格局。

推进能源网和互联网深度融合，大力发展智慧能源互联网。统筹协调推进各地区智能电网项目建设，通过中东部智能电网工程项目引领示范，逐步探索形成可复制、可推广的经验和成果，以试点示范推进“互联网+智能电网”规模化发展。通过推进电网、互联网、物联网以及智能终端深度融合，提升智能电表技术，提高电网调控中心、监测中心和客户服务中心的智能化水平，为能源互联网发展提供功能支撑。

第二节　能源革命背景下的能源产业消费升级政策建议

一、因地制宜调整产业结构，提升能源利用效率

在“3060”“双碳”目标下，稳步推行“双控”制度，推进降煤、稳油、升气和加速非化石能源的能源需求目标实现，通过优化产业结构提高能源利用效率，推进工业绿色低碳转型。

各地区因地制宜，在考虑地区经济发展、能耗强度和生态环境等要求的基础上，中西部应秉承差异化的原则来下达各类指标。着力从调整产业结构入手，从源头加强管控，西部能源富集地区重点围绕冶金、电力、煤炭、焦化、化工等高耗能行业，延伸和完善传统产业链条，促进电力、煤炭与高载能产业良性互动发展，实现能源产业增值。华东、华南等地区则应推进煤电“去产能”，淘汰落后产能，通过发展低能耗的先进制造业、高新技术产业、现代服务业，推动传统产业智能化、清洁化改造，通过全面实施绿色制造推动工业绿色循环低碳转型升级。

二、大力发展终端用能清洁化，有序推进能源电气化进程

各地区应适当加快终端用能清洁化步伐，积极扩大天然气利用。通过实施“油改气”工程、鼓励工业企业以天然气替代煤炭和石油、鼓励发展天然气分布式供能系统，推进终端用能清洁化。在经济发达地区，可通过示范工程在工业燃料、交通运输、城市燃气等方面进一步推进天然气热电冷三联供，推进加强天然气基础设施建设与工业、建筑等重点能源消费领域的互联互通。

通过实施电能替代工程，有序推进能源电气化。重点在生产制造、建筑、交通运输、供热等能源消费领域，以分布式应用为主大力推进终端用能领域电气化进程。构建节能高效的综合交通运输体系，进一步推进交通运输用能清洁化，建设车辆“油改电”示范工程，加快电动汽车充电设施建设，在珠三角、江浙沪等地区完善以居住地、停车场、高速公路配建充换电设施为主，

以公共停车位配建充换电设施为辅的充电基础设施网络，有序推进绿色低碳出行。

三、探索能源服务新模式，助力能源消费升级

大力推进基于“互联网+智能电网”的能源综合服务，加快“能源产品”向“能源服务”的转型升级，通过提升综合能源服务拓展新型能源服务商业模式，提升综合能源服务质量，更好地应对多元化的能源消费需求，推进能源消费升级。

加快推进智能互动和智慧应用，拓展能源服务商业模式，不断探索基于用户需求端的智慧能源增值服务，从单一解决方案如分布式光伏、电动汽车充电桩技术提升到集成式、一体化平台方案服务，比如园区能源一体化供应、建筑绿色能源系统等；大力推进用户端用能服务平台建设，通过能源大数据平台、智能化电力交易平台建设促进各类数据资源整合，实现能源数据资源的集成和共享，推进覆盖能源生产、流通、交易、消费等全链条的能源大数据新业务应用与增值服务，通过对用户信息、设备信息、能源消费信息和实时用能等大数据的收集与分析，以模块化的产品支持能源服务产品的流程化与规范化；通过构建用户—企业—政府—第三方共同参与的综合能源服务平台，形成用能用户、电力服务供应商、政府部门与合作第三方企业等共同参与的能源服务生态圈，推动形成综合能源服务产业协同网络，打造开放价值链网络，为用户、企业和相关能源服务商提供能源产品个性化服务、能效监控、诊断服务和优化设计等能源服务增值方案。

第三节　能源革命背景下的能源产业技术创新政策建议

一、依托科技攻关与示范项目加快推进能源核心科技装备技术自主化

以重大科技攻关和重大示范工程为支撑，围绕绿色、低碳、智能战略方向，找准共性技术，推进能源产业核心技术攻关，提升新兴能源技术装备自

主创新能力并推动清洁低碳能源新技术的广泛应用。以重大能源示范工程带动并提升煤炭清洁智能采掘洗选、深水和非常规油气勘探开发、油气储运和输送、清洁高效燃煤发电、先进核电、可再生能源发电、燃气轮机、储能、先进电网、煤炭深加工等领域装备的技术水平。提高电网运行效率，持续加快智能电网研究应用，加快高效光伏组件、光热利用研究，加大推进规模化储能与微电网示范应用，提高系统综合效率。持续攻克一批未来影响能源战略方向的能源新兴技术领域，比如“核高基”核心电子器件、高端通用芯片、特高压技术、柔性输变电技术、海上风电技术等。

二、有序推进新一代能源新技术标准化发展

重点加速绿色能源核心技术相关标准，扩量提质，推进在新能源和电力与电工装备新技术领域以及大数据、5G、区块链等数字技术与能源融合发展领域制定相关标准。从终端、网络到平台，加快建立满足特定和通用场景技术需求的相关技术标准体系，规范相关技术在能源领域的推广与应用。加快建立共识机制、隐私保护、智能合约等大数据标准体系，电动汽车整车、燃料电池、动力电池等新能源汽车标准体系，建立柔性直流输配电、大电网仿真计算等电力标准体系，通过综合能源服务领域和项目示范，尽快形成可循环、可迭代的标准化成果。

建立并推进重大领域及重点能源新兴领域标准化的长效机制，通过技术研发、标准定制、产业应用、标准化推广等环节，提升技术研发与产业标准化的协同机制。以更积极的态度参与国际标准制定工作，鼓励国际标准化组织在国内设立机构，推行国际标准化培育示范点，与相关国家展开标准对接与合作，参与国际权威国际标准组织的标准制定，力争在绿色能源领域竞争中取得更大的优势与影响力。

三、探索综合能源服务平台与企业创新联动机制，拓展能源全产业链创新模式

通过智能电网、综合能源网络等典型应用场景，结合数据挖掘技术，打

造集能源大数据监测、调度、信息管理平台、服务融合于一体的能源综合服务平台创新模式。通过大数据在能源全产业流程各环节的应用，建立安全可信、模块化、流程化的能源大数据技术支撑体系与应用服务创新模式。通过平台数据挖掘与用户应用互动反馈，精准描绘用户画像，挖掘综合能源服务需求潜力，深挖服务需求，定位创新突破口，利用平台集成的数据、技术、资金、服务支撑，进一步深挖打造爆款能源服务产品，引导企业创新新机制，从而推进平台业务孵化与创新的螺旋式上升。

利用用户—企业—政府—第三方共同参与的能源综合服务平台市场化运行，带动高校、企业、科研机构等创新主体进行官产学研用合作，共享创新资源和成果，并通过市场化运作的创新服务平台，利用各方资源优势，扩大社会影响力和知名度，实现优势互补、利益共享。

第四节　能源革命背景下的能源产业体制改革政策建议

一、完善能源市场体系，提升能源市场开放环境

逐步解决油气管网互联互通程度低、建设与运行主体单一等问题。通过推进大型油气企业干线管道独立运行，进一步拆分管道企业运输与销售捆绑的功能，逐步建立现代油气管网体系。完善油气管网市场开发环境，逐步放开社会资本进入管网建设和运营领域的限制，将干线管道、省际及省内管网、LNG 接收站、储气库等油气基础设施的建设和运营向市场主体开放。积极推进更多的社会资本参与管道建设与运营，以创造油气市场的竞争环境。

探索建立相对独立的电力系统运营机构，尽快建立能适应新能源大规模并网需要的市场化机制。深化电网主辅分离，从省、市的市场起步，逐步打破省间交易壁垒，引入用户、售电公司等多交易主体，丰富跨省交易品种，加大、加快清洁能源跨省流通与交易，通过建立分布式能源并网规则，促进清洁能源跨省消纳，并逐步引入跨省调峰等辅助服务，以适应未来能源大规模并网的需求。

二、完善能源市场流通机制，推进油气、电力、碳排放交易平台建设

建立能源大数据综合平台提升煤炭流通监控智慧化管理水平，建立油气、电力和碳排放交易平台，进一步提升能源市场流通机制。从省域向国家层面过渡，逐步建立集产能监管和产能综合评价、市场流通和加工、行业与园区智能一体化的煤炭大数据信息平台，实现煤炭流通、加工、市场重要信息的集中化收集和监管，通过流通节点集中化采集数据，提升煤炭流通监管的市场化水平。

加快石油、天然气期货交易市场建设，加快推进以上海和重庆为区域中心的石油天然气交易中心市场。鼓励非常规天然气通过平台交易利用市场化方式分配气量，展开“气气竞争”。鼓励并培育包括石油、天然气供应商、交易商、大企业用户、地方销售公司等在内的多市场交易主体参与，引导企业对富余管道容量、储量、储气服务等采用多元化交易形式，促进交易中心规模和服务种类的提升。以西北、华北等主要石油天然气供应地区以及华东等主要消费地区的能源基础设施和金融服务为依托，以各有侧重、东西互补、协同发展为原则，持续推进形成区域性的油气现货交易中心，逐步推出以现货交易为基础的天然气期货、期权等金融衍生交易，力争以上海为核心形成与国际接轨、具有一定国际影响力的全球油气交易市场。

因地制宜，结合本地区发电市场和电力供需结构、新能源发展基础和技术条件选择合适的电力市场模式，加快推进电力中长期市场和电力现货平台交易建设，遵循“优先中长期、后现货交易”的原则，逐步丰富各类交易品种，逐步放开电量交易空间，完善跨区交易机制，从省内市场相互开放过渡到较为统一省间市场和最后到全国市场的建设。

在统一的交易定价机制下，尽快提高碳市场的流动性，通过交易品种多样化，发展期货、期权等配额衍生品交易，活跃交易市场。尽快推进在统一规则下的多家交易所分散交易机制，采用统一注册、明确公开的碳排放核算标准，在引入竞争机制的基础上，通过合作机制进行交易资格互认，提高跨

市场交易的便利性，推动碳市场交易的成熟发展。

三、积极发挥能源财税政策在创新绿色发展中的导向作用

充分发挥财税政策在能源产业中的引导作用，深化资源税改革，进一步提高资源利用效率，抑制高耗能行业的发展。完善节能减排与环境保护税费制度，优化节能企业所得税、增值税优惠等政策，并通过“费改税”在提高企业污染成本的同时考虑以把环境税部分用作治污经费等手段反哺污染治理。

通过持续加大相关的财税激励政策力度，从供给与需求两端共同推动清洁能源发展。在供给侧，继续加大清洁能源发展专项资金对非常规天然气开发补贴力度，同时结合税收优惠政策鼓励，从企业所得税、增值税优惠、资源税优惠减免等方面给予从事页岩气、煤层气勘探开发的企业以优惠。鼓励企业提高清洁能源配套设施建设，对提供储能相关辅助服务系统的企业给予补偿，从提高清洁能源并网与消纳和资源充分利用的角度加大财政补贴力度。在需求侧，进一步加大推进清洁能源在交通、建筑行业领域的应用与推广的财政扶持力度，持续保持对新能源汽车、建筑综合节能等领域的优惠补贴政策。建立相关财税扶持政策，明晰能源电气化、能源综合服务发展方向，减小投资不确定性，推进能源电气化和能源综合服务发展进程。

参考文献

［1］安琪．新形势下构建能源技术创新体系思路与措施［J］．中国能源，2020，42（11）：40-43.

［2］毕研涛，王丹，李春新，等．全球可再生能源发展现状、展望及启示［J］．国际石油经济，2016（8）：62-66.

［3］毕研涛，王丹，李春新，等．国际大石油公司发展可再生能源现状及启示［J］．国际石油经济，2017，25（4）：53-58.

［4］曹湘洪．实现我国煤化工、煤制油产业健康发展的若干思考［J］．化工进展，2011，30（1）：80-87.

［5］曹伟，言方荣，鲍曙明．人民币汇率变动、邻国效应与双边贸易——基于中国与“一带一路”沿线国家空间面板模型的实证研究［J］．金融研究，2016（9）：50-66.

［6］陈东景，丁娟．省际能源消费变动结构超前状态的评价研究［J］．干旱区资源与环境，2016，30（8）：10-16.

［7］杜祥琬．“十四五”，能源革命迈出坚实一步［J］．中国石油石化，2020（16）：12-15.

［8］杜祥琬．推动能源高质量发展需创新六大观念［N］．中国能源报，2020-09-14.

［9］樊纲，王小鲁，马光荣．中国市场化进程对经济增长的贡献［J］．经济研究，2011，46（9）：4-16.

［10］付春香．西部地区能源化工基地可持续发展的支撑环境研究［J］．生态经济，2012（9）：93-96.

［11］冯益民．我国煤化工产业的发展趋势及对策研究［J］．现代化工，2012，32（11）：1-4.

[12] 高晓霞，芮雪琴，宋燕．中国省市区域创新能力动态研究——基于2001—2010年面板数据［J］．科技管理研究，2014，34（2）：15-19.

[13] 高新才，罗捷茹．区域能源消费水平的评价指标及影响因素分析［J］．宏观经济研究，2011（6）：83-89.

[14] 高宇，曹明明，邱海军，等．榆林市生态安全预警研究［J］．干旱区资源与环境，2015，29（9）：57-62.

[15] 顾忠茂，刘长欣，傅满昌．加快开发我国核能产业实现能源结构多样化［J］．中国能源，2003（12）：8-13+30.

[16] 国家可再生能源中心．2014中国可再生能源产业发展报告［M］．北京：中国经济出版社，2014.

[17] 国务院发展研究中心，壳牌国际有限公司．全球能源转型背景下的中国能源革命［M］．北京：中国发展出版社，2019.

[18] 国务院发展研究中心，资源与环境政策研究所．中国能源革命进展报告［M］．北京：石油工业出版社，2020.

[19] 韩雅文，刘固望，蒋立，等．煤炭清洁利用技术进展与评价综述［J］．中国矿业，2017，26（7）：81-87+100.

[20] 韩永辉，黄亮雄，王贤彬．产业政策推动地方产业结构升级了吗？——基于发展型地方政府的理论解释与实证检验［J］．经济研究，2017，52（8）：33-48.

[21] 韩永辉，罗晓斐，邹建华．中国与西亚地区贸易合作的竞争性和互补性研究——以“一带一路”战略为背景［J］．世界经济研究，2015（3）：89-98+129.

[22] 何凌云，杨雪杰，尹芳，等．能源价格及资源税杠杆的减排效应比较研究［J］．资源科学，2016，38（7）：1383-1394.

[23] 胡健，董春诗．论环鄂尔多斯能源经济区的构建——资源禀赋、产业基础与发展规划［J］．西安财经学院学报，2013（6）：23-27.

[24] 胡健，董春诗．“资源诅咒”的成因研究——基于经济结构变化的视角［J］．统计与信息论坛，2010，25（1）：51-57.

［25］黄格省，李振宇，王建明．我国现代煤化工产业发展现状及对石油化工产业的影响［J］．化工进展，2015，34（2）：295-302.

［26］黄群慧，倪红福．基于价值链理论的产业基础能力与产业链水平提升研究［J］．经济体制改革，2020（5）：11-21.

［27］李大尚，李好管．实现煤化工产业科学发展的探讨和建议［J］．煤化工，2015，43（1）：1-8.

［28］李建豹，黄贤金，揣小伟，等．江苏省人口城镇化与能源消费二氧化碳排放耦合协调度时空格局及影响因素［J］．经济地理，2021，41（5）：57-64.

［29］李建中，马丽娜．能源产业链延伸与区域经济发展［J］．生产力研究，2008（13）：114-116.

［30］李立浧，饶宏，许爱东，等．我国能源技术革命体系战略研究［J］．中国工程科学，2018，20（3）：1-8.

［31］李琦，付格娟．陕北水资源利用与保护［J］．环境保护，2014，42（10）：63-65.

［32］李小炯．我国煤炭资源清洁高效利用现状及对策建议［J］．煤炭经济研究，2019，39（1）：71-75.

［33］李扬．非常规油气资源开发现状与全球能源新格局［J］．当代世界，2012（7）：47-50.

［34］梁慧超，孙丽云，崔婷．新能源技术产业化发展的环境支撑能力实证分析——以风电产业为例［J］．财贸研究，2017，28（2）：30-38.

［35］李玉平，朱琛，张璐璇，等．基于改进层次分析法的水环境生态安全评价与对策——以邢台市为例［J］．北京大学学报（自然科学版），2019，55（2）：310-316.

［36］林伯强．能源革命促进中国清洁低碳发展的“攻关期”和“窗口期”［J］．中国工业经济，2018（6）：15-23.

［37］林美顺．清洁能源消费、环境治理与中国经济可持续增长［J］．数量经济技术经济研究，2017，34（12）：3-21.

［38］林智钦．中国能源环境中长期发展战略［J］．中国软科学，2013（12）：45-57.

［39］刘鸿渊，魏东，彭新艳．中国页岩气产业化发展政策体系构建研究［J］．经济体制改革，2018（6）：190-194.

［40］刘佳骏．“一带一路”战略背景下中国能源合作新格局［J］．国际经济合作，2015（10）：30-33.

［41］刘立涛，沈镭，张艳．中国区域能源安全的差异性分析——以广东省和陕西省为例［J］．资源科学，2011，33（12）：2386-2393.

［42］刘艳红，黄雪涛，石博涵．中国“新基建”：概念、现状与问题［J］．北京工业大学学报（社会科学版），2020，20（6）：1-12.

［43］刘艳丽，刘戈．煤化工行业高水耗问题分析与探讨［J］．煤炭科学技术，2016，44（4）：189-195.

［44］刘杨华，吴政球，涂有庆，等．分布式发电及其并网技术综述［J］．电网技术，2008，32（15）：71-76.

［45］娄伟．中国可再生能源技术的发展（1949—2019）［J］．科技导报，2019，37（18）：155-161.

［46］罗仲伟，孟艳华．“十四五”时期区域产业基础高级化和产业链现代化［J］．区域经济评论，2020（1）：32-38.

［47］马超群，曹明明，何艳芬．榆林市可持续发展核心问题识别及模式策划［J］．干旱区资源与环境，2011，25（2）：52-57.

［48］毛涛．论我国煤炭清洁高效利用的法律政策保障［J］．环境保护，2017，45（12）：35-38.

［49］欧阳志云，郑华，高吉喜．区域生态环境质量评价与生态功能区划［M］．北京：中国环境科学出版社，2009.

［50］齐亚伟，陶长琪．环境约束下要素集聚对区域创新能力的影响——基于GWR模型的实证分析［J］．科研管理，2014，35（9）：17-24.

［51］阮立军．新形势下煤炭行业发展现代煤化工的思路［J］．煤炭加工与综合利用，2017（4）：6-14.

［52］桑百川，杨立卓．拓展我国与“一带一路”国家的贸易关系——基于竞争性与互补性研究［J］．经济问题，2015（8）：1-5.

［53］桑明杰，刘西增，齐璐．油气勘探开发技术发展现状与趋势［J］．化工管理，2018（21）：164.

［54］商照荣．核能是实现碳达峰碳中和目标的重要途径［N］．中国环境报，2021-08-16（003）．

［55］沈金生．中国循环经济技术支撑体系论——基于经济学的视角［D］．成都：四川大学，2007.

［56］沈明，沈镭，张艳，等．陕西省能源供给系统稳定性及其影响因素分析［J］．经济地理，2015，35（7）：39-46.

［57］师博，王勤．丝绸之路经济带能源产业链一体化合作研究［J］．经济问题，2016（1）：20-25.

［58］宋健峰，袁汝华．政策评估指标体系的构建［J］．统计与决策，2006（22）：63-64.

［59］苏铭．长江经济带能源协同发展研究［J］．宏观经济管理，2019（12）：37-41+57.

［60］谭忠富，刘平阔．煤电能源供应链风险递展机理分析：结构型和过程型［J］．技术经济，2015，34（4）：51-63+80.

［61］谭忠富，刘平阔．中国煤电能源供应链风险关系及风险评价测度研究［J］．工业技术经济，2015，34（1）：132-144.

［62］万志芳，马晓琳．基于熵值法的木材工业技术创新能力动态评价［J］．统计与决策，2020，36（1）：72-76.

［63］万勇，文豪．中国区域创新能力的评价指标体系研究［J］．中南大学学报（社会科学版），2009，15（5）：643-646.

［64］汪帆．政府信任对公众核能接受度的影响研究［D］．合肥：中国科学技术大学，2021.

［65］王国法，王虹，任怀伟，等．智慧煤矿 2025 情景目标和发展路径［J］．煤炭学报，2018，43（2）：295-305.

［66］王锋正，孙玥，赵宇霞．全球价值链嵌入、开放式创新与资源型产业升级［J］．科学学研究，2020，38（9）：1706-1718.

［67］汪辉，赵新刚，任领志，等．可再生能源配额制与中国能源低碳转型［J］．财经论丛，2021（9）：104-113.

［68］王金华，康红普，刘见中，等．我国绿色煤炭资源开发布局战略研究［J］．我国矿业大学学报，2018，47（1）：15-20.

［69］王美昌，徐康宁．“一带一路”国家双边贸易与中国经济增长的动态关系——基于空间交互作用视角［J］．世界经济研究，2016（2）：101-110+137.

［70］王猛．煤化工污染与防治探究［J］．化工管理，2020（6）：55-56.

［71］王景升，李佳，陈宝雄，等．宁夏东部能源化工基地煤炭产业生态风险评估［J］．资源科学，2013，35（10）：2011-2016.

［72］王卫，田红娜．劳动力空间错配的测度与效率损失［J］．统计与决策，2019，35（22）：105-108.

［73］王根绪，程国栋，钱鞠．生态安全评价研究中的若干问题［J］．应用生态学报，2003，14（9）：1551-1556.

［74］王彧嫣，白羽，黄书君，等．2018年国内外油气资源形势分析［J］．中国矿业，2019，28（7）：5-10.

［75］中国煤炭工业协会信息化分会．煤炭工业信息化年度发展报告2020［M］．北京：煤炭工业出版社，2021.

［76］魏龙，王磊．全球价值链体系下中国制造业转型升级分析［J］．数量经济技术经济研究，2017，34（6）：71-86.

［77］吴初国，何贤杰，盛昌明，等．能源安全综合评价方法探讨［J］．自然资源学报，2011，26（6）：964-970.

［78］吴奇，胥云，刘玉章，等．美国页岩气体积改造技术现状及对我国的启示［J］．石油钻采工艺，2011，33（2）：1-7.

［79］向文，涂建军，李琪，等．基于灰色预测模型的长江经济带城市土地生态安全预警［J］．生态科学，2018，37（2）：80-90.

［80］谢克昌．能源革命要与区域发展战略结合［N］．中国能源报，2020-09-14.

［81］谢克昌．因地制宜推进区域能源革命的战略思考和建议［J］．中国工程科学，2021，23（1）：1-6.

［82］谢旭轩，任东明，赵勇强．推动我国能源革命体制机制改革研究［J］．中国能源，2014，36（4）：16-19.

［83］谢远涛，李虹，邹庆．我国资源型城市创新指数研究——以116个地级城市为例［J］．北京大学学报（哲学社会科学版），2017，54（5）：146-158.

［84］熊华文，苏铭．推动能源治理体系和方式现代化［J］．宏观经济管理，2018（8）：34-39.

［85］徐成龙，程钰，任建兰．黄河三角洲地区生态安全预警测度及时空格局［J］．经济地理，2014，34（3）：149-155.

［86］徐海丰．2016年世界乙烯行业发展状况与趋势［J］．国际石油经济，2017，25（3）：101-106.

［87］徐美，刘春腊，李丹，等．基于改进TOPSIS-灰色GM（1，1）模型的张家界市旅游生态安全动态预警［J］．应用生态学报，2017（11）：284-292.

［88］徐水太，张汗青，徐晨晨，等．基于PSR模型的离子型稀土矿区生态安全评价研究［J］．科技管理研究，2018（15）：263-267.

［89］徐婉迪，魏来，罗俊，等．储能产业发展带来的能源革命及其关键管理科学问题［J］．系统管理学报，2021，30（1）：191-197.

［90］薛静静，沈镭，彭保发，等．中国能源生产和消费大省的能源供给安全综合评价及优化——以陕西省和广东省为例［J］．自然资源学报，2015，30（10）：1686-1690.

［91］岳立，杨帆．新常态下中国能源供给侧改革的路径探析——基于产能、结构和消费模式的视角［J］．经济问题，2016（10）：1-6+97.

［92］杨嘉怡，曾旗．基于组合模型的煤炭城市生态安全预警研究——以焦作市为例［J］．地域研究与开发，2018，37（6）：115-121.

［93］杨继东，杨其静．制度环境、投资结构与产业升级［J］．世界经

济，2020，43（11）：52-77.

［94］杨军军，秦容军．我国煤炭清洁利用政策研究［J］．煤炭经济研究，2018，38（7）：53-57.

［95］杨鹃，付京亚．我国资源税从价计征改革的环境效应分析［J］．价格理论与实践，2015（4）：89-91.

［96］杨阳，徐琼芳，刘雅婷．科技政策法规实施效果评估指标体系研究［J］．科研管理，2018，39（S1）：147-152.

［97］尹政平，曹麦．开放经济背景下低碳供应链绩效评价［J］．企业经济，2016（10）：10-15.

［98］于娟．促进我国可再生能源发电上网消纳的政策建议［J］．中国物价，2021（2）：89-92.

［99］于泽．文化与科技产业融合度测算分析［J］．科技管理研究，2020，40（4）：88-97.

［100］袁国华，罗世兴，郑娟尔．促进中国页岩气产业发展的政策建议［J］．科技导报，2018，36（4）：8-11.

［101］曾先峰，张超，曾倩．资源税与环境保护税改革对中国经济的影响研究［J］．中国人口·资源与环境，2019，29（12）：149-157.

［102］张博，孙旭东，刘颖，等．能源新技术新兴产业发展动态与2035战略对策［J］．中国工程科学，2020，22（2）：38-46.

［103］张方．煤化工产业发展趋势及其对煤炭消费的影响［J］．煤炭经济研究，2014（4）：14-23.

［104］张近乐，任杰．熵理论中熵及熵权计算式的不足与修正［J］．统计与信息论坛，2011，26（1）：3-5.

［105］张军．我国西南地区在“一带一路”开放战略中的优势及定位［J］．经济纵横，2014（11）：93-96.

［106］张可云．区域政策项目评价的基本问题与分析框架［J］．地域研究与开发，2006（2）：14-19.

［107］张理娟，张晓青，姜涵，等．中国与“一带一路”沿线国家的产

业转移研究［J］．世界经济研究，2016（6）：82-92+135.

［108］张顺铃，孙少磊．构建循环经济技术支撑体系初探［J］．技术经济与管理研究，2008（5）：83-84+94.

［109］张伟，胡剑波，高辉．能源密集型产业链低碳化发展模式与升级路径研究［J］．科技进步与对策，2014，31（10）：48-51.

［110］张玉卓，蒋文化，俞珠峰，等．世界能源发展趋势及对我国能源革命的启示［J］．中国工程科学，2015，17（9）：140-145.

［111］赵莉晓．创新政策评估理论方法研究——基于公共政策评估逻辑框架的视角［J］．科学学研究，2014，32（2）：195-202.

［112］赵新泉，王闪闪，李庆．市场交易补偿可再生能源的正外部性研究［J］．中国人口·资源与环境，2020，30（8）：42-50.

［113］赵雪雁，李文美，张亮，等．社会资本对区域创新能力的影响［J］．干旱区地理，2015，38（2）：377-383.

［114］赵文琦，胡健，赵守国．中国能源产业的要素配置效率与产业高级化［J］．数量经济技术经济研究，2020，37（12）：146-162.

［115］郑德志．我国煤层气产业政策评价研究［J］．煤炭经济研究，2019，39（1）：62-65.

［116］郑志来．东西部省份“一带一路”发展战略与协同路径研究［J］．当代经济管理，2015，37（7）：44-48.

［117］中国国际经济交流中心课题组．中国能源生产与消费革命［M］．北京：社会科学文献出版社，2014.

［118］周娜，吴巧生，汪金伟．中国页岩气产业发展的财税政策仿真［J］．中国地质大学学报（社会科学版），2019，19（3）：75-89.

［119］周玉立，袁宏永．中国煤炭发电与光伏发电技术的经济性评估［J］．技术经济与管理研究，2020（12）：97-102.

［120］邹才能，陶士振，白斌，等．论非常规油气与常规油气的区别和联系［J］．我国石油勘探，2015，20（1）：1-16.

［121］邹才能，杨智，张国生，等．常规—非常规油气“有序聚集”理

论认识及实践意义［J］. 石油勘探与开发，2014，41（1）：3-4.

［122］邹才能，张国生，杨智，等. 非常规油气概念、特征、潜力及技术——兼论非常规油气地质学［J］. 石油勘探与开发，2013，40（4）：385-399.

［123］Aoki S. A simple accounting framework for the effect of resource misallocation on aggregate productivity［J］. Journal of the Japanese and International Economics，2012，26（4）：473-494.

［124］Auty R M. Industrial policy reform in six large newly industrializing countries：The resource curse thesis［J］. World Development，1994，22（1）：11-26.

［125］Auty R M. Resource-based industrialization：Sowing the oil in eight developing countries［M］. New York：Oxford University Press，1990.

［126］Auty R M. Sustaining development in mineral economies：The resource curse thesis［M］. London：Routledge Press，1993.

［127］Elia J A，Floudas C A. Energy supply chain optimization of hybrid feedstock processes：A review［J］. Annual Review of Chemical and Biomolecular Engineering，2014（8）：147-179.

［128］Handfield R B，Walton S V，Melnyk S A，et al. The "green" supply chain：Best practices from the furniture industry［J］. Journal of Operations Management，1997，15（4）：293-315.

［129］Kim Y，Kim W，Kim M. An international comparative analysis of public acceptance of nuclear energy［J］. Energy Policy，2014（66）：475-483.

［130］Quigley T M，Haynes R W，Hann W J. Estimating ecological integrity in the interior Columbia river basin［J］. Forest Ecology & Management，2001，153（1）：161-178.

［131］Sachs J D，Warner A M. Natural resource and economic development：The curse of natural resources［J］. European Economic Review，2001（45）：827-838.

［132］Sachs J D，Warner A M. The big push，natural resource booms and growth［J］. Journal of Development Economics，1999（59）：43-76.

[133] Whitford W. Using resistance and resilience measurements for "Fitness" tests in ecosystem health [J]. Journal of Environmental Management, 1999, 57 (1): 21-29.

[134] Wu Y, Yang Z, Lin B, et al. Energy consumption and CO_2 emission impacts of vehicle electrification in three developed regions of China [J]. Energy Policy, 2012 (48): 537-550.

[135] Zhao C, Chen B. China's oil security from the supply chain perspective: A review [J]. Applied Energy, 2014, 136 (9): 269-279.

后 记

本书是中国（西安）丝绸之路研究院2021年科学研究项目研究中心专项课题“能源革命背景下的我国西部能源产业高级化研究”（2021ZD01）的直接研究成果。该项目研究工作启动于2021年1月，至今历时一年。在项目研究过程中，首先由胡健拟定了项目的研究工作计划，项目组成员进行了认真的理论研讨和广泛的实地调研工作。在此基础上，胡健起草了本书的写作大纲，并撰写了前言，赵文琦撰写了第一篇的初稿，胡留所撰写了第二篇的初稿，杜欢撰写了第三篇的初稿，张文彬撰写了第四篇的初稿，周艳春撰写了第五篇的初稿，焦兵撰写了第六篇的初稿，印玺撰写了第七篇的初稿。初稿完成后，经项目组集体讨论，各位执笔人根据集体讨论意见对所作的文稿进行了修改，最后由胡健对全部文稿进行修改、定稿。

本项目的研究工作得到了西安财经大学科研处、中国（西安）丝绸之路研究院、西安财经大学陕西省哲学社会科学重点研究基地——西部能源经济与区域发展协同创新研究中心的大力支持，在此一并致谢。

胡健

2021年12月